正义简史
从神启到多元

宗民 著

知识产权出版社
全国百佳图书出版单位

图书在版编目（CIP）数据

正义简史：从神启到多元/宗民著. —北京：知识产权出版社，2019.1
ISBN 978 - 7 - 5130 - 5961 - 9

Ⅰ.①正… Ⅱ.①宗… Ⅲ.①正义—政治思想史—西方国家 Ⅳ.①D081 - 091

中国版本图书馆 CIP 数据核字（2018）第 271828 号

内容提要

本书以"正义"为主题，从古希腊政治哲学开始一直关注到本世纪初。总结、梳理、阐释和介绍了西方政治哲学史上主要思想家的正义思想和理论。全书分为四大部分："古希腊罗马时期正义思想""中世纪正义思想""近代西方正义思想"和"现当代欧美政治哲学中的正义思想"，较为全面地涵盖了西方两千五百年以来的正义理论。

责任编辑：石红华　　　　　　　　　　责任校对：谷　洋

封面设计：臧　磊　　　　　　　　　　责任印制：孙婷婷

正义简史——从神启到多元

宗　民　著

出版发行：知识产权出版社 有限责任公司	网　　址：http：//www.ipph.cn
社　　址：北京市海淀区气象路 50 号院	邮　　编：100081
责编电话：010 - 82000860 转 8130	责编邮箱：shihonghua@ sina.com
发行电话：010 - 82000860 转 8101/8102	发行传真：010 - 82000893/82005070/82000270
印　　刷：三河市国英印务有限公司	经　　销：各大网上书店、新华书店及相关专业书店
开　　本：787mm×1092mm　1/16	印　　张：21.75
版　　次：2019 年 1 月第 1 版	印　　次：2019 年 1 月第 1 次印刷
字　　数：360 千字	定　　价：88.00 元

ISBN 978-7-5130-5961-9

出版权专有　　侵权必究

如有印装质量问题，本社负责调换。

序

　　这是一本关于"正义历史"的小书，它简单地介绍了自古希腊以来的西方哲学家对正义问题研究的主要内容。从苏格拉底在距离雅典卫城七公里以外的比雷埃夫斯港与众人之间的谈话开始，一直贯穿到本世纪初，多元主义对正义平等问题的关切，横亘了两千多年。

　　写作这本书的冲动至少在我的脑海里已经存在了将近十年，直到今年我完成博士论文，顺利通过答辩并取得学位以后才正式而严肃地提上了工作日程。我知道，这是一次"自不量力"的尝试，但才能的平庸和智虑的短浅并不能阻挡我对正义问题的痴迷和追求。我想通过这样一部价值有限的作品，来向读者朋友汇报我对于西方正义思想历史的理解。

　　政治哲学与很多现代科学比起来，有着一些非常特殊的属性。我们很难想象，一个攻读现代微观经济学或金融学的博士生还要审慎地阅读亚当·斯密或约翰·凯恩斯的著作。也能够理解研究当代尖端物理学的学者们已经不需要再过分严肃地对待艾萨克·牛顿的《自然哲学的数学原理》。当前科技的发展日新月异，很可能再过十年，现有的一些科研著作也将失去它们存在的意义和价值。然而，政治哲学要求我们每时每刻都不能忽视历史，很多问题仍要在柏拉图和亚里士多德的著作中去寻找答案。可以发现，对于人性的拷问、善恶的判别、正义的追求只有在人类文明起源之处观测，才能够透视出未来的方向。

　　人们不禁要问，为什么研究哲学要阅读历史？难道马基雅维利、霍布斯和休谟还能够解释当前文明高度发展的后工业社会吗？事实上，本书所涉及的大部分思想家，他们的智慧已经触及人类政治生活的永恒问题。这些问题远远不仅是他们从事写作时代的特殊问题。我们不能苛责柏拉图能够理解人工智能所带来的伦理困境，在《政治学》和《尼各马可伦理学》中也找不到关于商业社会中收入分配正义的研究。但是，正如史蒂芬·B.

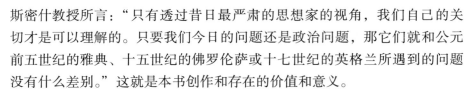

斯密什教授所言："只有透过昔日最严肃的思想家的视角，我们自己的关切才是可以理解的。只要我们今日的问题还是政治问题，那它们就和公元前五世纪的雅典、十五世纪的佛罗伦萨或十七世纪的英格兰所遇到的问题没有什么差别。"这就是本书创作和存在的价值和意义。

本书几乎涉及和涵盖了我过去几年长时间思考和学习的主要内容，因此有许多观点和想法都与不同的老师、同学和朋友们进行过深度的交流。通过与他们的交谈和争论我获益良多，因此我有许多感谢的话想在此表达。

首先，我要由衷地感谢我的导师，中国人民大学哲学院龚群教授，他总是能够耐心细致地审读和指导我的每一篇学术文章，并对这些作品提出非常富有建设性的修改意见。其次，我要特别感谢中国人民大学哲学院段忠桥教授，正是通过段教授直接的指导，才使得我对正义问题产生了极大的兴趣，并最终下决心创作这样一部著作。除此之外，中国人民大学财政金融学院关伟教授也对我的学术生活给予了极大的帮助、支持和指导。在本书写作的过程中，我还对很多老师、学者和同仁朋友们欠下了重要的"精神债务"，没有他们的帮助、指导和鼓励，本书也不可能最终完成，包括罗骞教授、田洁老师、陈阳博士、闫笑博士、陈晓博士、纪萍萍博士、常春雨博士、李文博士、黄丁博士，他们都从各个方面对我的学术和生活提供了巨大的支持。

写作本书时，我并不求新奇，也没有谋求什么杰出的学术创造。我只是对那些历史上伟大的思想家的经典学说作了一些严肃、审慎的个人思考和介绍。尽管如此，我想在这样一部著作中，多少也蕴含和保留了一些我的个人见解和痕迹，希望这些内容能够给对于正义主题感兴趣的读者朋友带来一些帮助和启发。

目　录

第一章 众神与城邦

（一）"众神的正义"与"哲学的反叛"

现在能够查阅到的、较早的对"正义"进行全面论述的西方文献，最为著名的一篇应该还是那一段苏格拉底在距离雅典卫城七公里以外的比雷埃夫斯港与众人之间的谈话。这篇谈话由柏拉图所记录——或者干脆就是柏拉图借助苏格拉底之口的自我著述——距今大概已经有两千三百多年了。

在苏格拉底之前，古希腊的社会秩序中，对于正义的理解贯穿于城邦居民对神的信仰和对宗教的追求中。前苏格拉底时代，正义似乎与宗教有着不可分割的关系。这一时期，人们的经验世界以一种较为原始的状态与神圣的宇宙相辅相生。人们认为自己的现实生活紧紧地依附于头上浩瀚的星空，他们在现实世界中出现的协调与合作、冲突与纷争最终都只能交付神明来圣裁。宙斯、雅典娜、波塞冬、阿波罗、哈迪斯等等居于奥林匹斯山和神界中的众神们以无穷的权力构成了沟通人间和圣殿的正义化身。

> 宙斯的眼睛能看见一切，明了一切，也能看见下述这些事情。如果他愿意这样，他不会看不出我们的城市所拥有的是哪一种正义。❶

人们相信，宙斯的女儿狄刻（Dike）就是正义之神，她根据宙斯的意志来监督世间的人们是否按照宙斯的意愿来行事。所谓不正义，就是违背了宙斯的意志，做了那些不合神意的行为，她就会将这些汇报给宙斯，由

---

❶ ［古希腊］赫西俄德：《工作与时日》，张竹明等译，北京，商务印书馆，1991 年版，第 9 页。

神来对人间的"不义"进行裁决和惩罚。❶

当然，在古希腊神话中，众神和人一样都有七情六欲，也会犯错误，行不义之事。但是，在当时人的观念里，神的威力对人而言是无穷尽的。强大的力量和没有边界的威权就成了诠释正义的一个重要标准。这个观念被植入人类——至少是西方人——的大脑中，时至今日也在一直影响着我们。

从公元前五世纪开始，希腊的政治、经济和文化中心开始从周边的殖民地转向本土，雅典逐渐成为当时希腊哲学活动最为发达的地区。阿那克萨戈拉❷第一次将哲学引入雅典之后，那里自由和宽松的环境开始滋养着这片土地上热爱思考的人们，最终孕育出了苏格拉底和柏拉图。❸

事实上，在稍早的时候，智者学派的普罗泰戈拉❹和高尔吉亚❺等人就已经开始反思人和宇宙、现实与神明之间的关系。因为他们越来越注意到在人们的实际生活中，存在着这种无法解释和难以理解的现实：有的人，他们的行为充满仁爱和善良却遭到了神的唾弃，落到非常悲惨的境地；有些浑身散发着罪恶的人，他们为富不仁、为虎作伥甚至是恶贯满盈，却时常能受到神的庇佑，丝毫没有得到那些本应主持正义的神明的惩罚。

越是对这种现实进行反思，这种反思越是深刻，将正义与宗教神明联系起来的信仰基础就会越受到致命的动摇和冲击。神明启示和对于宗教完全的迷信开始受到智者学派与怀疑主义哲学家们的挑战。我们可以找到柏拉图在《泰阿泰德篇》中记述的普罗泰戈拉的态度："他说，人是万物的

---

❶ 谢文郁：《正义与真理——柏拉图〈理想国〉的问题、方法和思路》，《中山大学学报（社会科学版）》，广州，2017年第2期，第178页。

❷ Anaksgoras，生于伊奥尼亚地区，盛年活动的历史时期大约在公元前440年左右。20岁的时候到雅典开始讲授哲学，与当时的政治家伯里克利关系非常密切。后因不敬神的罪名被驱逐出雅典。他一生最大的两个贡献，一个是提出了古希腊哲学史上著名的"种子说"，认为无限的"种子"是世界的起源。另一个则是将哲学带到了雅典。

❸ 张志伟：《西方哲学史》，北京，中国人民大学出版社，2007年版，第67页。

❹ Protagoras，大约生与公元前490年到前480年之间，他出生在阿布德拉城，多次来到当时希腊奴隶主民主制的中心雅典。与阿那克萨戈拉一样，他也是执政官伯里克利的挚友，曾为意大利南部的雅典殖民地图里城制定过法典。一生旅居各地，收徒传授修辞和论辩知识，是当时最受人尊敬的"智者"。

❺ Gorgias，公元前5世纪古希腊哲学家和修辞学家，著名的智者。他是西西里岛雷昂底恩城人，约生于公元前490年或稍后。早年随恩培多克勒学习修辞、论辩、自然哲学和医学。其思想受到过芝诺的影响，但主要来源于普罗泰戈拉。公元前427年为请求联合反对叙拉古而出使雅典，晚年在特萨里亚的拉里萨居住。

尺度，存在时万物存在，不存在时万物不存在。"❶ 对于神和神的启示，普罗泰戈拉的态度更为决绝，他直言："至于神，我既不知道他们是否存在，也不知道他们像什么东西。有许多东西是我们认识不了的，问题是晦涩的，人生是短暂的。"❷ 神明教导古希腊人，要端正自己的行为，努力去做一个善良和正直的人。然而，当给人们送来智慧和火种的普罗米修斯被钉在高加索寒冷的悬崖上受尽折磨时，人们还能指望众神给予他们什么正义的裁决？

…………

沉重的铁链只能锁住你的身躯，
却怎能锁住那颗坦荡无私的心！
难道仅仅是物质的火种吗？
不，你给予我们的是生生不息的精神之火！

…………

希腊的宗教和神权终于在哲学家们的世界中逐渐崩塌，随后雅典历史上最伟大的哲学家苏格拉底横空出世。在他的身上，集合了前代哲人们对宗教的反思。

将近三千年前，古希腊德尔菲神庙❸的门楣上刻了这样一句话"认识你自己"。它也许是在试图告诉古希腊人，神对每个希腊人的希望和教诲：试着想想，你是谁？通过什么办法认识你自己？苏格拉底穷尽一生向着这个目标而努力，他最终得出的结论是："人们呐，只有知道自己的智慧完全没有任何价值，知道自己始终是无知的，才是最有智慧的人。"❹

"我唯一知道的事，就是我自己一无所知。"

---

❶ 苗力田：《古希腊哲学史》，北京，中国人民大学出版社，1989年版，第186页。
❷ 北京大学哲学系外国哲学史教研室：《西方古典原著选辑：古希腊罗马哲学》，北京，生活·读书·新知三联书店，1957年版，第138页。
❸ 位于希腊的福基斯（Phocis），1987年联合国教科文组织将之作为文化遗产，列入《世界遗产名录》。德尔菲在距雅典150公里的帕那索斯深山里，是世界闻名的古迹。主要由阿波罗太阳神庙、雅典女神庙、剧场、体育训练场和运动场组成，其中最有名的是古代希腊象征光明和青春并且主管音乐、诗歌及医药、畜牧的太阳神阿波罗的神庙。古希腊人认为，德尔菲是地球的中心，是"地球的肚脐"。
❹ ［英］罗素：《西方哲学史（上）》，何兆武、李约瑟译，北京，商务印书馆，2011年版，第108页。

这是苏格拉底留给后人的最为著名的一句名言。神让世人认识自我，哲学却发觉我们对自身根本无法全面地把握。我们没有全能的智慧，也不是神——即便有神，以我们的无知也根本无法与神沟通——因此，我们根本无法认识自我。在这层意义上，苏格拉底倔强地向神启的宗教信仰发起了挑战，对古希腊广泛流传于民间的宗教传统产生了质疑并进行了反思。

我们只能借助一些除了《理想国》以外的文献来考察苏格拉底关于"正义"的说法。因为，《理想国》一般被认为体现的是柏拉图的思想。但这些我们能够把握的文献，坦白说，绝大多数也是出自柏拉图和色诺芬❶之手。

柏拉图和色诺芬是苏格拉底最为著名的两个弟子，他们都有着关于苏格拉底卷帙浩繁的记述。但有意思的是，同一个苏格拉底，在柏拉图和色诺芬的笔下呈现出了截然不同的两种面貌。

在色诺芬的笔下，苏格拉底是一个虔诚而保守的人。色诺芬无论如何不能接受雅典法庭对苏格拉底的两项指控，因此，他在著述中竭尽全力地为苏格拉底洗脱罪名。❷ 在色诺芬笔下，苏格拉底的思想并没有什么颠覆性和反叛性的内容，相反，更多的时候，他是以一个沉闷甚至是平凡的长者形象出现在世人的面前。但是，色诺芬对苏格拉底的辩护无法解释两点内容：首先，苏格拉底真的是这样一个人，我们很难想象雅典贵族们究竟是出于什么样的理由，对他产生了那么大的不满和仇恨，非要将其置之死地而后快；其次，这样一个苏格拉底，究竟凭借什么成了光耀雅典、流传千古的伟大哲学家？❸

苏格拉底在柏拉图的著述中展现出了完全不一样的人格和魅力。他热情洋溢、风趣幽默，充满了使人倾慕的人格魅力。考虑到柏拉图本人除了

---

❶ 色诺芬（前440年左右—前355年），雅典人，历史学家，苏格拉底的弟子。他以记录当时的希腊历史、苏格拉底语录而著称。公元前401年，色诺芬参加希腊雇佣军助小居鲁士（约前424—前401年）争夺波斯王位，未遂，次年率军从巴比伦返回雅典。前396年投身斯巴达，被母邦判处终身放逐。终老于柯林斯。他著有《长征记》《希腊史》（修昔底德《伯罗奔尼撒战争史》之续编，叙事始于前411年，止于前362年）、《拉西第梦的政制》《雅典的收入》以及《回忆苏格拉底》等。

❷ 针对苏格拉底的指控主要有两条：公元前399年，一个叫莫勒图斯的年轻人向雅典法庭提起对哲学家苏格拉底的诉讼。状告他不信城邦的诸神，并借以引进信的神灵来教唆和败坏青年的道德。可参见《苏格拉底申辩篇》，刘小枫主编，吴飞译，引言部分。

❸ ［丹麦］克尔凯郭尔：《反讽的概念：以苏格拉底为主线》，汤晨溪译，北京，中国社科院出版社，2016年版，第15页。

是一名伟大的哲学家以外，还是一个极富创作能力的文学家，因此，我们实在无法判断，他笔下的苏格拉底究竟是一个真实的苏格拉底，还是柏拉图借助了一个叫苏格拉底的人来传递了自己那些灵动、丰富而充满思辨的哲学见解。❶ 也正因如此，作为柏拉图最为重要而经典的著作，《理想国》中究竟保存了多少苏格拉底的见解，我们恐怕很难得出一个乐观的结论。

苏格拉底对于正义的观点，散见于其他一些文献中。概要而言，他认为个人的正义与城邦的责任之间有着不可分割的联系。例如他曾明确地表示：一个正义（公正）的人，必须要遵守和维护城邦的秩序，除非城邦确实要他执行某些不公义的事情，否则即便是死也不能破坏和践踏城邦的秩序。也正因如此，当克力同❷到监牢中探望临刑的苏格拉底并殷切地央求他逃出雅典以保全性命时，苏格拉底断然拒绝，并慷慨赴死。

苏格拉底回绝克力同的一个重要理由就在于他认为，诬告和错判固然是不正义的，但一个正义的人、富有德性的人绝不会践踏和破坏城邦秩序与法律的尊严。雅典的祖先建立了自己的城邦和法律，正义的人应该去遵守法律和信守契约生活。如果就此潜逃，就犯下了不孝父母、不服教养、不遵契约的三重大罪，较之于诬告和错判，这是更为不正义的罪恶。

> 雅典政府以妖言惑众判我死刑，固然不合理，但是我如果逃狱而破坏了雅典的法制，那就等于以其人之恶还治其人，使我自己也错了。你要知道，两恶不能成一善。当我对一个制度不满的时候，我有两条路：或者离开这个国家；或者循合法的途径去改变这个制度。但是我没有权利以反抗的方式去破坏它。让雅典人杀我吧！我愿意做一个受难者而死，不愿做一个叛逆者而生。❸

正如他坚信的那样，死亡对他而言只是脱离了世俗和肉体的羁绊，让他的灵魂得以彻底地解脱，以便更完美地钻研他所热爱的哲学。他的灵魂将升入属于哲学家的天堂，在那里得到永生。临死前他说道："现在，我该走了，我去赴死；你们继续生活：谁也不知道我们之中谁更幸福，只有

---

❶ ［英］罗素：《西方哲学史（上）》，何兆武、李约瑟译，北京，商务印书馆，2011 年版，第 105 页。

❷ 雅典的上层人士，苏格拉底的多年好友。

❸ 龙应台：《野火集》，上海，文汇出版社，2005 年版，第 20 页。

神才知道。"❶

粗看起来，苏格拉底的正义充满了对当时法律的教条式的信仰。这种信仰看似是以城邦的法律和秩序代替了过去人们对宗教的信仰，以对秩序和法律的"迷信"替换了对于神启和宗教的迷信。事实上，宗教信仰和神启裁决强调的是一种"个体灵魂"意义上的正义。而苏格拉底对正义的考量则是站在了城邦共同利益和稳定的角度上。虽然，在很多表述中，它依然呈现出一些教条的特点，但苏格拉底已经把正义问题扩展到了"公众（城邦）福利"的层面。这种见解一直穿越两千多年，时至今日还影响着人们对于社会正义的认识。现代社会正义的理论在很大程度上，是围绕着"福利最大化、自由平等和促进德性"来讨论的。❷ 在苏格拉底看来，正义不仅关乎个人灵魂和个体利益，维护城邦的秩序更为重要的在于实现雅典公民能够和谐地共存和城邦人民得以和美地生活，这才是正义的最高目标。这种思想直接影响了柏拉图和亚里士多德。

（二）理想国

《理想国》是我们现在能够找到的较早而全面地阐述"正义"理论的专门的著作。关于这一点，我们在本书一开篇的时候就提到了。《理想国》记录的是苏格拉底在比雷埃夫斯港参加完向猎神朋迪斯献祭仪式后，在回雅典之前跟众人的一番关于正义——主要是关于正义——的讨论。著述这本书的人是柏拉图，但根据书中记载，参与这次讨论的人大概有格劳孔、玻勒马霍斯、阿德曼托斯、尼克拉托斯、克法洛斯、色拉叙马霍斯等人，唯独没有柏拉图。这本书与其说是一本哲学的学术专著，不如说更像是一部对话式的小说和剧本。书中所刻画的每个人都有血有肉，他们的讲话细节、情绪甚至是语气和表情也都描写得非常细致，惟妙惟肖。我们很难想象，假如柏拉图并不是这场对话的与会者和记录员的话，他是如何能在他人的复述中把这场——或许根本就不存在的——对话还原成现在这个程度。那么这本近似于畅销小说式的哲学专著，现在看来极其有可能是柏拉图的文学创作。所以，《理想国》中所阐述的正义理论，虽然冠之以苏格

---

❶ ［古希腊］柏拉图：《苏格拉底最后的日子——柏拉图对话集》，余灵灵、罗林平译，上海，上海三联出版社，1988 年版，第 81 页。

❷ ［美］桑德尔：《公正：该如何做是好？》，朱慧玲译，北京，中信出版集团，2012 年版，第 18 页。

拉底之名，一般我们还是认为它更多地——也许就是全部地——体现了柏拉图的见解。

柏拉图（Plato），生于公元前427年。青年时期的柏拉图接受过良好的教育，他和苏格拉底之间有着非常深厚的师生之谊。在师从苏格拉底的岁月中，柏拉图经历了影响他一生哲学思辨的两个重大事件。第一件事是伯罗奔尼撒战争，这是一次雅典和斯巴达之间的战争，最终以民主雅典的战败而告终。雅典战败后，产生了长时间的动荡和混乱。柏拉图对这种混乱十分厌恶，使得他自身产生了一种追求美好政治的向往和愿望。所以，在柏拉图的哲学生涯中，关注和深度思考社会政治一直是非常重要的命题。第二件事，就是苏格拉底之死。柏拉图目睹了自己的老师在孜孜不倦地为了雅典城邦的人获得智慧而宵衣旰食，苦苦奋斗了一生后，却被母邦的公民以民主表决的方式处死，这个雅典的悲剧和人类文明的悲剧沉重地打击了柏拉图年轻的心灵——苏格拉底被处死的时候，柏拉图刚刚二十九岁。他痛苦地写道："有些掌权的人荒谬地指控并审讯了我的至友苏格拉底，以不敬神的罪名处死了他。"[1] 具有崇高人格的苏格拉底被世俗所抛弃对柏拉图的打击是巨大的，他深深地厌恶和体会到了希腊城邦体制的危机。"法律和习惯正在以惊人的速度败坏着，现存的城邦无一例外地都治理得不好，只有正确的哲学才能使我们分辨什么是社会和个人的正义。"[2] 于是，失望的柏拉图离开了雅典，到西西里岛去继续追寻他认为的真理。直到晚年，他才重新回到故乡，并在雅典附近建立了一个学园。他在这个学园里活到了八十岁，公元前347年，在一次婚礼宴会上，柏拉图无疾而终。[3]

"理想国"或者说柏拉图的正义理论主要建立在"理念论"和"灵魂说"的基础之上。在柏拉图的哲学体系中，"理念"是独立而客观存在的实体，他将我们现有的认识世界做了两重区分，划分为"感性世界"和"理念世界"。感性世界中，我们能够感知，有知觉、情绪等感性认识。但这些认识仅仅是我们的意见，并不能够形成知识。理念世界则是永恒而真

---

❶ ［古希腊］柏拉图：《柏拉图对话全集——附信札》，王晓朝译，北京，人民出版社，2002年版，第324页。

❷ 同上书，第326页。

❸ 叶秀山主编、姚介厚：《西方哲学史（学术版）》第二卷，《古希腊与罗马哲学》，南京，江苏人民出版社，2005年版，第570页。

实的存在。按照柏拉图的解释，理念就是事物的"共相"，是事物排除了流变和具体特征之后的存在依据。同时，它是事物完满的模型，也是事物所追求的目的。

正因如此，在比雷埃夫斯港的那场辩论中，柏拉图借苏格拉底之口先后反驳了关于正义的各种观点和看法：

> 正义就是欠债还债。（克法洛斯）
> 正义就是把善给予友人，把恶给予敌人。（玻勒马霍斯）
> 正义乃是强者的利益。（色拉叙马霍斯）
> 正义的人生活得比较有益。（格劳孔）
> 正义是天性醇厚，天真单纯。（色拉叙马霍斯）
> 正义是智慧与善，不正义是愚昧与恶。（色拉叙马霍斯）
> 正义的本质就是最好与最坏的折中。（格劳孔）

在柏拉图看来，这些看法也许并不错，但它们最多是感性世界中的正义，而真正的正义只能是理念的，是剥离了具体和变化的正义的共相。这就好比，我们想要说清"花"是什么，或许也可以说是"红色的""多彩的""姹紫嫣红开遍的"这些都不错，但最终并非是"花"的共相。因此，柏拉图探讨正义，旨在追索正义的"理念"，只有不断地接近这个理念，才有可能无限地接近正义的本质。

柏拉图正义理论的另一个基础是他的"灵魂说"。

"人究竟有没有灵魂"是困扰人类数千年甚至是上万年的大问题。三次科技革命以来，人类在医学方面取得了非常卓越的进步、发展和成就。人们通过对人体解剖学的实践，找遍了人类身体上的每一寸地方：每一块肌肉、血液、神经和细胞。但翻遍了人体每个角落也找不到那个属于灵魂寄存的地方。基于这种情况，或许我们能够相信"人没有灵魂"。

但直觉上我们却始终更愿意相信，一定是出于某些特殊的原因，让我们成为这个星球上最富有智慧和能力的生物。科学家们往往用进化论和"基因突变"来解释这一点。然而，我们还是能发现有些地方不对劲。毕竟可能还是有些特殊的原因，让我们确定地就是我们，而不是你们，让我就是我，而不是你。

今天，器官移植手术已经非常成熟。我们经常可以通过新闻看到，有些年轻人出于某种不幸，罹患了尿毒症，然后他的父母或器官匹配的某个亲人捐出自己的器官来拯救他。我们在受到这种亲情鼓舞和感染后，并不会产生这样的质疑：接受了肾脏器官移植的人，还是不是他自己？直到有一天，前沿医学界向世界宣布，头颅移植手术已经在理论上成立，并且已经有条件能够实践了，这才带来了巨大的伦理困境和难题。

如果史蒂芬·霍金再晚生个五十年或一百年，我们可能完全有能力给他找到一个健硕的身体，将他弥足珍贵且有些英俊的头颅移植上去，这样一个活灵活现的霍金就能重新站立起来。但我们需要问的是，这个人还是不是霍金？

假如那个除了脑子死掉了剩下四肢内脏都完好无损的"倒霉鬼"叫乔治，那么如果乔治接受了"肝脏""脾脏""肾脏"甚至是"心脏"的全部移植——他还能活下来的话——一般我们还能够接受他是乔治。但为什么他的头——从体量甚至是重要程度上而言都比不上这些内脏器官的集合——一经替换，他就成了另一个人了？头颅的移植究竟有什么特殊？这是不是就是灵魂的寄存之所？这是个非常复杂和困难的伦理难题。现在依然给我们带来困扰。不过，我们并不准备在这个问题上继续纠缠下去。人究竟有没有灵魂，毕竟对于柏拉图而言，并非是个问题，因为他坚信："人有灵魂"。

在前苏格拉底时代，希腊的自然哲学十分兴盛的时候，哲学家们一般认为我们所能获取的知识来自于自然和经验。"我看到了花，于是认识了色彩。看到了鸟，于是领悟了翱翔。看到了山，于是体会到了巍峨。"因此，他们认为我们的知识完全来自于经验。但这个观点忽视了一个比较严重的问题，就是对于某些我们根本从没有见过的事物，我们依然有学习能力。

例如："直线"。直线是"欧式几何的基本元素。欧几里得定义一条直线为两个点之间的间隔，可以无限延伸"。❶

非常遗憾的是，我们现存的这个物质世界中，恐怕没有一条完美的直线。但奇怪的是，我们依然能够对直线形成理解和认识。这就使"经验说"陷入了两难的境地。

如果没有经验，就没有知识。

---

❶ Line. (2013). In Encyclopedia Britannica. Retrieved from http://www.britannica.com/EB-checked/t.

> 世界上没有完美直线，我们无法经验到完美直线。
>
> 我们的认识能力能够理解完美直线。

这恐怕是说不通的。

柏拉图认为，现实中没有的不仅仅是直线。任意一个完美的东西都是现实世界中不存在的。但是，人类却能思考和认识完美的事物。在他看来，我们物质的身体，由于是可感的，随时变化的，是决然不能对永恒、完美、不变的事物进行认知和学习。所以，他主张，可以认知、学习和感受永恒的、不变的、完美的事物的那部分就是灵魂。

> 我们的灵魂原本高居在天上的理想世界，那时它追随神，无视我们现在称作存在的东西，只昂首于真正的存在，所以它对理念领域有所关照，具备一切知识。❶

这样的灵魂，原本是以理性为本质，它是神赋予人思考和认识世界的能力，与神同在的精神实体。但肉体不是这样，肉体是污秽的、短暂的。因此，灵魂在进入肉体之后，受它的拖累和污染失去了本来完美和纯粹的属性。

因此，人的灵魂在现实世界中有三重属性："理智、激情和欲望"。根据这三重属性，柏拉图对人的灵魂又做了三个层次上的划分，他认为理性代表智慧，激情则更多地体现勇敢，欲望的存在透视出了人们节制的美德。这三个层次，分别代表着城邦中三种不同的职业。拥有智慧的人适合做统治者，激情和勇敢则属于军人和武士，生产者勤劳与克制的美德正是对欲望的节制。就如同一个人，想要实现和谐与正义，必须要服从自己的理性与智慧，通过合理地运用激情和勇敢来有效地节制他的欲望，这样我们就能称他为"义人"。而一个城邦，也是如此，只有三部分职业各司其职，才能构成了城邦的正义秩序。

这里有必要解释一下柏拉图论证出"正义"的逻辑过程。首先，只有作为"理念"和"共相"的正义，才是真的正义。但是人们正因为灵魂受到了污染，受到了激情和欲望的干扰，才不能够真切地认识正义的共相。因此，只有理性居于主导，控制激情与欲望，我们才能透见和践行正义。当个人灵魂的属性放大到城邦，就成了三个阶层。那么只有一个富有智慧

---

❶　张志伟主编：《西方哲学史》，北京，中国人民大学出版社，2007 年版，第 93 页。

的"哲学家王"统御"辅助者（武士）"和"生产者"，这个城邦才有可能是最接近正义的。

> 除非哲学家成为我们这些国家的国王，或者我们目前称之为国王和统治者的那些人物，能严肃认真地追求智慧，使政治权力与聪明才智合而为一；那些得此失彼，不能兼有的庸庸碌碌之徒，必须排除出去。否则的话，我亲爱的格劳孔，对国家甚至我想对全人类都将是祸害无穷，永无宁日。❶

在两千多年前，比雷埃夫斯港那场彻夜不眠的讨论临近结束的时候，苏格拉底语重心长地教导众人："不管怎么说，愿大家相信我如下的忠言：灵魂是不死的，它能忍受一切善和恶。让我们永远坚持走向上的路，追求正义和智慧。"❷

（三）世俗还是灵魂？个人还是城邦？

2018 年 2 月，土耳其总统埃尔多安在加济安泰普省（Gaziantep）发表了一篇旨在呼吁民众支持政府正在进行中的针对叙利亚库尔德武装分子军事活动的演讲。在演讲过程中，一个身着土耳其军装看起来四五岁的小女孩引起了埃尔多安的注意。总统邀请小女孩上台，并站在他的身旁。小女孩很可能是因为紧张，突然哭了起来。

"看，你站在这，姑娘，你站在这干什么？你戴着贝雷帽，戴着贝雷帽的人不该哭泣。"埃尔多安试图让小女孩冷静并说道，"她的口袋里还装着土耳其的国旗。"

总统拥抱了小女孩，随即又向台下的人们热情地宣扬："如果她殉国了，将获得崇高的荣誉，我们将给她盖上一面旗帜，她已经准备好了，是不是？"

小女孩显然因为没有能够透彻地理解总统的话，哭得更加厉害。

这件事被媒体广泛报道后引起了轩然大波和广泛的争论。使土耳其总统陷入争议的正是，我们一个人存在的最高价值是否应该是在国家需要我们的时候随时献出自己的生命？这是否是正义的？正义到底事关个人，还是事关城邦？

---

❶ ［古希腊］柏拉图：《理想国》，郭斌和等译，北京，商务印书馆，2012 年版，第 217 页。

❷ 同上书，第 430 页。

不妨让我们暂时摒弃现实政治中的一些具体因素，假设土耳其就是柏拉图在《理想国》中所描述的那种正义的城邦。假设埃尔多安就是柏拉图孜孜以求的那一位"哲学家王"。那么为了城邦的最高善，哲学家王——确实有充足的理由，为城邦正义的最高善——去鼓励一个小女孩殉国，又假设这种行为切实地能为城邦公众带来巨大的利益。那么，这种行为是不是正义的？顺着柏拉图关于"理念"与"灵魂"的哲学基础去推理，这似乎不应该引起什么质疑和争议。但我们直觉上还是会觉得这种行为在哪里有些不妥，难道是柏拉图错了？

1963 年，美国学者 D. 萨赫斯（David Sachs）发表了一篇名为《柏拉图〈理想国〉中的一个谬误》（A Fallacy in Plato's *Republic*）的论文。他运用现代分析哲学的方法指出，在柏拉图的《理想国》中，存在着对于正义论证的一个明显的逻辑错误。❶《理想国》开始展开讨论的时候，在柏拉图的笔下，苏格拉底与众人之间讨论的正义是一个"世俗的正义概念（the vulgar conception）"。但是，随着苏格拉底对正义探讨的深入，他最终阐述的事实上是一种"柏拉图式的正义（the Platonic conception of justice）"。这两者之间有着非常大的不同，前者事关人与人、人与城邦社会之间的生活关系，而后者则是建立在柏拉图所理解的人的灵魂生活基础之上。❷ 直白地说，柏拉图很有可能在他的雄辩过程中，将众人所关心的"正义"概念偷偷地换掉了。柏拉图这样"偷换概念"究竟会有什么"后果"？最直接的一点就是，即便我们能够认同柏拉图的"理念论"和"灵魂说"，如果"世俗的正义"与"柏拉图式的正义"之间存在着无法逾越的"理论鸿沟"，那么，柏拉图最后在《理想国》里所阐述的正义——这个正义事实上是城邦与个人高度一致的一种正义理论——很有可能与克法洛斯、色拉叙马霍斯和格劳孔等人最初所关心的正义根本就不是一回事。柏拉图式的正义能不能在世俗中运用，也成了值得怀疑的大事。换言之，即便我们假设真的存在柏拉图式的正义城邦，这个城邦也确实由哲学王统治，但哲学王的命令也有可能与世俗的正义相抵触，也有可能根本无法与你、我、他所理解的正义相融合。

---

❶ 这部分内容，我得益于聂敏里教授的研究成果。具体内容可参见聂敏里：《〈理想国〉中柏拉图论大字的正义和小字的正义的一致性》，《云南大学学报（哲学社会科学版）》，昆明，2010年第 1 期，第 30—43 页。

❷ 同上书，第 32 页。

第二点我们所关心的是，柏拉图很可能混淆了"个人的正义"与"城邦的正义"这两个概念。这个质疑，我们或许能在《理想国》的原文中找到一些端倪。在《理想国》的第四卷，开始讨论"城邦的正义"：

苏格拉底：……每个人都作为一个人干他自己分内的事，而干涉别人分内的事……那么，在使国家完善方面和其余三者（智慧、勇气、节制）较量能力大小的这个品质不就是正义吗？

格劳孔：正是。

……

苏：……我们说，当生意人、辅助者和护国者这三种人在国家里各做各的事而不互相干扰时，便有了正义，从而也就使国家成为正义的国家了。

格：我看情况不可能不是这样。❶

这是柏拉图对于城邦正义的描述，但他将这个正义概念落实到个人身上的时候，逻辑谬误似乎就出现了。

苏：那么如果两个事物有同一个名称，一个大一个小，它们也相同呢，还是，虽然有同一名称而不相同呢？

格：相同。

苏：那么，如果仅就正义的概念而论，一个正义的个人和一个正义的国家也毫无区别吗？

格：是的。

苏：现在，当城邦里的这三种自然的人各做各的事时，城邦被认为是正义的，并且，城邦也由于这三种人的其他某些情感和性格而被认为是有节制的、勇敢的和智慧的。

格：是的。

苏：因此，我的朋友，个人也如此。我们也可以假定个人在自己的灵魂里具有和城邦里所发现的同样的那几种组成部分，并且有理由希望个人因这些与国家里的相同的组成部分的"情感"而得到相同的名称。

从这一段对话中，我们可以清楚地看到，事实上柏拉图已经非常明确地意识到了"城邦的正义"和"个人的正义"有可能是两个概念——如其

---

❶ ［古希腊］柏拉图：《理想国》，郭斌和等译，北京，商务印书馆，2012年版，第157—158页。

不然，这段话就是完全多余和无用的了——但柏拉图认为这二者可以通过某些办法取得内在的完全一致，而问题就出在了这里。

"如果两个事物有同一个名称，一个大一个小，它们也相同呢，还是，虽然有同一名称而不相同呢？"仅从语言的角度上来考量这个问题，这两个事物完全有可能是不同的。我们知道，同样是"经济学"，在面临某一个经济问题的分析时，微观经济学和宏观经济学完全有可能得出截然不同的结论。我们在考虑"城邦正义"和"个人正义"的一致性时，必须要解答这样的问题：这二者之间究竟是一种怎样的关系？为了简化我们的分析，可以暂时同意柏拉图的观点，它们之间确实具有某种一致性因素。但我们还是要问，这种一致性究竟体现了什么具体关系？城邦正义和个人正义到底是仅仅具有结构性的一致还是从内涵上而言它们也是一致的？❶ 非常遗憾的是，柏拉图似乎并没有澄清这一点。

"结构性相似"和"内涵相同"有着非常大的差别，例如，我们对比英、日等国和中、美等国的交通规则。这二者结构上有着非常一致的相似性。都有一些基本一致的原则：如车辆礼让行人、转弯让直行、红灯停绿灯行等。但考虑它们的内涵，却是不同的。美国、中国等大陆国家因为古代打仗时，人们使用右手持剑，从右路发动进攻的习惯延续了下来，汽车也是延续了右舵的传统，靠右行驶。但英国、日本等国家，他们历史上航海事业发达，左舵的船方便掉头，所以就延续了左舵的传统。因此，如果因为结构性相似，就将两种规则进行替换性实践，造成的结果肯定是灾难性的。

"如果仅就正义的概念而论，一个正义的个人和一个正义的国家也毫无区别。"柏拉图的这句话如果是单纯地从"正义概念"的意义上出发去考量，它很显然就不是严格意义上的内涵一致。即便站在柏拉图的哲学基础上，也可能存在这样的事实："城邦的正义就是城邦的正义，它体现的是城邦自身所固有的秩序，而个人的正义就是个人的正义，它体现的则是个人灵魂内部所固有的秩序。二者虽然都是秩序，也都是体现了各自秩序的和谐，但却有可能是完全不同的秩序。"❷ 如果，就此即将二者相混淆，我们很难说不会发生两者相互冲突甚至排斥的现象。假如国家正义侵害了

❶ 聂敏里：《〈理想国〉中柏拉图论大字的正义和小字的正义的一致性》，《云南大学学报（哲学社会科学版）》，昆明，2010 年第 1 期，第 34 页。

❷ 同上书，第 35 页。

个人正义，个人正义违背了国家正义，则又当如何？

我们这样分析柏拉图的逻辑问题或者说可能存在的错误❶并非是一种站在现代文明的高度对古人的苛责，也绝不是为了在舞文弄墨间来体会吹毛求疵的快感。因为，随后我们就会发现，"个人与国家的正义""个体与集体的正义"这一类问题，一直萦绕在政治哲学对正义理论研究和讨论的核心地位中。直到进入二十一世纪，它实际上也是自由主义、社群主义、共和主义和平等主义各种思想流派之间所争论的焦点。

不管怎么样，《理想国》集中了柏拉图关于政治、道德和教育等方面非常成熟的观点，它也是我们现今能够找到的关于"正义"最为全面和系统的一部早期哲学著作。（这已经是我们第三次重申这个特殊的历史意义。）

《理想国》的观点和写作手法无意间开启了西方"乌托邦"政治传统的历史先河，这种影响一直延续至今仍然经久不衰。柏拉图论述的正义的城邦形态为后世国家治理、政治制度的确立起到了极其重要的参考意义。他所描述的许多国家的原则，例如分工合作的原则、国家的目的是追求最高的善等原则，都在后世的国家建设中无法忽视，并在很多政体中进行了试验和实践。在中世纪的欧洲，《理想国》中的许多政治和伦理的思想被基督教哲学接纳，并重新认识和赋予了新的内涵，很多基督教传统中都渗透着柏拉图式的理想光辉。

这部伟大的著作是柏拉图——甚至是古希腊——哲学体系走向成熟之后的一次全面总结，虽然历经千年，仍然在人类文化和哲学史上闪耀着灿烂的光芒。

（四）秩序还是德性？

对柏拉图的质疑和反驳毕竟不是从二十世纪六十年代才开始的，早在柏拉图在世的时候，这种质疑就已经蓬勃地展开了。对他的观点提出最有力的批评的恰是他最得意的学生——亚里士多德。"这家伙反对我，就如

---

❶ 本文并无意决然地指责《理想国》确凿地存在着某些逻辑错误。因为，现存已经有非常多的文献从不同的角度为柏拉图进行了理论上的辩护，其中有一些有代表的论文就包括刘飞老师的《论柏拉图〈理想国〉中城邦正义与个人正义的一致性》等文章。本文提出这一问题仅在于启发读者从另一角度去审视柏拉图的"正义"理论，并提醒我们阅读古人的经典时，也应该随时保持中立、批判、审慎和怀疑的态度。因此说明。

同是初生的小马驹，饮足了母亲的奶水，反过来猛烈地踢它的母亲一样。"❶ 柏拉图这样说。

在希腊爱琴海北海岸的卡尔西迪西半岛，有个美丽的滨海城市——斯塔吉拉，公元前384年，亚里士多德就诞生在这里。

当时的斯塔吉拉处于马其顿王国的统治下，但是此处的大多数居民是从希腊迁移过来的伊奥尼亚❷人。因此，这里一直有希腊文化传统和民族精神。❸ 亚里士多德出身于一个医生世家，他的父亲是当时马其顿国王阿明塔斯三世（前393—前370年在位）的御医和朋友。❹

亚里士多德自幼就跟着父亲出入马其顿王宫，接受了非常严格和良好的教育，并有着非常系统的医学训练。医学教育的背景让亚里士多德具备了敏锐的考察、收集和分析的能力，让他天然地注重一种由经验事实出发思考问题的习惯。十七岁的时候，亚里士多德遇见了那个改变他一生的人——柏拉图。此时的柏拉图已经六十一岁高龄，哲学思考日臻成熟。正是柏拉图深刻的影响和亚里士多德自身的勤奋，使得他日后也成了人类哲学史上的一颗璀璨的明星。

亚里士多德在柏拉图学院里一待就是二十年，他对于柏拉图学说的理解和思考相当的透彻和深入。公元前347年，柏拉图逝世，亚里士多德离开雅典开始了长达十二年的漫游生涯。前343年，亚里士多德受到了幼年好友腓力（当时已贵为马其顿国王——腓力二世）的邀请，赴马其顿担任了亚历山大的教师。那年的亚历山大大帝十三岁。在长达八年的"帝师"生涯中，亚里士多德参与了很多和马其顿政治有关的活动，并以此为契机深度地思考了政治哲学。

公元前336年，亚历山大大帝登基，由于亚历山大治下的马其顿开始大肆扩张并加强中央集权，走向独裁。政治上的分歧让亚里士多德离开马其顿，重新返回雅典，建立了吕克昂学园（Lyceum）。尽管亚历山大和亚里士多德之间政治上的分歧是很严重的，但是年轻的大帝对老师的感情仍

---

❶ 张志伟：《西方哲学史》，中国人民大学出版社，2007年版，第108页。

❷ 伊奥尼亚（ionia，一译"爱奥尼亚"，古地名）是古希腊时代对今天土耳其安那托利亚西南海岸地区的称呼，即爱琴海东岸的希腊爱奥里亚人定居地。其北端约位于今天的伊兹密尔，南部到哈利卡尔那索斯以北，此外还包括希俄斯岛和萨摩斯岛。

❸ 苗力田、李毓章：《西方哲学史新编》，北京，人民出版社，1990年版，第77页。

❹ 姚介厚：《西方哲学史（第二卷）》，南京，江苏人民出版社，2005年版，第673页。

然是相当深厚。亚历山大对吕克昂学园进行了资助，这样，亚里士多德得以建立规模相当大的建筑群，并建立了世界历史上第一所私人图书馆。在这所学园里，亚里士多德的哲学思考达到巅峰。由于他习惯与学生边散步边讨论问题，人们又把他创立的学派叫作"漫步学派"（Peripatetikoi）。❶

公元前 323 年，亚历山大在巴比伦准备远征印度途中突然去世，消息传回雅典。雅典长期以来弥漫着对马其顿王国扩张的不满情绪，雅典人再一次把矛头对准了哲学家。他们将情绪发泄在了与马其顿王室关系密切的亚里士多德身上，企图以"渎神罪"起诉他。为了避免重蹈苏格拉底的覆辙，不让雅典人第二次对哲学犯罪，亚里士多德流亡优卑亚岛，第二年，这位人类历史上最伟大的哲学之星在岛上陨落，享年六十三岁。❷

亚里士多德全面地继承了柏拉图的正义理论，并在他自身的反思和努力下获得了较之于柏拉图的时代更大的发展，也取得了更为深远的影响。

> 亚氏之论公道（正义），承柏氏之余绪，而推广其意，其思虑也精而切，其分析也审而微，可谓盛矣。❸

在柏拉图对正义的思考中，已经意识到"正义"展现在我们面前的时候可能不仅仅只有一种形态。柏拉图将它们分为了"城邦的正义"和"个人的正义"。但柏拉图透过"理念论"和"灵魂说"认为这两种正义内在具有统一的形式和内涵。柏拉图看来，不管是"大字的正义（城邦正义）"还是"小字的正义（个人正义）"所体现的都是在理性灵魂统御下的秩序和谐，它们事实上可以相互替换，只是程度大小的区别，并没有内容上的重大分歧。然而，亚里士多德并不这样看，他给正义做了更为细致的划分。

简要而言，亚里士多德将正义做了两种分区，一个是"抽象的正义"（有时也被称为"总体的正义""城邦的正义""普遍的正义"），另一个是"具体的正义"（又被称为"部分的正义"或"特殊的正义"）。对于抽象的正义，亚里士多德又将它们细分为"自然的正义"和"传统的正义"。

---

❶ 张志伟：《西方哲学史》，中国人民大学出版社，2007 年版，第 109 页。

❷ 姚介厚：《西方哲学史（第二卷）》，南京，江苏人民出版社，2005 年版，第 672—677 页。

❸ 严群：《亚里士多德之伦理思想》，北京，商务印书馆，2003 年版，第 129 页。

同样，对于具体的正义，则又区分为"分配的正义"和"矫正的正义"。❶

现在，不妨来考察亚里士多德这样区分正义的哲学依据。与苏格拉底、柏拉图高度依赖理性主义的哲学方法不同，亚里士多德考察正义主要是奠基于其对自然哲学的研究和认识。在汲取了柏拉图对理性思考的营养后，再次对自然哲学进行反思的亚里士多德发现，我们在解释事物时，可以将几乎所有的事物视为由四种要素所构成：质料、形式、动力和目的。

当然，这四种要素从自然物到人造物，在亚里士多德看来，都能用这四项要素进行考察。例如一个自然物——让我们假设"河流"——"水"就组成了河流的资料，"浪花的涌动"就成了它的形式，"地势的变化与引力"就是它的动力，"归于大海"就是它的目的（在希腊文中，"目的"和"终点"是同一个词语）❷。人造物也一样——例如"毛笔"——"竹管"和"笔毫"就是它的质料，二者相结合形成的"毛笔形态"就是它的形式，人运笔时候的"指力"和"腕力"就成了它的"动力"，"记述文字""功宣礼乐"就是它的目的。这种考察当然一直能够延伸到人类的行为活动中去。亚里士多德这个观点极富创造性地将自然哲学与伦理学（道德哲学）进行了合理的联系，让它们在其自身的哲学系统中取得了比较完美的统一。

按照亚里士多德的这个逻辑，当我们考察正义的时候，当然也可以从这个哲学基础出发。那么，正义的质料事实上就是构成正义之所以是正义的内容，抽象正义恰符合了这一要求。抽象正义在亚里士多德看来，最重要的要义就是"守法"。看得出，在这一点上他更多地吸收和继承了苏格拉底的学说。但是，他阐释"正义即守法"的理由却与苏格拉底有所不同。不论是苏格拉底还是柏拉图，他们强调"守法"或者是人"各安其职"都是从一种"秩序的和谐"意义出发去论证。而亚里士多德则是从

---

❶　对于亚里士多德对正义的划分，学术界有着非常多的不同看法，例如美国学者 J. H. Hallowell 和 J. M. Porter 认为，亚里士多德将正义区分为分配正义、矫正正义、交换正义和公平正义四类。莫里森则认为亚里士多德仅将具体正义分为了分配和交换两种正义，对抽象正义他并没有严肃地进行论证。我国学者例如吕世伦教授，将亚里士多德论证的正义区分为普遍正义和特殊正义两种，其他具体内容都在这两个范畴下进行论证。本文所述的亚里士多德对正义的区分得益于南京师范大学孙文恺教授的观点，包括前述的内容亦都属于孙老师在《亚里士多德正义分类的理论与现实基础》一文中的成果，该文发表于《河南师范大学学报（哲学社会科学版）》2009 年第 4 期，因此说明。

❷　孙文恺：《亚里士多德正义分类的理论与现实基础》，《河南师范大学学报（哲学社会科学版）》，新乡，2009 年第 4 期，第 96 页。

"善的目的"或"善的德性"的角度去考察这个问题。亚里士多德在《尼各马可伦理学》❶一开篇就提到了这个观点：

> 各种技艺，各门学科，并且同样，每个行为和每个计划，似乎其目的都在于某种善。因此，善已经清楚地表达在一切事物所追求的目的中。❷

亚里士多德一开始就把"善"定义为某物或者是某人活动的目标、意图或者目的。那么毫无疑问，正义的最高目标也是善，并且是一种非常典型的"属于人类社会的'善'"。毕竟没有人关心非洲大草原上的鬣狗是不是偷窃和抢夺了属于猎豹的食物。

那么既然正义说到底是一种"属人的善"，在亚里士多德的伦理学体系中，作为人的善完全取决于他在城邦中的活动，因为人的本质只能通过共同体来界定，因此才有了亚里士多德那句流传千年的名言：

> 人是天生的政治动物。❸

我们很容易发现，截至目前，亚里士多德的理论中还能依稀地看到苏格拉底和柏拉图的影子。甚至，顺着这个路径再走下去——城邦的善就是正义，哲学王以理性统御下的秩序和谐就是正义——则就又回到了柏拉图的老路上来。遗憾的是，就在这里，亚里士多德与柏拉图分道扬镳了。

很显然，亚里士多德所谈的"善"和柏拉图奠基在理念论上的"善"在各自的内涵上，有着非常大的区别。按照柏拉图的理解，属于同一质料的各种事物，说到底都应该是一门科学或学科研究的对象。即以"善"为例，世界上或许存在着许许多多的善，但属于理念的善只有一个，并能统御所有属于可感世界的善。亚里士多德的不满，就是从这里开始的。

亚里士多德认为柏拉图过分夸大了善的质料而忽视了善的形式，他并不否认确实存在着柏拉图所说的那种"终极的"、属于"最终目的"的"至善（summum bonum）"。但他同时认为，善的事物还应该是从属于不同学科的，例如战争有战争的善、医学有医学的善、政治有政治的善等。柏

---

❶ 尼各马可是亚里士多德的儿子，这本书若不是由他的儿子所编写的，就一定是亚里士多德献给自己儿子的礼物。

❷ ［美］阿拉斯达尔·麦金太尔：《伦理学简史》，龚群译，北京，商务印书馆，2010年版，第92页。

❸ 浦兴祖、洪涛：《西方政治学说史》，上海，复旦大学出版社，2004年版，第75页。

拉图以质料总括了形式就造成了他的那种高度抽象和普遍的善事实上对于具体科学而言毫无用处——过度的普遍性忽略了形式的差异性。毕竟人们只是在具体的实践和现实的科学与技艺中体会具体的善。在亚里士多德看来，善的全部内涵不能总括在一个"先验"或者是"超验"的客体名称中去。● 很显然，自柏拉图以后，到了希腊哲学晚期的柏拉图主义甚至是启蒙运用以后的近代形而上学的哲学理论都仍然高度迷恋柏拉图式的这种抽象的普遍性，乃至对于经验与差异的个人造成了严重的忽略。亚里士多德并不否认柏拉图式的善和基于此对正义的理解，他也承认"抽象的正义"事实上就是正义的质料，但他无法接受这种正义的质料与一切具体的正义之间的一致性。换句话说，即便在柏拉图的哲学王国中，哲学王遵循着抽象正义发出指令，这个指令也非常有可能因不能在人群中"平等地分担快乐和辛劳"而造成冲突，这就需要正义的具体形式进行调节。因此，我们也可以认为亚里士多德所说的"具体的正义"事实上就是"正义的形式"。

现在，我们再回过头来解释"抽象的正义"作为正义的质料是怎么与"城邦正义"产生联系的。

亚里士多德明确地提出"人是天生的政治动物"。这一观点可以从两个方面来理解：

首先，从生活的角度考虑。在亚里士多德看来，人只有在城邦中才能得以生存。没有一个人脱离了城邦之后还能显示他的动力、形式和目的。譬如铁匠制作铁犁，他这个活动的目的是为了农民能够运用铁犁进行生产。农民耕作是为了供给城邦人民——当然包括他自己——食物。一切劳作都是为了在增进合作的过程中追求城邦的最高善。脱离了共同体和合作，人们便完全不能生存。而城邦的公共生活就是政治活动的体现，只有在政治活动中，人们才能最终实现生活的意义与幸福。

其次，人的本质属性只有在城邦中才能最终得以体现。

> 城邦不仅是为了生活而存在，实在是应该为了优良的生活而存在；假如它的目的只是为了生活（生存），那么，奴隶也可能组成奴隶的城邦，野兽或者也可以有野兽的城邦，然而我们现在所知道的世界中，实际上并没有这类城邦，奴隶和野兽并不具备

● ［美］阿拉斯戴尔·麦金太尔：《伦理学简史》，龚群译，北京，商务印书馆，2010 年版，第 97 页。

自由意志，也就不会组织那种旨在真正幸福的团体。相似的，城邦的目的也不仅为寻求互相帮助以防御一切侵害，也不仅是为了交换物品更加便利以促进经济的往来……所以，要不是徒有虚名，而真正无愧为一"城邦"者，必须以促进至善的德性为目的。❶

因此人的最高善事实上就是城邦的最高善，"这种善于个人和于城邦都是同样的，城邦的善却是所要获得和保持的更重要、更完满的善。"❷ 正义既然是属人的，人的最高善又是城邦的善，正义的最高价值和质料当然是"城邦的正义"。所以说，实质上亚里士多德所说的"抽象正义"作为正义的质料与柏拉图的概念是有相似的地方的。

但在亚里士多德的正义系统中，并不需要一个哲学王。因为他拒绝承认正义的质料可以代替正义的形式，也就不需要一个高度理性的君王来安排所有具体的正义。抽象正义——正如我们前文提到的——在亚里士多德看来，总体上就是指"守法"。"我们把违法的人和贪得的、不平等的人，称为不公正。"❸ 亚里士多德用一种数学的办法对此进行了论证。正义和和谐的城邦中，人们居于不同的地位，他们之间占有资源的比例是和谐的，也就是正义的。但因为贪得和违法，打破了这种数学比例，造成了不平等，于是不正义就产生了。守法是一种善，城邦的最终目标也是实现最高的善的德性，因此守法就与城邦的正义之间产生了直接的关联。守法也就成了抽象正义的最直接的表现。但毕竟亚里士多德不满于此，并不是说守了法，所有正义问题就一劳永逸地解决了。所以，他还提出了"正义的形式"——具体的正义。

我们可以通过亚里士多德对于具体正义的解释看出他和柏拉图式正义之间的巨大区别。亚里士多德认为具体的正义就是"处于做不公正的事情和受不公正的待遇之间"❹。这个定义事实上也充满了数学的智慧，因为，所谓做了不公正的事，它的实质含义就是"获取了、占有了过多的资源"，

---

❶ 浦兴祖、洪涛：《西方政治学说史》，上海，复旦大学出版社，2004 年版，第 76 页。

❷ ［古希腊］亚里士多德：《尼各马可伦理学》，廖申白译，北京，商务印书馆，2010 年版，第 4 页。

❸ 同上书，第 141 页。

❹ 苗力田：《亚里士多德全集（第 8 卷）》，北京，中国人民大学出版社，1992 年版，第 106 页。

受了不公正的待遇，就是"所得的过于少了"，那么二者之间不多不少，不偏不倚，就是正义的状态。这事实上也是亚里士多德的德性论中关于"中道"的基本观点。

善行就在于行于中庸，最好的生活方式就是行为中庸，行于每个人都达到中庸……德性就是中道，是最高的善和极端的美。❶

亚里士多德又将具体的正义划分为"分配的正义"和"矫正的正义"。❷

亚里士多德的分配正义是对他德性论的中道思想的具体运用。他强调的是城邦的公民应该按照某种和谐并符合中庸规律的几何比例来分配城邦的公共物品。承担不同职责的城邦公民，应该按照维系城邦的必要条件来进行合理的物品分配。"合比例的才是适度的，而公正就是合比例。"❸ 对于公正的几何比例，亚里士多德解释得非常清楚。❹ 但是，这种比例具体应该如何确立，或者说究竟分配的正义达到一个什么样的具体标准才能叫作"符合正义"？亚里士多德对此却语焉不详。例如，我们当然可以承认"执政官：手工业者 = 功勋：劳作"，并认为"（执政官 + 功勋）：（手工业者 + 劳作）= 执政官：手工业者"，达到这一比例，就是正义。但是这个具体的比例到底应该是 3：1，还是应该为 5：1，甚或是 100：1？这些具体的安排应该遵循一个什么样的原则，却是一个更加复杂和难以解释的问题。或许亚里士多德早有更为精湛的解释，但随着岁月的流逝，那些资

---

❶ ［古希腊］亚里士多德：《政治学》，吴寿彭译，北京，商务印书馆，2013 年版，第 205 页。

❷ 亚里士多德所说的分配正义和我们本书未来要在现代政治哲学中所谈的分配正义，应该说虽有相似的地方，但本质上是不同的。现代政治哲学中所谈的分配正义，是一种制度义，是社会制度应该遵循一种（或一系列）什么样的原则对现有的社会资源在公民中间进行正义公平的分配（或再分配）的学说。

❸ ［古希腊］亚里士多德：《尼各马可伦理学》，廖申白译，北京，商务印书馆，2010 年版，第 149 页。

❹ 公正有四个比例项。前两项的比例与后两项相同。因为两个人之比与两份物之比要相同。第一、二项之比是多少，第三、四项之比就是多少(例如，设 A、B 代表两个人，c、d 代表他们各自占有的份额，则 A：B = c：d)。所以，第一、三项之比是多少，第二、四项之比也就是多少(即 A：c = B：d)。同时，第一、二项比例是多少，第一、三项之和与第二、四项之和之比也就是多少［即（A + c）：（B + d）= A：B］。分配所要达到的就是这种组合。如果把第一、三项组合，第二、四项组合，分配就是公正的。参见［古希腊］亚里士多德：《尼各马可伦理学》，廖申白译，北京，商务印书馆，2010 年版，第 149 页。

料已经湮没在了历史的尘埃中，我们今天已无从查证……

亚里士多德对于"矫正正义"的观点极富有创造性，他发现了"正义"的工具性价值，这一点在柏拉图的著作中是没有的。在亚里士多德原文中，他对矫正正义的定义是指在城邦中的公民为了私人利益进行相互合作时，应该以算数比例原则进行分配的一种正义。"其余一类是矫正的公正，它生成在交往的过程中，或是自愿的，或是非自愿的。……在交往中的公正则是某种均等，而不公正则是不均，不过不是按照那种几何比例，而是按照算数比例。"❶ 除去这个具体的含义，亚里士多德对于矫正正义的提出引发了我们对于正义的另一个思考，"正义是不是一个社会必不可少的内容？"这个问题看似是不言而喻的，正像罗尔斯所言："正义是社会制度的首要德性，正像真理是思想体系的首要德性一样。"❷ 但仔细思考却并非如此，试问一个绝对和谐、充满德性和善的社会中，还需要正义吗？人们每个行为、每次合作和协调都充满了美好与和谐，那时候正义似乎就变得多余了。正是因为贪婪、违法、冲突、暴力和种种不堪的事物出现的时候，正义就有了其必要性。这就是正义的矫正性价值，也就是它的工具性价值。亚里士多德适时地发现了正义的这个特点，他的这个发现也透过两千多年，一直在正义理论的研究中居于重要的地位，引导着人们围绕此展开了广泛而深入的讨论。

"亚里士多德是耸立于希腊古典文明终结时期的哲学巨人，是完成希腊古典哲学的大师。他以深睿、开阔的视野反思全部希腊古典文明的历史与现实，总结其全部精神文化，将它们系统化，形成分门别类的学科，使它们不再分散、零碎地融入包罗万象的哲学之中。"❸ 他不仅是哲学大师，而且是逻辑学、心理学、生物学、伦理学、政治学等等众多领域的奠基人或重要创始人。❹ "他是古代最伟大的思想家，最博学的人。"❺ "是最多才、最渊博的科学天才之一，一个在历史上无与伦比的人。应当把他和柏

---

❶ 苗力田：《亚里士多德全集（第 8 卷）》，北京，中国人民大学出版社，1992 年版，第 101 页。

❷ ［美］约翰·罗尔斯：《正义论（修订版）》，北京，中国社会科学出版社，2011 年版，第 4 页。

❸ 姚介厚：《西方哲学史（第二卷）》，南京，江苏人民出版社，2005 年版，第 670 页。

❹ 张志伟：《西方哲学史》，北京，中国人民大学出版社，2007 年版，第 139 页。

❺ ［德］马克思：《马克思恩格斯全集（第二十三卷）》，北京，人民出版社，1972 年版，第 447 页。

拉图并称为人类的导师，如果世界上有这种人的话。"❶

亚里士多德的正义思想对后世产生了无法估量的巨大影响，以托马斯·阿奎那为代表的中世纪经院哲学家们对亚里士多德的理论进行了全面继承和基督教式的改造，形成了中世纪经院哲学的理论基础。启蒙运动以后，众多的理论家们也纷纷从这位古希腊哲学大师的思想宝库中发掘了大量的财富，并形成了系统的近代资产阶级政治哲学理论。霍布斯、洛克、卢梭包括康德他们关于正义的著述中依稀地还能看到亚里士多德睿智的光芒。一直到二十世纪七十年代，当代政治哲学奠基之作《正义论》发表的时候，罗尔斯关于社会正义的阐述中也深深地打着亚里士多德关于正义分类的烙印。❷

亚里士多德的晚年，也就是马其顿王国崛起的时期。这一时期，也正是希腊城邦由兴盛走向衰亡的那个年代。文明的衰亡、社会的动荡、历史的变迁和人生的无常，迫使哲学的研究对象与方法也相应地发生了巨大的变化。❸ 亚里士多德逝世以后，古希腊再也没有诞生出一位和他一样伟大的哲学家，希腊的哲学也步入了自己的晚年，一步一步走向衰落……

（五）快乐、幸福即是正义

公元前415年，雅典远征西西里岛，结果也以惨败告终，雅典从此元气大伤。公元前405年，雅典海军再遭重创，全军覆没。社会的严重混乱与动荡、城邦制的瓦解、马其顿人和罗马人的政权更替，这一切都让雅典人极度地渴望和平、安宁和幸福。❹ 正因为对这些价值的极度缺乏和向往，晚期希腊哲学都以研究这些主题为重心。

这就使得晚期的希腊哲学和"苏格拉底—柏拉图—亚里士多德"时期有明显的变化。早期和古典时期的希腊哲学是以研究系统的自然哲学和本体论哲学为主要工作的。

但是，晚期希腊哲学主要是以伦理学为核心来研究他们关心的问题。

---

❶ ［德］黑格尔：《哲学史演讲录（第二卷）》，贺麟等译，北京，商务印书馆，1987年版，第269页。

❷ 孙文恺：《亚里士多德正义分类理论的知识考古》，《金陵法律评论》，南京，2008年第2期，第140页。

❸ 张志伟：《西方哲学史》，北京，中国人民大学出版社，2007年版，第143页。

❹ 同上书，第144页。

都是以灵魂安宁或生活幸福为主要目标。❶ 当然，这一时期的正义思想研究也同样以这样的主题为核心，伊壁鸠鲁就是晚期古希腊哲学最为著名的代表人物之一。

伊壁鸠鲁（Epikourus），大致生活在公元前342年至前270年。他出生的时候，柏拉图已经逝世五年，亚里士多德四十二岁。❷ 据记载，伊壁鸠鲁诞生在爱琴海上的萨摩斯岛。

十几岁的时候，他就接触到了古希腊哲学家德谟克利特的学说，并阅读了他的著作。德谟克利特的学说对伊壁鸠鲁后来的哲学思考有着十分深远的影响。公元前306年，他来到雅典，建立了自己的学园。他所建立的学园和柏拉图建立的学园以及亚里士多德创建的吕克昂学园并称为雅典最负盛名的三大学园。由于伊壁鸠鲁学园是一个仅由他的好朋友和亲密的学生组成的半封闭式学园。并且，这个学院氛围非常安静和静谧，所以，它又被称为是"花园"。伊壁鸠鲁本人的学说流派也被称为："花园学派"。据说在学园的入口处有一块告示牌写着："陌生人，你将在此过着舒适的生活。在这里快乐乃是至善之事。"

据说，伊壁鸠鲁在"花园"中工作生活了将近四十年，在大约七十二岁的时候，于花园中病逝。伊壁鸠鲁一生著作多达三百多部，不过跟他同时代的哲学家们的遭遇差不多，这些著作大部分都失传了，现在仅存一些残篇和三封书信。

古希腊哲学研究的主题在伊壁鸠鲁的时代发生了非常重大的改变，当然，不管是伊壁鸠鲁还是那些前代的伟大哲学家们，他们都认同哲学关乎人们的生活方式，哲学是与人们日常生活息息相关的，而并非像今天一样，只有在大学的课堂里或研究生和教授们的论文中才见得到它。

伊壁鸠鲁与前代哲学家们的主要分歧发生在"哲学生活的核心理念"的方面。一般而言，前代的哲学家们——例如柏拉图、亚里士多德——普遍认为德性具有绝对的内在价值，正因如此，作为德性的最高目的"善"就成了每个人生活的基本准则，善的生活总体上说就是将城邦秩序和利益

---

❶ 张志伟：《西方哲学史》，北京，中国人民大学出版社，2007年版，第144页。

❷ ［美］斯通普夫、菲泽：《西方哲学史》，丁三东译，北京，中华书局，2005年版，第147页。

置于个人之上。❶

如我们前面已经分析过的，正因为最高的善是城邦的善，而正义归根结底也是以善为目的。因此，不管是柏拉图还是亚里士多德，都将正义很大程度上与城邦和公共事物联系起来。但这样做，或许有着非常明显的缺陷。

假如我们生活在"理想国"中，一切都相安无事。哲学王居于理性的圣殿中，武士勇敢和无畏地守护着城邦，农民和手工业者日出而作、日落而息，安详和静谧地过着自己的小日子。三个阶层彼此相安，各司其职，从不犯属于正义的律法，城邦也因此永恒的正义而享受着和谐与荣耀。忽然有一天，一位百战不死的将军路过一片即将收割的麦田，农夫愉快收割的场景深深地震动了他早已被刀光剑影磨得如铁石一般的心肠。回首前尘，他发现自己已经历了太多的腥风血雨，已承受了太多的厮杀与伤害。为了城邦奋战了几十年以后，他终于累了，从内心深处想离开属于自己的阶层，回到乡间做一名农夫。但，设想理想国已经存在了上千年，它之所以能沐浴在正义中经久不衰，正是秉承了柏拉图式的正义原则。一旦三个阶层之间打破了界限，那么不同阶层的人们都会逐渐萌发超越本阶层的想法，最终一切正义的基础将被彻底摧毁，存续千年的"正义"将土崩瓦解。于是，出于城邦最高善和属人的最高正义考虑，哲学王以理性之名逮捕了将军，将他锁在不见天日的牢房中，以杜绝和防止这种与城邦正义相违背的思想在武士阶层无限地蔓延。最后将军凄惨地死在牢里，城邦依然维持着正义，并安详和宁静地运转。

正义究竟是事关城邦，还是事关自己？

再假设这样一个例子，繁荣稳定的某个城邦中，人人安分守己，并笼罩在亚里士多德所宣扬的那种抽象正义之中。但人们并不迷信有一个哲学王的统治就能过上一劳永逸的正义生活。毕竟他们不希望百战不死的老将军最后被哲学王的理性囚禁在冰冷的地牢中这样的悲剧再次发生。于是，分配正义和矫正正义填补了哲学王的不足。假设，城邦每年秋天收获以后，公民将在广场上按照正义的几何比例进行属于公众的粮食分配。这次分配对于农民和手工业者而言至关重要，因为他们要靠这些粮食来填补自

---

❶ 扈志东：《两种生活方式之争：德性与快乐——对普鲁塔克的伊壁鸠鲁批判的一个考察》，《道德与文明》，天津，2016 年第 2 期，第 83 页。

己耕作所得的不足，以度过寒冷的冬天。通常粮食的分配因为遵循了几何比例正义原则，并有高度理性的指导，是能足够满足每个手工业者和农民的，几百年来都是如此。因为二者同处一个阶层，按照正义原则，"（手工业者＋粮食）：（农民＋粮食）＝1：1"每个人平均分到一份足以过冬的口粮。但这一年出了一个意外，一个农民因为患了某种心理疾病，需要不停地进食来维持自己的健康。按照他能够分到的份额，至少还要再多一半，才能平安地度过这个冬天。而恰巧一个手工业者，他身体消瘦，过着苦行僧式的生活，并不需要这么多粮食，只需一半的口粮足以。于是在这一对人中，正义的比例变成了："手工业者：农民＝1.5：0.5"。如果正义仅仅事关他们两个人自己，这倒还好解决，毕竟这样的比例也可以取得几何意义上的平等。但正义事关城邦，而分配正义在亚里士多德看来必定是"适度的"和"平等的"。如果允许了这桩交易，就打破了在城邦中存在的恒久的比例正义。人们无法从客观的角度确证农民到底是因为心理疾病还是因为贪欲而要求更多的粮食，出于维护分配的比例正义，并以此稳定城邦的和谐，执政官否决了这个农民和手工业者的交易请求。在寒冬即逝的时候，农民死于饥饿，而手工业者家里却剩了足以能救活他的粮食。城邦毕竟不会年年都出现这种罕见的心理疾病，它将继续沐浴在抽象和具体正义的原则中。

正义究竟是事关秩序、比例和谐，还是事关我们自己？

伊壁鸠鲁发现了这些问题，因此他一改前代哲学家的观点，并反其道而行之。在伊壁鸠鲁看来，善、正义、德性等问题归根结底是事关自己的事情。因此，只有"自我的感受"才是最为重要且从根本上能够确实把握的。至于，我做出了什么样的牺牲，为推进城邦的共同善付出了多么大的功绩，这些内容从本质上是无法从一个人内在的角度去考察的。况且，即便都是武士，也有像以色列大卫王一样勇猛的武士，也有武士阶层中最平庸的角色。大卫举手投足之间完成的事情平庸的武士可能要为此付出生命代价，而二者给城邦共同善的增益或许是一样的。那么应该怎么界定谁的正义更高级呢？如果站在丧失生命武士的角度考虑，如此悲惨的结果或许根本就算不上正义。

因此，伊壁鸠鲁主张，不应该过度迷信理性，应该从个人感性的角度出发，追求快乐和幸福就是我们天生的最高善。人们生活的一切取舍都是从快乐角度出发的，我们最终的目的也是获取各种使自己满意的快乐，这就是正义的最终价值。

伊壁鸠鲁的理论非常容易受到误解，因为他主张快乐就是最高的善，正义即快乐，这很容易被理解为是一种享乐主义。人们放纵自己的感觉和欲望，沉迷在肉体的欢乐中，难道就是哲学家所说的善？就是正义？事实上并非如此。

伊壁鸠鲁固然说过：

> 我们认为快乐是幸福生活的起点和终点。我们认为它是最高的和天生的善。我们从它出发开始有各种抉择和避免，我们的目的就是要获得它。❶

但他紧跟着解释道：

> 因为快乐是我们最高的和天生的善，所以我们并不选取所有的快乐。要是它会带来更大的痛苦，我们常常会放过许许多多的快乐。如果忍受一时的痛苦将会使我们获得更大的快乐，我们还常常认为痛苦优于快乐。所有的快乐由于天然与我们相联，所以是善的，但并不是都值得抉择。❷

> 当我们说快乐是终极的目标时，并不是指放荡的快乐和肉体之乐，就像某些由于无知、偏见或蓄意曲解我们意见的人们所认为的那样。我们所说的快乐，乃是身体的无痛苦和灵魂的不受干扰。构成快乐生活的不是无休止的狂欢、美色、鱼肉和其他餐桌上的美味佳肴，而是清晰的推理、寻求选择和避免的原因、排除那些使灵魂不得安宁的观念。所有这些的起点及最大的善就是审慎，因此审慎甚至比哲学更为珍贵，其他德性都是从此产生出来的。它教导我们说，如果审慎的生活，不光荣不正义，便不可能生活得愉快。如果生活不愉快，也不可能活得审慎、光荣和正义。因为德性和愉快的生活已经结为一体，愉快的生活不能与之分离。❸

所以说，在伊壁鸠鲁的哲学世界中，快乐就是审慎的取舍，那么正义

---

❶ 张志伟：《西方哲学史》，北京，中国人民大学出版社，2007 年版，第 147 页。

❷ 苗力田：《古希腊哲学史》，北京，中国人民大学出版社，1989 年版，第 648 页。

❸ 同上书，第 649 页。

也就是审慎的取舍。我们可以看得出来，伊壁鸠鲁实际上在拒斥过度理性的过程中再次将正义和善的问题回归到了理性的传统中。因为，他一方面坚定地主张快乐、幸福和善最终根植于人们的自我感受中。他甚至将这个观点推到了极致，据说，他曾经与别的哲学家争论，太阳就是像他所看到的那样如同盘子大小的物体，而根本不是一个什么巨大的火球。在他看来，感觉就构成了人们认识事物的最核心的标准。但另一方面他又要求人们必须运用理性来指导和约束这个感受，只有经过理性分析和审慎的取舍得到的才是最终的快乐、正义和善。

我们现在可以思考，这种理性的回归与柏拉图和亚里士多德有什么区别？是不是沿着这条路继续走下去，又会回到高度理性主义公度下的最高的城邦之善？很显然，伊壁鸠鲁在回归理性之路的道路是也是极为审慎的，他并没有回追到那个抽象的极致，而是适时地"停住了自己的脚步"。

与柏拉图和亚里士多德的正义观相比，伊壁鸠鲁眼中的正义更为明显地展示了他个人主义的立场。他将一个具体的人与城邦和共同体隔离开来进行观察。正义在本质上是与孤立的、自足的、以自我为中心的个人相关，而并非向柏拉图和亚里士多德所宣称的那样，没有城邦正义，个人正义就无从谈起。

伊壁鸠鲁的"正义即是幸福快乐"和"以个人为中心的正义观"很容易受到来自两个方面的反驳。他对于城邦生活和政治社会的态度与其个人主义哲学基础一脉相承，在他看来幸福的理想状态就是一种简单快乐而又宁静无扰的生活，当然这种生活也就是正义的生活。这等于说，"城邦的荣誉""政治共同体的存亡""集体意义上的最高善"都是伊壁鸠鲁避而不谈甚至是要刻意忽略的。伊壁鸠鲁哲学的继承者卢克莱修❶就曾经公开蔑视政治领域的斗争和人们对于城邦荣誉的追求：

> 因此，既然财富也好，高贵出身和王室荣耀也好，都无助于我们的身体，那我们就应当进一步看到：它们也无助于我们的心灵。❷

---

❶ Titus Lucretius Carus（约前99年—约前55年），罗马共和国末期的诗人和哲学家，以哲理长诗《物性论》著称于世。他继承了古代原子学说，特别是阐述并发展了伊壁鸠鲁的哲学观点。

❷ ［古希腊］伊壁鸠鲁：《自然与快乐——伊壁鸠鲁的哲学》，包利民译，北京，中国社会科学出版社，2004年版，第93页。

我们可以看出，伊壁鸠鲁学派完全回避了城邦政治和政治生活的价值，让这些内容变得毫无意义并丧失了魅力。这样一来，正义也就从城邦责任和公共福祉的领域中退了出来。较早对此展开猛烈批评的是一位古罗马的柏拉图主义哲学家——普鲁塔克。❶

作为柏拉图思想在罗马时期的继承者，普鲁塔克犀利地指责伊壁鸠鲁学派的幸福论和正义观将会造成一种"猪的城邦"式的生活。对于伊壁鸠鲁式"隐秘无闻的生活"他完全无法接受。❷他对伊壁鸠鲁的批判主要集中在政治生活本身的内在价值。普鲁塔克指出：

> 如果你对好人（正义的人）的建议就是避人耳目、默默无闻，那你就相当于是在建议伊帕美农达斯不要当将军；吕库古斯不要立法；色拉希布卢斯不要刺杀暴君；毕达哥拉斯不要传授（别人知识）；苏格拉底不要交谈……这样你就可以主张以下的原则：德性原来就是应当无人说起，技艺也成了闲置无用之物，哲学则成了应该保持缄默；人们受了恩惠竟也应当尽快遗忘。❸

应该说普鲁塔克对于伊壁鸠鲁的批判已经非常严格了，但我们还是能够尝试站在伊壁鸠鲁的立场上为其提供一种辩护。❹伊壁鸠鲁阐释幸福和正义的本质并非是刻意地要求大家远离政治和城邦的生活，而是他将正义的标准和幸福的尺度收回到了个人的情感体验世界中。我们当然不可否认，有一些人——例如苏格拉底——经过自己审慎的权衡，发现他只有通过参与城邦的政治生活，参与公共事物和哲学思辨才能够长久地获得快乐。这样，没有人能说他不应该去追求这种基于幸福和快乐的正义。同样，伊帕美农达斯通过当将军、吕库古斯通过立法、色拉希布卢斯认为刺

---

❶ Plutarchus（约公元46年—120年）罗马帝国时代的希腊作家，哲学家，历史学家，以《比较列传》（又称《希腊罗马名人传》或《希腊罗马英豪列传》）一书闻名后世。他的作品在文艺复兴时期大受欢迎，法国思想家蒙田对他推崇备至，莎士比亚不少剧作也都取材于他的记载。

❷ 扈志东：《两种生活方式之争：德性与快乐——对普鲁塔克的伊壁鸠鲁批判的一个考察》，《道德与文明》，天津，2016年第2期，第87页。

❸ ［古罗马］普鲁塔克：《古典共和精神的捍卫——普鲁塔克文选》，包利民译，北京，中国社会科学出版社，2005年版，第48—49页。

❹ 伊壁鸠鲁对于柏拉图主义批评的自我辩护当然不只有这一个路径。本文所作出的辩护能不能成立当然也值得大家反思。本文仅提供给大家继续认识伊壁鸠鲁正义思想的一种视角，并希望大家因着这种视角继续展开自己的思考。

杀暴君和毕达哥拉斯从事教育，如果这些让他们得到了审慎的快乐和幸福，没有人会阻止他们这样做。他们这样做事实上也促进和成就了属于幸福的正义。但问题的关键在于，这种正义本质上与城邦无关，而是从他们个人感受的尺度出发得出来的结果。至于它确实给城邦带来了增益，那仅是一个客观的结果。这个限制的意义在于，倘若有一个对城邦事物毫不关心的人，我们也不能用理性正义之名，剥夺属于他个人基于审慎快乐的正义。让苏格拉底愉悦地为城邦而死吧，我只愿为了享受下午温暖的阳光而活。这看起来也并没有什么不妥。

对于伊壁鸠鲁的第二种批评看起来更为棘手一些。如果我们将快乐完全依附在人们直观的情感体验中，这倒更容易为他找到理论基础，因为直观感受往往对一个人而言是更为确定的。但这也会导致伊壁鸠鲁的观点失败得更彻底一些。因为到那时，遵从欲望的奢靡之行就成了正义。为了避免这种失败，我们前文已经说过了，伊壁鸠鲁提出所谓快乐和幸福必须要经过慎思和审慎的抉择。那么难题就出现了，例如一个人——就说李白吧——是一个极端喜欢喝酒的人，"李白斗酒诗百篇，长安市上酒家眠。天子呼来不上船，自称臣是酒中仙。"他明确地能够感知，只要自己一喝酒就会非常快乐，而且这种快乐超过了他做任何事快乐的程度。于是他看似应该遵从这种感受，适度地喝一些酒。一斗，两斗，三斗他依然很快乐。但我们都知道，再继续喝下去，他将不是死于酒精中毒就是死于慢性肝硬化或胰腺炎。伊壁鸠鲁的确已经事先声明，快乐不是纵欲，我们应该慎思后平衡利弊。但，难点在于通过慎思取得平衡的点应该怎么把握？这个平衡点是感受不能给我们的，如果正义没有更高的内在价值却一定要囿于快乐的话，恐怕理性也很难对此给出答案。到底喝一斗是慎重的快乐，还是三斗？还是五斗？还是一口不喝？这倒是对健康有着非常积极的意义，但李白也可能因为喝不到酒而产生极端的郁闷，很快郁郁而终。那该怎么办？

我们发现，正义一旦剥离了更高的内在价值，降低到完全以个人感受为基础，不管有没有理性的匡正，我们就很难再给它找到一个坚实的基础，并很可能因此而最终丧失判别它的尺度。我认为，这才是伊壁鸠鲁学派最难以回应的难题。对此，你又是怎么看的呢？

（六）"排斥享乐""人人平等"与"自然法"

当伊壁鸠鲁在雅典的花园中宣扬幸福和快乐的时候，另一个主导希腊化❶和此后深刻影响罗马哲学七百年之久的主要思想流派也在雅典这片哲学沃土上应运而生，它就是斯多亚学派。

斯多亚学派（有时也译为"斯多噶"学派）的创始人是塞浦路斯的芝诺。大约在公元前300年前后，他在雅典创立了属于自己的学派。芝诺讲学的地方是一个用绘画装饰起来的一侧为墙另一侧有廊柱且有屋顶的画廊。希腊语中，这种结构的建筑为称为是"stoa"，音译为"斯多亚"，他的学派就因此而得名。❷

据说芝诺走上哲学的道路充满了传奇和戏剧色彩，直到三十岁时，他还是一名生活富足的青年航海商人。那时，他从腓尼基贩运一批高档的紫色长袍到拜里厄斯，中途遭遇海难，船队被暴风吹到雅典，芝诺只能在此登岸。他找了一家书店坐下，选了一本色诺芬所著的《回忆苏格拉底》，读到第二卷时，他便亢奋得不能自已，激动地问周遭的人们，在哪里可以找到像苏格拉底那样的人。恰巧就在这时，克拉特斯❸从书店的门口路过。于是书商指着他对芝诺说："跟着那个人去吧。"从那天开始，芝诺就成了克拉特斯的学生，走上了哲学的道路，并成了继承"苏格拉底—柏拉图"学说中最为著名的一位哲学家。❹

芝诺的一生，品格高尚，生活严谨，尤其注重道德对于生活的意义，他在个人道德修养的培育上下了非常大的功夫。他大约活了七十多岁，最后死于自杀。一个有着如此认真哲学思辨的思想家，道德情操如此高尚的哲人，为什么要选择以这种方式结束生命？这是很有哲学意义的。奇怪的是，芝诺最优秀的学生，早期斯多亚学派思想的继

---

❶ 所谓"希腊化"指的是从公元前323年马其顿国王亚历山大大帝实施开始，到罗马共和国终结，屋大维登基这长达三百五十年时间内，罗马对希腊哲学的全面接受、消化、再造和发展的历史阶段。

❷ 叶蓬：《花园学派伦理学与斯多亚派伦理学比较研究》，《海南大学学报（社会科学版）》，海口，1987年第2期，第25页。

❸ Crates of Thebes（前365年—前285年）。犬儒派哲学家，阿斯康达斯之子。早年在雅典学习麦加拉学派哲学，但后来受第欧根尼的影响，转而信奉犬儒派哲学。是当时雅典影响极大的一位哲学家。

❹ 包利民：《斯多亚哲学与"苏格拉底道统"之争》，《浙江学刊》，杭州，2008年第3期，第46页。

承人，哲学家克雷安德也是死于自杀，他活了九十九岁，据记载他死于绝食（芝诺死于自缢）。❶ 透过这两位斯多亚学派主要代表人物的行为，我们或许能从一个侧面窥见斯多亚学派的伦理学特征，以及他们关于正义理念的一些观点。

斯多亚学派显然走向了伊壁鸠鲁"花园学派"的极端反面，伊壁鸠鲁崇尚幸福和快乐，芝诺则拒斥幸福主义，倡导苦行。当然，早期的斯多亚学派，在回溯理性主义的道路上可能走过了头，因为此后再没发生过哪个斯多亚哲学代表人物死于自杀的事件。斯多亚学派提倡一种禁欲主义的生活，他们认为道德的真谛和至高的善就是要从根本上克制自己的欲望，"五色令人目盲；五音令人耳聋；五味令人口爽；驰骋畋猎，令人心发狂；难得之货，令人行妨。"❷ 因此，追求正义和道德就要回避肉体的享受，最重要的是要克制欲望。据说，斯多亚学派中一些极端的学者曾经为了证明自己的坚韧不拔，为了能够证明自己克制欲望、忍受苦难的能力，相互比赛看哪个能把手放在火上烧得更久。❸

这个学派的核心观点继承了"苏格拉底—柏拉图"的学说，他们重新把判定真理、至善和正义的基础从感性转向了理性。我们实际上已经提到过了，将正义基础搭建在个人感觉之上，虽然解决了正义主体性差异所导致的难题，也就是回避了城邦正义和个人正义之间可能产生的矛盾。但它最终也有可能因为感觉的多变而难以成立。因此，在斯多亚学派看来，至善和正义，归根结底还应该依托于理性。

虽然斯多亚学派阐述理论的起点与苏格拉底和柏拉图相似，但他们也没有走上与柏拉图完全一致的道路。很显然，斯多亚学派所说的"理性"和柏拉图建立在理念论与灵魂说之上的理性也有着极大的差别。这种差别体现在斯多亚学派将"理性"和"自然"完全联系了起来。用德国哲学家埃德加·博登海默的话说：

> 芝诺及其追随者把"自然"的概念作为了他们哲学体系的核心。所谓自然，按照他们的理解，就是统治原则，它遍及整个宇宙，并被他们按泛神论的态度视之为神。这种统治原则在本质上

---

❶ 邓晓芒：《古希腊罗马哲学演讲录》，北京，北京联合出版公司，2016 年版，第 181 页。
❷ 老子：《道德经的智慧》，呼和浩特，内蒙古大学出版社，2004 年版，第 41 页。
❸ 邓晓芒：《古希腊罗马哲学演讲录》，北京，北京联合出版公司，2016 年版，第 181 页。

具有理性。❶

斯多亚学派对自然的理解，既是"描述性"的也是"规范性"的。所谓描述性，就是具体地说明这个世界到底是什么，由什么构成。所谓规范性，就是在理性的层面论证它应当是什么，由什么构成。

具体来说，在斯多亚学派看来，宇宙是这样起源的：开始的时候，神将实体通过气转换为水，从而开始了宇宙的创造。斯多亚学派的宇宙起源论带有比较明显的泛神论特征，在他们看来，神没有具体的形象，宇宙就是神自身，而天体自身运行的秩序也就是宇宙和神本身的秩序。但是，神创造这个世界，并非是如同我们多变的感觉一样，任意而为的。在斯多亚学派看来，神创造世界遵循着严格的规则。这个规则，就是理性。它是神的理性，但它渗透到世界和自然的每个部分，并通过灵魂渗透到我们每个人的身体中，与我们的理性相统一。❷

这种观点，在今天很有可能因为其荒诞和幼稚使人们根本无须对其认真地审视和思考。因为，毕竟在今天，关于宇宙的起源，人们更愿意接受这样的说法：

> 大约在一百三十五亿年前，经过所谓的"大爆炸（Big Bang）"之后，宇宙的物质、能量、时间和空间才形成了现在的样子。宇宙的这些基本特征，就成了"物理学"。
>
> 在这之后大约过了三十万年，物质和能量开始形成复杂的结构，称为"原子"，再进一步构成"分子"。这些原子和分子的故事以及它们如何互动，就成了"化学"。
>
> 大约三十八亿年前，在这个叫作地球的行星上，有些分子结合起来，形成了一种特别庞大而又精细的结构，称为"有机体"。有机体的故事，就形成了"生物学"。❸

这么看起来，斯多亚的宇宙起源论在今天看起来确实显得过于粗糙

---

❶ ［德］埃德加·博登海默：《法理学——法哲学及其方法》，邓正来译，北京，华夏出版社，1987年版，第11页。

❷ 龚群，何小娜：《斯多亚派的自然法伦理观念》，《湖北大学学报（哲学社会科学版）》，武汉，2016年第11期，第2页。

❸ ［以色列］尤瓦尔·赫拉利：《人类简史》，李俊宏译，北京，中信出版集团，2017年版，第3页。

了。事实上，如果我们剥离了斯多亚学派关于"神创论"的观点后再次审视它，还是能够发现一些卓越的内容。

斯多亚学派的学者们在柏拉图理念论的基础上向前推进了一大步，他们将自然秩序和人的理性联系起来，解决了自然、感性和人类、理性之间不可逾越的难题。事实上，柏拉图已经意识到了这个问题。自然的、感性的往往是变化和不确定的。花开花谢，潮涨潮息，人们肉体的生老病死都是不确定的。但正义和理性却应该是永恒不变的。于是柏拉图区分了"感性世界"和"理念世界"，并主张正义应该服从理性，正义的城邦应该服从哲学王。遗憾的是，只要感性世界和理念世界之间无法沟通，这种假设就有无法回避的难题。因为，再理性的人，也无法脱离感性的羁绊，再卓越的哲学圣王，也免不了出于感性的愚蠢。那么人间正义最终还是无法实现和达到永恒。

斯多亚学派将自然秩序理解为（或者说解释为）一种理性，并且这种理性在本质上与人的理性是一致的。"道之大原出于天，天不变，道亦不变"。正如梅因所说："斯多亚学派回到了古希腊最伟大的知识分子当时迷失的道路上，他们在'自然'的概念中，在物质世界上加上了一个道德世界。"❶ 自然与理性相等同，也就意味着在宇宙中、在万物中、在人类社会中都存在并遵循着某种必然性，因为它们是根据某种同样的理性法则产生和运行的。这种观点也与伊壁鸠鲁的学说截然相反。伊壁鸠鲁的哲学理论，强调的是个别性、个体性和偶然性。因此，个体的幸福和快乐才成了正义的最重要的标准。但斯多亚学派认为，这些内容事实上都是虚假的，不真实的，一切都是自然秩序早已确定的，命运早已安排好了。"太阳底下没有新鲜事物"，这是一句广为流传的西方谚语，但事实上，早在古希腊罗马时期，斯多亚学派就提出了这个观点。❷

建立在这种宇宙观、世界观和伦理观基础之上，斯多亚学派的正义顺理成章地就成了"服从"。服从什么？当然不是城邦，更不可能是自我的感受和快乐的体验，而是服从"自然"。因为，在斯多亚学派看来，自然秩序（自然理性）与人类理性在实质上是相同的。所以，就人类的行为而言，正义的行为当然就是"依照自然的生活"。合乎自然的生活就是德性

---

❶ ［英］梅因：《古代法》，沈景一译，北京，商务印书馆，1959 年版，第 31 页。
❷ 邓晓芒：《古希腊罗马哲学演讲录》，北京，北京联合出版公司，2016 年版，第 182 页。

的生活、正义的生活。斯多亚派学者对这一点内容贯彻得非常彻底，他们自我克制自己的情感，坚毅，忍耐，自觉地将自己的"感性小我"融入到"理性大我"中去，融入到一种普遍的"自然秩序"中去。斯多亚派学者有一句名言：

> 命运是不可抗拒的，愿意的人，命运领着走；不愿意的人，
> 命运拖着走。

由此看来，只有顺随着自然理性的命运自觉而坚强前进的人们，才是智慧和正义的。

或许我们还是很难被斯多亚学派这种带有非常原始特征的宇宙观和伦理观所打动。毕竟一切论证的基础都搭建在一种泛神论的宇宙观中，导致后续的理论既没有伊壁鸠鲁那么直接，又不像柏拉图和亚里士多德那么精巧。但不得不说，正是这种正义观衍生出了两点至关重要和极富创新的正义内容。一个是"人人平等"的正义原则，另一个是世界主义视角下的"全球正义"。而这两点内容，都极大地超越了斯多亚学派当时所处的历史局限，并一直影响了此后两千多年的人类政治文明。

人人平等的原则恰恰就是由"自然理性"推导出来的。因为，宇宙、世界中存在着一个自然秩序的理性，这种理性与我们每个人的理性是一致的。自然秩序的理性我们可以设为"R"，个体的理性可以设置成"r、r′、r″……"那么从根本上说，"R = r、R = r′、R = r″……"因此，"r = r′ = r″……"。不管有多少个不同的个体理性最终都是和自然理性一致的。从而也就能够得出，每一个人从理性根本角度出发都是一样的，也就是每个人在人格的意义上都是平等的。

这个观点当时在古希腊并没有引发革命性的影响，因为毕竟无论如何人们都难以想象"人人平等"是一个"真理"。包括柏拉图、亚里士多德，相信他们也无法想象"外邦人"与"希腊公民"、"哲学家"和"手工业者"、"城邦执政官"与"奴隶"之间事实上人格是平等的。

但当历史又穿越了一千七百多年以后，愤怒的巴黎人民攻陷巴士底狱的时候，"自由""平等"和"博爱"就成了奠基现代政治文明的最重要的基石。几乎在同一时期，北美独立战争中，人人平等的原则又以《独立宣言》的形式，永远镌刻在了人类政治文明的丰碑之上：

> We hold these truths to be self – evident，that all men are created

equal, that they are endowed by their Creator with certain unalienable Rights, that among these are Life, Liberty, and the pursuit of Happiness.

我们认为这些真理是不言而喻的：人人生而平等，造物者赋予他们若干不可剥夺的权利，其中包括生命权、自由权和追求幸福的权利。❶

平等的正义原则在二十世纪八十年代开始逐渐成为当代政治哲学探讨社会正义理论最为核心的内容之一。不得不说，这一切，都是从斯多亚学派所论述的正义开始发端的。

另一个具有划时代意义的正义内容是"世界主义"。其实，我们只要站在斯多亚派的立场上弄清楚了人为什么平等，世界主义的问题也就迎刃而解。斯多亚派正义观点摆脱了狭隘的城邦正义，提出了一个"世界正义"的理念。既然人同等地是宇宙中的一分子，所有人在本性上又都是一致和平等的，那么当然在运用这种自由意志选择善恶的原则上也应该是同等的。

这种观点大大地超越了古典希腊哲学思想中（包括柏拉图和亚里士多德）对"希腊城邦公民"和"外邦野蛮人"那种根深蒂固的成见。更可贵的是，斯多亚学派所论证的世界主义下的人人平等，并非是一种简单的生物学意义上的人人平等。不是从人的生物学意义出发阐述的，那种类似人都有相似的生理结构、外形等等的论证很容易被人实际存在的客观差异性所反驳。反对者会质疑，有些人天生聪明，就应该高贵，有些人天生愚笨，就应该低贱。而斯多亚学派是从德性论出发阐述这一问题的，这点他们巧妙地吸收了亚里士多德的学说。德性至上，相同的自然秩序德性与人类理性相统一，这样完备地阐述了一种建立在自身伦理系统下的平等正义观。

斯多亚学派关于平等的学说后来深刻地影响了基督教哲学，包括基督教所讲的灵魂在上帝面前人人平等，成了基督教的一项基本教义。这里不妨多说一句，基督教宣扬每个人虽然出身不同、形态各异，但他们的灵魂却是一样的。事实上，灵魂平等就是人格平等，中世纪教父哲学——尤其

---

❶ ［美］托马斯·杰斐逊：《杰斐逊选集》，朱曾汶译，北京，商务印书馆，1999 年版，第 48 页。

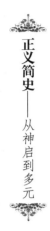

是奥古斯都——在灵魂理论上受到新柏拉图主义的巨大影响。而教父们对于平等理论的阐述，则完全可以说来自于斯多亚学派。对此，马克思和恩格斯曾经形象地比喻：

> 斯多亚学派哲学家塞涅卡是基督教教义的叔父，新柏拉图主义的斐洛是基督教教义的父亲。❶

还记得我们是怎么开始的这段对话吗？也许是想弄清什么是正义，也许是因为向往这种人类恒久以来矢志不渝所追求的价值。不管如何，我们就像对世界、生活和道德充满了希望、好奇、幻想的古希腊人一样，开始了这段追寻正义的哲学之旅。我们谈到了苏格拉底、柏拉图、亚里士多德、伊壁鸠鲁和斯多亚学派。这些以往在人们看起来高不可攀的大思想家、大哲学家，当我们走近他们的时候，才会发现，其实他们就和我们普通人一样。他们的正义思想也是出于对世界的憧憬和沉思而阐发出来的。他们并不遥远，也不生硬，倒像是我们整个人类的朋友一样，耐心地和我们交流，谆谆地教诲着我们。然而，说再见的时刻终于到了。

人类文明发展到公元五世纪的时候，古希腊理性的光芒终于在吐出最后一丝璀璨后，被黑暗所吞噬。随着马其顿王国的兴起，希腊地区一个又一个的城邦被征服。罗马帝国的建立使得古希腊彻底退出人类历史的舞台。

公元 529 年，东罗马帝国皇帝查士丁尼下令封闭了雅典学院，意味着这座延续了将近一千年的最高哲学殿堂彻底终结。当然，在此期间，雅典早已不属于希腊，并数易其主，但毕竟肇始于苏格拉底和柏拉图的雅典学院已经存在了近千年，虽然罗马皇帝关闭了它，它无形的魅力仍将穿透威权，恒久地影响着人类的文明。

公元之初，就在古希腊晚期哲学像一位耄耋老人步履蹒跚地走向自己生命的终点之时，一个新的哲学形态已经如雨后的新芽一样破土而出。在这块久经希腊哲学文化精神滋养和浸润过的土地上，她展现出了强大的活力和勃勃的生机，很快就取代了老迈龙钟的古希腊文化，成了西方文明的中流砥柱。她就是基督教哲学。至此，人类的关于正义价值追寻的理性之门虽被关闭，却打开了那扇通往神性的窗。

---

❶ 邓晓芒：《古希腊罗马哲学演讲录》，北京，北京联合出版公司，2016 年版，第 182 页。

第二章　以上帝之名

（一）哲学与宗教

我们探求正义，追问正义和研究正义理论，为什么会涉及上帝和基督教呢？这确实是我们不得不回应的大问题。坦白地说，对于正义理论的讨论是政治哲学研究中的一个非常重要的核心主题。而政治哲学又是西方知识传统的重要组成部分。西方人文学科的知识传统，粗略而言由两大基本要素所构成，一部分源于古希腊的哲学传统，另一部分就来自于基督教，来自于东方——耶路撒冷。❶

雅典和耶路撒冷对于西方文明，就如同构成一块完整磁铁的正负两极。在漫长的西方文明史上，这两种具有不同文化特征的部分无时无刻地不在交流、对话和争论中共存。两种文化甚至激烈地碰撞和相互排斥，但不管我们怎么"切割"西方文化，细致入微地对它进行考察，两极依然存在。就如同不管我们如何分割一块磁铁，正负两极始终存在一样。

有些学者认为，从传统的意义上而言，雅典的精神代表了理性、民主和科学，这些内涵后来在西方的文艺复兴和启蒙运动中重新焕发了魅力与影响，成为构成现代西方文化的重要基石。耶路撒冷则传递了爱、信仰和道德，这些价值后来在宗教改革中得以重生并被赋予了更多的内涵，成为构成现代西方道德准则和生活方式的重要部分。这种观点固然有些过于大而化之，因为毕竟西方伦理基础早在古希腊罗马时期就已经开始奠基了，中世纪神学或多或少也促进了西方科学和理性的发展。但总体而言，这种观点还是比较准确地把握了西方文化的核心要素。理性与信仰的融合确实

---

❶　［美］史蒂芬·B. 斯密什：《政治哲学》，贺晴川译，北京，北京联合出版公司，2015 年版，第 101 页。

与雅典和耶路撒冷的交汇有着极大的关系，这种融合最早就是从中世纪基督教哲学开始发端的。

我们讲基督教哲学，尤其是中世纪的基督教哲学，它和作为宗教的基督教有着非常大的差别。现今通常意义上说的基督教，广义上大致包括"天主教""东正教""新教"的各种流派，概要而言是对信奉耶稣基督为救世主的各派宗教的总称。而"基督教哲学"，则主要是指中世纪——从公元二世纪开始，到宗教改革发端结束——这一时期，一种由信仰坚定的基督徒建构的、自觉地以基督教的信仰为指导的、但又以人的自然理性论证其原理的哲学形态。❶

考察中世纪的正义理论，人们不免立刻就会联想到"黑暗"这个词汇。事实上，所谓的"黑暗时期"，具体是指从公元400年到1000年左右。它所以造成了文明的荒凉和政治的野蛮，从根本上说也并非是基督教造成的，而是蛮族入侵、罗马帝国灭亡、古希腊和罗马的灿烂文化遭到了毁灭性洗劫和破坏所造成的。而基督教——虽然后期和世俗权力裹挟在一起的时候，确实对科学技术、思想文化造成了越来越多的掣肘、限制和反动——在最初却是对于古典文化的保存有着一定积极意义的。总体而言，中世纪的基督教一方面保存了古希腊和罗马文明的火种（当然是以另外一种形式），另一方面，为开启文艺复兴以后的欧洲近代文明积蓄了力量。客观上有着承上启下、承前启后的作用。因此，这将近一千年的漫长岁月，远远不是"黑暗"二字能够概括的。

此外，通常我们——尤其是在中国当代所流行的一些观念中——会认为哲学和宗教之间似乎有着难以逾越的鸿沟。但实际上，认为宗教与哲学水火不能相容的看法，多半是出于对宗教的误解。人们，尤其是接受了多年辩证唯物主义和历史唯物主义教育的人们❷，常常误以为宗教就是迷信，就是讲那些超脱凡间物质世界的灵魂对超自然力量和神的盲目信仰。但事实上，宗教并不是这些内容，它也不是迷信。甚至从思维活动的模式上来

---

❶ 张志伟：《西方哲学史》，北京，中国人民大学出版社，2007年版，第185页。

❷ 此处并非是说辩证唯物主义和历史唯物主义是不对的，而是我们如果不能对马克思主义哲学原理有着深入和精准的理解，只在肤浅的层面对它进行一些教条式的盲目消化，即有能对其他一些思想，当然包括宗教产生一些似乎不是特别准确的认识。因此，我们恰恰应该自觉地，深入地对马克思主义哲学进行学习和领悟，这样才能更好地、更全面地掌握这个人类文化史上的最卓越的理论。

说，一种哲学观点和宗教信仰的思维模式是非常相近的。因为，不管是宗教还是哲学，他们自己所深信不疑的那部分内容，都被称之为"真理"；没有人会觉得自己的信仰是"超自然的"。❶ 对此，我们可以对比一组涉及宗教和哲学的不同内容的对话来验证我们的判断：

一个小男孩，生长在有着非常虔诚和笃定基督教信仰的家庭中。一天，他问他的父亲："爸爸，我们为什么不能为自己雕刻偶像？也不能张贴、赞美和崇拜那些偶像？"因为他对邻居家小伙伴可以在自己卧室里贴上小猪佩奇的海报感到十分羡慕。他的爸爸也并不是一个古板、严厉而不通情理的人，他慈爱地摸了摸孩子的头，从书架上拿出一本《圣经·旧约》，翻到《出埃及记》对孩子说："你还小，还不懂，世界本来就是这样。神告诉我们'不可为自己雕刻偶像，也不可做什么形象仿佛上天、下地，和地底下、水中的百物。不可跪拜那些像，也不可侍奉它，因为我耶和华——你的神，是忌邪的神。'"念完后，父子都虔诚和条件反射般地轻诵"Amen！"父亲又说，"如果我们违背了这些戒律，上帝就会惩罚我们。这不是我说的，当然也不是摩西说的，如果真是摩西创造了这个世界，或许他会和我一样希望允许你挂一幅自己喜爱的偶像画像。但创造世界的不是摩西，而是上帝。他说了，我们不能拜偶像，所以我们就该听话，懂了吗？"

2015 年，一个出生在德国执政党基督教民主联盟资深议员家庭的小孩，问他的父亲："爸爸，为什么默克尔总理要放开对黎巴嫩的巴勒斯坦难民的移民政策？有些城市的街区出现了越来越多的中东移民，这对社区稳定到底有什么好处？"他的父亲对他如此年幼便能够展开这么深刻的思考感到欣慰，随即从身后的书架上取下了一本《世界人权宣言》，回答道："孩子，你还小，还不懂，我们的世界就是这样。'人人生而自由，在尊严和权利上一律平等。他们赋有理性和良心，并应以兄弟关系的精神相对待。人人有权享有生命、自由和人身安全。这些权利不应该受到不同种族、肤色、性别、语言、宗教、政治或其他见解的任何区别对待。'这些权利不是我规定的，当然也不是默克尔总理凭空想出来的。创造这个世界的不是德国议会。如果议会能够决定一切，它可能更愿意我们的社区都是纯

❶ ［以色列］尤瓦尔·赫拉利：《未来简史：从智人到智神》，林俊宏译，北京，中信出版集团，2017 年版，第 161 页。

洁的日耳曼人。但这个错误在过去的一个世纪已经被证实了，歧视和驱逐其他民族的人民会给我们自己带来更为灾难的后果。最终也会使我们的基本人权遭到践踏和毁灭，是不会有好结果的。你懂了吗？"❶

我们看到，一个虔诚的基督教徒和一个成熟的自由主义政治家，他们对于彼此深信不移的"真理"认识和思考的思维过程是非常相似的。这实质上就是宗教和哲学在思想模式上的内在相似性。这种相似性甚至能在某些具体的事关正义的思考命题中找到一些端倪。

我们不妨考察一个在当代政治和伦理思想领域非常热门的问题——女性堕胎的权利。

在不管是任何一种基督教派的理论中都旗帜鲜明并决绝地反对堕胎。而当代自由主义尤其是女权主义者，很大一部分人则拥护女性堕胎的权利。但不管是基督教反对堕胎，还是当代思想支持堕胎权利，他们都认同同样的一个"真理"，并且是从这条真理展开论证的——人的生命具有神圣不可侵犯的权利。

基督教认为：

"生命神圣不可剥夺，人自受孕一刻开始，就享有了生命，因此堕胎视同谋杀，应该严厉反对并制止。"

我们以自由主义为例，自由主义在讨论这一问题的时候显然要比基督教复杂一些。但不论是最终支持还是反对堕胎权利，他们的思维模式和路径与基督教是非常相似的。自由主义对于堕胎权，主要有三种不同的主流观点：

（a）每个人都拥有某些人身权利，其中就包括对自己身体的权利。从这些权利的性质可以推知，当胎儿本质上还是母亲身体的一部分时，母亲就有权利不受强制地自主决定是否流产。因此，人工流产不仅在道德上是许可的，而且应该被法律所允许。

（b）当我母亲怀着我的时候，我不可能愿意母亲做人工流产，除非能够确定胎儿已经死亡或受到致命伤害。但是，如果涉及自身，我不愿意母亲做人工流产。因为我一方面坚持人生命不可侵犯，一方面否定我自身的

---

❶　这组对比，我也得益于尤瓦尔·赫拉利和他的《未来简史：从智人到智神》，尽管出于表述和解释本书不同的主题，我对之进行了全面的修改和重新描述，但基本观点仍属于尤瓦尔·赫拉利。因此说明，具体内容可参见［以色列］尤瓦尔·赫拉利：《未来简史：从智人到智神》，林俊宏译，北京，中信出版集团，2017年版，第162页。

生命权利，这是前后矛盾的。但我也无法最终否定人对自己身体享有支配权。如果我就是我母亲本人，我无法断定我能否决绝地放弃自己堕胎的权利。因此，我对堕胎权的道德立场持怀疑态度，但并不能坚定地认为法律应该禁止堕胎。

（c）谋杀是错误的。谋杀就是消灭一个无辜的生命，是对生命权最大的侵犯。胎儿可以在人格意义上被视为一个整体，它与新生儿的唯一区别在于它正处于某个通向更为成熟人类形态的较早阶段，假如任何生命都是无罪的，显然腹中的胎儿更加展示了它的道德纯洁性。如果杀婴是违法的，人工终止妊娠显然也是违法的。因此，堕胎不仅在道德上是错误的，在法律上也应该予以禁止。❶

可以看出，从同一个前提出发，在自由主义的内部，有些思想过程甚至可以和宗教取得完全相一致的结果。可见，哲学和宗教远非是"汉贼不两立，水火不相容"。正如以色列历史学家尤瓦尔·赫拉利所说：

> 科学和宗教就像是夫妻，进行了五百年的婚姻咨询，仍未能真正彼此了解。丈夫还想着灰姑娘，妻子也一心想着白马王子，然而两人却在为谁该倒垃圾而争吵不休。❷

哲学和宗教这一对"千年夫妻"，至少在中世纪的时候，"新婚燕尔"的它们尚处在蜜月期。那些伟大的哲学家也在基督教的虔诚信仰中阐述了属于哲学的正义理论。

（二）上帝之城

公元一世纪初，历经苦难❸、处于罗马帝国统治的耶路撒冷犹太民众中，出现了一个主要由社会下层和底层人士所构成的犹太教小宗派。他们相信并宣称牺牲在十字架上的宗教领袖耶稣就是犹太教教义中所说的人们期盼已久的救世主基督，这个小团体就是初具雏形的基督教。❹ 基督教最

---

❶ ［美］阿拉斯戴尔·麦金太尔：《追寻美德：道德理论研究》，宋继杰译，南京，译林出版社，2013 年版，第 7 页。

❷ ［以色列］尤瓦尔·赫拉利：《未来简史：从智人到智神》，林俊宏译，北京，中信出版集团，2017 年版，第 160 页。

❸ 犹太民族在历史上受了多少和怎么样的苦难，本书推荐可参考英国历史学家西蒙·蒙蒂菲奥里所著的《耶路撒冷三千年》。

❹ 张志伟：《西方哲学史》，北京，中国人民大学出版社，2007 年版，第 186 页。

初的信众们相信，救世主耶稣虽然被残暴的罗马人处死，但他已经复活并升天，不久以后他便会重新降临进行"末日审判"，上帝之城也即将实现。但是，永久的和平与幸福却不在此岸世界，而在属于灵魂的彼岸。因此，基督教呼吁教徒们放弃抵抗罗马的暴政，转而向耶稣基督学习，用自己的爱和信仰打破权力的残暴、傲慢和民族之间的猜忌、芥蒂，主张用普遍的爱对教徒甚至是敌人进行帮助与合作。耶稣的事迹很快打动了数量众多的罗马下层民众。我相信，数千年以后，也有数量庞大的人们听了耶稣感人至深的事迹后，心有所感，皈依基督。

为世人宣扬爱和救赎的耶稣被自己的门徒犹大所出卖，以当时最为残酷的刑法处死。被钉死在十字架上，是极为痛苦的一种死法。行刑前，罗马士兵拿着酒给耶稣，希望酒精可以镇定他的神经，减轻他的痛苦。但耶稣拒绝了。接着，他被捆住大腿和双脚，据说这是为了防止受刑的人因失血过快而死掉。上肢的钉子打穿了耶稣的小臂，而不是我们常在绘画艺术中见到的手掌。因为钉住手掌根本无法把人固定在十字架上。行刑的目的当然不是快速地处决他，而是旨在公开羞辱这位"犹太人的王"。因此，他们在耶稣的臀部和脚下各钉上了一段楔形木橛，以更加稳固地将他固定在十字架上。若没有这两节木橛，受刑人的全部重量就会由手臂来承担。手臂折断后会勒住受刑人的脖子，很快让他们死于窒息。但耶稣没有那么"幸运"。他一直被钉在十字架上十多个小时，很可能将会死于中暑、窒息、休克或脱水引起的慢性死亡。最后，一个看守士兵不耐烦地刺穿了他的肋骨，真正杀死耶稣的可能就是这一刺。❶

对于耶稣无私而刚毅的钦佩，对于他所受苦难的同情很快就转化成了罗马下层民众对于基督的追随和信仰，迅速地传播到了罗马帝国的各个行省，星火已渐成燎原之势。罗马日渐衰落的国力、腐败不堪的政治和纷乱动荡的时局逐渐也使得一部分上层人士对固有的信仰和宗教传统丧失了信心。终于，在民间传播了将近两百多年以后的基督教也开始成了罗马贵族的精神寄托。大批社会和政治精英纷纷皈依基督。公元 311 年，罗马帝国公布了允许基督教信仰自由的《宽容敕令》，随后君士坦丁大帝因在夺取皇位中得到了基督徒的支持，在公元 325 年宣布基督教为"国教"。神性

---

❶ ［英］西蒙·蒙蒂菲奥里：《耶路撒冷三千年》，张倩红等译，北京，民主与建设出版社，2015 年版，第 118 页。

终于战胜理性，基督教取得了全面的胜利。

公元四世纪初所发生的一系列大事迅速而彻底地改变了基督教在罗马帝国的地位。三百年间，基督教中一些热爱智慧的教父对古希腊罗马哲学的全面继承也在这一时期开花结果，四世纪末五世纪初，基督教历史上最伟大的思想家奥古斯丁登上了罗马的历史舞台。

奥古斯丁，大约在公元354年出生在北非的塔加特斯（今在阿尔及利亚境内）。他并非出生在一个传统的基督教家庭中，相反奥古斯丁的父亲非常热衷政治、权力和功名这些世俗社会中的"俗务"。因此，青年奥古斯丁被家族寄予厚望，送到迦太基专门学习哲学和修辞学。很快，奥古斯丁被斯多亚学派哲学理论所吸引，尤其崇拜古罗马政治家、哲学家和演说家西塞罗。

> 有勇气的人，心中必然充满信念。如果一个人能对着天上的事物沉思，那么在他面对人间的事物时，他的所说所想就会更加高尚。活着就意味着思考。

西塞罗的这些思想激荡在他的脑海里，激发了他对于古希腊哲学无限的热忱。随后，斯多亚派和花园派哲学便不能再满足他了，他一直追溯到了古希腊哲学的最高巅峰——柏拉图，并终生受到来自柏拉图哲学的深刻影响。公元386年，他皈依基督教。我们并不知道出于什么原因让他做出了这样的决定，但我们知道的是，在此之前，奥古斯丁是一个放荡不羁、风流成性的人。

> 我刚到迦太基，就被烟酒和情人包围，我还没爱上什么，却渴望爱，并且由于内心的渴望，我甚至恨自己渴望得还不够。我追求恋爱的对象，只想恋爱……如果能进一步享受所爱的人的肉体，那于我就更加甜蜜了。❶

皈依基督后，奥古斯丁洗心革面，清心寡欲，成了一名道德情操极端高尚的圣人，以至于千百年以后都成为基督教传颂的浪子回头的典范和佳话。此后，他担任过北非地方神学院的教师、神父，后来又升任了北非希波主教。

身为希波主教的三十五年中，奥古斯丁废寝忘食地工作和阐述基督教

---

❶ ［古罗马］奥古斯丁：《忏悔录》，周士良译，北京，商务印书馆，1995年版，第36页。

哲学的理论。他积极地回应和驳斥各种异端邪说，并写下了数量庞大的著作。他的作品，涵盖范围之广，思考内涵之深，放眼整个基督教哲学的历史，也只有后来的托马斯·阿奎那能够与之相提并论。

公元403年开始到410年，西哥特人趁罗马内乱，对帝国的首都发起了三次大规模的进攻。在第三次进攻中，西哥特人在国王阿拉里克的率领下，借助匈奴人的帮助，以三十万兵力对罗马城进行围攻，终于在公元410年8月攻占罗马城。西哥特人随即对罗马城进行了疯狂的烧杀抢掠，整个罗马城被无情地毁坏。暴行持续了整整六个昼夜，这座基督徒口中的"永恒之都"被夷为一片瓦砾。这一事件，在当时的罗马引起了极大的震动。异教徒开始公开斥责基督教，认为罗马皇帝正是因为背弃了旧神，改信了基督，才遭到了众神的厌弃和报复。同样，基督教内部的思想也开始产生分化和发起质疑：既然罗马已经皈依基督，上帝为什么不保护虔诚的"永恒之都"？来自两方面的责难，使得已经在罗马站稳脚跟的基督教再次面临新的危机和困难。于是，在战火的废墟上，奥古斯丁书写了一部伟大的历史哲学著作——《上帝之城》。这部巨著，耗时十四年之久，它在基督教神学的观念下解答了"历史的自由和必然""历史的发展和意义"以及"信仰的力量与目的"等基本哲学问题，在西方哲学研究史中开辟出了历史研究方法的新途径。❶

公元430年，奥古斯丁逝世于希波，他至今被罗马教廷尊称为"伟大的教父""杰出的大师"和"上帝的使者"。如同柏拉图和亚里士多德一样，他一生研究和阐述的众多问题和领域，后来都成了西方文化思想的新起点。

奥古斯丁在基督教的信仰系统中吸收和改造了柏拉图的学说，柏拉图从存在论和知识论的角度进行论证，阐述了他的"二重世界"的观点，将世界划分为"理念世界"和"事物世界"。这一观点在奥古斯丁的基督教哲学中被改造为"超验上帝的彼岸世界"和"经验现实的此岸世界"。与柏拉图的区分相类似，彼岸世界是属于上帝的世界，是至善的世界和完满的世界；而此岸世界则属于世俗的世界，是变化的、缺陷的和不完满的世界。但仔细考察，奥古斯丁的划分和柏拉图有着本质的区别。

---

❶ 黄裕生：《宗教与哲学的相遇——奥古斯丁与托马斯·阿奎那的基督教哲学研究》，南京，江苏人民出版社，2008年版，第81页。

古希腊的哲学思想，虽然流派纷呈、内容分殊、各具特色，但总体上说追求的都是统一与和谐。在多数古希腊哲学家的观念中，整个宇宙是一个巨大的整体，内部存在着完美的和谐。城邦与人类社会是宇宙秩序的有机组成部分，所以，自然界和宇宙之间的和谐关系也渗透到了人类的社会中，人们以自然秩序为范本——尤其斯多亚学派更是直接提出了自然秩序即是正义——通过这样的沟通，人类秩序实现内在的统一与和谐。❶ 这是一种比较典型的"一元政治观"。包括柏拉图，虽然对世界做了两种区分，但他并没有讲出类似"恺撒的物当给恺撒，上帝的物当给上帝""理念的归理念，感性的归感性"这样的观点。相反，他提出理性应该统御感觉，应该以哲学王的形式求得两重世界的内在统一。我认为，柏拉图的两重世界，并非是"此岸"和"彼岸"式的二元观点。

相反，奥古斯丁的区分提出了一个几乎可以说是全新的政治模式的基本原则，他在精神权力和世俗权力、教会和国家、此岸与彼岸之间做了一个完全的切割。这种观点我们可以将其称为"二元政治观"。❷ 虽然，今天我们很难说，奥古斯丁所区分的"此岸世界"和"彼岸世界"这个具体内容对当今的政治哲学讨论和正义问题研究还有什么真正的营养。但是"二元政治观"却可以说极其深刻地影响了西方政治哲学的发展和正义理论的阐述。

"二元政治观"不仅在中世纪的政治和哲学领域处于绝对主流的地位，甚至在文艺复兴、宗教改革、启蒙运动和进入现代以后仍在影响着政治哲学。❸ 一般观点认为，文艺复兴尤其是启蒙运用以后，西方政治和哲学的发展走上了逐渐剥离宗教和完全世俗化的道路。从这个角度来看，"上帝之城"和"彼岸世界"似乎完全被消解了，二元政治观是否也同时瓦解了呢？

从直观上看，政治哲学——当然不仅仅是政治哲学——的研究逐渐并完全打破了神权的枷锁，政教真正做到了两相分离。基督教彻底地放弃了

---

❶ 丛日云：《在上帝与恺撒之间》，北京，生活·读书·新知三联书店，2003 年版，第 3 页。

❷ 同上书，第 2 页。

❸ 近代政治哲学和相关的正义理论，将在后文中另章详述，此处仅从宏观意义上解释"二元政治观"对近现代政治哲学和正义理论的影响。

世俗权力，并全面退出现实政治和科学研究所属的领域。❶ 不得不说，属于基督教的"二元政治观"彻底过时了。也就是我们前面已经提到的"此岸世界"和"彼岸世界"的具体内容，客观上将已经没有什么实际营养了。但肇始于奥古斯丁和基督教哲学的"二元政治观"本身却远远没有从政治哲学和正义理论的研究中离席而去。它以一种新的形式和面貌在近现代自由主义政治哲学的讨论中闪亮登场。

从十七世纪中期开始一直到二十世纪中期，三百年间，可以说自由主义一直在西方政治哲学领域中占据绝对核心的地位。（当然，从十九世纪开始，马克思主义逐渐崛起，一直到二十世纪末，大有东风压倒西风之势。但即便是这一时期，西方社会主流政治研究中，自由主义也是不可或缺的重要思想。）近现代的自由主义就带有特别明显的"二元政治观"的特征，某种意义上而言，就像是奥古斯丁继承了柏拉图，霍布斯、卢梭、洛克和密尔也在不知不觉中继承了奥古斯丁和基督教的某些传统。"随风潜入夜，润物细无声"。

在政治领域，自由主义直到今天依然坚持着人的"内在世界与外部世界""主观世界于客观世界"❷"私人生活领域与公共生活领域""公民的公共道德和私人道德""公共权力和个人自由""政府和国家的集体利益和作为公民的个人权利"等等，恰恰就是对这些二元政治观的细致区分和深刻阐述，构成了近现代自由主义的精髓。❸

具体到正义研究的领域，大多数现代正义理论的阐述都是站在"社会正义""分配正义"和"制度正义"的角度去考虑问题。作为公民个人和道德层面的正义问题已经不再是人们关注的核心问题。这种公权与私德的区分，不恰恰就带有显著的"二元政治观"的特征吗？我们很难说，这与基督教哲学没有关系。

现在，我们再回过头来考察奥古斯丁关于正义的具体内容的阐述。

---

❶ 这当然不代表宗教与科研、宗教和科学是相抵触的。这点我们在本章一开始就解释了。基督教的退出是针对中世纪神权统治而言的。中世纪中后期开始，基督教与世俗权力相勾结，对政治、经济、军事、文化、科学研究领域进行了全面的钳制。它的退出指的是从这些具体领域的退出。而当代，针对基督教、神学和宗教的科学研究并未停止，时至今日，全球大多数综合性高等学府都开设有神学院和专门进行宗教理论研究的学院，在特定的人文社会科学研究中，神学与宗教仍保留了一席之地。

❷ 这一点不仅仅自由主义，马克思主义也坚持类似的观点。

❸ 丛日云：《在上帝与恺撒之间》，北京，生活·读书·新知三联书店，2003年版，第3页。

在基督教的教义中，人是有原罪的。原罪的教义是基督教非常重要与核心的基础教义，根据《圣经·旧约·创世纪》的记载，亚当、夏娃被造后，住在伊甸园中过着幸福生活。上帝给亚当立了诫命："园中各样树上的果子，你可以随意吃，只是分别善恶树上的果子，你不可吃，因为你吃的日子必定死"。上帝禁止亚当、夏娃吃"禁果"，但隐身于蛇形的魔鬼却引诱他们背叛上帝，劝他们吃"禁果"，并说："你们不一定死……你们吃的日子眼睛就明亮了，你们便如上帝能知道善恶。"夏娃经不住引诱，吃了"禁果"，又让亚当也吃了一个。他们吃了"禁果"后，果然眼睛就亮了，能分别善恶，知道羞耻，也就是说开始成为有思维能力的"人"。基督教认为，亚当、夏娃偷吃"禁果"，违背上帝的意志，是"亏欠了上帝的荣耀"，这罪遗传给后世子孙，成为人类一切罪恶、灾难、痛苦和死亡的根源。但是，《圣经》的文本中并没有关于"原罪"明确的定义，原罪的具体论证应该是在公元二世纪由古罗马神学家图尔德良最先提出，奥古斯丁吸收了柏拉图的学说后对此又加以发挥和充实。

正因为人有原罪，就必须要皈依上帝才能最终得到宽恕和拯救。奥古斯丁把世界划分为"上帝之城"和"世俗之城"，"有两种城市，一种是坏人的城市，一种是正义者的城市，这两种城市从有人类开始，一直持续到终结。"❶ 上帝之城里是圣洁、和谐和真正幸福的生活；世俗之城则是充满罪恶、悲惨和彻底不幸的生活。在奥古斯丁看来，正因为人性的原罪，使得世俗世界的暴力性、内战、不平等和种种不正义最终无法消除。用他自己的话说：地上的国家只是由于人的原罪和堕落而不得已设立的，根本无法在其中实现人的道德和更为高级的目标。我们可以看出，奥古斯丁这种对于"城邦正义"的认识，完全脱离了古希腊的哲学传统。在雅典，城邦正义乃是最高的正义。而基督教哲学则认为城邦本身都是为了压抑原罪不得已而为之的工具。世俗社会的正义在奥古斯丁的理论中完全丧失了内在价值。

奥古斯丁对于世俗世界的观点客观上也促成了西方人对国家、政府和公共权力观念的一个转变。过去，尤其是在古希腊，公共权力、公共事务和城邦是具有天然的善的属性。从事公共事物，是一个公民善的德性和义务。但是，显然奥古斯丁不是这样看。世俗的生活由于没有属于上帝的

---

❶ 范明生：《晚期希腊哲学和基督教神学》，上海，上海人民出版社，1993 年版，第 455 页。

"善"的合法性基础，国家当然也就丧失了作为最高善的合法性基础。绝大多数属于世俗社会的国家无法再在最高善的意义上体现个人的人生价值和目的，人们也不再局限于通过公共生活来实现最高的正义。事实上，这个观点也对后来近代西方的个人主义和自由主义学说有着积极的意义。

但是奥古斯丁并没有像伊壁鸠鲁一样，切割了正义与国家的关系后，使得正义丧失了稳定性。相反，上帝之城的阐释将正义从此岸世界上升到了彼岸世界，使它的稳定性更加牢固。现实人性的罪恶固然使得世俗社会从根本意义上丧失了绝对正义的基础，但彼岸的上帝则是永恒正义的源泉。正义成了基督教信仰系统中的主要美德，它在根本上代表了上帝的博爱和仁慈，为世俗的生活奠定了政治和法律的基础，也是世俗中的人追求至善的目标。奥古斯丁阐释的上帝之城的正义，主要可以从三个方面进行理解。

首先，上帝和"上帝之城"是正义的道德源泉，它是实现正义最终的目的。这种正义是永恒不变的、绝对的、至善至美。个人只有以热爱上帝和信奉上帝才能最终进入上帝之城，才能在彼岸实现最终的幸福。

其次，"爱"是上帝之城中正义的最基本原则。爱是正义基本原则是根据《圣经》记录的耶稣事迹所推定出来的。上帝对于人的爱，是无私的爱，勇敢和博大的爱，是一切美德的基础和正义的最高原则。所以，世俗世界的人，也应该向上帝爱世人一样，爱自己的兄弟姐妹甚至是异教徒和敌人。因此才有《马太福音》五章三十九节中所说的："但是我告诉你们，不要抗拒恶人；反而无论谁打你的右脸，连另一面也转给他。"

第三，"禁欲主义"的生活。因为人是带有原罪的，罪恶的种子无论如何开不出正义之花。假如顺遂我们的本性，不加以限制，只能是距离正义越来越遥远，距离罪恶越来越亲近。因此，只有压抑自己的欲望，才是拯救和脱离原罪、实现正义的唯一途径。

总而言之，奥古斯丁的神学正义观以一言蔽之就是"抬高神性，贬低人性"。这种观点带来的必然是教会权力的扩大和对于现实权力的限制。因为世俗之城是暂时的、不完满甚至是罪恶的。但上帝之城是至善的，而教会则是上帝之城在人间的体现。因此，只有基督建立的教会得到了世俗之城的承认、世俗国家虔诚地服从和服务教会才能成为上帝之城的一部分。

奥古斯丁把教会和世俗国家区分开来，认为教会在实质上高于世俗国家，这种观点给中世纪教廷与世俗君主争夺统治权提供了理论依据。在此以后，罗马教廷抓住这个思想，大肆宣扬"教皇君主制理论"，充分利用和发展了奥古斯丁的学说，主张教皇应该具有君主般甚至比世俗君主更大的权力。后来，中世纪的教皇确实被赋予君主般的地位。这种结果当然有其非常消极的影响，教会过多地干涉了欧洲各国的现实政治，并因宗教解释和统治权的问题屡屡将欧洲拖入毫无意义的战争中。但，教权和政权二元对立的现实也有一定的积极意义。

十九世纪英国自由主义哲学家阿克顿勋爵较早地发现了基督教的二元政治观与西方自由传统之间的内在联系。他在论及自由的起源时阐述道，"恺撒的物当归给恺撒，上帝的物当归给上帝"，神权和政权的两相分离一方面以守护正义和保护良知的名义赋予了世俗权力从未有过的神圣性，与此同时也给它加上了从未有过的束缚。❶ 我们可以通过反思西方政治传统和中国政治传统的差异性来理解这个观点。在西方封建社会中，君主的权力始终不是为所欲为和没有边界的。有一套无形的枷锁始终限制着国王和皇帝的权威。中世纪的教会，就是这种限制的源头。当然，进入近代，经过资产阶级革命以后，民权从教权的手里将限制权力的枷锁接了过来，对于公共权力的限制和制约传统也得以保留了下来。对于专制的否定，事实上就是自由存在的土壤。

在至高无上的领域保持一个必要的空间，将一切政治权威限制在明确的范围以内，不再是耐心的理论家的抱负，它成为世界上哪怕最为强大的机构和最为广泛的组织的永恒责任和义务。这种新的律法、新的精神和新的权威，赋予了自由以新的含义和价值。❷

当然，过度而盲目的信仰一定会走向僵化和愚昧。奥古斯丁将人们的思想引向上帝的同时，并没有解决我们在反思柏拉图正义观时提出的问题。上帝世界中的正义就像是高度抽象的城邦正义一样，忽略了现实生活中个人的实际体验和需求。上帝之城的正义更有甚之的地方在于它最终限制了世俗生活的具体内容，也压制了人类属于个体的智慧认识、科学发展

---

❶ 丛日云：《在上帝与恺撒之间》，北京，生活·读书·新知三联书店，2003年版，第17页。

❷ ［英］阿克顿：《自由与权力》，侯健等译，南京，译林出版社，2001年版，第55页。

的空间。尤其是十三世纪以后，宗教裁判所的设立，彻底将基督教推向了人类发展的反动一面。它钳制了中世纪社会方方面面的进步因素，将社会拖入了静止和缺乏活力的状态中。

不论如何，奥古斯丁以其丰富的思想和绝伦的聪明才智在基督教的信仰系统中建立了一个百科全书式的哲学体系，这对西方中世纪的哲学发展有着非常深远和巨大的影响。在十三世纪以前，以他为代表的教父哲学一直占据了思想界的主流地位，直到托马斯·阿奎那横空出世之后，中世纪的哲学方向才有了一些变化，正义的内容也得到了新的诠释和论证。

（三）理性的回归

四世纪以后，除了"判教者"朱里安（Julian）以外，几乎所有的罗马皇帝都是基督教徒。但是，虔诚的信仰并没有挽救罗马帝国的全面崩溃。奥古斯丁去世不久，匈奴帝国开始如一股猛烈的东风席卷欧洲。

The East Wind is a terrifying force that lays waste to all in its path.

东风强大无敌，所过之处一片狼藉。

It seeks out the unworthy and plucks them from the earth.

它会铲除卑劣之徒，荡涤尘埃。

公元452年开始，脾气暴躁、傲慢坚忍的匈奴大军越过阿尔卑斯山，开始入侵西罗马。蛮族攻占了意大利，洗劫了众多繁华的中心城市。西罗马帝国此时已经无法为继，在苟延残喘中仍然上演着荒淫腐败和宫廷政变。从公元455年到476年，短短的二十一年间，帝国发生了九次军事政变，废立了十多位皇帝，昔日荣耀无比的帝国，终于在一片风雨飘摇中崩溃。西罗马帝国灭亡以后，又经过几百年的征战，在昔日罗马帝国的废墟上，蛮族建立了一个伟大的王国——法兰克王国。

公元800年，法兰克王国查理被罗马教皇加冕，成为"罗马人的皇帝"，史称"查理曼大帝"。这位雄才伟略的皇帝在重建帝国霸业的过程中深刻地认识到了文化复兴和学术继承对于统治的必要性，他和他的继任者开始在帝国境内全面推行教育事业，西欧的文化渐渐地在一片荒芜中缓慢地复苏，这段历史被后人称为"加洛林朝文化复兴"❶。在文化的复兴过程

---

❶　张志伟：《西方哲学史》，北京，中国人民大学出版社，2007年版，第221页。

中，基督教事实上仍然占据了主导地位，帝国各地的学校基本都开办在了修道院和教会中，教师绝大多数也由教士和神父担任，因此基督教哲学和神学依然是这一时期的最为主流的学科。正是在这样的背景下，经院哲学开始兴起。

所谓"经院哲学（scholasticism）"，指的就是在查理曼帝国的宫廷学校以及基督教的大修道院和主教管区的附属学校发展起来的基督教哲学。❶托马斯·阿奎那就是继奥古斯丁之后，集中论述正义最为著名、影响最为巨大的经院哲学的代表人物。

站在整个欧洲中世纪的哲学发展史上来看，托马斯·阿奎那的出现，意味着以基督教信仰为前提的哲学开辟出了另一条道路。奥古斯丁开辟的是一条以不断自我反省、深化和坚定内心信仰作为理解上帝、追求至善与正义的哲学道路，那么，阿奎那则是重新回归理性，打开了一条以"知识"为信仰的前提、以逻辑演算和概念分析作为巩固信仰、追求上帝、至善和正义的路径。我们通常说奥古斯丁更多地受到了古希腊柏拉图和新柏拉图主义的影响，而阿奎那无疑更多地得到了来自亚里士多德的营养。❷

托马斯·阿奎那，1225 年生于意大利南部那不勒斯的阿奎诺地区，他的父亲是当地一位非常显赫的贵族。阿奎那五岁的时候被送到卡西诺山修道院接受教育，十四岁开始进入那不勒斯大学，并在同一时期加入了多米尼克修会。十九岁，受修会指派到巴黎大学继续深造，结识了著名的基督教思想家阿尔伯特，并拜入其门下。1259 年，托马斯·阿奎那奉命到罗马教廷供职，在那里结识了精通希腊文的学者"曼培克的威廉"。正是威廉，使得阿奎那接触到了大量转译自希腊文的亚里士多德的著作，对其此后将近二十年的思想生涯产生了天翻地覆的影响。

从查士丁尼下令关闭了雅典学院以后，亚里士多德的学说就成了飘在欧洲人文精神上空的一抹淡淡的云彩，它清晰可见，却又离人们如此遥远。几乎每个罗马人、欧洲人都知道在很久以前，古希腊有一位逻辑学家亚里士多德。但作为哲学家和伦理学家的亚里士多德却已经被他们渐渐地遗忘。公元四世纪中期以后，在奥古斯丁的努力下，中兴了古希腊柏拉图的学说。几个世纪以来，柏拉图的大名在基督教哲学领域响彻人心。但

---

❶ 张志伟：《西方哲学史》，北京，中国人民大学出版社，2007 年版，第 221 页。

❷ 黄裕生：《宗教与哲学的相遇——奥古斯丁与托马斯·阿奎那的基督教哲学研究》，南京，江苏人民出版社，2008 年版，第 245 页。

是，与他一样伟大的亚里士多德，却整整缺席了将近一千多年。值得庆幸的是，亚里士多德的学说并没有湮没在历史的尘埃中，它由东方的阿拉伯人和犹太人保存和继承了下来，并得到了这些东方学者深入和系统的研究。随后，在公元十世纪前后，以阿维森纳和阿维罗伊为代表的阿拉伯思想家、哲学家将传习了多年的亚里士多德著作转译成了拉丁文，这些著作再次传回欧洲的时候，就将引起基督教哲学的思想革命，大大地扩展原本就属于西方人的精神世界。❶

全面学习和接受了亚里士多德的哲学思想后，阿奎那对其进行了基督教信仰前提下的改造。1269 年，他重新回到巴黎大学任教，并与各种保守的基督教哲学思想展开论战。1274 年，托马斯·阿奎那奉教皇之命，赴里昂参加宗教会议，不幸在途中病逝。享年四十九岁。

托马斯·阿奎那的一生，著述卷帙浩繁。除了为亚里士多德的著作留下了数量庞大的注疏之外，他的《反异教大全》《神学大全》等著作无论是在哲学还是在神学上都是中世纪欧洲最为主要的思想巨著。❷

阿奎那是作为一个基督徒来思考和写作的，因此，在看待他本人及其学说的时候，首先应将他视为一个神学家。但是，毫无疑问的是，阿奎那的所有著作和思考又严重依赖亚里士多德的哲学。很显然，阿奎那把神学和哲学"捆绑"在了一起。不过，这种"捆绑"并不是简单的拼凑、机械的杂糅和粗糙的改造。相反，阿奎那的意图非常明确，在他的学说系统中，哲学和神学起到了很有效的互补作用。❸ 阿奎那的思考生涯中，他花费了巨大的心力去研究神性和理性、信仰和哲学之间的关系。在他看来，哲学产生于被人类理性所发现的原则，而神学则是对得自权威启示的原则所做的理性安排，并被认作是信仰的问题。❹ 阿奎那认为，所谓知识，主要分为两个部分：一个是从出于理性的知识，本质上说也就是属于自然的知识；另一个是从出于信仰的知识，本质上说是属于超自然的知识。这两部分知识的根源都是上帝，因此它们所包含的真理是同一的。

---

❶ 黄裕生：《宗教与哲学的相遇——奥古斯丁与托马斯·阿奎那的基督教哲学研究》，南京，江苏人民出版社，2008 年版，第 249—250 页。

❷ 张志伟：《西方哲学史》，北京，中国人民大学出版社，2007 年版，第 247 页。

❸ ［美］撒穆尔·斯通普夫等：《西方哲学史》，丁三东等译，北京，中华书局，2005 年版，第 249 页。

❹ 同上注。

但是，理性是会犯错误的，而上帝是完满和至善的，因此信仰高于理性。

如果说奥古斯丁的学说"神话"了正义的地位，使得正义成为人类无法达到的完美至善，那么托马斯·阿奎那则是将属于天国的正义——至少是一部分正义——又拉回到了人间。他凡化了具体正义，为世俗社会的政治生活重新找到了值得尊敬的价值、尊严和魅力。奥古斯丁从天国与人间的对立推导出社会的罪恶、政治制度在正义问题上的无能为力，因此他将正义问题倒悬在彼岸世界和天国。阿奎那却不这样认为，天国自有天国完满的正义，但人间，正义怎能缺席？他从亚里士多德的自然观念出发，论证了世俗之城同样可以实现正义的理想。

当然，奥古斯丁有属于奥古斯丁时代的危机与使命。那时候，永恒之都罗马陷落，帝国一片风雨飘摇，人心思动，基督的信仰面临坍塌，一个永恒正义、上帝之城在理论的层面挽救了危机中的基督教。阿奎那当然也有属于阿奎那时代的危机与使命。国家承平日久，危机就在繁华表层的褶皱中开始酝酿。

从十二世纪到十三世纪前叶，罗马教皇的权力日渐强大，宛如世俗君主，甚至在某些方面教皇的权力远远地盖过了世俗君主。尤其是依诺森三世任教皇的期间（1198—1216），教权达到了鼎盛和巅峰：在基督教世界里，大部分君主和皇帝都成了罗马教皇的封侯，他们一个个不仅承认教皇是他们属灵的精神领袖，而且承认教皇和教廷也是他们世俗的主宰。奥古斯丁不是说了吗，只有上帝之城才有正义，才有至善的合法权。而教会则是上帝之城在世俗之城的代表，那么教权理所当然应该高于政权。因此，教会的世俗权力也随之水涨船高，达到了前所未有的高度。奥古斯丁的理论可以给罗马教廷提供向世俗争权的基础，但他解决不了另外一个难题。

正如任何社会、党派和领袖一样，一旦获得了至高无上且毫无限制的权力，腐败和丑闻就会随之而来。教会权力的急剧膨胀不仅没有促进基督教属灵事业的发展，反而让大批神职人员——包括教皇在内——迅速腐败变质。尤其是那些占据特殊地位、特定职务的神职人员，权力带给他们的便利逐渐让他们变得毫无廉耻，贪得无厌。以至于依诺森主教都叹息道："法国南部的主教们是平信徒的笑柄。"而巴黎的民间则流传着这样的话

语："我可以相信任何事，就是无法相信一位德国的主教可以得救。"❶

中世纪的欧洲人否认了世俗正义的可靠性，全心全意地将对正义的追求和对幸福的向往寄托在了上帝之城。然而，上帝之城映射在人间的教会，却堕落得还不如尼禄治下的罗马。这让奥古斯丁的正义理论难以为继，也极大地动摇了基督教的信仰基础。正如阿奎那自己所说的：

> 那种悲观的情绪受到各方面的责难。人们开始对自己的工作感到自豪，怀疑他们的一切作为是否都有罪过，一种比较强烈的热情开始在西欧境内蔓延开来。新的观念和思想方法的影响正在形成以大学为中心的精神生活。对于从波伦尼亚大学传来的罗马法的研究已经给政府和政治揭示出新的前景。曾经长期被忽视的亚里士多德的一些著作又为学者们所接触。一种陌生的和叛逆的哲学正在渗透过把阿拉伯世界同基督教世界隔开的铁幕。❷

托马斯·阿奎那身处了一个面临变革的危机时代，过去的基督教哲学理论已经无法解释和继续支持教会在世间的种种荒唐。如同亚里士多德面临的问题一样，高高在上的理念世界和上帝之城距离我们太遥远了，无法指导和说服每天都辛劳、勤苦奔命的芸芸众生。为了适应时代的变迁和人们精神变化的需要，阿奎那借助和改造亚里士多德的学说，重新修整和建构基督教。他责无旁贷地扛起了重构基督教哲学的大旗，使得基督教神学体系更加完美和圆满。

阿奎那把正义定义为"一种习惯，根据这种习惯，一个人根据永恒不变的意志来使得每个人获得其应得的东西"。实际上，阿奎那几乎原封不动地接受了亚里士多德关于具体正义的内容。❸ 他认为，属于世俗社会的具体正义应该由两部分组成。首先是分配正义，也就是按照人们在社会政治生活中的地位不同，将不同的东西分配给他们。其次是矫正正义，关注的是人们之间交易和交往的过程中，一旦出现了不公正的行为或违法的情事，就需要及时进行调整和矫正。

---

❶ 黄裕生：《宗教与哲学的相遇——奥古斯丁与托马斯·阿奎那的基督教哲学研究》，南京，江苏人民出版社，2008 年版，第 247 页。

❷ ［意大利］托马斯·阿奎那：《阿奎那政治著作选》，马清槐译，北京，商务印书馆，1997 年版，第 8 页。

❸ ［美］塞缪尔·弗莱是哈克尔：《分配正义简史》，吴万伟译，南京，译林出版社，2010 年版，第 28 页。

此外，阿奎那同意亚里士多德所阐述的"人是天生政治动物"的观点，他沿着亚里士多德的思路，指出，对于每个人而言政治社会是自然的，是人们的本性得以完善的最基本条件。单一的个体、脱离社会的个人是无法在自然中生存的。因此，家庭就是构成社会的最小单位。但，家庭也不能脱离政治生活而存在，它只能满足一些人们生存和发展的最低需求。我们要修建一条从那不勒斯到罗马的朝圣之路，这是以家庭为单位所无法实现的，必须要有政治共同体的支持。因此，阿奎那说：

> 真正自足的人类联合体，是城邦。城邦是实践理性的最完善的作品。❶

我们能够看出，阿奎那的正义理论几乎与亚里士多德如出一辙。例如，阿奎那也认为分配正义的实质内涵是一种"比例的平等"。"在分配正义中，某个人会得到某种东西，因为某种归属于整体的东西应当归于部分。他所得到的这种东西的数量必须和这个人在整体中的地位的重要性成比例。因此，在分配正义中，一个人在社会中的地位愈突出、愈显要，那么他从共同财产中得到的东西也就应该愈多。"❷

但仔细考察，还是能够发现阿奎那的正义学说与亚里士多德在内涵上的两点不同。

首先，城邦正义面临的对象发生了重大改变。在亚里士多德的时代，城邦的内部系统并没有中世纪这样复杂。城邦就是一个独立的政治共同体，共和整体之下，雅典公民相对平等地参与政治、管理城邦的事务，政治共同体的结构相对比较简单和单一。但到了中世纪托马斯·阿奎那所处的时代，形势改变得天翻地覆。作为独立单元的城邦早已不复存在，共和政体也远在几百年前就已成了明日黄花，社会阶层也早就不是简单地以"执政官、武士、农民、手工业者"这样的界定可以进行划分。交叉重叠的封建等级制度已经确立，官僚系统变得臃肿而庞大，社会分层也呈现复杂和多元的态势。"诸侯联合体、骑士阶层、修士兄弟会、城市公社、商人贸易行会防御联盟、宗教兄弟会、村社、血缘家族、父系家庭和个体家

---

❶ ［德］列奥·施特劳斯：《政治哲学是（上册）》，李洪润等译，石家庄，河北人民出版社，1998 年版，第 275 页。

❷ ［美］博登海默：《法理学——法律哲学与法律方法》，邓正来译，北京，中国政法大学出版社，2004 年版，第 35 页。

庭，所有这些以及与此相类似的群体把个体紧紧地结合在一起，这些群体就像小宇宙一样给个体以保护和帮助。"❶ 这些态势，都是古希腊见所未见、闻所未闻的。因此，在这种新局面下，如果要套用亚里士多德的具体正义学说，不得不进行内涵的改造和升级。阿奎那继续发展了亚里士多德的理论，他认为，城邦就像人的身体一样复杂，由不同的部分所组成。这些部分如同是人的不同器官，都有自己的功能和作用，当然也需要不同的营养和利益。人的身体的不同部件，显然不能用同一种机械平等的原则进行正义分配，不同脏器的所需必然是在一种几何比例的关系中得到平等而和谐的共存。

其次，在正义的内容上，阿奎那与亚里士多德也存在着内涵上的差异。柏拉图、亚里士多德他们在古希腊谈正义，所阐述的"正义原则"事实上就是"理性的原则"。就是针对世俗社会的特征和需要来考察政治和现实。城邦并不在天上，也不在理念里，它是实实在在的贯穿于每个人的现实生活。因此，不管是柏拉图还是亚里士多德，正义的核心和本质上的目的就是为了公民能够在城邦中享有幸福的生活。但是阿奎那的头上比他们多了一道"紧箍咒"。如果阿奎那阐述的正义理论最终的结论就是人们得以在世俗中享有恒久与和谐的幸福，那他的理论就失败了，因为他是基督教徒。中世纪的哲学，不是世俗的哲学，而是神性哲学，它的道德和伦理基础并不来自于理性的思辨，而是来自于神圣的基督。因此，奥古斯丁的伦理观点一言以蔽之，就是"重神性而轻人性"。但是，奥古斯丁走过了头，过分重视神性，忽视人性和理性后，无法解释现实问题。因此，阿奎那将神性又拉回到了理性之路上。但他归根结底还是要依据神圣基督这个道德基础，让基督精神为他的正义理论提供道德上的支持，并且最终还是要回到神学的系统内去解释和看待个体生命的核心意义。城邦的善就是最高的善，这显然是不行的。因此，阿奎那在自己的城邦正义中阐释了属于基督教信仰的"守法"。我们前文已经提到过，在亚里士多德的正义系统中，抽象正义总体上就是指"守法"。"我们把违法的人和贪得的、不平等的人，称为不公正。"❷ 守法是一种善，城邦的最终目标也是实现最高的

---

❶ ［苏］A. 古列维奇：《中世纪文化范畴》，庞玉洁等译，杭州，浙江人民出版社，1992 年版，第 215 页。

❷ ［古希腊］亚里士多德：《尼各马可伦理学》，廖申白译，北京，商务印书馆，2010 年版，第 141 页。

善的德性，因此守法就与城邦的正义之间产生了直接的关联。阿奎那接受了亚里士多德关于"守法"的观点，但他把法的内容做了全新的修改、扩充和诠释。阿奎那将"法"做了四种区分，分别是"永恒法、自然法、神法和人法"。其中永恒法指的就是上帝的统治计划，具体代表宇宙中一切运动和活动的神的理性和智慧。它处于所有法的最高位置，代表着至高无上的正义。但它又不像奥古斯丁的"上帝之城"一样，只能通过人们虔诚的信仰来获得，而是需要靠人以自身的理性来理解和接近。人们透过对永恒法的理性认识，形成了自然法，自然法再贯彻到人们的具体生活中，就成了人法，"一种以公共利益为目的的合乎理性的法令，它由负责管理社会的人制定和颁布"❶。人法服从理性要求，理性可以理解和认识自然法，对自然法的研究可以将理性引导至属于至高正义的永恒法。阿奎那通过这一条连贯的逻辑论证，将理性思辨和神性信仰巧妙地联系了起来。

对于"守法"正义的基督教式解读，目的是确立永恒法的绝对性和神圣性。说到底，它才是宇宙中最高的法，是万法之源，世间万物都应该遵循和服从的权威。在另一方面，阿奎那又没有否定理性的地位，肯定了理性对于社会正义的现实意义和相对价值。但在至为核心的意义上，他走上了和奥古斯丁相同的道路。要真正地实现正义，获得最好的制度，达到至善的美德和正义，政治制度、人类理性、世俗之城是无能为力的，还是需要通过上帝的恩典，人才能成为上帝选民，抵达彼岸永恒完满的世界，永享幸福。❷

中世纪持续了将近一千多年，这一时期哲学思考虽然受到了严重的限制，使得哲学成了神学的婢女才得以苟存于世。但是，古希腊的哲学思想和基督教哲学相互交融却客观上促成了西方近代哲学的发展。启蒙运动以后，西方对于社会正义理论的探讨进入了全新的历史阶段，我们依然能从那些伟大的思想家——例如霍布斯、卢梭、洛克——的文本中找到基督教哲学对他们的深刻影响。以基督教为信仰的中世纪哲学为古希腊哲学添加了更多的超验、形而上学的因素，这在未来的自由主义正义学说中的影响一直延续到二十世纪的七十年代。古希腊哲学衰落的时期，人们已不再关

---

❶ ［意大利］托马斯·阿奎那：《阿奎那政治著作选》，马清槐译，北京，商务印书馆，1997年版，第116页。

❷ 彭富明：《论中世纪神学正义理论的历史嬗变》，《前沿》，呼和浩特，2010年第5期，第186页。

注永恒、无限和完满的命题。花园派哲学为代表，将人们认识正义的尺度完全拉到了感性和经验的范畴。但，基督教哲学横空出世的一刹那，就将正义推到了内在精神领域的极致地位，因而也唤起了近代政治哲学在研究这一问题的时候带有非常明显的主体性特征。甚至到了现代，大多数坚持一元正义观点的哲学家们，矢志不渝地研究着正义稳定性的问题，寄希望于阐述一种或一套正义理论，能够稳定和恒久地指导和匡正人类社会的制度正义的问题。这些传统都是基督教哲学保留下来的优秀基因。

然而，青山遮不住，毕竟东流去。十七世纪以后，随着文艺复兴、宗教改革运动的兴起。欧洲人在科技、文化、艺术、思想和宗教等方面都迈开了进入近代化的征程。最终，西方世界也在全球范围内实现了全面的领先和超越。启蒙的时代即将来临。

第三章　启蒙与权利

（一）"邪恶导师"

对于中世纪的哲学家们来说，天国并不是一个遥远的所在，它甚至就笼罩在人们生活的世俗之城的上空。人们研究哲学，追问正义本质上都是为了抵达那似乎触手可及的救赎和至善。哲学与神学紧密地结合，使得哲学屈从于神学，不可避免地成了神学的婢女。这种情况一直持续到中世纪末期，哲学与宗教这一对"夫妇"终于开始发生越来越多的龃龉，关系也变得骤然紧张了起来。文艺复兴兴起后，这对曾经"亲密无间"的组合终于产生了决定性的裂痕，从此以后同床异梦，终至分道扬镳。

文艺复兴，指的是发生在十五世纪到十六世纪的全面复兴古希腊学术的运动。这一时期，大量的古希腊的哲学著作被重新发掘出来，学者们开始重新重视这些作品，并对之进行广泛的传播和研究。我们上一章曾经提到过，在文艺复兴之前的中世纪，以柏拉图和亚里士多德为代表的最为典型的古希腊哲学事实上并没有湮灭，而是由奥古斯丁和托马斯·阿奎那进行了神学改造后，流传了下来。但绝大多数的中世纪神学家和哲学家他们并没有机会和条件直接对古希腊文本进行考察，而是通过普罗提诺、奥古斯丁、托马斯这些人的二手材料，接触到那些古老的文化精髓。然而，文艺复兴开始后，很多古希腊哲学著作的原稿被人们发现，并从雅典带到罗马。古希腊蔚然成风的学园传统在意大利得以恢复，例如，佛罗伦萨的统治者美第奇仿照雅典学园在当地建立了一个主要研究柏拉图学术的学园。这种研究与奥古斯丁有着本质的区别，它摒弃了以基督教信仰为前提，直接面对古代文本，将人们的思想目光从天国拉回到了人间。佛罗伦达的学园刺激了整个意大利的学术热情，很快在那不勒斯、罗马等地相似的学园纷纷地建立了起来。哲学思考终于冲破了神学的藩篱，学者们纷纷摒弃经院哲学的方法论，开始阐述属于"人"的正义。

对于古希腊和罗马文献的直接阅读和研究一个最为明显的效果就是解放了日渐僵化的拉丁文写作风格，使得中世纪那种过于正式和呆板的语言模式成为过去时。罗马帝国建立以后，拉丁文就成了每一个学者最为基础的教育。每一个接受教育的人都要从大约八岁开始，至少花费七年的时间，只学习四位作家的作品：维吉尔、西塞罗、撒路斯提乌斯和泰伦斯。他们将大量的精力消耗在每一处语言的转折、每个句式的结构和每篇文章的风格上。在学校，年纪很小的学生一般典型的语文练习是选定一个特定的作者，然后用拉丁文讲述他们日常生活中发生的某件事情。例如，老师会严格地要求"用西塞罗在法庭上为昆克修斯辩护的文风为你自己在周末要求去郊游的请求作出辩护"。这种近乎病态的严格要求，严重限制了拉丁语的发展和灵活能力。但它也成了罗马和中世纪社会精英的地位象征，只要一个中世纪的社会精英张口说话——就立刻能够判断他是否学过"正确的"拉丁语。但是，就如同过分的信仰导致愚昧，从而限制了思想的活力一样，过分僵化的语言传统也极大地限制了学术的发展，当时的人们嘲讽用拉丁文写作的学者："从没有见过有人写了这么多内容却什么都没说。"❶

随着古希腊原文的阅读，欧洲知识阶层的文风开始松动，而且诠释古代经典毕竟不是神圣的宗教事业，也不代表崇高的社会地位，用不着一定要使用拉丁文。因此，哲学写作开始以各国语言的形式出现。随着不同国家语言的使用，哲学文献影响范围开始逐渐扩大，普通民众也可以阅读一些过去只有贵族才能读懂的经典。古登堡活字印刷术的运用，也极大地促进了文化的广泛传播。到了宗教改革以后，这种趋势已经定性，近代的哲学家几乎都使用自己国家民众熟悉的语言进行创作。霍布斯、洛克和休谟用英语写作，伏尔泰和卢梭则使用法语，康德的作品以德语的面貌震惊世人。❷

文艺复兴最早就是以佛罗伦萨为中心开始展开的，最初，是源自于一群水平高超的艺术家。整个中世纪的方方面面都以宗教信仰为框架，艺术

---

❶　[英]彼得·希瑟：《罗马帝国的衰落：一部新的历史》，向俊译，北京，中信出版社，2016年版，第57页。

❷　[美]撒穆尔·斯通普夫等：《西方哲学史》，丁三东等译，北京，中华书局，2005年版，第285页。

也被宗教象征主义所限制和规范。绘画与雕塑的目的并不是要表现人的美和社会生活的生动，而仅仅是宣扬宗教、启迪信仰和巩固神权的理论工具。因此，中世纪的艺术作品很少能体现出现代美学意义上的艺术价值。中世纪后期，科技的发展推动了艺术的进步。三维测绘与人体解剖都取得了长足的进步，这在客观上促进了文艺复兴时期艺术作品的变革和进步。随后，我们就能够看到意大利文艺复兴三杰——拉斐尔、达·芬奇和米开朗基罗的作品。这些作品直到现在还能够极大地调动我们的情绪，感染我们的精神。这是在中世纪不可想象的。

与美术和雕塑一样，意大利文艺复兴时期的文学也开始重点对人性进行发掘和审视。文学的发展，也受到了古希腊和古罗马哲学的影响，例如人文主义运动的先驱比特拉克，他的著作《论好的和坏的命运》就充斥和洋溢着非常明显的斯多亚学派的伦理观和幸福观。就是在这种背景下，佛罗伦萨这座小城中，终于走出了一位对近代政治哲学影响至深的思想家，他被誉为"近代政治学之父"，他就是马基雅维利。❶

虽然，长期以来马基雅维利在政治学说史上享有崇高的地位，但几乎没有人将他和"正义"这两个字联系起来。马基雅维利在历史上是一个非常特殊和矛盾的存在。对于他的评价，他受到了多少赞美，也就同时遭到了多少非难和责骂。这种争论在他去世后五百多年间，从未停止。赞美他的人，认为他是"近代民族主义先驱""政治学的奠基人""爱国者""大众的教育者"。而在非难者的眼中，他是"暴君的谄媚者""邪恶的导师""投机家"和"浅薄的强权维护者"。

公元 1469 年，马基雅维利出生在佛罗伦萨的一个没落贵族之家，从小接受了良好的拉丁文、历史和哲学的教育。在马基雅维利年轻的时候，他深深地崇拜者一位意大利宣教士和宗教改革家——萨伏那洛拉，这个人热情地追求古希腊的共和政治。1498 年，马基雅维利二十九岁，法国国王查理八世率军进攻佛罗伦萨。美第奇家族的皮埃罗准备不战而降，佛罗伦萨人民在萨伏那洛拉的领导下发动了起义，建立了神权共和政府。马基雅维

　　❶　关于马基雅维利的正义理论研究，现有的可参考文献非常稀少，不论是国内还是国外几乎很少涉及。这部分内容，我得益于河南大学哲学与公共管理学院张胜利老师的观点。他在《哲学研究》2015 年第 6 期所发表的论文：《马基雅维利正义思想研究——历史唯物主义的视角》。观点非常新颖，阐述极富有建设性，对我有很大的启发。本章有些基本观点，我均得益于这篇论文。我虽从未与张老师谋面，但愿意借此对他和他的论文表示敬意和谢忱。

利因与法国政府交涉有功，在共和政府里担任了要职，并随后担任政府最高的领导机关"自由与和平十人委员会"的秘书，主要负责共和国的外交和军事事务。1506 年，马基雅维利出任了"佛罗伦萨国民军军令局"局长，负责创建和训练军队。他担任共和国军政要职长达十四年，在实践中获得了非常深刻的经验，也产生了许多独特的见解。

然而，理想和现实之间有着巨大的鸿沟，佛罗伦萨的共和政制很快遭到了来自世俗权力和罗马教廷的双重绞杀。1512 年，美第奇家族在教皇的支持下复辟，马基雅维利立刻被剥夺一切职务，并驱逐出佛罗伦萨。次年，他被指控犯有阴谋颠覆美第奇政权的罪行，并遭到逮捕。他所崇拜的萨伏那洛拉则早在 1498 年被教皇以伪预言家、宗教分裂者和异端的罪名绞死并残忍地焚毁尸体。佛罗伦萨神权共和国的正义旗手（行政长官）索德里尼也遭到通缉并被驱逐出境。这些重大变故在马基雅维利的内心造成了非常大的震动，让他认清了政治现实和权力斗争的残酷。也让他对社会中善恶势力的相关力量有了进一步的认识。❶

获释以后，他避居在郊外的圣卡申诺庄园。从 1513 年到 1520 年这七年间，马基雅维利先后完成了四部作品，即《君主论》《李维史论》《曼佗罗华》和《兵法》。其中《君主论》是专门献给美第奇家族的小洛伦佐的，希望得到对方的垂青，并被重新启用。但此书呈献后便如石沉大海，再也没有得到回音。

《君主论》和《李维史论》是马基雅维利政治学说方面最为重要的两部著作，分别阐述了他对于君主政体和共和政体的基本观点。马基雅维利的著作基本上都是语言平实，观点鲜明。但是，他所论述的关于君主和政治的治国原则却因其内容的大胆直白而惊世骇俗。长期以来，欧洲学者们称他的《君主论》是人类有史以来对政治斗争技巧最为独到、精辟和诚实的"验尸报告"。❷ 但是，人们极少将"正义"和马基雅维利联系起来，这个为了权谋不择一切手段的"邪恶的导师"和他的著作中有没有关于正义的论述呢？

从马基雅维利身处的特殊地域和特定时代背景来检视，从他本人整个政治实践和学术实践的过程来观察，似乎很难相信他毫不关注"正义"问

---

❶ 浦兴祖等：《西方政治学说史》，上海，复旦大学出版社，2004 年版，第 140 页。

❷ ［意大利］马基雅维利：《君主论》，李盈译，天津，天津教育出版社，2004 年版，第 6 页。

题。早期确凿的出自于马基雅维利之手的文献已经很少能够找到，但从他早年投身到佛罗伦萨共和国的事业中来看，是蕴含着理想主义因素的。因为，在十五世纪的时候，欧洲早已不是具有民主传统时期的希腊。世俗权力早在公元之初就完成了由共和到专制的改变。将近一千多年以前，就确立了教权与政权两重专制相结合的传统。此时的意大利，绝没有什么共和与民主的土壤。而马基雅维利能够投身到时代主流的对立面，从事维护共和政体的实际工作，这不但需要极高的政治能力和素养，还需要极大的勇气和热情。当时的欧洲，各国征伐、权力角斗的政治生态极其恶劣：

> 残忍措施和谋杀已经成了治理的正常措施；诚实和信誉已经成为幼稚的同义词，人们极其恰当地将这个时期称为"坏蛋和冒险家"的时代。[1]

在这种极端和糟糕的环境背景中，年轻时期的马基雅维利还能逆时代脉搏，为了佛罗伦萨的利益出发去做出抉择，实在是需要极大的担当。我认为，他是将政治正义提高到非常重要的认识上来，才能够作出这样的决定。

这种猜测我们可以从当时长期以来在佛罗伦萨所流行的政治传统中找到一些对应的证据。佛罗伦萨作为当时欧洲文艺复兴的中心，不论是在文化上还是在政治上都标榜自己高举正义的旗帜。在马基雅维利投身政治事务之前，佛罗伦萨就间断地流行着这样的传统——1282 年，城市就曾经建立过一个由七大行会主持的民众政府，以"首长会议""十二贤人团"和"十六旗手团"作为城市的最高行政机构。后来，这个政治传统还经过多次改良，专门给政府设立了"正义旗手"，实质上作为政府的最高行政长官，它足以体现当时佛罗伦萨民众各阶层对正义的呼唤和热爱。这种追求已经不仅仅停留在纸面和理论上，甚至开始在具体政治事务中进行实践。在推翻了美第奇家族的专制统治后，所建立的政体基本上就是这样的制度。萨伏那洛拉被处死后，担任"正义旗手"的就是索德里尼。而马基雅维利就是在索德里尼的秘书任上分管着共和国军政大权。基于这种现实的政治文化背景，他不可能完全不对正义理论做出思考和认识。

马基雅维利对于正义的阐述，在他主要的政治学说著作中确实少得可

---

[1] ［美］萨拜因：《政治学说史（下卷）》，邓正来译，上海，上海人民出版社，2010 年版，第 10 页。

怜。并且他几乎没有像前人那样对"什么是正义"以及"正义是什么"有过正面的论述。我们只能通过文本中的一鳞半爪，对其进行考察。最为直接的阐释，出现在《君主论》的最后一章：

> 伟大的正义是属于我们的，因为战争不得不发动的时候，战争就是正义的，当武器是我们唯一的希望所在的时候，武器就是神圣的。我们有最伟大的意志，而在最伟大的意志的地方，如果你效仿我向你推荐的那些人❶，就不会存在很大的困难。❷

马基雅维利这段话的开头，他是引自于李维❸所著的《罗马史》的第九卷，在其著作《李维史论》类似的提法还出现过一次，马基雅维利引用了萨姆尼军队的统帅克劳狄乌斯·蓬提乌斯所说的话：

> 对于那些迫不得已进行战争的人来说，战争是正义的，对于那些除了拿起武器以外别无希望的人来说，武器是神圣的。❹

相似的正义观点，在马基雅维利的主要政治学著作中被反复提起，足见他对这一认识的重视和推崇。因此，对于马基雅维利的正义观，我认为至少可以从三个角度去分析。

首先，出现在马基雅维利政治学说著作文本中的"正义"不是一个具有抽象意义的普遍概念，而指的是一个特定的含义——即"战争的正义"。但实质上，战争的正义在这里能够延伸出更为复杂和广泛的正义含义。因为，对于那些迫不得已进行战争的人来说，战争是正义的。那就意味着，他们所进行的战争的目的同样也是正义的。

马基雅维利曾经论述：

> 在决定祖国存亡的关头，根本不容考虑是正义还是不正义的，是怜悯还是残忍的，是值得称颂还是可耻的；相反，他应该

---

❶ 指的是摩西、居鲁士等人。

❷ ［意大利］马基雅维利：《君主论》，李盈译，天津，天津教育出版社，2004 年版，第 167 页。

❸ （Titus Livius）古罗马历史学家。生于（今意大利帕多瓦），死于帕塔维翁。据说出身于贵族，早年受过良好的传统教育。他学习了文学、史学、修辞学、演说术等，是罗马共和国后期学问渊博的博物学家。主要著有《罗马自建城以来的历史》等书。

❹ ［意大利］马基雅维利：《君主论·李维史论》，潘汉典等译，吉林，吉林出版集团，2012 年版，第 492 页。

抛开他所有的顾虑，把那个能够挽救国家生命并维护其自由的策略遵循到底。❶

在这里，马基雅维利——或许是无意地——对正义做出了一个非常明显的区分。"决定祖国存亡的关头，根本不容考虑是正义还是不正义的"，这里的正义，事实上就是我们通常意义上理解的"抽象的正义"。很显然，危机关头，特定的情况下，抽象正义似乎就没有什么非常有效的作用。

在战争中信守"抽象正义"而招致惨败，最典型的一个例子，几乎可以说是千古传诵，就是春秋时候，宋襄公泓水之战：

> 冬，十一月，襄公与楚成王战于泓。楚人未济，目夷曰："彼众我寡，及其未济击之。"公不听。已济未陈，又曰："可击。"公曰："待其已陈。"陈成，宋人击之。宋师大败，襄公伤股。国人皆怨公。公曰："君子不困人於阸，不鼓不成列。"子鱼曰："兵以胜为功，何常言与！必如公言，即奴事之耳，又何战为？"❷

宋襄公坚持的"君子不困人於阸，不鼓不成列"是长期以来，人们对于战争所总结的一种抽象正义。但是，这种原则对于具体作战却没有任何效果，坚持了这种正义，使得军队陷入绝境，国家沦于危亡，无法"挽救国家生命"这用马基雅维利的观点去审视，是毫无意义的。

但，我们暂时跳出现在讨论的具体内容。马基雅维利的战争正义的观点和宋襄公泓水之战的案例，事实上还能带给我们一些其他的、更为复杂的思考。即，当我们面临对"正义"的考察时，往往还会遇到"目的论（teleology）"和"道义论（deontology）"的两难境地。不管是马基雅维利还是目夷、子鱼，他们之所以认为抽象正义对于具体战争没有效用，都是从"以战争胜利为目的"出发来阐释自己的理由的。我们不妨反思这样一个问题，是不是类似宋襄公的决定，在任何情况下我们都无法为之辩护呢？恐怕事实也并非如此，将战争的胜利目的作为正义的唯一原则，有时候会带来很危险的结果。例如"坚壁清野""无差别地戕害敌国平民"等

---

❶ ［意大利］马基雅维利：《君主论·李维史论》，潘汉典等译，吉林，吉林出版集团，2012年版，第573页。

❷ 司马迁：《史记（世家一）》，北京，中华书局，2009年版，第1626页。

内容也会得不到禁止。而诸如"君子不困人於阸，不鼓不成列"等长期以来流传的战争抽象正义的内容、习惯和原则，很大程度上，亦有可能是为了防止这种情况而加以阐发的。因此，我们会发现，即便我们回避了"抽象正义"的内容，仅从特定内容去审查正义，即便是在战争中，当我们面临正义问题的时候，也会遇到"目的"和"义务"的困境。当然，这个问题在随后的现代政治哲学中将得到更为深入和广泛的讨论。现在我们可以回过头来继续考察马基雅维利。

在马基雅维利的文本中，"战争的正义"，显然是一种为了谋求国家生存和自由的"具体的正义"。这和马基雅维利自身政治实践中对于政治现实的体会和经验应该说是无法分开的。佛罗伦萨的共和政体，不管是出于多么崇高的目的和多么正义的原则建立的，但它无法保证自己生命的延续，一切问题都无从谈起。国家的灭亡通常就意味着各个阶层被奴役，整个国家民众的生命、财产、尊严和自由都会被践踏。一旦这种情况发生，无论我们高举什么样的正义大旗，都是无济于事的。因此，保障祖国的生存，在马基雅维利的政治学说中，可以说就是最高的正义原则。

其次，马基雅维利的正义观非常巧妙地阐释了一种基于经验和多元的正义研究路径。过去的哲学家们探讨正义，都是从一个宏观和理性的角度去阐释问题。例如柏拉图、奥古斯丁等人，在它们看来，正义高居理性之圣殿。它是一个完美的理念，或是一套精准的原则，透过理性圣殿俯视人间。例如亚里士多德、阿奎那等人，虽然他们谈到了具体正义，但是所阐释的具体正义也是一种理性的概括。"矫正正义"及其原则，是对人们在交往、交易中的不公正的问题概括集中式的纠正。"分配正义"❶ 及其原则，是对人们在财富和公共财富的分配问题上的总括性指导和匡正。伊壁鸠鲁花园学派和斯多亚学派的情况也是类似，幸福和自然法就成了他们对正义的高度概括。而马基雅维利不是站在这么高的哲学高度来考察正义问题，他谈战争的正义，就是"就战争论战争"。于是我们发现，似乎确实有这样的问题，即不同领域的正义问题很有可能完全不同。

虽然马基雅维利本人对其他领域的正义几乎完全没有论述，但我们不妨沿着这个思路追问下去。那么"法律的正义"完全有可能与"战争的正义"内容两相不同。我们可以依据法律工作的特征，阐述一套专门属于法

---

❶ 这里指的是亚里士多德的分配正义，而不是现代政治哲学意义上的分配正义。

律的正义。"经济正义"又可能与战争和法律都不相同。以此类推，每个特定的社会领域都有可能有与之相对应的正义原则和内容。这个研究路径在二十世纪八十年代以后大行其道，即多元主义社会正义的理论。我们可以发现，尽管马基雅维利本人可能并没有意识到这一点，不过我们从他涉及的正义理论的文本中还是能够分析出来，他的正义观是带有经验性和多元性特征的。

第三，我们可以专门对《君主论》中马基雅维利仅有的这一段对正义内容的阐述做一点发散性思考。马基雅维利对于正义的认识显然是从经验世界和具体领域入手的，但是有一些线索还是能够为我们提供推测出他关于抽象正义观点的一些依据。

马基雅维利对于正义的直接论述出现在《君主论》的最后一章——也就是第二十六章——《将意大利从蛮族手中解放的劝导》。如果我们从这个高度去理解他对于战争正义的观点，似乎能够发现一条微弱的、延伸得更为高远的逻辑链条，顺着这个链条，似乎也能够推测出一些更为高深的目的。但是，我必须坦诚地承认，这个逻辑链的前半段，正如我们前文业已分析的，已经非常清晰地展示了出来，它的后半段我们并没有直接的证据加以证明。因此它只能算是我们较为合理的推测。

"对于那些迫不得已拿起武器的人而言，拿起武器是正义的，拿起武器的目的更是正义的。他们将要面临的迫不得已的战争是正义的，战争的目的当然也是正义的。"**❶** 它能推论出什么呢？"国家的生存就是最大的正义，而国家的灭亡就是最大的不正义。因此要不顾一切地保障祖国的生存。"**❷** 这一点应该说是确定不移的，是能够找到马基雅维利的文本支持的。接着往下推论，能推出什么呢？为什么要不顾一切地保护祖国的正义？除了亡国所带来的经验性的和直觉上的惨痛感受以外，还有没有其他内容？我个人认为，马基雅维利非常有可能还是继承了古希腊以来的关于"城邦正义"的基本观点。他之所以没有阐释出苏格拉底、柏拉图和亚里士多德关于城邦正义的类似的内容，固然和他从根本上不是哲学家、对基本哲学问题关注的程度不够有关，但实际上恐怕跟他客观上不具备柏拉图和亚里士多德讨论正义的条件也有很大的关系。我们很难否认的一点是，

---

❶　张胜利：《马基雅维利正义思想研究》，北京，《哲学研究》，2015 年第 6 期，第 101 页。
❷　同上注。

谈论"城邦正义"得先有一个基本稳定甚至是长治久安的城邦，才有可能有"至高的正义""分配的正义"和"矫正的正义"。包括奥古斯丁，即便是罗马永恒之都已经陷落，但罗马帝国至少还存在。相对稳定的政治环境，客观存在的较为明确的政治主体，让这些人有条件去阐释一种"城邦正义"。

但是，马基雅维利当时面临的客观环境完全不是这样。没有一个相对稳定的政治实体，美第奇家族专治统治和共和政制在几十年内轮流替换，佛罗伦萨，甚至整个意大利长期笼罩在战乱中，这种环境得先解决城邦的生存问题。我们不妨做一个有意思的假设，如果通过战争，美第奇家族建立了类似罗马帝国那样稳定的意大利帝国，如果马基雅维利的寿命足够长，长到他能给"国运昌平"的美第奇家族上第二道疏，他会不会论及城邦的抽象正义？这是很难说的。

最后一点，在马基雅维利所处的时代，民族主义的萌芽已经开始发生了。这是古希腊所没有的。在古希腊，甚至雅典就是世界的中心。但十四世纪，世界早已改换了模样，罗马人、高卢人、日耳曼人、意大利人族群的界限和裂痕越来越深刻。此时的正义，无论内涵还是外延，都将与古典理论、中世纪理论产生越来越大的分歧。这一点将在未来的启蒙运动中得到充分的体现。

正如法国启蒙思想家卢梭所说的"马基雅维利自称是在给君主上课，其实他是在给大众讲课"。在他的身后，人文主义高涨，启蒙运动蓬勃兴起，将改变整个哲学和世界的进程。

（二）利维坦

论到它的肢体和其大力，并美好的骨骼，我不能缄默不言。

谁能剥它的外衣？谁能进它上下牙骨之间呢？

谁能开它的腮颊？它牙齿四围是可畏的。

它以坚固的鳞甲为可夸，紧紧合闭、封得严密。

这鳞甲一一相连，甚至气不得透入其间；

都是互相联络、胶结不能分离。

它打喷嚏就发出光来；它眼睛好像早晨的光线。

从它口中发出烧着的火把与飞迸的火星。

从它鼻孔冒出烟来，如烧开的锅和点着的芦苇。

它的气点着煤炭，有火焰从它口中发出。

它颈项中存着劲力，在它面前的都恐吓蹦跳。

它的肉块互相联络、紧贴其身，不能摇动。

它的心结实如石头，如下磨石那样结实。

它一起来勇士都惊恐；心里慌乱便都昏迷。

箭不能恐吓它使它逃避，弹石在它看为碎秸。

棍棒算为禾秸；它嗤笑短枪飕的响声。

它肚腹下如尖瓦片；它如钉耙经过淤泥。

它使深渊开滚如锅，使洋海如锅中的膏油。

它行的路随后发光，令人想深渊如同白发。

在地上，没有像它造的那样无所惧怕。

凡高大的它无不藐视，它在骄傲的水族上作王。

——《旧约圣经·约伯记·四十二章》

在古希伯来神话和《圣经》中，有这样一个海中的怪物，它力大无穷，无所不能，没有人能够控制得了它。它的名字叫"利维坦（Leviathan）"。

人类文明发展了将近三千五百年以后，人们渐渐从迷信政治的梦幻中苏醒过来。城邦、王国和帝国不再高高地悬在人们的头顶，天然地闪烁正义和荣耀之光。理智的人们发现，我们创造了将人类聚合在一起的共同体，它渐渐地由氏族变为部落，由部落化为城邦，由城邦聚为王国和帝国。终于它就像是这样一头失去控制的巨兽一样，张开双臂，将我们全部覆压在它的羽翼下。一旦它冲动起来而丧失理智，就会有成千上万的人，前赴后继、赴汤蹈火地走向灭亡。"天子之怒，伏尸百万，流血千里。"

税收，就像是巨兽的喷嚏。从它口中喷出灼热的巨浪，将底层农民死死地压制在土地上，将手工业者牢牢地绑在昏暗的作坊里，煎迫他们无时不刻地辛苦劳作，苦不堪言。"足蒸暑土气，背灼炎天光。力尽不知热，但惜夏日长。"

徭役，就像是巨兽腹下坚硬的鳞甲。所过之处，将人间美好拆毁得七零八落。各个阶层的民众，为了巨兽的荣耀和私欲，完成着一个又一个无法想象的工程。金字塔、长城、泰姬陵……每一块砖瓦下，就长眠了一具思乡的骸骨。"老妪力虽衰，请从吏夜归。急应河阳役，犹得备晨炊。"

战争，则是巨兽磐石一般冰冷的内心和利刃一样残酷的巨齿，它催迫着所有人，有平民、学生、武士和贵族，无一例外地被赶到它口中，连皮带骨啮噬掉，最终连渣也不剩。"誓扫匈奴不顾身，五千貂锦丧胡尘。可怜无定河边骨，犹是春闺梦里人。"

终于有人意识到，国家就是这头巨兽，国家就是利维坦。英语世界第一部，也是迄今为止最伟大的政治哲学著作诞生了，它的名字就叫《利维坦》。它的作者是近代政治哲学的奠基者和真正的先驱——托马斯·霍布斯。

将国家视为"利维坦"，对正义理论而言有着不可估量的颠覆性影响。千百年以来，来自于城邦和神权的天然正义概念被彻底消解了。城邦和政治的生活不再是作为个体的人最高善的目的。那些"国家存亡即是正义"和"基督的意志即是正义"的论调，逐渐再也站不住脚。我们必须要重新从哲学出发，为正义寻找新的、更为可靠的基础。

霍布斯的正义观与前人有着划时代意义上的差别，这和他本人看待世界的基本观点有着密不可分的关系。他是较早地完全站在唯物主义角度去阐释政治哲学和正义理论的思想家。他既不像苏格拉底、柏拉图一样，需要借助灵魂的理性来奠基正义的共相；更不像奥古斯丁、阿奎那一样，必须要凭借基督的信仰来稳定正义的前提。在他那里，甚至根本就没有什么永恒的正义，他的正义是奠基在物质世界为基础的人性理论之上的。

1588年，霍布斯出生在英国南部威尔特郡马尔麦斯堡的一个乡村教师家庭。他幼年极为聪明，十五岁考入牛津大学，主修哲学。虽然霍布斯早年受到的教育也是从古希腊罗马哲学和经院哲学开始的，但霍布斯对于自然哲学的基本观点几乎全部得益于当时活跃在欧洲科技舞台上的那些最为顶尖和前沿的伟大科学家。大学毕业以后，霍布斯曾经长期担任弗朗西斯·培根的秘书，并协助培根将他的作品翻译为拉丁文。他曾经三次陪同培根游历欧洲大陆，深入了解学习了开普勒和伽利略的学说。尤其是伽利略关于物理的学说，后来对霍布斯的哲学影响至深。1648年，霍布斯游历法国的时候，结识了"解析几何之父"笛卡尔。笛卡尔的哲学是西方哲学史上划时代的里程碑，它以批判性的反思和科学的方法扫除了经院哲学的废墟，重塑了形而上学的基础，亲手缔造了近代哲学的奠基。❶ 这些对霍

---

❶ 张志伟：《西方哲学史》，北京，中国人民大学出版社，2007年版，第378页。

布斯而言都是极大的财富和资源。正是对于最前沿的科学成果的深入学习使得霍布斯成了与当时主流哲学观点极为不同的唯物主义哲学家。

在霍布斯看来，人首先是一种"自然物体"。没有什么玄妙的灵魂，更没有什么上帝、亚当、肋骨和智慧树。人与宇宙间的万事万物一样，都是由物质组成。因此，支配人意志、思想和行动的当然就是人的"自然本性"。在解释人体运行的机能时，前代的哲学家们经常会受困于人体思维的灵活、感觉的灵动和肉体的狭隘与局限这一对矛盾中，因此他们往往认为在肉身之外存在着一个灵魂控制这我们。霍布斯吸收了伽利略的运动守恒定律（principle of the conservation of motion），并将其改造后用来解释他的人性观点。

人的各种复杂的行为，在霍布斯的眼里成了与一般物体运动规律一样的东西。伽利略的运动守恒定律到了牛顿那里就被改造为世人皆知的"经典力学的第一定律"："物质的固有的力是一种抵抗的能力，由它每个物体尽可能地保持它自身的或者静止的或者一直向前均匀地运动的状态。"[1] 因此，物体的运动，不需要灵魂，也没什么深奥而不可探求的玄机，它只不过是物体保持常态的一种形式。人的身体机能与行为也是一样，按照霍布斯自己的解释：

> 心脏只不过是一副发条；神经只不过是许多游丝；而关节只不过是使整个身体能够运动的许多齿轮……因此，人类因运动而有活力。感觉是一种加于某个器官的"压力"。想象是一种感觉在"反作用力"的干预下，渐次衰减的过程。欲望则是一种朝向某个对象的内心运动。[2]

这一切都能符合力学的原理。在人的研究中运用"运动守恒理论"的第一个重要性在于，霍布斯用它绘就了一幅人类总是在追求什么而永不停歇的画卷。就像是一颗射出炮膛的炮弹，如果没有外力的干预，它将沿直线匀速的永远运动下去。

> 当我们生活在这世间的时候，是不存在诸如心灵的永恒宁静

---

[1] ［英］艾萨克·牛顿：《自然哲学的数学原理》，赵振江译，北京，商务印书馆，2011 年版，第 2 页。

[2] ［英］乔纳森·沃尔夫：《政治哲学导论》，王涛等译，吉林，吉林出版集团，2009 年版，第 10 页。

这类东西的，因为生活本身就是运动，且从不会没有欲望。❶

那么，事实上，人的自然本性，也就在无时无刻地追寻着什么。

在霍布斯看来，关于人性，有两条"最为确凿无疑的公理"。

第一是："自然欲望"。也就是，每个人都天然地渴望着攫取和占有他人皆有共同兴趣之物。❷ 这一点在自然界和人类自身发展的历史上能够得到一部分的证明。为什么现代人如此热爱甜食？可不是因为到了二十一世纪，我们还得摄入大量的碳水化合物才能生存下去。而是因为，在早期的人类历史中，石器时代的祖先，如果碰到香甜的水果或者是蜂蜜，最明智的办法就是尽量吃，把所有人的份额都吃掉。❸ 一个早期智人，恰逢好运，碰到了一颗结满无花果的树。他当然要爬到树上，尽可能地把所有果实吃掉，不给别人留下一点。因为，如果他不这样做，而只是吃掉"属于自己的恰当的一份"，很快他就会发现，剩余的果实会被其他智人和动物分掉。

第二是："理性是人与所有其他动物之间的特定区别。"❹ 人类与动物的区别是任何人一眼就能明了的，人远远不像动物那样，过多地受到瞬间感性直觉的支配。人类懂得节制和克制。正是出于这个原因，人类并不像动物那样，只顾眼前的饥饿，他也能展望未来的饥饿，所以他是最掠夺成性、最狡诈、最凶猛、最危险的动物。❺ 理性，在霍布斯的学说系统中，并没有让人变得比动物更为"高尚"起来。相反，驱动人行为的依然是永不停止的欲望。只是人比动物更明白什么时候应该克制欲望，哪些条件下更应该释放欲望。这样一来，人的斗争和相互侵犯的能力反而要远远地强于动物。

总而言之，霍布斯从物理定律和唯物主义角度出发，认为人的本能被一个永恒的动力所驱动，就如同是物体，没有外力作用时刻保持匀速直线运动一样。而驱动人行为的原始动力，就是人们对于"他人皆有共同兴趣

---

❶ ［英］托马斯·霍布斯：《利维坦》，黎思复等译，北京，商务印书馆，1986 年版，第129—130 页。

❷ ［美］列奥·施特劳斯：《霍布斯的政治哲学》，申彤译，南京，译林出版社，2012 年版，第 10 页。

❸ ［以色列］尤瓦尔·赫拉利：《未来简史：从智人到智神》，林俊宏译，北京，中信出版集团，2017 年版，第 71 页。

❹ ［美］列奥·施特劳斯：《霍布斯的政治哲学》，申彤译，南京，译林出版社，2012 年版，第 10 页。

❺ 同上注。

之物"的占有欲望和控制欲望。事实上也就是对于权力的欲望。

霍布斯这种关于人性的观点，完全颠覆和否定了亚里士多德在《政治学》中为政治伦理所奠基的人性起点。亚里士多德认为，人的一切行为——包括人自身——都有指向的目的。一切行动都旨在保守或者是变革，通过这些行动使得事情变得更好（善）。但是，霍布斯唯物主义的观点很显然将人类的冲动和欲望提高到了压倒一切的地位，它是人类行为的原动力。冲动和欲望显然没有一个善的目标，不但没有善的目标，它的后果简直可以说是恐怖和可怕的。而且，在很大程度上，它是消极的。但是有一点，它却比亚里士多德的学说更有说服力。人类不是出于某种虚无的善而走到一起成立政治的共同体。而正是因为人们有冲动、有欲望，本质上人们不会想着欲求某种善，却急切地希望避免某些恶。免于被杀戮和戕害的欲望在某一个状态下一定会成为主导人们走到一起的最大动力。这个状态，霍布斯将其称为"自然状态"。

霍布斯认为，在政治共同体和公共权力产生之前，人们处在一种"自然状态"之中。这种自然状态可不是沐浴着正义的和谐和以最高善为目的的集体行动。自然状态中，毫无正义可言。首先，假如每个人都是由心脏发条、关节齿轮和神经游丝所组成的物质的集合，那我们没有理由给天然的人区分阶层和阶级。他们在自然状态下显然都是平等的。既然是平等的，当"任何两个人如果想取得同一东西而又不能同时享用的时候，彼此之间就会成为仇敌。"❶ 这种自然状态事实上也就是随时陷入战争的状态。

> 这种战争是每一个人对每一个人的战争。因为战争不仅存在于战役或者战斗的行动之中，而且也存在于以战斗进行争夺的意图普遍被人相信的一段时期之中。……因此，在人人相互为敌的战争时期所产生的一切，也会在人们只能依靠自己的体力与创造能力来保障生活的时期中产生。在这种情况下，产业是无法存在的，因为其成果不稳定。这样一来，举凡土地的栽培、航海、外洋进口商品的运用、舒适的建筑、移动与卸除需费巨大的力量的物体的工具、地貌的知识、时间的记载、文艺、文学、社会等等都将不存在。最糟糕的是，人们不断处于暴力死亡的恐惧和危险

---

❶ ［英］托马斯·霍布斯：《利维坦》，黎思复等译，北京，商务印书馆，1986 年版，第 93 页。

中，人的生活孤独、贫困、卑污、残忍而短寿。❶

关于应该如何理解霍布斯对"自然状态"的描述，学术界主要有两种观点。一种认为，我们不应该把霍布斯所说的这种状态视为是一种历史事实，这也不是霍布斯本人的真实意图。换句话说，我们不应该相信，在人类发展和演进的某个历史阶段，真的存在这样一个类似的"状态"。

> 我并不认为，在关于文明社会及其政府是如何产生的问题上，霍布斯想给出的是某种历史学的解释或说明。关于他的社会契约学说，我们最好不要把它看成是在说明利维坦的起源以及它是如何产生的，而是理解为试图提供关于利维坦的"哲学知识"，以便我们能够更好地理解我们的政治义务以及支持一个强有力的主权者（当这样一位主权者存在时）的理由。❷

这种观点无疑是很有道理的，霍布斯自己也说，某些类似于自然状态的情况并非是一个特定的历史阶段。但这种状态确实会在某些情况下出现，它甚至时至今日还存在于民族国家之间，以战争、贸易冲突、移民问题等等形式存在。

但在另一方面，如果真的从一种历史学的角度去考虑，根据现有的历史和考古学发现，我们又很难在客观上否认确实在人类早期的发展史上有过那么一段荒诞和残忍的状态。现在我们都知道，人类的祖先是大约二百万年以前诞生在东非的"智人"。但科学已经证实，类人的种族却不仅仅只有"智人"一种。还有同在东非的"鲁道夫人"、东亚的"直立人"和欧洲的"尼安德特人"等。可是，研究表明，现存的所有人类，都是智人的后来。那么，那几种人类的兄弟姐妹的族群到哪里去了？人种的"替代理论"研究成果表明，不同类人种族之间由于生理结构的差异导致它们交配习俗——虽然可能在外部动作和形式上没什么区别——实质上千差万别。不仅交配行为难以结合，甚至体味就足以使他们互相厌恶。如果尼安德特人、直立人、丹尼索瓦人和其他人类物种无法与智人混居，它们非常有可能是被智人赶尽杀绝了。资源竞争越来越激烈，最后爆发——当然是

---

❶ ［英］托马斯·霍布斯：《利维坦》，黎思复等译，北京，商务印书馆，1986年版，第95页。

❷ ［美］约翰·罗尔斯：《政治哲学史讲义》，杨通进等译，北京，中国社会科学出版社，2011年版，第31页。

非常原始的——冲突。其他人种相继惨遭智人——也就是我们自己的祖先——的屠杀，种族灭绝。❶ 这在一定程度上，也能通过其他学科的研究发现，侧面论证霍布斯关于"自然状态"描述的合理性。

所以，在霍布斯的学说中，正义根本就不是什么天然至善的理念，也不是什么人自有的善的目的。它实质上变成了人在欲望驱动下、身处自然状态中的一种强烈地希望免于暴力和死亡之恐惧的动力。这就意味着，结束自然状态是实现正义的第一步。

至于如何走出自然状态，霍布斯给出了明确的方案。那就是要付诸一个经过大家所共同认可的至高无上的权力（这事实上也就是利维坦的真实含义）。至高无上的利维坦、权力也就意味着国家。在霍布斯看来，要停止那种无时不刻都在进行的战争状态，制止人们互相攻击和侵犯，同时能够让人们真正地合作起来以抵御来自外部的威胁和侵略，更进一步地说能够通过这种合作使人人都得以安全、富足，能够达到柏拉图所倡导的"各安其职"，能够实现亚里士多德所主张的"比例和谐"，就只有一条路，就是将大家所有的权力集中起来，分散的意志和欲望集中到某一个人或某一个集体的手中。

> 这就是伟大的利维坦的诞生……这就是一大群人相互订立信约，每个人都对它的行为授权，以便使它能成为按其认为有利于大家和平与共同防卫的方式运用全体力量和手段的一个人格。❷

我们已经明晰了，自然状态下毫无正义可言这个事实，那么只有在结束了自然状态、建立了国家，有了基本的法律保障之后，正义才能够实现并得到维护。透过"利维坦"诞生的现象，我们可以尝试着分析它的本质，实现"霍布斯式的正义"需要哪些要件？

一个最为基本的前提就是，在自然状态和自然法下，人人都是平等的。第二，死亡与被侵犯是最大的不正义。人们对于结束自然战争状态并免于恐惧的欲望是他们共同的动力，也就是最大的正义。第三，基于这种动力，平等的人们订立某种契约，将权力让渡给利维坦，并走出战争实现

---

❶ ［以色列］尤瓦尔·赫拉利：《人类简史：从动物到上帝》，林俊宏译，北京，中信集团，2017 年版，第 17 页。

❷ ［英］托马斯·霍布斯：《利维坦》，黎思复等译，北京，商务印书馆，1986 年版，第 132 页。

和平、和谐和幸福。通过这样的过程，来达到正义的目的。

霍布斯主张，人们订立这种契约让渡自己的权利并形成至高无上的、利维坦式的权力是一次性的，所谓"立约无悔"。权利经人们同意，一旦决定交出，就再也不能收回。这种主张使得他遭到了来自很多方面的质疑和批判。《利维坦》这部政治著作一经面世，立刻遭到了来自英国国内敌对双方——保王党和资产阶级议会派——的共同指责。封建势力斥责霍布斯渎神、宣扬无神论和唯物主义，议会派则认为这种建立"利维坦"式的权利让渡实质上是为英国的君主专制制度彰目，是对反动的旧政权的邀功。❶

当然，保王党对于霍布斯的指责一方面虽然精准和到位，但另一方面也很低级和幼稚。因为他就是冲着反神权、拆穿君权神授的谎言去的。这种指责对于霍布斯的理论而言没什么杀伤性。但是议会派对于霍布斯的批评应该引起我们的重视。事实上，不论是复辟暴君查理二世还是独裁强人克伦威尔，都对霍布斯的学说极为感兴趣，并且对他本人礼遇有加。霍布斯的正义理论和契约学说会不会造成专制的结果，以及他是不是从为了强化专制的角度去论述这一问题的，是值得我们反思的。

事实上，霍布斯阐释"利维坦"的用意远远要比为君主专制彰目和背书要深远得多。

我们首先来尝试为"至高无上的权力"来作一种辩护。"正义"与"不正义"是一组判断，因此没有可执行的裁决或没有有效的仲裁，就无所谓正义还是不正义。假如世界上只有一个人，他可以享有所有的资源和财富而不会涉及正义的问题（当然我们得假设有这么多资源和财富可以供他受用）。在自然状态下，并非没有契约，并非没有权利的让渡，但它还是无法达成和平。例如，强壮的人，可以以利刃相向，逼迫你同意让渡自己所有的自由和财产。当然，这种同意是无效也是不公正的。要阻止这样的不正义，需要一个强有力的、对于每一个人都能有效的仲裁者。这个仲裁者如果不享有不可分割的主权，那么他所作的任何仲裁都有可能失效。一旦失效，正义就丧失了实现的基础和前提。所以，我们可以看到，时至今日，法律审判之所以具有公正的意义，很大程度上在于有强大的国家机器为它提供审判和主持正义的保障。即使有这种保障，在现实司法实践

---

❶ 浦兴祖等：《西方政治学说史》，上海，复旦大学出版社，2004年版，第212页。

中，依然有人会无耻地拒绝执行，是为"老赖"。那么，如果主权不是至高无上的，没有利维坦式的强大，公平和正义如何实现？

其次，我们尝试为"立约无悔"的原则作出一些辩护。"信守契约"在霍布斯看来，本身就是一种正义。至于它是正义的理由可以从三种不同的角度加以阐释。第一，在中世纪的时候，罗马皇帝查士丁尼在《法典》中对于"正义"曾经给出过一个非常经典的解释❶："（正义）乃是给予每个人应得的部分这种坚定而恒久的愿望。"❷ 自主、自愿的契约当中，事实上就包含了应得。"履行契约的一方被称为'应得'因他方履行时而收受的东西，他是作为应得之分来收受的。"❸ 因此，君主或者是政权机构获得的至高无上的权力，是经过人们一致同意签订的契约，当然是正义的。第二，从亚里士多德的具体正义中也能推导契约的正义属性。具体正义，概要而言就是"矫正正义"和"分配正义"。但无论是分配，还是交易本质上都是契约的体现。如果我们假设，几何的比例和谐的分配是正义的，那么交割这种正义的分配本身就是一种契约。承认这种契约，就是正义的，否认和对这种契约的反悔，当然就是不正义的，以此类推，结束死亡恐惧的让渡权利如果是正义的，承认并遵守契约，是正义的，否认和对这种契约的反悔，当然就是不正义的。

最后，霍布斯很可能是出于对正义和政治的稳定性考虑，认为社会契约不能反悔。因为，如果这种让渡权利的契约可以反悔，它的后果就是人们立即就退回到"自然的战争状态"中去。立即就重演互相侵犯、杀戮和死亡。这则是最大的不正义。最大的、最为核心的不正义之对立面，当然是最大、最核心的正义。因此，社会契约已经订立，绝不能反悔。

我们可以看得出来，霍布斯的"利维坦"学说中，带有非常明显的马基雅维利的影子。只是，他对于国家、权力、法律和正义的问题论述得更为系统和全面。

---

❶ 当然，这种解释是不是正义本身，这个问题也值得讨论。我们在后面的章节中将就正义与应得之间的关系展开更为详细的考察。这里，为了方便我们对于霍布斯的理解，可以暂时将查士丁尼的释义看做一个不需要证明的公理，作为论证的基础。

❷ 段忠桥：《关于分配正义的三个问题》，北京，《中国人民大学学报》，2012 年第 1 期，第 18 页。

❸ ［英］托马斯·霍布斯：《利维坦》，黎思复等译，北京，商务印书馆，1986 年版，第 132 页。

霍布斯是马基雅维利的完美搭档。他扮演海德先生，相对地，马基雅维利便是杰柯医生。❶马基雅维利使某些东西变得可能，而霍布斯将其实现，并且记录了下来。马基雅维利发现了一片新大陆，霍布斯则把它布置得适宜人居住；马基雅维利开垦荒野，霍布斯建立起房屋和制度。时至今日，当我们思考现代国家时，我们使用的特定语词都是霍布斯提供的。❷

如果我们细心地阅读霍布斯的著作，或许能发现一些隐藏在他学说系统中的"悖论"。一方面，他背负着残暴的恶名，是专制暴君和政治绝对主义的坚定的倡导者。利维坦的主权在其领土内有着完全垄断和毫无妥协余地的威力。与利维坦签订契约的人们，也没有任何办法摆脱它的束缚。另一方面，霍布斯却在根基上摧毁了君主专制制度最为牢固的合法性——君权神授。"大楚兴、陈胜王""受命于天、既寿永昌"的谎言在此之后再也无法为继。不管利维坦的权力如何庞大，如何恐怖，它都来自于人民的授权。没有这个过程，它就没有任何合法性可言。从这一方面来看，霍布斯又是现代自由主义人权学说的拓荒者。我们是否能从这组悖论中找到一些霍布斯学说中的逻辑矛盾？他的正义理论是否有一些内在的逻辑矛盾？我们将从三个主要方面进行分析。

首先，人们让渡自己的权利，使得主权者享有了利维坦一样的威权。但是，主权者有如此强大的权力，万一这种权力反过头来对人民造成侵害，怎么办？霍布斯对此给出了自己的解释。"一个人根据另一个人的授权做出任何事时，在这一桩事情上不可能对授权者构成侵害。"❸初看起来，这个解释在理论上是能够说得通的，例如一个嫌疑人授权律师为他在法庭上做"无罪辩护"，如果授权过程没有出现问题的话，律师当然会竭力为他洗白，而不是反过来去证明他有罪。但，霍布斯的解释中暗藏着另一个逻辑前提，这种授权人和被授权人之间的良性关系必须是"有限授

---

❶ 这个典故出自于英国著名作家史蒂文生的科幻小说《化身博士》，主人公善良的杰柯医生喝下一种药剂，晚上就会化身成邪恶的海德先生。后来，Jekyll and Hyde 一词也成为心理学"双重人格"的代称。

❷ ［美］史蒂芬·B. 斯密什：《政治哲学》，贺晴川译，北京，北京联合出版公司，2015 年版，第 162 页。

❸ ［英］托马斯·霍布斯：《利维坦》，黎思复等译，北京，商务印书馆，1986 年版，第 136 页。

权"。我授权我的理财顾问打理我的资产，并使之保值增值。但前提是，我保留了我对于全部财产的所有权。假如我将财产的所有权也授权给理财顾问，那么，我的授权就不是"理财授权"了，而更像是遗嘱。大多数情况下，这种无限授权也会使得我的财富很难保得住了。霍布斯阐述的利维坦与授权人之间的关系就存在着这样的问题。如果我们同意他关于利维坦不会侵犯授权人的说法，就等于霍布斯必须要承认我们对利维坦的授权是有限的。我们显然保留了一些权利和自由。但按照霍布斯的口径，利维坦和主权人的权力显然是无限的且不可分割的，因为它要充当正义和和平的最终仲裁者。这里非常明显存在着一个逻辑困境和矛盾。

其次，我们可以思考在利维坦诞生之前的战争状态下契约为什么是无效的。因为，在战争状态下最为无法接受的情况之一就是"强者通吃"，恃强凌弱的情况随时能发生。肌肉发达的可以天天虐待和侵害身材矮小的，头脑发达的可以随时欺诈和算计才思愚讷的。利维坦貌似解决了这个问题，我们设主权者为"A"，设授权人为"a、b、c、d、e……"，我们将主权者的权力称为"大字权力"，将授权人的权利称为"小字权利"。大字权力的出现，保障了小字权利彼此之间的和平。但问题是，"A"和"a、b、c、d、e……"之间，似乎并没有摆脱"战争状态"。因为，大字权力享有无限的、没有边界的威力，当它面对单个小字权利的时候，事实上与自然状态下的强者通吃是没有区别的。我认为，这是霍布斯正义理论系统中非常严重的一个逻辑漏洞。我们前文也提到过了，"正义"与"不正义"是一组判断，因此没有可执行的裁决或没有有效的仲裁，就无所谓正义还是不正义。大字权力的出现，使得小字权利之间的仲裁和正义得到了保障，这点不容置疑。但是"A 和 a""A 和 b""A 和 c"……它们之间的正义和仲裁，却是在霍布斯的学说中没有的。这个缺失，就导致了公共权力的执行是否正义成了无法解释的难题。

第三，对于主权者的资格问题霍布斯几乎没有提到。当然，按照霍布斯的逻辑，这个问题不需要特意地回应。因为人在物质属性上是相同的、平等的。大家都是"心脏如发条、关节如齿轮、神经如游丝"的存在物。那么，谁成为主权者，在资格上不应该产生问题。但，事实上即便我们能够承认人在物质层面的一致性，个人的千差万别还是存在的。希特勒与丘吉尔明显地不同，斯大林与罗斯福完全相异。那么，究竟哪些人、具备什么样的资格才能够成为主权者，才能够成为利维坦？霍布斯对此语焉不详。

在这些问题上，霍布斯后辈的哲学家们有着深入的反思和富有创建的阐述，如卢梭、洛克、密尔等人都对社会契约学说进行了非常伟大的发展。但霍布斯的《利维坦》，依然是英语世界中最伟大的政治思想专著，这种伟大指的并不是他最接近真理，或者他的学说最为合理，而是"综合来看——包括它的风格和语言，它的范围、正确性及观察的生动有趣，它的结构精致的分析和原理，以及它那种令人畏惧的思考社会的方式——把这些因素都加在一起，那么，利维坦给人们留下了刻骨铭心的印象。❶

它几乎是一本完美的书，借用约翰逊博士对弥尔顿《失乐园》的评价："谁也不希望它写得更长了。"❷

（三）自然法、财产与上帝

在霍布斯所论述的"自然状态"中，每个人都像是穷凶极恶的罪犯一样。早上你高高兴兴地出去采摘野果，晚上就可能已经被嫉妒你家里有苹果的邻居杀死。管理罪犯的最高正义就是建立一座强大无比的监狱，以形成巨大的威权。这种威权须强大到比任何一个残忍至极、能力至强的犯人还要强大，比罪犯们集合起来的能力还要强大。这样，监狱中就能复归于平静。监狱这个利维坦也就能实现正义——至少罪犯们都能保证自己免于死亡的恐惧。这就是霍布斯"利维坦式"正义的最核心的逻辑。

但是，值得我们反思的是，自然状态究竟是不是这样一种情况？在我们的日常生活中，无可否认会有一些人脾气极为暴躁，天生就展示出"好狠斗勇"的特征。然而，我们发现，更多的人却更能展示出对于生活的容忍和耐心、对于矛盾的包涵和宽容。自然界中，虽然充斥着"物竞天择、适者生存"的法则；虽然天空、草原和森林里到处和随时都在上演着动物之间的血腥和杀戮，但更多的冲突和争端并不是只有通过杀死对方一种手段来解决。物种之间和物种内部也有和谐共存的状态——鱼儿悠游地在水中嬉戏，鸟儿成群地在空中飞翔，非洲草原的腹地，成千上万的角马可以

---

❶　［美］约翰·罗尔斯：《政治哲学史讲义》，杨通进等译，北京，中国社会科学出版社，2011 年版，第 23 页。

❷　［美］史蒂芬·B. 斯密什：《政治哲学》，贺晴川译，北京，北京联合出版公司，2015 年版，第 161 页。

辗转数千里做着有序的迁徙。在它们的世界中，并没有利维坦，它们也并非且远非天天都面临死亡的恐惧和威胁。人的自然状态真的是像霍布斯所言的那样吗？

很快，约翰·洛克就提出了质疑，并阐释了不同的见解。

约翰·洛克，1632 年出生在英格兰南部的林格通城，1652 年从伦敦威斯特敏斯特中学毕业后进入牛津大学的基督教会学院学习。大学毕业以后，留校从事研究和教学工作。洛克与当时著名的科学家例如波义耳、牛顿等人都有非常好的私人关系，并交往甚密。他最初也是作为一名物理学家和医学家被培养和训练的，也因为这方面的才能，1667 年他被选为阿什利勋爵（1672 年被封为莎夫茨伯里伯爵）的家庭医生、家庭教师和秘书。此后的数年间，洛克一直是伯爵家的座上宾。他在伦敦斯特兰的爱克斯特别墅（Exeter House，莎夫茨伯里在伦敦的寓所）中有一套公寓，1671 年，他在这套公寓中完成了《人类理解论》的初稿。洛克最为得意也是迄今为止影响最为深远的政治哲学著作《政府论》是他在 1679 年至 1681 年的黜王危机期间，被作为辉格党人反对查理二世的事业进行辩护的政治檄文来写作的。❶ 洛克的《政府论》写作的目的非常明确，按照他自己的话说，就是要"批驳罗伯特·费尔默❷为皇权主义观点所做的辩护"❸。洛克站到了"君权神授"的对立面，他极力反对"国王应该享有来自上帝的、完全的、绝对的权力。这让他和霍布斯站到了同一阵营中去。然而，他对于君权的驳斥却让他相信，专制政府永远都不可能是合法的。因为，在他看来，绝对权力和专制主义会造成比自然状态更为糟糕的结果。当然，绝对威权和利维坦也就和正义完全是相左的。这又让他站到了霍布斯的对立面，甚至是极为相反的阵营中。

在某种意义上，与霍布斯相似，洛克的学说也是充满矛盾的存在。他反对君权神授，但他阐述的关于正义和平等原则的基础却来自于上帝。在当时的历史背景中，这一点也不难理解。据说，当时最伟大的——当

---

❶ ［美］约翰·罗尔斯：《政治哲学史讲义》，杨通进等译，北京，中国社会科学出版社，2011 年版，第 106 页。

❷ Sir Robert Filmer，是一位坚定的皇权专制主义者，与教会和皇室都保持着良好的私人关系。在英国内战期间，他专门撰写了大量的文章，为君主专制制度进行辩护。

❸ ［美］约翰·罗尔斯：《政治哲学史讲义》，杨通进等译，北京，中国社会科学出版社，2011 年版，第 107 页。

然也是至今为止最伟大的——科学家艾萨克·牛顿，曾经在自己的办公室中制作了一架关于太阳系各大天体运行的演示仪。这架演示仪极为精巧，用手摇动它可以使它按照天体的运转规律活动起来。艾萨克邀请了很多唯物主义科学家和哲学家来参观这台仪器，朋友们惊叹和欣赏之余，问牛顿："是谁创造的这架仪器？"牛顿答道："没有人制作它，今天，我推门进入办公室的时候，它就在那里。"结果是显而易见的，所有人都无法相信这样的答案。牛顿便"语重心长"地说："是我，我创造了这架仪器。但这和我们头上的星空之复杂程度比起来，简直微不足道。如此简单的仪器，你们都不相信是凭空出现的。那么，更为宏大和精深的自然界，竟没有一个至善和全能的神去创造它，你们怎么就相信了呢？"对于洛克而言，他思想的出发点与牛顿没有什么不同。或许他可以同意霍布斯关于"人是一台机器"的观点，但在他看来，没有神的创造，这台机器又是怎么产生的呢？因此，如果我们完全无视洛克关于基督教和上帝的观点，事实上也就无法清晰和透彻地考察和认识他关于政治和正义的理论。

> 既然人们都是全能和无限智慧的创世主的创造物，既然都是唯一的最高主宰的仆人，奉他的命令来到这个世界，从事于他的事务，他们就是他的财产，是他的创造物，他要他们存在多久就存在多久，而不是由他们彼此之间作主。❶

正如我们前面所提到的，洛克的正义理论与霍布斯最大的分歧之一，就在于他对于"自然状态"和"自然法"的观点。简要而言，洛克并不认同霍布斯所描述的"自然（战争）状态"。与此相反，他认为自然状态应该是一种"完备无缺的自由状态"，自由而不放任，因为有一种人人所遵循的自然法教导我们不能侵犯别人的生命、自由、财产和健康。

洛克这种带有"鲜明的新教情感"的学说基础，通常会让人们对他关于正义和政治哲学的论证感到奇怪和不安。尤其是《政府论》的上篇，他认为英国人民的自由和平等——也许是任何地方的人们的自由和平等——都取决于对于圣经文本的精读，取决于以色列诸王、元帅和士师，古代先

---

❶ ［英］约翰·洛克：《政府论（下篇）》，叶启芳等译，北京，商务印书馆，2012 年版，第4 页。

祖，诺亚的赠予，以及创造亚当和夏娃的记载。❶ 这让洛克的学说现在看起来，几乎和我们处于两个完全不同的世界中，也让他的论证的可信度大打折扣。

但是，我们必须承认的一点是。洛克毕竟不是中世纪教父哲学和经院哲学的理论家。他也并非是在以基督信仰为前提的基础上对正义进行阐述的。上帝，在洛克的哲学世界中，完成了创造后就不再有论证的意义和帮助。这就如同上帝在牛顿的经典力学论证中，解决了第一推动的作用后，剩下的就交给了经验和科学。

洛克需要解释的第一个问题是，为什么他的自然状态是沐浴在自然法原则中的"自由而不放任"的状态？为什么，人们在自然状态下非但不会互相杀戮，还会彼此不侵犯别人的生命、自由、财产和健康？

洛克用"人格同一性"解释了这个问题。在霍布斯的自然状态中，我们设定两个人 A 和 B。A 和 B 无疑最终都受到欲望的左右，假设他们都对某一桶天然蜂蜜感兴趣，欲望势必驱使他们要争得它。于是，A 和 B 陷入争斗，非死即伤，必分胜负而后已。

但是，在洛克看来霍布斯过分低估了理性的作用。所谓理性，就是上帝赋予我们的认识世界和事物的能力，这个能力在我们每个人的身上是平等存在的。它事实上也就是自然法。根据这个理性，能够推导出一些自然权利的原则。例如，我们能认识到我们的"人格同一性"。

> 所谓人格就是有思想、有智慧的一种东西，它有理性能反省，并且能在异时异地认自己是自己，是同一的，能思维的东西。❷

因为人具备这样理性思维的能力，人类也就能够认识到以下三点内容。第一，我们可以确知我们的身体和生命是有意识的自我的一部分，所以它们最终是属于我自己的。第二，人们可以始终如一地清晰地感知自己的快乐和痛苦，并能够认知它们的缘由。第三，由于人们的理性和认知能力的同一性规律，他人事实上对于快乐和痛苦的根本缘由是与我相似的。

---

❶ ［美］沃尔德伦：《上帝、洛克与平等》，郭威等译，北京，华夏出版社，2015 年版，第 20 页。

❷ ［英］约翰·洛克：《人类理解论（上册）》，关文运译，北京，商务印书馆，2011 年版，第 309 页。

我们都能够综合和长远地推测造成快乐和痛苦的后果。因此，我们彼此之间就能够派生出"同情"的感觉。也可以设身处地地感受到"另一个自我（他人）"的幸福和苦难，正因如此，人们就能够彼此产生促进对方幸福的愿望和行动。❶

因此，在洛克的自然状态中，人们的关系就变成了这样：当两个人，A和B都对某一桶天然蜂蜜感兴趣时，欲望也驱使他们都想要得到它，但他们不会立即开始展开你死我活式的争斗，因为他们有认识自我的能力。A明确地知道，B如果能够得到蜂蜜会产生跟自己一样的幸福感，如果失去蜂蜜会造成跟自己遭受同样结果相似的失落感。A更为明确知道的是，如果自己因为蜂蜜杀了B，B对于死亡的恐惧和自己对于死亡的恐惧程度是一样的。因此，A出于对彼此之间理智的完全认识，就不太可能因为一桶蜂蜜而杀了对方。当然，类似的思维过程站在B的立场上也同样存在。因此，他们在很大程度上——即使产生争斗——也不会出现最坏的、杀死对方的结果。这样，他们就能够在自然状态下自由而不放任地受到自然法制约而共存。

这种对于自然状态的认识，基本上彻底否定了利维坦正义的合法性。如果自然状态不是随时笼罩在死亡的恐惧和暴行的威胁中，人们也就不需要一个强大得如此吓人的主权者来进行仲裁和统治。但截至目前，洛克还面临着一个非常严重的问题：如果自然状态是这样的"美好"，我们为什么需要成立国家和政府？现在，在前国家诞生的时代中，还是会出现A杀死B的情况，而且这种情况的发生率要远远地高于国家、政府、利维坦和法律诞生之后。对于此，洛克应该如何解释？

在霍布斯的自然状态下，人们显然都拥有"自然权利"。而且，这种自然权利跟利维坦的权力是相似的，是无限的。任意人，都可以根据自己的欲望做出为所欲为的事情。所以，这种自然状态下是没有正义可言的。而洛克的自然状态不一样，它在内部系统中隐藏着一套由自然法主导的自然权利，内化为一种自然正义贯穿在自然状态中。在洛克看来，人人都能够认识和理解自然法，也能够理解自然法的正义性。例如，人人都知道强占和掠夺他人的财物是违反理性自然法的，因为没有人愿意自己的财产被

❶ 詹世友：《洛克政治正义理论的论证规则及其理路》，天津，《天津社会科学》，2012年第5期，第22页。

强占。但是洛克并不否认人们的欲望和冲动，人们由于无端情欲的驱使，受到任性意志的摆布，屈从一己之私的满足而做出违背自然法和对他人造成侵害的事情。这种侵害的最坏的情况，洛克将其称为是"战争状态"。霍布斯主张，自然状态就是战争状态。而洛克不同，他强调，在自然状态之外，还有一种"战争状态"。

> 战争状态是一种敌对的和毁灭的状态。……谁企图将另一个人置于自己的绝对权力之下，谁就同那人处于战争状态，这应被理解为对那人的生命有所企图的表示。❶

很显然，按照自然法状态下的自然正义，战争状态中发生的侵夺别人生命的行为，自然状态中发生的凌夺别人财产的情况，种种诸端，都需要进行制止和补偿。理论上，在自然状态中，人人都有权利纠正这种违背正义的行为。问题是，自然状态下没有人能够对惩罚违背自然法的行为的尺度做出仲裁。这种缺乏尺度的仲裁，有着非常明显的缺陷。

首先我们考虑两个最为明显的外在缺陷：

第一，个人的力量或许不足以支持他自己做出符合正义的裁判。例如某个穷凶极恶的匪徒，在自然状态下凌夺了一家人的财产。这一家人全部加起来，也打不过匪徒。理论上，他们是有权利惩罚这种不正义的行为，并要求赔偿的。但实际上，这种正义由于个体力量的不足而无法实现。

第二，由于个体力量的悬殊，可能会造成裁判的幅度过大，从而违背正义。例如，在"洛式自然状态下"，某个小偷很不走运地偷了一个大力士家的一筐苹果，大力士出于对自然权利和正义维护，很轻松地将小偷打死了。这样过激的惩罚，显然也不是正义的。

其次还有两个明显的内在缺陷：

第一是心理的偏袒，当不正义的事件发生在自己或与自己亲近的朋友与亲人身上的时候，人们在行使自然权利进行匡正的时候，很显然无法避免袒护和偏私之心，最终使得正义无法实现。

第二是信息的蒙蔽，由于我们人的认知能力是有缺陷的。有时候我们只能观测到事物发展的某一个阶段，而忽视它的全部过程。我们可能看到某一个人对另一个人进行殴打，立刻会觉得前者对后者正在实施不义之

---

❶ ［英］约翰·洛克：《政府论（下篇）》，叶启芳等译，北京，商务印书馆，2012 年版，第 11 页。

行，然后基于自然法展开对前者的惩戒。但我们很可能不知道，后者刚刚凌辱了前者的妹妹，前者事实上是在伸张正义。内在的缺陷也容易使得在自然状态下，自行地行使维护正义的裁判权，会将人们最终引入混乱，合乎自然法的正义也最终无法实现。

洛克的正义理论，有一条非常清晰的逻辑线索。人们处在"自由而不放任"的自然状态之中，之所以人们能够达到不放任，是因为有自然法的约束。自然法事实上就是人们的理性。当然，洛克的自然法从核心来源上来看，还是依靠了基督教的理论。他认为，"自然法是上帝赋予人们的"，人从本源上来看，来自于上帝，就决定了人与人之间的自然平等是一个核心的基本原则。基于此，人们的理性可以认识自我的同一性。除了上帝之外，我拥有我自己，任何人都不能奴役和拥有我。❶ 那么我就可以自由地支配我自己的劳动，自己劳动的成果，也就天然地属于我，任何人不能剥夺。洛克在这种理论推进的过程中，也申明了财产权不可剥夺的理由。继而，他通过对"人格同一性"的继续阐述，申明了自然权利和自然正义。人人都能理解这些原则，"即平等、生命权和财产权的神圣不可侵犯、自由"，这些内容就构成了自然状态下的理性自然法。维护这些权利就是正义的，违背这些权利，就是不正义的。通过这个过程，我们基本上可以把洛克关于正义内容的问题理解得比较清楚。

但我们前面也说过了，自己充当自己权利的裁判，是很难达到和实现正义的。由此就产生了一种必然的需要：

> 上帝确曾用政府来约束人们的偏私和暴力。我们也可以承认，公民政府是针对自然状态的种种不方便情况而设立的正当救济办法。❷

从实现正义的角度而言，为了有效和合理地处理人们在自然状态中产生的纠纷和终止战争状态，成立公民政府是非常有必要的。

尽管从一个更为宏观的角度去审视霍布斯和洛克，他们阐述的正义理论都根植于一种"社会契约"的学说。但是出于对正义理解的不同，导致"利维坦"和"公民政府"的内涵和具体内容都极为的不同。同样是通过

---

❶ 龚群：《洛克的自然权利说》，天津，《道德与文明》，2016 年第 6 期，第 66 页。

❷ ［英］约翰·洛克：《政府论（下篇）》，叶启芳等译，北京，商务印书馆，2012 年版，第 10 页。

社会契约来建立政府，我们不妨再来考察一下，霍布斯的利维坦和洛克的公民政府有什么区别？霍布斯的正义，不是存在于自然状态下的，在他的学说系统中，没有天然绝对和内在稳定的正义，所谓正义是利维坦成立以后的事情。正义的稳定性基础也是在利维坦的威权下实现的，因此，可以概要地总结为一句话，就是："终止恐惧和暴力，保障生命。"而洛克的正义，是先于政府存在的，基于上帝的信仰和理性自然法的约束，是内在的，极富稳定性的。亦可以总结为一句话，就是："遵照理性自然法和维护自然权利。"这就使得，在洛克的正义理论中，实现正义要保障的权利，内容和内涵都要比霍布斯更加丰富。而政府也不应该是一个利维坦的"恐怖"的组织，它存在的目的在于有效而彻底地保障这些公民的自然权利。

洛克正义理论的另一个非常重要的特征在于，"财产权"在正义的内容中被上升到了一个核心的地位。在此之前，不管是"理念正义""比例和谐""幸福快乐""上帝之城"，还是"利维坦"，都没有将财产权单独提出，做过如此详细的论证。实际上，财产权在洛克的学说中就成了正义的具体标准。

在洛克的著作中，财产与正义之间的关系被反复提及：

> 没有财产权，就无所谓非正义，这个命题和欧几里得的任何解证都是一样确定的。这是因为所谓财产的观念乃是指人对于某种事物的权利而言的，所谓不正义乃是指侵犯和破坏那种权利而言的。这些观念既然这样确立了，而且各有了各的名称，因此，显然我们就可以确知这个命题是真实的。❶

> 正义即是指尊重他人诚实劳动所取得的财产，不经同意不得拿走。❷

> 只有当人们理解了财产权，才能理解什么是非正义，这里的非正义主要是指侵犯他人的权利，不正当地占有属于他人的东西。而正义的规则就是划分"我的"、"你的"之类的权利。❸

---

❶ ［英］约翰·洛克：《人类理解论（下册）》，关文运译，北京，商务印书馆，2011 年版，第 540 页。

❷ 同上书，第 559 页。

❸ ［英］约翰·洛克：《教育片论》，熊春文译，上海，上海世纪出版集团，2005 年版，第 181—183 页。

正如我们前面介绍过的，财产权也是通过自然权利确定下来的。它的论证过程是思辨和经验的。人们拥有自我的生命权，从而拥有自己的劳动。这是天赋而神圣不可剥夺的权利。基于此，人们运用自己不可剥夺的劳动，创造了价值。这些价值因为被赋予了属于我生命和劳动的权利，因此而变得神圣不可剥夺，任何对它的侵犯都不可能是正义的。但事实上，仅有个人劳动远远无法彻底确立产权私有的正义性和合法性。例如20世纪七十年代，美国政治哲学家罗伯特·诺奇克就曾经对劳动与无主物的混合产生私有产权的观点提出了质疑和反驳。

> 洛克把对无主物的所有权看做是由某个人把他的劳动同无主物相混合（mixing）而产生的。这引起了许多问题。劳动所与之相混合的东西的边界在哪里？……如果我（通过我的劳动）拥有了一罐番茄汁，并把它倒入了大海，以致它的分子均分地混合于整个大海之中，那么我是拥有了整片海洋？还是愚蠢地浪费了我的番茄汁？❶

我们发现，如果没有更为牢固的理论基础，仅将"生命自我所有权—劳动—财产权"相联系，会产生劳动所与之相混合的东西之间的界限不明确的问题。很多契约主义思想家在申明财产权的问题时都面临这样的问题。

为了稳固和强化财产权的理论基础，洛克借助的依然是基督教的神学理论。洛克认为，神的意志要求我们利用他赐予全人类共同所有之物，以增进自身的保存。世界最初由上帝交给全体人类所有，每个人都应该利用这些共有之物来增进个人生活的益处以利于全人类的保存。这就意味着，如果不将共有物品划归私用，就不可能让其对任何私人有所神益。某个物体，它即使是共有的，最终也只能通过私人的使用来体现它的价值。例如，一块田地，人们可以一同耕种，一同收割，但收获的粮食，只有在被个体食用、享用的时候才能最终保障个体的生存。一群人，围着一堆"共有"的粮食而不能分配，最终活活饿死，这是荒谬的。洛克对于私有财产的真实含义和对私有产权的维护是非常精彩的。但他将理论基础推到神学，就使得这一问题丧失了进一步讨论的必要。因为上帝

---

❶ ［美］罗伯特·诺奇克：《无政府、国家和乌托邦》，姚大志译，北京，中国社会科学出版社，2014年版，第209页。

是绝对真理，以此为基础一方面是牢不可破的，另一方面也带来了很多更为严重的问题。

一个最为直接的问题是，洛克将保护"私有财产和私有财产的获取"作为成立政府的核心任务、维护正义的核心内容。他当然可以在信仰的系统内部，将神学作为产权理论的最高依据。但是，事实上这和《圣经》部分精神是相违背的：

> 于是耶稣对门徒说，我实在告诉你们，财主进诸天的国是难的。我又告诉你们，骆驼穿过针的眼，比财主进神的国还容易。（《圣经·新约·马太福音》）

很显然，在基督教的神学系统中，对于财产始终是持一种贬低的态度。洛克在部分运用了神学之后，并没有严格地遵循《圣经》的逻辑和内容。这样在同一种学说背景下的逻辑矛盾使得自然法存在的基础即使是在神学系统内部也无法得到更为有效的证明。❶

另一个更为深层的问题是，洛克的正义理论和政治哲学观点总体上是以经验为基础的。他所论证的正义基本上是一些事关实际经验的内容："生命、自由、财产和幸福"，在洛克的学说中并不是先验或超验的理念。在洛克自身的哲学体系内，对于认识论的理解基本上也是基于经验的。经验是指我们所能感知的东西的总和，但问题是，依靠经验我们是无法认识和理解上帝的。而指导最终正义的内容却又来自于上帝，来自于上帝安排的自然法。正如美国思想家保罗·凯利所言：

> 我们的经验并不必然导向对上帝的经验。我们这个时代的许多人和同样多的洛克时代的人都太快地宣称，经验危害了认识上帝的任何可能性。❷

---

❶ 我们当然可以认为这是洛克思想内在的一点点逻辑上的混乱，但是我们也无需苛求古人，只能说这是那个时代的思想局限性。因为，自然法，在启蒙运动时期就更多地体现为一种理性的信念，若想为它提供一个牢靠的前提性基础，神学理论是最为简便和有效的办法。现代的契约主义理论，在就私有产权的合法性基础论述中，当然有了更为全面和深入的探讨。这在现当代的正义理论考察中，我们将另章详述。

❷ Paul Kelly，*Locke's Second Treatise of Government*，New York：ContinuumInternational Publishing Group，2007：37.

所以，在阐述正义的基础时，洛克的理论存在着"理性在经验基础上向上的一跃"，这一跃从纯粹的经验论来看，显然是不合法的。❶

除此之外，洛克的正义理论——也是大多数契约主义正义论——还存在着两个其他方面的较为明显的难题。

第一个难题是，洛克认为人们的理性可以理解自然法，并可以通过理性理解自然法赋予人们的自然权利，通过对自然权利的维护实现正义。在某种意义上，洛克对人们理性的能力提出了"过高"的要求。洛克将自然状态描绘成一种完美的自由和平的状态，暗含一个前提，就是人人能够遵守自然法。因为，人人具有理性，所以在理论上可以做到这一点。这种正义观实际上假定了人们都有着某种天赋的政治美德，"这既是因为我们自己的性格、我们的天性中便具备互利的素质，也因为我们当合作或一起讨论事情时，我们的言与行的倾向不可避免地产生政治作用。"❷ 人人理解自然法，这看似不是什么难事。但我们无法否认的是，在现实生活中，却有一些先天残疾的人——尤其是智力残疾的人——他们无法运用理性来理解这些内容。当然也无法运用理性对"公民政府"让渡权利进行同意。那么，这些人的权利正义的合法性应该以什么为依据？假如，一些人，无法理解自然法的全部内容，不是从主观故意的动机出发，违反了自然法赋予他人的权利，这算不算是不正义呢？这是一个非常难以回应的问题。侧面而言，客观上，"并非人人可以理解自然法"这个事实命题，对自然法存在的合法性，也产生了一定的动摇。❸

第二个难题是，我们当然可以从时代局限性的角度出发，暂时忽略洛克神学系统背景下的"理性与经验之间的逻辑矛盾"，承认洛克正义理论神学基础的有效性。无须讳言的是，洛克的正义论最终体现的就是"上帝的正义"。上帝的意志，构成了洛克劳动产权理论的神学基础。上帝通过赋予人们避苦趋乐的天赋倾向和理性的思考能力，促使人们得以理解和实践自然法。从根本上而言，生命和永生都是对正义的奖赏，最高的正义仍

---

❶ 詹世友：《洛克政治正义理论的论证规则及其理路》，天津，《天津社会科学》，2012 年第 5 期，第 21 页。

❷ 同上书，第 27 页。

❸ 同为契约主义理论，霍布斯的学说中并不存在这样的难题。因为，霍布斯从自然状态到利维坦的过程中，对人们的理性要求的标准极低。尽管可能会有一些天然智力受损或残疾的人们的存在，但我们还是能够认同，几乎每个人都能够感受到"对于死亡的恐惧"。仅有这种能力，就足以为利维坦的正义性进行辩护。

然要诉诸上帝的末日审判。因此，洛克在写作《基督教的合理性》时提到："大多数人无法知，因此他们必须信。"❶ 也就是说，洛克一方面强调正义要依赖于正确地认知和实践自然法，有效地保障和维护自然权利，但最终还是要依赖神的启示，依赖相信基督是我们的救世主。❷ 这些观点都直接引发了一个严重的困难——如果我们不是基督徒，是不是就无法实现和理解正义？这都造成洛克的正义理论的可靠性大大地降低。因此，才有了在当代政治哲学试图重新运用契约主义理论阐释正义的时候，不得不寻找神学以外的其他途径。❸

不论如何，洛克思考政治问题的核心焦点就在于正义，而全面理解洛克正义观点概要而言只需要把握四个主要的方面。首先是，人的人格同一性以及由此而来的人与人之间相互信任、依赖和合作的基础，这构成了"自由而不放任"的"洛克式自然状态"存在的前提。正是基于这样的自然状态，存在着自然法对于判定正义的最高尺度，自然法同时也成为人们实证法的基础。但是，在自然状态下，虽然已经存在了自然正义，人们行使维护正义的裁判权却处处遇到阻碍、受到限制和存在不便。因此需要通过人们的同意和契约式的授权，让渡一部分权利，从而形成公民政府。公民政府与利维坦的目的截然不同，它的本质目的不是通知和约束人们，而是通过有限权利来保障人们天赋的、不可剥夺的自然权利。从而保障正义的稳定和实现。因此，为了维护公共福利，切实地保障公民的各项权利，人们必须在政治实践中对公共权力进行约束和监督，各种公共权力必须进行分割和彼此制衡。也就是从这一刻起，人类的政治智慧终于脱离了中世纪，脱离了专制主义中央集权，一跃进入了现代文明。

尽管洛克的正义学说理论内部还存在着许多逻辑上的问题、矛盾和难题。但是，不得不承认的是，当今我们最为熟悉的大多数现代国家的表述都是由他较早提出的。他的著作似乎被托马斯·杰弗逊全盘吸收进了北美《独立宣言》，以至于人们经常认为洛克差不多算得上是美利坚建国的一代

---

❶ Locke, *The Reasonableness of Christianity*, ed. John C. Higgins – Biddle, and Oxford: Clarendon, 1999: 157—158.

❷ 霍伟岸：《自然法、财产权与上帝：论洛克的正义观》，上海，《学术月刊》，2015 年第 7 期，第 80 页。

❸ 罗尔斯就曾经公开表示：我试图做的就是要进一步概括洛克、卢梭和康德所代表的传统的社会契约理论，使之上升至一种更高的抽象水平。

名誉成员。其中，洛克倡导人类出于自然的自由与平等、基于同意的政府、实行分权制度的有限政府，以及人们革命的权利，都构成了现代政治文明最为稳定的基石。除此之外，虽然洛克本人有着极为虔诚的基督教信仰背景，但他是宗教宽容的坚定的倡导者。他的名字将永远与自由民主和宪政民主的理念紧密相连，永垂人类政治文明的史册。

（四）从平等到自由

公元 1774 年，路易十六登上法国国王的宝座时，代表法国三个社会等级的议会——三级会议，已经有一百七十五年没有被召集过了。这个欧洲大陆上最强大的国家，被最专制的威权统治了将近两百年。与任何封建王朝的发展规律相似，日渐腐朽和衰败的波旁王朝在十八世纪末，开始产生了严重的政治和财政危机。骄奢淫逸了三百多年的法国王室显然并没有削减预算和开支的打算。1789 年 5 月，透支的财政无法继续维持，路易十六决定在凡尔赛宫重新召开三级会议，希望议会讨论增税、限制新闻出版和修改民事刑法这三项主要问题，国王下令，除此之外议会不许讨论其他议题。始料未及的是，被专制独裁压抑太久的民意，一下爆发和狂飙了起来。人数最多、代表市民工商阶层的第三等级代表激烈地反对增加税收，并宣布国王和贵族意图增税的行为是非法的。为了表达更多的诉求，1789 年 6 月 17 日第三等级代表宣布成立国民议会，宣告国王无权否决国民议会的决议。法国的王权，遭到了前所未有的削弱和威胁。

路易十六当即关闭了国民议会，宣布它是非法的，其一切决议无效，命令三个等级的代表分别开会。1789 年 7 月 9 日国民议会宣布改称制宪议会，要求制定宪法，限制王权。路易十六意识到这危及了自己的统治，调集军队企图解散议会。1789 年 7 月 12 日，巴黎市民举行声势浩大的示威游行支持制宪议会。次日，巴黎教堂响起钟声，市民与来自德国和瑞士的国王雇佣军展开战斗，在当天夜里就控制了巴黎的大部分地区。7 月 14 日群众攻克了象征专制统治的巴士底狱。一场改变了法国命运、欧洲命运甚至是人类政治前途的大革命，就这样如火山喷涌般地爆发了。

法国大革命打出了"自由""平等""博爱"的口号。这些价值，在随后的几百年内，迅速地成为建构现当代政治制度的基石，并被绝大多数现代国家所接受，成为他们政治实践的基本原则。将这样伟大和犀利的思想武器提供给巴黎人民的正是以卢梭为代表的法国启蒙思想家。

路易十六登基的时候，卢梭的生命已经接近了终点。● 但当时雄心勃勃、踌躇满志的路易十六绝不会想到，正是这个多病缠身、垂垂老矣的思想家和他的著作，最终敲响了波旁王朝专制独裁的丧钟。

我们曾经提到过，霍布斯的《利维坦》是英语世界中最伟大的政治哲学著作，这一评价用在卢梭身上也不为过。坦率地说，卢梭确没有像霍布斯那样，有哪一本具体的专著就可以囊括和涵盖他全部的智慧和思想体系。但《社会契约论》《论人类不平等的起源与基础》《爱弥儿》……这些著作结合起来，足以使得卢梭成为法语世界最伟大的政治哲学家。

卢梭关注的问题，甚至比霍布斯和洛克还要更为广泛和深远得多。我们能够看得出来，霍布斯关心的是，如何克服使国家陷入分裂状态的内战；而洛克关心的是，在混合宪政体制下反抗君主的合理性。与他们都不同，卢梭是一个真正的人类文化和文明的批判者，他力图诊断他看作当代社会积弊已深的种种罪恶，力图描述当代社会给它成员所带来的邪恶和不幸。他希望去解释这些罪恶和邪恶为什么会产生，又想设计出一种政治和社会世界的基本框架，在这样的社会里，这些罪恶和邪恶都不存在。与霍布斯和洛克不同，卢梭象征着另一个世纪的开始。●

卢梭和他的政治哲学著作，借用维克多·雨果在《悲惨世界》序言中的话而言：

> 只要因法律和习俗所造成的社会压迫还存在一天，在文明鼎盛时期人为地把人间变成地狱并且使人类与生俱来的幸运遭受不可避免的灾祸；只要本世纪的三个问题——贫穷使男子潦倒，饥饿使妇女堕落，黑暗使儿童羸弱——还得不到解决；只要在某些地区还可能发生社会的毒害，换句话说同时也是从更广的意义来说，只要这世界上还有愚昧和困苦，那么，和本书同一性质的作品都不会是无用的。●

让－雅克·卢梭，1712 年生于瑞士日内瓦一个流亡的法国新教徒家

● 卢梭病逝于公元 1778 年路易十六登基的四年以后。

● ［美］约翰·罗尔斯：《政治哲学史讲义》，杨通进等译，北京，中国社会科学出版社，2011 年版，第 194—195 页。

● ［法］维克多·雨果：《悲惨世界》，李丹译，北京，人民文学出版社，1978 年版，第 1 页。

庭，幼年的卢梭生活非常坎坷。在他出生仅仅几天以后，母亲就去世了。卢梭十岁的时候，他的父亲因为与人发生诉讼纠纷而离家出走，他从此便失去了家庭的教养和温暖。年幼的卢梭一直陷在命运的泥沼中挣扎，流浪成了他这一阶段的人生主题。恶劣的生活环境使得他一度沾染了很多恶习，但也使得他透彻地了解了真正底层民众的疾苦。他当过乞丐、学徒、仆役和管家，一直到二十岁的时候才开始系统地接触到各个门类的知识。1742 年，三十岁的卢梭来到巴黎，先后结识了孔狄亚克和狄德罗等启蒙思想家，成为法国启蒙运动阵营的重要成员。1749 年初，他开始为狄德罗主编的《百科全书》撰写词条。就是这一年，卢梭的论文《论科学和艺术的复兴是否有助于敦风化俗》获得了第戎科学院征文奖，使他在法国学术界声名鹊起。这篇论文中，他首次提到了自然与文明对立的思想。紧接着，1755 年，他发表了《论人类不平等的起源和基础》，将思想的利刃和矛头直指人类社会不平等的种种罪恶。正当启蒙思想家们为理性、文明、科学和进步高唱赞歌的时候，卢梭冷静地反思了现代社会所隐含的危险。也正因如此，他和启蒙思想家们产生了分歧，发生了矛盾。1761 年开始，卢梭进入了学术创作的高产期，接连发表了《新爱洛伊斯》《社会契约论》和《爱弥尔，或论教育》等三部著作。晚年的卢梭又写出了《山中书简》《忏悔录》《对话录——卢梭论让·雅克》和《漫步遐想》等自传性著作，记载了他一生坎坷的生活经历和思想发展的轨迹，表达了他晚年因颠沛流离的生活对人生的特殊理解和感悟。❶ 1778 年 7 月 8 日，法国历史上最伟大的政治思想家卢梭在孤寂中离开了人世。

卢梭的政治学说中，似乎没有哪一部著作是专门以"正义"为主题进行考察、论证和研究的。但是，总览卢梭的政治思想，他是在向人类社会的种种根本性的罪恶宣战，在整体和宏观的意义上阐释一种广泛的正义。当我们重新审视卢梭思想发展的轨迹时，就能够发现在他不同的作品中所展示出的不同主题之间有一个连续统一的思想整体，他从关注人类整个历史和人类不平等的罪恶开始，对现实政治中的压迫和奴役进行诊断，直到《社会契约论》的发表，卢梭试图依据这些诊断来探讨和建构一个充分正义的、切实可行的并且能够稳定而幸福的政治制度基础。❷

---

❶ 张志伟：《西方哲学史》，北京，中国人民大学出版社，2007 年版，第 486—487 页。

❷ ［美］约翰·罗尔斯：《政治哲学史讲义》，杨通进等译，北京，中国社会科学出版社，2011 年版，第 196 页。

"自由"和"平等"是卢梭政治哲学和正义理论中最为核心的两个概念。自启蒙运用开始兴起以来，大多数启蒙思想家在情感上都热情地讴歌着平等的价值，他们竭尽全力地试图论证"人生而平等"。但是他们同样也无法解释现实存在的不平等。例如洛克，他在神学的基础上论述了上帝所创造的每个人都是平等的，造物主赋予了我们一些不可剥夺的权利，其中包括生命权、私有财产权和自由的权利。但是，在阐释了天赋的平等后，洛克却无法解释因为天赋能力的差异所造成的对于私有财产占有的不平等。很显然，人格上的平等和法律权利上的平等无法抵消和抑制人们在现实社会中因财产分配的不平等产生的压迫。经济领域的不平等不可避免且严重地地侵蚀了人们自由的天赋权利。例如，幼年的卢梭和幼年的路易十五是生而平等的，"造物主"赋予了他们天赋的同样的权利。而经济的不平等却使得未来的法国国王能够睡在全法国最舒适的天鹅绒床上安然入眠，极度贫困的幼年卢梭只能过着流离失所的日子，不是睡在公园的长椅上，就是睡在地上。❶ 卢梭深刻地意识到，平等就是自由根源的所在，而不平等就意味着不自由。经济的不平等，使人们开始堕落，地位的不平等，让人们受到奴役。因此卢梭由衷地慨叹：

　　　　人是生而自由的，却无往不在枷锁中。❷

　　平等和自由就成了正义的前提。同时，人类不平等是如何起源的，也就成了摆在卢梭面前的亟待解决的问题。作为契约主义的思想家，卢梭继承了霍布斯和洛克关于自然状态的学说，并且他认为，在自然状态中，人们是平等的。正如霍布斯所论述的："基于人类经验，人大体是平等的，人与人之间在智力和体力上的差异绝不会明显到足以让任何一个人支配其他人。"❸ 换句话说，例如我与博尔特赛跑，在一百米内，我们之间的差别确实很大。但综合我们的整体能力——如果是在自然状态下——他在一百米内超越我的能力绝不足以让我对他跪拜臣服，并受他的奴役。卢梭设想，在自然状态下的"野蛮人"，他们最初没有多少相互的联系，因为他们孤独地生活在森林里。因此，即使他们有一些天然的差别，这对他们而言影响微乎其

　　❶　［美］威廉·杜兰：《卢梭与法国》，台北，幼狮文化事业公司，1978 年版，第 18 页。
　　❷　［法］卢梭：《社会契约论》，何兆武译，北京，商务印书馆，1980 年版，第 8 页。
　　❸　刘瑛瑛：《"从平等到自由"的关联与阻断——卢梭平等思想的理路及其评价》，上海，《华东政法大学学报》，2007 年第 4 期，第 91 页。

微。真正的不平等是随着人类共同生活在一起，进而产生了人类互相之间需要沟通的语言，以及理性的发展，导致了人们产生了彼此之间差别的观念。就在这里，卢梭与理性主义的启蒙思想家们分道扬镳。启蒙思想家们认为理性与文明是进步的象征，卢梭当然并不否认这一点。但他同样犀利地指出，正是伴随着理性和文明的发展，罪恶和奴役也同时产生。很显然，人类社会从产生以来就充满了自由的匮乏、等级的差异和权力的压迫。

为此，卢梭提出了他关于私有财产的惊世骇俗、震绝古今的观点："社会实质性的不平等产生于私有制的出现以及私有观念的产生。"❶

> 谁把第一块土地圈起来并想到说："这是我的"，并且找到一些头脑十分简单的人居然相信了他的话，谁就是文明社会的真正奠基者。假如有人拔掉树桩或者填平壕沟，并向他的同类大声疾呼："不要听信这个骗子的话，如果你们忘记土地的果实是大家所有的，土地不是属于任何人的，那你们就遭殃了。"这个人会使人们免去多少罪行、战争和杀害，免去多少困难和恐怖啊。❷

卢梭认为，正是私有制和私有观念败坏了人类自然美好的同情怜悯的情感，人与人之间的关系也由自然状态中的平等转化为不平等。

> 富有，他就需要他们的服侍；贫穷，他就需要他们的援助……这样就使得他对一部分人变得奸诈和虚伪；对另一部分人变得专横和冷酷。❸

正是在这样的前提下，人类脱离了自然状态，进入社会状态。正义的准则、道德与法律都是为这样的社会制度服务的：

> 它们给弱者以新的桎梏，给富者以新的力量，它们永远消灭了自然的自由，使自由再也不能恢复；它们把保障私有财产和承认不平等的法律永远确定了下来，把巧取豪夺变成不可取消的权利；从此以后，便为少数野心家的利益，驱使整个人类忍受劳

---

❶ 龚群：《论卢梭的平等与自由》，天津，《政治思想史》，2012 年第 4 期，第 2 页。
❷ ［法］卢梭：《论人类不平等的起源和基础》，李常山译，北京，商务印书馆，1994 年版，第 121 页。
❸ 同上书，第 125 页。

苦，奴役和贫困。❶

很显然，在这样的前提下，毫无正义可言。卢梭通过对私有财产的分析、考察和批判，几乎彻底摧毁了洛克式正义的基础。洛克所主张的所谓基于"自然权利"的正义，到了卢梭这里，成了不正义的根源。

在卢梭的正义理论中，人们进入社会状态时私有财产所造成的不平等仅是第一个阶段。紧接着，官职的设立造成了社会阶层彻底的固态化的差异，这是不平等状态的第二个阶段。而不平等的终极状态是合法的权力变成了专制的权力，专制制度的确立成为政治极度不正义的开始。在第一个状态中，人们的不平等体现为贫富的差异，富人与穷人被人们所认可。到了第二个时期，人类社会中就有了强者和弱者的分殊。一俟确立了专制制度，人们的不平等彻底转化为主人和奴隶的关系。因此，这种状态在卢梭看来，这也使得人类的不平等达到了定点。

人对人的依附，人对人的奴役，这是人类最为悲惨的景象，当然这也是最大的不正义。自由原是人的自然能力中最为崇高的能力，如果为了取媚于一个残暴的主人而抛弃自己自然中最可宝贵的东西，这不仅是人类天性的堕落，而且是把自己完全降为受本能支配的禽兽的水平。❷ 这不仅不是正义的，简直是对创造自己生命的造物主的侮辱。

在卢梭论述私有制的产生、人类从自由和平等走向奴役和不平等的过程中，实际上还隐含着另一条线索，卢梭阐释了他关于"自然与文明"之间关系的观点。他认为，文明产生和人类脱离自然状态的过程也伴随着人性的异化。在自然状态下，人平和美好、平等善良、淳朴和谐，而进入社会状态以后，一切都产生了颠覆性的变化，人的灵魂开始变质。因此，自由和平等的沦落受到了来自内外两个部分的影响，一方面私有制的产生从外部导致了人们贫富、尊严和地位方面的不平等，另一方面，人的自我完善能力和理性的发展自内部强化了对于这种不平等的认可。如果说孤立的个人向社会生活发展是不可避免的，文明进步是不可避免的，那么上述进程就是不可避免的：文明每前进一步，不平等也就推进一步。❸

---

❶ ［法］卢梭：《论人类不平等的起源和基础》，李常山译，北京，商务印书馆，1994 年版，第 129 页。

❷ 龚群：《论卢梭的平等与自由》，天津，《政治思想史》，2012 年第 4 期，第 3 页。

❸ 刘瑛瑛：《"从平等到自由"的关联与阻断——卢梭平等思想的理路及其评价》，上海，《华东政法大学学报》，2007 年第 4 期，第 91 页。

然而，仓颉一旦创造了文字，纵使天为雨粟，鬼为夜哭，也无法阻止人们走向文明的脚步；"私有制"这个潘多拉的魔盒一旦打开，就再也无法关闭起来。即使文明、社会和私有制带来再多的不正义，我们也不可能重新"变成禽兽"，更不可能使人们重新回到"四只脚走路"的蒙昧原始状态中去。那么，在卢梭看来，社会状态中的人们，只有通过契约来重塑社会的正义。

不可否认的事实是，经过长期的社会性不平等的压迫，导致人们的精神已经开始习惯了这种奴役，使人充满了奴性。然而，人类在后天的奴役状态之下所产生的服从德性并非是出于人类天生的精神，因此应该从人的天性所向往的自由来判断人类根本的精神需求。人类究竟如何才能摆脱不平等和奴役从而实现自由和尊严呢？在卢梭看来，现有的社会无一例外地都处于财富占有的不平等状态下、地位等级的主奴式分布中，想要挣脱枷锁实现正义，只有对整个人类社会进行重新和彻底的塑造：

> 要寻找一种结合的形式，使它能以全部共同的力量来卫护和保障每个结合者的人身和财富，并且由于这一结合而使每一个与全体相联合的个人又只不过是在服从自己本人，并且仍然像以往一样地自由。❶

虽然卢梭自己没有明确地提到这一点，但他关于重塑社会的观点已经带有了非常强烈的革命精神。不过，他所选择的重塑社会的途径却不是革命的途径，而是继承了霍布斯和洛克的社会契约的学说。但是卢梭的社会契约论明显与霍布斯和洛克都不相同，他在这一点上比前二者展示出了更为辽远和阔大的雄心。他的社会契约理论的动机是要通过社会公约建立一个他心目中的符合正义的道德理想国。在卢梭的学说系统中，平等是自由的前提，具有基础性的功能作用。换句话说，想要实现自由必须首先实现社会的平等。因此，他对自己的"契约主义理想国"设定了一个前提条件：

> 那就是：每个结合者及其自身的一切权利全部转让给整体的集体。因为，首先，每个人都把自己全部地奉献出来，所以对于所有人的条件便都是同等的，而条件对于所有人既然都是同等的，便没有人想要使它成为别人的负担了。❷

---

❶ ［法］卢梭：《社会契约论》，何兆武译，北京，商务印书馆，1980 年版，第 23 页。
❷ 同上书，第 23—24 页。

卢梭认为，现有社会中的每一个人将自己的一切权利全部都转让出去，这样所形成的共同体对于每一个已经让渡了权利的个体而言就具备了同等的价值和意义。例如，我们有一群人，穿着不同式样的衣服，有些衣服华美，有些衣服寒酸，当然还有一些赤贫者赤身裸体。那么衣着华美者就可以鄙夷衣着寒酸者，当然也可以碾压赤身裸体者，后者，也会因此而感到羞耻和惭愧。那么，现在要求所有人都脱掉全部的衣服，交上来，每一个人都赤身裸体，也就不存在谁鄙视谁，谁碾压谁，而谁会因为裸体而羞耻了。

对于这种"裸捐"式的权利让渡所形成的卢梭式的道德理想国，他从不同的角度进行了解释也对此给出了不同的称谓：

> 只是一瞬间，这一结合的行为就产生了一个道德的与集体的共同体，以代替每个订约者的个人；组成共同体的成员数目就等于大会中所有的票数，而共同体就以这同一个行为获得了它的统一性、它的公共的大我、它的生命和它的意志。这一由全体个人的结合所形成的公共人格，以前称为城邦，现在则称为共和国或政治体；当它是被动时，它的成员就称它为国家；当它是主动时，就称它为主权者；而以之和它的同类相比较时，则称它为政权。至于结合者，他们集体地就称为人民；个别的，作为主权权威的参与者，就叫做公民；作为国家法律的服从者，就叫做臣民。❶

很明显可以看出卢梭的社会契约与洛克式的权利让渡有着极大的差别，在洛克的学说中，社会契约所建构的政治社会，人们只是将裁判和惩罚的权利让渡给了一个仲裁者，而保留了生命、财产、自由等等诸多的天赋权利。卢梭是将一切权利转让给了国家。❷ 这里我们不禁会产生疑问，卢梭式的共同体和霍布斯的利维坦有什么区别？从直观上看，卢梭的社会契约理论与霍布斯的利维坦非常相似，都是几乎让渡了自然状态下人的所有权利。卢梭的要求甚至比霍布斯更加的严格。霍布斯的利维坦在于保障人们那种免于死亡的恐惧，换句话说，人们组成利维坦还是保留了生命权。但卢梭要求人们让渡一切权利，也就是连生命权也要让渡出去，这样

---

❶ ［法］卢梭：《社会契约论》，何兆武译，北京，商务印书馆，1980 年版，第 25—26 页。
❷ 龚群：《论卢梭的平等与自由》，天津，《政治思想史》，2012 年第 4 期，第 3 页。

才能达到彻底的平等。但是仔细思考，卢梭式的社会契约和利维坦之间还是有着本质区别的。

卢梭主张，人们在让渡权利后，并非将权力交给一个主权者或者是代表主权的机构。作为集体行使主权的不是国王和贵族，而是"公意"。在卢梭的学说中，公意就代表了最高正义。

通过社会契约实现的共同体，实质上可以看作是"公共的大我"，因为它是每一个个体全部权利的集合，也就能够代表所有人的共同意志。在卢梭看来，现存的不自由主要是因为人依附于人，奴隶依附于主人，仆从依附于贵族，臣子依附于皇帝。公民共同体的意义在于打破了这种人对人之间的依附，使得每个人都只能依附于共同体，那么个体人之间就是平等和自由的。这个道德与集体的共同体是由人们的一致同意所形成，从而它所作出的决定就代表了全体公民的意志，人们服从公意就是服从我们自己，就是实现了自由和平等，也就是最高的正义。

卢梭通过对人间罪恶的反思，找到了实现正义的前提，也就是由平等而实现自由。但脱离了自然状态后的人们在社会中由于私有财产的观念和人自身道德的异化，使得原始的平等和自由已经无法实现。只有重塑社会通过构建一个符合公意的道德和集体的共同体，来实现正义。因此，公意实质上就成了卢梭立法的实体标准、最高标准和正义标准。卢梭通过对社会公约条款的阐述，解释了公意即是正义的合法性和理由：每个人都将自己的全部毫无保留地奉献出去，对于所有的个人，条件是同等的。在让渡了权利后，哪怕是法国国王从地位和控制力层面而言，与街边的乞丐也没有了区别。这种权利的转让既然是毫无保留的，那么联合体对每个人而言也就是尽可能完美的。因为它不能再接收更多的馈赠，也不能再在权力上进行更大的完善了。既然人们像一个几乎完善的共同体奉献了自己的全部，也就意味着他们没有余地再向任何其他人奉献自己，那么在这个共同体中，人与人——至少在个体意义上——绝对是平等的。

为了更清楚地解释公意的含义和本质，卢梭还提出了"众意"的概念。因为，如果公意就是简单的"群体的感情和道德观"，那是很难成立的。我们都知道，个体意志的简单集合，绝对不会产生一个明智和公正的集体意志。群体的感情通常是冲动的、易变和暴躁的。并且容易受到诱导和暗示，轻信一些激烈的言辞。善于煽动群众的野心家们经常利用"乌合之众"的这种心理特征，驱使人民做出一些可怕的事情。但这显然不是卢梭所言的"公意"的本质，群体意志或者说众意之所以多变、易怒是因为它是从个体利益出发考虑问题。换言之，它是没有让渡权利之前的意志的集合。而公意则只着眼于公共的利益，是除掉这些个别意志之间的正负相互抵消的部分而外的，剩下的总和，乃是公意。❶ 它实际上已经成了独立于每个个体之外的、不同于他们主观意志的一种客观标准。从这个意义上讲，它是公正的。正因为它是客观的、公正的，因此卢梭认为公意是不会犯错误的：

> 可见，公意永远是公正的……但并不能由此推论说，人民的考虑也永远有着同样的正确性。人们总是愿意自己幸福，但人们并不能总看清幸福。人民永远是愿望自己幸福的，但人民自己却不能永远都看得出什么是幸福。公意永远是正确的，但是那指导着公意的判断却并不永远都是明智的。❷

由此可见，卢梭所建构的符合公意的共同体，实质上就是一种实现了社会性平等和自由的理想国。而公意本身，则是符合公共利益和人民幸福的正义方案，这个方案是一种客观存在，人民只能服从和接受。

卢梭的正义理论有着极大的创造性，他脱离了对于绝对理性、上帝、自然法的依赖，同时也不仅仅是从政治和国家的起源角度去考虑这一问题。而是通过对于社会本质属性的挖掘，从社会生活的视角去研究政治和正义的问题。他将这种方法大大地向前推进了一步，即从私有制关系和社会财富的分配状况来探讨国家制度、法律起源和社会正义的问题。

但是，我们在较为全面和概要地考察了卢梭的政治和正义理论学说后，必须要承认，卢梭的理论光芒万丈的同时也充满了危险陷阱。它有多大的创造力和吸引力就有多大的危险性和毁灭性。

由于卢梭式的社会契约和公民共同体需要让渡的权利太多了，共同体集合起来所形成的权力也就没有了边界。这个权力不可能总是飘浮在空中，供人民默默地仰望，而它最终要落在现实生活中的某个人和某些人的手中。一旦这样的事情发生，恐怖和血腥就会在悄然之间弥散开来。等人们醒悟过来的时候，一切都太迟了。这些恐怖的事情在法国大革命中已经完全展示了出来，革命派的领袖一拨又一拨的轮换，断头台却从未停止它

---

❶ ［法］卢梭：《社会契约论》，何兆武译，北京，商务印书馆，1980年版，第29页。

❷ 同上书，第52页。

的工作。

所有的人脱掉了自己的衣服，展示了赤诚的平等，他们却忽略了要将这些衣服交给谁。一些心怀叵测的野心家，掌握了这些衣服后，更大的戕害和奴役就无可避免。法国大革命究竟改变了什么？批评家们悲伤和无奈地说："革命以前是人奴役人，革命以后刚好反过来了。"

法国革命的领袖们虽然相互攻击，但在崇拜卢梭这一点上却是共同的。在卢梭生命的最后岁月中，罗伯斯庇尔曾经虔诚地拜访了这位思想和灵魂的导师。罗伯斯庇尔曾经在卢梭的面前誓言将一生奉献给他，罗伯斯庇尔从事革命活动中，直接运用卢梭的政治语言，宣扬他的政治观点。他赠给卢梭栎叶做成的王冠，宣称他是人类的导师。但是一俟他掌握了权柄，阴谋、暴力和残忍的本性就展露无疑。公意的绝对正确性给了这些政治野心家们非常便利的口实，不服从统治的人们，革命者即可以用公意之名剥夺他们已经让渡了的生命的权利。任何人拒不服从公意的，全体就迫使他服从。自己看不清幸福的，公意就迫使他们看清。自己无法把握未来和自由的，公意就迫使他们屈从。这种悲剧一直延续到了上个世纪，对于六百万犹太人而言，充满毒气的浴室和浓烟滚滚的焚尸炉，无论如何也无法与自由、平等和正义产生联系。

人们慢慢地发现，几乎所有革命，所有对社会的重塑性运动过后，按照社会契约论所设计的自由和平等的理想都没有实现，成千上万的人们却在这个过程中付出了极大的惨痛的代价。于是，人们对于社会契约理论的认同和拥护也逐渐转向怀疑和批判。

社会契约理论在卢梭的阐述中达到了理论的巅峰，但同时也在卢梭的身后迅速地转向了没落和衰败。曾经辉煌一时的社会契约理论从它的巅峰跌落下来，在一个相当长的历史时期，成了供人们批判的"残羹冷炙"。❶

等到它再次复兴，已经是将近两百多年以后的事情了，那时候世界早已变换了时空……

（五）自利与互利

当法国大革命进行得如火如荼之时，爱尔兰哲学家埃德蒙·伯克在自

---

❶　蒋先福：《从实体正义到程序正义：卢梭与罗尔斯契约正义观之比较》，长沙，《伦理学研究》，2005 年第 6 期，第 37 页。

己的笔记中忧心忡忡地写道：

> 我发现，我们正在经历着一场全面的动荡，它将把宗教、道德、传统以及对于权力的尊敬都一起毁灭——这种畸形的变化将使人类回到未开化的状态。❶

英伦三岛上的哲学家和思想家们对于法国大革命大多数都持消极和否定的态度。面对独裁和暴政，英法两国人民以一个相似的起点出发，却走向了完全不同的道路。

公元 1603 年，苏格兰国王詹姆士·斯图亚特继承了英国王位，开始了斯图亚特王朝在英格兰和爱尔兰的统治。詹姆士一世执政时期，为了稳固王权专制，大鼓吹"君权神授"的理论，声称国王是上帝派到人间的最高权威，有无限的权力。君主专制和政治独裁大大阻碍了英国社会经济的发展，引起了人们的强烈不满。

查理一世继位后，比起詹姆士一世有过之而无不及，更大规模地加紧搜刮钱财，独断专行。与法国大革命的导火索相似，为了维持奢侈的生活和庞大的政府开支，查理一世不断给议会施压，让他们讨论增加税收的法案。但以新兴资产阶级为代表的议员们拒绝国王随意收税，查理一世竟多次解散议会，结果形成多年无议会统治的局面。此时的英国，一方面王室生活极度腐化，挥霍无度，国家处在无序之中；另一方面国王征收各种苛捐杂税，压榨人民，大量工人失业，反对压迫的农民要求取消地租，获得土地，革命运动随之逐渐蓬勃兴起，越演越烈。城市平民和失业的手工业者为生活所迫时常暴动，查理一世的专制统治使英国社会的各种矛盾迅速激化。

1642 年 8 月，国王和议会的矛盾集中爆发。查理一世在诺丁汉城堡升起国王的军旗，宣布讨伐议会，发动内战。次年秋，国王派军队从三方面向伦敦进攻，伦敦的安全受到威胁。一支由手工业者、帮工、学徒自发组成的伦敦民团奋起出击，附近农民武装也来支援，这才挽回了局势。1643年 10 月开始，克伦威尔所率领的由自耕农组成的骑兵在温斯比附近获得了重大胜利。两年以后，纳西比附近的一次战役中，议会军队一举击溃王军。查理一世只身逃跑，并于 1646 年 5 月 5 日向苏格兰投降。很快，议会

---

❶ 阿兰·佩雷菲特：《停滞的帝国——两个世界的撞击》，王国卿等译，北京：生活·读书·新知三联书店，1996 年版，第 4 页。

派取得了全面的胜利，与路易十六的结局一样，查理一世也被送上了断头台。

但革命并没有给英国带来自由、平等和繁荣，革命派的领袖很快成了新的"国王""暴君"和"独裁者"。共和国时期，克伦威尔掌握了政权，担任"护国主"。克伦威尔的政权依靠军队建立，他实际上是一个军事独裁者。权力的集中程度甚至超过了查理一世，护国主执政时期，议会依然被多次驱散和关闭。人民的疾苦、政见和诉求依然得不到关注。

克伦威尔死后，查理二世宣布复辟。他与议会取得了暂时性的共识和谅解，表面上承认了议会权力的至高无上。查理二世病逝以后，他的弟弟詹姆士二世继位。詹姆士二世妄图恢复君主专制的制度，引起了英国人民尤其是英国资产阶级和新贵族的强烈反对。但是，英国人已经厌倦了无休止的战争和看起来毫无效果的革命。当时，支持议会的辉格党人与部分托利党人为避免国王的倒行逆施，发动宫廷政变，废黜了詹姆士二世。

在废黜国王之后，他们将詹姆士二世的女儿玛丽和女婿荷兰执政者威廉迎到了英国。威廉带兵进入英国，未发一枪，便使詹姆士二世仓惶出逃。议会重掌大权，而威廉亦即位后成为威廉三世。至此，英国议会与国王近半个世纪的斗争以议会的胜利而告结束。这次宫廷政变式的革命，没有血腥的断头台，没有恐怖的大屠杀，却结束了英国长达近半个世纪的动乱。因此，这次政变被英国人骄傲地称为"光荣革命"。

光荣革命以后，政治民主、社会稳定的英国开动了国家近代化的高速列车。很快，他们取代荷兰建立了世界上最强大的海上霸权。航海事业的大发展、贸易规模的大膨胀和殖民掠夺的大扩张，全面地刺激和促进了英国国内市场经济的成熟和繁荣。中世纪那种神权和君权相结合的封建专制统治的模式在英国完全丧失了存在的基础，古老的政治体制逐渐让位于一个以资产者为主体的新型的市民社会。新社会模式的兴起，势必意味着一个与新社会秩序相辅相成的新思想和新价值体系的诞生。中世纪那种以神学为核心的道德基础逐渐瓦解的同时近现代基于市民社会和商品经济的新道德体系开始初见雏形。人们摒弃了基督教传统的近于苦行僧的生活原则，开始重新审视财富的价值、生活的意义，对于幸福和正义的追求也有了新的方向，事实上，这也标志着伦理学和政治哲学开始由古代的德性论向现代德性论转型。

城邦集体的荣誉和意义开始让位于个人的欲望和利益，英国和苏格兰启蒙运动的思想家们拒斥卢梭那种略带恐怖的社会契约，他们更为信守个人自由和权利的正当性，着力于探讨个人欲望、财富、利益和竞争的正当化。正义的核心和规则也开始发生着深刻的变化。在苏格兰启蒙运动的道德哲学中，大卫·休谟是一个最为杰出和最富有影响力的代表。

大卫·休谟，1711 年诞生在苏格兰爱丁堡的一个没落贵族的家庭。幼年的休谟即展现了非凡的学习能力和天赋，十二岁就进入爱丁堡大学学习法律，随后他对哲学产生了强烈的兴趣并终身从事于这个学科的研究和创作。二十一岁，休谟离开英国到法国游学，在此期间，他写作了奠定自己哲学地位的专著——《人性论》。但当时，这部哲学著作提出的一些问题过于超前，英国思想界还没有意识到这些深刻的问题，因而《人性论》出版后并没有得到人们的广泛关注。以至于休谟曾经沮丧地说："任何文学的企图都不及我的《人性论》那样不幸，它从机器中一生出来就死了，它无声无息的，甚至在热狂者中也不曾刺激起一次怨言来。"❶ 不过，天性愉快和乐观的休谟并没有就此消沉，相反他很快恢复了活力和自信，并且很快又出版了《道德与政治论文集》，这部著作给他带来了很高的声誉和名望，奠定了他在英国研究"怀疑论"的哲学地位，也为他博得了"反宗教"的名声。经过反省，休谟认为自己的《人性论》之所以没有取得学界和普通读者的广泛认同是因为叙述方式的不当。因此，他将《人性论》的第一卷"论人性"和第三卷"论道德"改写成了《人类理解研究》和《道德原则研究》，分别于 1748 年和 1751 年公开发表，经过重述后两本著作果然大获成功。但，休谟的经验主义、怀疑论和唯物主义的研究方式也激怒了罗马教会。尤其是《宗教的自然史》让他彻底得罪了教皇，罗马教廷宣布他的所有著作为禁书。但是，教会势力在英国本来就不得人心，罗马的迫害反而更加成就了休谟的名声。1752 年开始，他受聘于爱丁堡苏格兰律师协会图书馆馆长，这一期间，利用图书馆的资源他查阅了大量的历史学资料，写作了《英国史》。1763 年，他应英国驻法国公使的邀请，赴法担任英国使馆的秘书，结识了卢梭、狄德罗、爱尔维修❷和霍尔巴赫❸等

❶ ［英］休谟：《人类理解研究》，关文运译，北京，商务印书馆，2011 年版，第 2 页。

❷ Claude Adrien Helvetius（1715—1771 年），十八世纪著名法语作家、哲学家。他资助过一些启蒙哲学家。他的快乐论、教育理论和对伦理学宗教基础的抨击使他闻名于世。

❸ Heinrich Diefrich（1723—1789 年），十八世纪法国启蒙思想家，唯物主义哲学家。生于德国的巴伐利亚，主要著有《自然的体系》《揭穿了的宗教》《自然政治》等。

一大批法国启蒙思想家。后来，当卢梭受到政治迫害的时候，他曾邀请卢梭到英国避难。但终因两人思想政治分歧和卢梭的生性多疑而不欢而散。休谟一生独身，1776 年，体弱多病自知不久的休谟委托亚当·斯密全权处理和出版自己的遗稿，后于当年逝世，享年六十五岁。❶

休谟所阐释的正义理论建立在他的道德哲学基础之上，他认为道德是人类行为准则的规范，决定着人类社会是否能够健康、稳定和持续地发展。而正义，既不是某种自然法原则，也不是什么完美的理念和型相，它应该是出于社会发展的需求在一定的历史条件下所产生的某些原则。

正义是对社会有用的，因而至少其价值的这部分必定起源于这种考虑。公共的效用是正义的唯一起源。❷

确立了正义的来源，休谟重点对自然和人性两个方面进行了分析，他发现自然资源和人类的同情心的有限性是促使正义成为必要的客观条件。为了说明这一点，休谟对自然物质条件和人性精神状态分别做了两种极端的假设。

（A）自然物质条件的两种极端假设

a. 假设我们处在一个自然资源和物质条件无限充足的环境中，每个人都可以无限地获得物质上的各种满足。这种环境下，盈余财产的分配没有任何意义，产权的概念也变得无足轻重。在这种情况下，正义就没有存在的必要。大家生活得都极乐祥和，正义就失去了它存在的土壤。

b. 假设情况刚好相反，我们处在一个自然资源和物质条件极端匮乏的环境中，每个人的生活都朝不保夕，生命随时因饥饿、疾病和战乱而受到威胁，整个社会濒临崩溃的边缘。这种情况下，正义同样没有存在的基础。这种匮乏当然需要正义来进行矫正和匡扶，问题在于极端恶劣的自然环境没有社会稳定和持续发展的基础。这种环境下，人们不会拘泥于任何正义和道德的原则与规范。正义对于社会的功利性完全丧失，必将让位于自我保全的手段和动机。

（B）人性精神状态的两种极端假设

a. 如果我们人类的人性是完美和高贵的，每一个人都具备如同古代诗人所歌颂的那种金子般纯洁的德性，正义没有存在的意义和价值。因为每

---

❶ 张志伟：《西方哲学史》，北京，中国人民大学出版社，2002 年版，第 454—455 页。

❷ ［英］休谟：《道德原则研究》，曾晓平译，北京，商务印书馆，2000 年版，第 35 页。

个人都会自觉自愿地按照完全和谐和公正的原则生活在这个社会中，广博的仁爱会终止正义的一切属性和效用，当然产权、责任和义务的划分与界定也丧失了意义和基础。

b. 情况若完全相反，如果人性如同霍布斯所假设的那样，毫无同情心。一切人反对一切人，人们内心只有自私与利己。假如每个人都是这样，即便有利维坦的存在，正义也无法生存。因为构成利维坦的最终也是利己、自私和邪恶的主体。威权和强权就是社会存在的唯一法则，奴役和压迫就是维持和平的唯一途径。那么正义也是毫无用处的。

很显然，从漫长的人类历史发展的规律中我们可以看到。人类社会并非总是呈现"极富"或"极贫"两种状态，人类德性也绝不只有"极善"或"极恶"这两种情况。因此，休谟认为，自然和人性通常是呈现两种极端的中间状态。按照休谟的看法，使正义成为必要的主客观条件分别是人性仁爱精神的不足和自然物质资源的匮乏。正如他自己所说：

> 正义起源于人的自私和有限的慷慨，以及自然为人类需要所提供的资源之不足。❶

根据这样的观点，在休谟的政治哲学理论中，正义最为核心的根本要义就在于分配"外在之物"，也就是"那些我们通过勤奋和幸运而得到的财产。"休谟认为，人类的生活主要需要三种东西："我们心灵的内在满足，我们身体的外在享受，以及我们对通过勤奋和幸运所获得的财物的占有。"在这三者中间，只有最后一种"既易受他人的侵夺又可以经过转移而不受损失或变动，同时，这种财富在数量上又不足以供应每个人的欲望与需求。因此，增进这类财富的供应是组成社会的首要益处；与此相应，这种财富之不足及其所有权之不稳定是社会的主要困境。"❷

人类出于生存的需要，必须组成社会，只有在共同体的互补和合作中才能更好地保全我们的生存和发展的能力。但是，人类依靠需要所组建的社会显然不是天然稳定的，它面临着来自自然物质条件和人类精神状态两方面的威胁。这种威胁主要是在资源相对匮乏和人性一定程度自利的情况下对于产权攫取的随意性造成的。

---

❶ David Hume, A Treatise of Human Nature, ed. L. A. Selby – Bigge, 2nd edn. ed. P. H. Nidditch（Oxford：Clarendon Press, 1978）, p. 495.

❷ 慈继伟：《正义的两面》，北京，生活·读书·新知三联书店，2014 年版，第 58 页。

人们心灵的满足感是不容易被影响和掠夺的。我们在明媚的春光中面对盛开的繁花时升起的自我欣愉之情，任何人都不能占有它。当这种愉悦转化为外在享受时，它基本也是稳定的。但是，出于生活物资的缺乏，人们为了生存就必须将某些资源据为己有。例如，有个人通过勤奋耕种收获了足以过冬的粮食。另一个人由于幸运，刚巧在野外找到了一大窝野鸡蛋，足以美餐一顿。显然，粮食和野鸡蛋都不是无限供给的。而人们的自利使得他们也不愿意将自己通过勤奋和幸运所获得的财物完全分享给他人。因此，这种对财物的占有如果不稳定，立即就会引起武力争斗和暴力掠夺，社会的稳定性就无法得到保障。

休谟认为，正义恰恰就是在这个时候、这种情况下用以制约两种对于社会稳定所构成的威胁。正义的最重要的作用在于稳定人们对于财产的占有和约束人们人性的自利，以此来达到社会的健康稳定和持续的发展。对休谟而言，正义的存在就是为了给"财产所有权以稳定性，使每个人能够安心地享用他通过幸运和勤奋所获得的财物。"更为精确地说，正义的应用范畴是财物，而正义的作用则是妥善地"分配物品"，并建立适当的规范以限制人们对于财物的占有欲望。换句话说，在休谟的正义理论中，正义实际上也就是"分配正义"。因为有了这样的分配正义，财产所有权就得到了保障。因此，休谟强调："分配财物和巩固所有权的习俗无疑是缔结人类社会最重要的部分……一旦人们就如何建立和遵守这些规则达成协议，社会的和谐与协作就大功告成了。"❶

从对待财产权的态度来看，休谟似乎全面继承了洛克的权利学说，并且与洛克的正义理论有着很大程度的相似性。但实质上，休谟正义理论的内涵与洛克完全不同。休谟理论中的正义，从性质上说并不基于天赋权利而是基于人性与人的道德感。为了进一步考察正义的性质，休谟对道德进行了非常深入的研究。在他看来，道德和德性应该做两种区分：

一种是通过自然情感而产生的德性，我们可以称其为"自然之德"。自然之德体现的是一种"纯粹善良的动机"。

> 一种行为若非先前是善良的，我们永远不能对它的德表示敬意。任何行为都只是因为它发生于一个善良的动机，才能是善

---

❶ 慈继伟：《正义的两面》，北京，生活·读书·新知三联书店，2014 年版，第 59 页。

良的。❶

例如同情和仁慈，这些德性都是人们通过自然情感自然产生的，并自然而然地得到人们的称赞。"所以谓人皆有不忍人之心者，今人乍见孺子将入于井，皆有怵惕恻隐之心——非所以内交于孺子之父母也，非所以要誉于乡党朋友也，非恶其声而然也。"❷ 可见这种情感的动机是纯粹而天然的。

另一种德性不是从出于纯粹的天然，而是出于某种义务感而遵守某些广为人们赞许的规则。休谟认为，离开了纯粹善良的动机，也可以出于这种德性产生一个善良的行为。我们可以称之为"人为之德"。

> 这些德性之所以引起快乐和赞许，乃是由于应付人类的环境
> 和需要而采取的人为措施和设计。❸

休谟通过分析发现，正义对于人类而言之所以是必要的，是因为个人或群体之间有现实或潜在的利益冲突。因此，正义实际上是一种弥补性品德。❹ 它的原始动机既不是出于对诚实的尊重，也不是对人的慈善或者是对他人利益的尊重。因此，正义是非常典型的"人为之德"。休谟相信，人在绝大多数的一般情况下爱自己优先于爱他人，而且即使是对他人的爱，我们也有远近亲疏的明显分别。人们对于自己的亲戚、朋友和同乡往往赋予他们更为优先的爱。这种情感，是出于人的自利的本性，在人的心灵中没有一个自然而然的原则可以控制这样的倾向。要控制这种人的自然性情的偏私，只能诉诸人为的协调。

> 我们可以断言，我们的自然的、未受教化的道德观念，不但
> 不能给我们的感情偏私提供一种补救，反而投合于那种偏私，而
> 给它以一种附加的力量和影响……因此，补救的方法不是由自然
> 得来，而是认为措施得来的，或者更为恰当地说，自然拿判断和
> 知性作为一种补救来抵消感情中的不规则和不利的条件。❺

我们对于幸福和快乐的理解，显然是分为"内心的满足"和"外在的

---

❶ ［英］休谟：《人性论（下册）》，关文运译，北京，商务印书馆，1980 年版，第 520 页。
❷ 陈生玺：《张居正讲评〈孟子〉》，上海，上海辞书出版社，2007 年版，第 87 页。
❸ ［英］休谟：《人性论（下册）》，关文运译，北京，商务印书馆，1980 年版，第 477 页。
❹ 慈继伟：《正义的两面》，北京，生活·读书·新知三联书店，2014 年版，第 42 页。
❺ ［英］休谟：《人性论（下册）》，关文运译，北京，商务印书馆，1980 年版，第 529 页。

第三章　启蒙与权利

享受"，这一点前面已经提到过了。内心的满足它的内容要多于外在的享受，从根本和核心上而言并不与他人相关，自我满足的状态只与自己相关。但是外在的享受在很多的时候会直接影响到内心的满足，我们当然不能排除有那种古贤圣人，只需要很少的外物供给通过思考、冥想和智慧就能得到巨大的内心满足。但是，更多的甚至是绝大多数人，都需要不断的外在享乐来促进自身的内心满足。同时，外在享乐就必然与他人相关，按照休谟的话说："社会上的乱源起于我们所谓的外物，起于那些外物可以在人与人之间随意转移而又不稳定。"❶ 这时候，就需要某种补救方法，尽可能地将外物"置于和身心所有的那些固定的、恒常的优点相等的地位。"❷ 想要达到这样的目的，那么因为人性天然的德性中没有这样的内容，就需要通过社会全体成员经过习俗和习惯来缔结某种协议和契约，"这时候，立刻就产生了'正义'和'非正义'的观念，也发生了财产权、权利和义务的观念"❸。

休谟在这里，一方面通过对人性的挖掘和分析、对道德的阐释和反思解释了正义是满足社会稳定需要的、后天的"人性之德"。另一方面在这个基础上，他又继承了和回到了以霍布斯、洛克为代表的社会契约理论中去。但是，他的契约学说与霍布斯、洛克尤其是卢梭的契约理论有着本质上的区别。

首先，他抛弃了宗教意义上的上帝，在他看来，我们之所以需要通过契约来组成社会并不是为了保障什么天赋权利，人性当然也不像霍布斯所假设的那么不堪和恐怖。组成社会的核心目的是引导人们的行为逐渐地符合某个与天然道德相类似的规范，通过习惯和习俗约束人们的行为保持某种一致性，以此来抑制人性自利的私德，激发人们之间互利的公德，达到共同生活的和谐、稳定与正义。这在本质上是人性的动机，并不需要自然法、自然权利和上帝来赋予。

其次，休谟反对卢梭式的社会契约，让渡一切权利式的契约形式不必然导致一个自由和平等的社会。如果我们承认社会正义的基本前提是和谐与稳定，那么任何形式的动乱、暴力甚至是革命本质上都与社会正义所关注的内容不甚相关。基于休谟对人性的认识，他认为人的本性是确定的。

---

❶ ［英］休谟：《人性论（下册）》，关文运译，北京，商务印书馆，1980 年版，第 529 页。

❷ 同上书，第 530 页。

❸ 同上书，第 531 页。

既然人性中"没有一种情感能够控制利己的感情，只有那种感情自身，借着改变它的方向才能加以控制"❶，那么，为什么人们让渡了所有权利，就能形成高尚的公意呢？如果集中行使公意的也是人类，也具备同样类似的人性，假设他们没有基于人性之德的契约约束和基于习俗习惯的法律限制，一样会从利己的角度出发去行事。因此，卢梭式的正义必然是失败的。当年卢梭一声长啸——"人生而自由，却无往不在枷锁之中"——曾经打动了多少善男信女。柏拉图曾经承认：伟大的事物，都是危险的事物。圣心翻转即魔心。卢梭的心在圣殿，卢梭的手却伸向了断头台。❷ 休谟非常冷静和客观地认识到了这一点，因此他完全摒弃了那种先验的、至善的正义观，全力地挖掘人的真实的本性。他将神话了的正义拉回到人间。使它能够温和地服务于人类社会。

休谟对道德作出了"自然之德"与"人性之德"的区分，并将正义视为"人性之德"的观点，他将"正义"和"正当"无形之间从自然善良动机中剥离了出来。在他看来，决定社会稳定的核心因素——财产权及其规则与衡量的标准既不在先天的权利上，也不在人的主观善良动机中，而依系于正义的原则。❸ 社会的稳定又是人类文明存续的基本前提，这样休谟实质上在政治哲学和道德哲学的领域就确立了"正义优先于善"的原则。正义与善良的分离改变了西方政治哲学和道德哲学的传统善恶观，也极大地丰富和改造，甚至在某种意义上而言挽救了社会契约理论的学说。休谟的这个理论对近代伦理学的发展影响是极其深远的。

正义优先于善成了一个社会得以存续的基础。政治社会之所以能够存续，并非在这个社会里每个人都是本性善良、天真高尚的人士，当然没有一个上帝先天地赋予和恩赐给我们一些不可剥夺的权利，而全赖于人们在社会实践中所形成的一些习俗和习惯。通过这些习俗和习惯人为地设计了一套有利于社会稳定和发展的正义原则。正义的原则又催生了一整套与之相符的法律规则和制度框架，奠定了社会存在成为现实的基础。❹

但是，休谟的正义理论也面临着一个比较难以回避的困境。理性主义

❶ ［美］约翰·罗尔斯：《道德哲学史讲义》，张国清译，上海，上海三联书店，2003年版，第72页。
❷ 朱学勤：《道德理想国的覆灭》，台北，风云时代出版，2018年版，第170页。
❸ 高全喜：《休谟的正义规则论》，北京，《世界哲学》，2003年第6期，第89页。
❹ 同上注。

哲学大师们所阐释的正义，不管是来自于上帝还是来自于人们先于经验的理性世界，都有一个非常稳固的基础。而休谟所阐述的人类对于正义的理解，却来自于经验。经验是多变的、不完整的和不可靠的。那么，依系于多变、不完整和不可靠的正义，如何能够建构起一个稳定、完善和公允的社会？休谟对此解释道："习惯是人生伟大的指南。"❶

尽管经验是不可靠的，也不能给我们提供因果之间必然的联系证明。从本质上讲，多次重复的经验也不能给我们提供比单一例证更多的根本性证据。例如，我们都知道，民航是现有人类交通出行中最为安全的选项。我们能保证飞机起飞航行重复三百万次零事故，但我们依然不能得出"坐飞机＝安全"这样的结论。但是休谟提出，实质性稳定和事实性稳定是不同的。多次重复的经验能够以一定方式影响我们的心灵。当我们经常性地经验到事件 A 之后总有事件 B 相随时，这就使得我们对事件 A 的经验与对事件 B 的经验之间产生了习惯性的联想，这就是所谓"必然联系"的观念的来源。❷ 我们都知道，最先进和优越的航空公司，也有潜在的"坠机"威胁，但我们都承认，民航是最安全的出行方式。这是一种事实性的稳定观念。

> 因为任何一种个别的动作或活动重复了多次之后，便会产生一种倾向，使我们并不凭借任何推理或理解过程就重新进行同样的动作或活动，我们经常说，这种倾向就是习惯的结果。❸

于是，休谟得出结论，"根据经验来的一切推论都是习惯的结果而不是理性的结果。"当然，休谟阐释这一理论原本的目光和意图比我们在这里要解释的还要高远得多，他是在认识论的高度质疑和否定了理性主义关于人的认识来源的基本观点。我们无法用简短的语言和篇幅来论述和评价休谟的这一企图是否成功和有效，但客观上休谟关于习惯的阐释很完整地在自身学说系统中对"正义的稳定性"困境作出了辩护和回应。基于休谟的理论，根据人类社会长期实践所形成的事关正义的习惯和习俗，它们必

---

❶ 北京大学哲学系编译：《西方哲学原著选读（上册）》，北京，商务印书馆，1982 年版，第 528 页。

❷ 张志伟：《西方哲学史》，北京，中国人民大学出版社，2002 年版，第 464 页。

❸ 北京大学哲学系编译：《西方哲学原著选读（上册）》，北京，商务印书馆，1982 年版，第 527—528 页。

然在事实上是稳定的。

解决了这个问题，休谟还面临着另一个"麻烦"。如果正义观念并不来自于人的自然之德，也就是说不是人们天生就有的。而同时，它也不是来自于上帝的天赋权利。问题在于，假如我们仅仅拥有对私有财产的贪恋，显然是不足以支撑这么庞大和复杂的正义体系和如此深邃和高尚的正义观念。那么人的正义感的来源在哪里？是如何产生的？

休谟在此提出了他关于"共同利益感"的学说，他认为正义感和正义原则本质上来源于人们的互利精神。在他看来，所谓正义，实质上就是人们关于一种共同利益感的表达，只有建立了共同的利益感，在互利的基础上，正义才成为可能，才能成为影响人类社会的最根本的因素，才能够塑造一个文明社会的规则和秩序。[1] 但需要注意的是，"互利"不是"利他""奉献""仁慈"和"博爱"。它显然也不是出于自然德性和纯然的道德动机。本质上，它还是出于自利的自我克制。人由于本性上的自私、贪欲，以及有限的慷慨，所以在与他人的社会关系中，就不自觉地能够趋向于一种利益上的协调与平衡，既然财产的稳定占有对于每个人而言都是十分必要的，那么人们在集体生活的实践中就会逐渐地认识到，与其相互之间为了眼前利益争斗不休，还不如大家共同地创造出一种人为的规则，来使得相互之间都能得到和分享利益。休谟的这种观点实际上就是将"共同利益感"解释为个人利益和公共利益的平衡，类似于基于利益的内在感觉的权衡和计算。这个看法一定能够得到当代人工智能的科学家们的认同和欢迎，因为数据主义理论和当代人工智能认为"生物就是算法。每种动物（包括智人）都是各种有机算法的集合，是数百万年进化自然选择的结果"[2]。休谟当然不懂 AI，更不懂数据主义和生物工程，他甚至都不承认人类做出的这种对于利益的平衡是理性的分析或计算。但他对于这种人类判断"快乐—痛苦"或"利益—损失"权衡能力的阐释，随后深刻地影响了功利主义的产生和发展。

休谟对于西方哲学的贡献和影响是全面而透彻的，远远不局限在他对于正义的理论阐释和建设。他的哲学是西方近代哲学史上第一个不可知论的哲学体系，是十九世纪在英国和其他西方国家广泛兴起和传播的实证主

---

① 高全喜：《休谟的正义规则论》，北京，《世界哲学》，2003 年第 6 期，第 89 页。
② ［以色列］尤瓦尔·赫拉利：《未来简史：从智人到智神》，林俊宏译，北京，中信出版集团，2017 年版，第 287 页。

义思潮的直接先驱，也是现当代逻辑经验主义、实用主义分析哲学等众多流派的重要思想来源。

十六世纪末至十八世纪初的欧洲各国正义理论的产生和发展，构成了西方正义理论的一个最为重要的历史阶段，它终结、排斥和批判了中世纪教父哲学和经院哲学中的正义观点，使政治哲学和道德哲学全面地从宗教的藩篱中解放了出来。近代哲学家们的正义观在这个历史时期也发生了重大改变。在古希腊，正义是至善的美德，完美的和谐。最高的正义往往带有一种极端的美学意义，它没有任何实际的、功利的属性。但是，以霍布斯、洛克、卢梭和休谟为代表，他们的正义则直指人类社会最为直接和迫切需要解决的问题。正义的目的不仅仅是诠释人类至善的美德和灵魂，也不仅仅是证明城邦的合法和庄严，而是切实地依系于每个人对生活的向往和对幸福的追求。这种正义观念理论的转变，无疑极大地促进和刺激了西方物质文明的繁荣和发展，也奠定了现当代西方政治社会的稳定和文明。这是一个人性全面启蒙、复苏和觉醒的时代，哲学家们创立了新的国家学说和伦理道德学说。一些重要的理论权利，例如自然权利、人民主权、政府职责和权力分立等思想对后世产生了不可估量的影响，势必也将在未来相当长的历史时期内指导和影响人类社会文明的继续发展和进步。

第四章 功利主义

（一）避苦趋乐

人的一生，似乎无时不刻都在做着一些判断，这些判断出现在我们日常生活中的每一个过程和阶段。

一对生活在北京的年轻夫妇育有一个健康、聪明、可爱的孩子。他们经过小半生的努力积攒了四百万的固定存款，于是，他们决定结束租房的生活，用这笔钱在北京购买一套属于自己的房子。对于这笔钱的使用，现在他们有两个选择：或者将存款用来买一套地段稍微偏远的高档商品房，房间的面积、朝向和结构都非常令人满意，他们的生活档次将提高一大截。又或者，将这笔钱用于购置一套位于市中心的狭小的半地下室，这样三口人挤在一起，居住质量难乎人意。但这间小地下室是北京最好的小学学区房，在不远的未来他们的孩子将能够进入某家教育质量最高的公立学校，享受到水平最高的义务教育。这可能将会使得孩子未来的成材率大大地提升。他们应该如何选择？

一个出生在边远小镇的刚刚毕业于上海某知名大学的博士毕业生，现在有两个工作机会摆在他的面前供他选择：或者与上海一家世界五百强企业签订用人合同。这家单位许诺他解决上海本地户口，并提供一个合理的职业规划和发展平台。在这里，薪酬合理，机遇更多，挑战更刺激，未来可能的成长空间也比较广阔。但他必须远离家乡和父母，现有的工资水平即使再奋斗几十年可能也无法负担上海高额的商品房房价。因缺乏本地认同感和归属感，他可能将在未来相当长的时间内过着独身的生活，因此而感到孤独和寂寞。他也可以选择就职于家乡的某家民办职业学校，这里环境优雅、生活安逸。他每天可以回家并照看年事已高的父母。虽然薪酬水平不高，但学校解决了他的住房问题。热心的亲戚朋友很快将会给他安排相亲，他也有很大的机会能与一个淳朴、善良、美丽的本地姑娘组成家庭，过着安静和平凡的生活。他应该如何选择？

一个国家顶级的航天员，参与了一项极为光荣和重要的航天任务，载人发射器将他带入了太空空间站。他的任务是，按照在地面实验室中已经演练了上千遍的操作流程，打开空间站的舱门，实现这个国家航天员的首次太空舱外行走。这一任务一旦成功，意味着这个国家的航天事业实现了里程碑式的进步。但就在他即将打开舱门，走出空间站的时候，舱内忽然响起了可怕的警报。现在他面临两个选择：或者毅然地开启舱门完成预定任务。但代价是，不确定的警报带来的可能是致命的危险，一旦开门很可能就会牺牲。又或者他可以放弃这次任务，重新退回到空间站的舱内，这样警报将会解除。只要他启动航天器的返回系统，他就可以安然地返回地面。但数年来的科研攻关、数以千万计的经费付出、几百人的团队努力和亿万民众的殷切期待都会付诸东流。他应该如何选择？

我们发现，大到丰功伟业，小到柴米油盐，事实上，生活中到处是这样的选择和判断。看起来，要做出某些选择真的是非常困难，常常令我们难以取舍。然而，这些问题最终也都必须要予以解决，毕竟我们不能永久地将问题悬置起来，做一个自欺欺人的鸵鸟。那么，人类应该依据什么来做出这些判断呢？

富有智慧的古人曾经提供给我们一个非常有建设性的准则："两害相权取其轻，两利相权取其重。"但是我们稍加思索就会发现，即以上述三例而言，每种选择中都蕴含了不同的利和弊。那些不同的利益，它们在某些程度上都非常使人心动；那些弊端，它们在各自范畴中都令人非常排斥。这样，简单的利弊权衡似乎依然很难让我们作为判断的依据。也就是说，事实上，在我们的内心动机和思维活动中，必然还有某些超越了简单利弊权衡的原则作为我们判断的依据和基础。

十八世纪英国著名哲学家、思想家边沁为我们的判断和选择找到了一个非常重要的依据。他在《道德与立法原理导论》一书中写道：

> 自然把人类置于两位主公——快乐和痛苦——的主宰之下。只有他们才指示我们应该干什么，决定我们将要干什么。是非标准，因果联系，俱由其定夺。凡我们所行、所言、所思，无不由其支配：我们所能做的力图挣脱被支配地位的每项努力，都只会昭示和肯定这一点。一个人在口头上可以声称绝不受其主宰，但

实际上他将照旧对其俯首称臣。❶

边沁的这一理论，后来被概括为"苦乐原理"，这种认为人类本性即是追求快乐和回避痛苦的观点构成了边沁道德哲学和正义理论的基础和前提。在此之上所建立的功利主义哲学体系将道德哲学和政治哲学带入了一个新的时代。

杰里米·边沁1748年出生在伦敦东城区的斯皮塔佛德的一个保守党律师家庭。他被视为神童，因为他还是一个初学走路的孩子时便已在父亲的书桌边阅读起卷帙浩瀚的英格兰历史，并且在三岁就开始学习拉丁文。七岁的时候，边沁进入了威斯敏斯特中学，很快就完成了中学学业。1760年，年仅十二岁的边沁被允许进入牛津女王学院进行深造，六年以后，他又顺利地拿到文学硕士学位，那年他才十八岁。大学毕业以后，边沁子承父业专门从事法律工作，但他很快就对单调和枯燥的实务性法律工作丧失了耐心，反而对立法的理论和原理产生了浓厚的兴趣。为了更加深入地研究立法的原则，他对休谟的哲学进行了细致的阅读和反思，这对其日后的思想发展起到了至关重要的影响。

1776年，边沁匿名发表了自己第一部具有影响力的政治学和法学著作《政府片论》，这本书很快引起学术界的关注，也为这位年轻的学者积累了相当的社会名望。1789年，边沁发表了人生中最重要的哲学专著——《道德与立法原理导论》。在这本书中，他将完整的功利主义思想体系表达了出来，得到了当时社会非常热烈的反响。1808年，边沁结识了詹姆斯·密尔，后者成了他一生的追随者、忠实的理论信徒和最为得意的门生。但当时他无论如何也不会想到，詹姆斯·密尔的儿子约翰·密尔在父亲的影响下，成了继他之后的功利主义思想的集大成者。在功利主义理论建设的历史长河中，小密尔的名声甚至超越了边沁。

晚年的边沁备受社会各界的尊重和关注，八十岁以后，边沁的健康状况每况愈下。当他预感到自己的病情开始恶化并无法痊愈的时候，他对守候在自己身旁的朋友说："我感到我快要死了，我们要注意的是必须减少痛苦到最小限度。不要让任何仆人到房间里来，要让所有的青年人都走开。他们看到这种情景是难受的，他们在这里也于事无补。我当然不能单

---

❶ ［英］边沁：《道德与立法原理导论》，时殷弘译，北京，商务印书馆，2012年版，第60页。

独地留在这里，你得留下来看着我，而且只要你一个人看着我。这样就可以使我们的痛苦尽可能地减少到最小程度。"❶ 边沁逝世于 1832 年，享年八十四岁。事实上，如果我们现在去伦敦的话，依然可以"看到"他。他在遗嘱中写道，他的遗体要被保留起来，并通过防腐处理后用以当作展品向公众展示。因此，现在人们仍然能够在伦敦大学学院"找到"他。在那里，他穿着他当时的衣服，忧郁地坐在一个玻璃容器中。❷

边沁考察和研究正义学说的路径基本上沿袭了休谟的传统，他也是立足于对人性的挖掘和反思。边沁认为，人类的本性就是追求快乐和避免痛苦，因此，快乐和痛苦不仅仅是人类在生存意义上的主宰，而且完全可以也必将成为我们做出道德判断的标准。我们如何判断一个人的行为是正当的或是正义的？在边沁看来，一种行为只要它增加了这个人的快乐，尽可能地减少了他的痛苦，它就是善的、正义的。如果将其扩大为一个群体或共同体，一种措施或政策，能够增加共同体全体成员的快乐，减少全体成员的痛苦，快乐与痛苦相叠加最后取得的是正值——也就是快乐大于痛苦——那么这个措施和政策就是正义的。如果相反，痛苦大于快乐，这个措施和政策就是恶的、不正义的。同样，当快乐和痛苦叠加的正值达到最大标准时，这个措施和政策也就是最正义的选择。

这样的道德基础和正义标准我们听起来似乎感到非常熟悉，好似在哪里曾经见到过。事实上，古希腊的伊壁鸠鲁和他的花园学派似乎就持有相似的观点。但以快乐作为正义和道德的基础很快就会面临来自"反对享乐主义"的指责。我们在谈到伊壁鸠鲁的时候已经指出了这一点，对一个尚未具备任何知识的小孩子而言，无疑甜品和糖果可以给他们带来持续的快乐。不停地提供给他们糖果，这种快乐叠加起来能够在计量上取得非常高的正值。但是，我们很快也会发现，过量的碳水化合物的摄入会彻底摧毁他的健康。这时候，病痛带来的痛苦负值也会完全覆盖掉之前甜品所带来的快乐正值。因此，苦乐原理要想能够成立，首先摆在边沁面前，最为迫切地需要解决的就是快乐和痛苦应该如何计算的问题。

边沁并没有走上伊壁鸠鲁的老路，他放弃了那种"玄之又玄"的将问题抛给"审慎沉思"和"理性取舍"的解释方法。在这里，他显然是受到

---

❶ ［英］边沁：《政府片论》，沈叔平译，北京，商务印书馆，2015 年版，第 15 页。

❷ ［美］迈克尔·桑德尔：《公正：该如何做是好?》，朱慧玲译，北京，中信出版集团，2018 年版，第 62 页。

了欧洲两百年以来自然科学大发展的影响，试图用一种数学和自然科学的方式来确立自己的理论基础。边沁希望他所建立的道德哲学能够像自然科学一样进行精确的计算，并依据精确的结果加以判断。他企图对快乐和痛苦进行计量研究，就必须先要说清，什么是"快乐的量"和"痛苦的量"。如果快乐和痛苦各有无限种变化和差别，这样的计量工作——对边沁而言——是无法完成的。因此，他主张"乐"和"苦"在质的方面是没有区别的，不同的"乐"和不同的"苦"根本性差别只体现在"量"的方面。换句话说，一个青春期少年打网络游戏所得到的快乐在本质上和一个德高望重的老学者通过读《诗经》收获的欣愉是没有什么区别的。这样，针对苦乐的计量就有了可行性和依据。

在此基础上，边沁对快乐和痛苦各进行了两种区分。他认为，快乐分为"简单快乐"和"复杂快乐"，痛苦同样也分为"简单痛苦"和"复杂痛苦"。

> 痛苦和快乐可以有一个总称——兴趣知觉。兴趣知觉有简单和复杂之分。简单的就是不可再分的，复杂的则是可分解为若干项简单的。一个复杂的兴趣知觉可以因此按照下列方式组成：（1）只包含种种快乐；（2）只包含种种痛苦；（3）既包含一种或多种快乐，又包含一种或多种痛苦。❶

事实上，只要将简单的快乐和痛苦做出清晰的辨识，复杂的兴趣知觉是可以通过前者进行排列组合的演绎性考察的。

因此，边沁对简单快乐做了十四种区分，简单痛苦做了十二种区分：

> 人性可感觉的若干种简单快乐似有如下述：（1）感官之乐；（2）财富之乐；（3）技能之乐；（4）和睦之乐；（5）名誉之乐；（6）权势之乐；（7）虔诚之乐；（8）仁慈之乐；（9）作恶之乐；（10）回忆之乐；（11）想象之乐；（12）期望之乐；（13）基于联系之乐；（14）解脱之乐。
>
> 若干简单痛苦似有如下述：（1）匮乏之苦；（2）感官之苦；（3）棘手之苦；（4）敌意之苦；（5）恶名之苦；（6）虔诚之苦；

---

❶ ［英］边沁：《道德与立法原理导论》，时殷弘译，北京，商务印书馆，2012 年版，第 90 页。

（7）仁慈之苦；（8）作恶之苦；（9）回忆之苦；（10）想象之苦；（11）期望之苦；（12）基于联系之苦。❶

做出这样的区分之后，边沁提出了具体计算苦乐的最核心的七项要素和标准，即"强度、持续性、确定性、远近性、繁殖性、纯洁性和广延性"。在他看来，根据这七个要素，就可以较为确定地判断和计算出一个人的某个具体行为所得到的快乐和痛苦的量大致是多少。如果结果是正值，则是善和正义的；如果结果是负值，显然是恶和不正义的。

边沁通过这样的方法回避了"享乐主义"所带来的威胁，人们根据多种要素和计算标准完全可以解决"长远利益"和"短期利益"之间所产生的矛盾问题。即每个人都有自己的长远利益和短期利益，为了自己的长远利益，人们可能会自动地放弃一些暂时利益，在目前作出某种牺牲，以换取未来的更大利益。❷我们固然无法否认糖可以持续给婴儿带来快感，但这仅仅是感官之乐。如果用持续性、纯洁性和广延性以后，因此而来的未来的"感官之苦"会冲销掉乐的总量。因此我们就能判断出"持续给婴儿提供甜品"是一个不正义的行为。

我们再回到本章一开始所举的三个案例中，每个人都可以根据自己所感受的实际的"快乐"和"痛苦"，在边沁所提供的判断基础上做出符合自己"苦乐原则"的正义选择。如果你是一名视名誉之乐远远大于感官之乐的航天员，那么你应该毅然决然地开启舱门飞向宇宙；如果你是一对视感官之乐远远大于期望之乐的夫妇，那么选择买大一点的房子似乎更为合理；如果你是一个认为回忆之乐远大于想象之乐的博士，回到家乡对你而言不是更好的选择吗？

边沁提出了这样一套非常富有创见的考察快乐和痛苦的学说，将本来没办法精确观测的人类感知变得可以准确地计算和量化，不得不说这是一个非常伟大的尝试。于是，他将这个学说和理论有力地向前推进了一步。既然快乐和痛苦的计算和判断对于判断个人的行为是否正义和道德是有效的，那么人类社会也是由具体的个人所组成，将这套原则运用于人类社会看起来应该也是有效的。边沁认为，社会总体的幸福就是每个个人幸福的

---

❶ ［英］边沁：《道德与立法原理导论》，时殷弘译，北京，商务印书馆，2012年版，第90—91页。

❷ 龚群：《罗尔斯政治哲学》，北京，商务印书馆，2009年版，第29页。

总叠加，社会应该以一种功利主义的原则尽可能地推进人们的总体幸福，最大限度地实现社会总体的欲望。如果社会总体幸福的正值在量化水平上达到了最高的标准，显然——在边沁看来——这个社会就达到了正义的状态。

> 如果一个社会的主要制度被安排得能够达到总计所有属于它的个人而形成的满足的最大净余额，那么这个社会就是被正确组织的，因而也就是正义的。❶

如果说，我们还能在休谟的学说中找到契约主义理论的影子，那么边沁则完全开启了关于正义理论的全新的时代，他彻底地抛弃了那种以自然法、自然权利为基础，以社会契约为手段所建构的政治学说。社会契约论以及契约主义的道德哲学和政治哲学就是从此刻开始，在相当长的一个历史时期走向了没落。

边沁开明宗义、直截了当地批判自然法和自然权利根本无法在理性和逻辑上得到证明。他认为，有些哲学家，为了维护人们所谓的自然权利而提出自然状态的理论，这根本是荒谬的。因为自然状态完全是不存在的。在边沁看来，大多数契约主义理论家对于"自然状态"的用法是混乱的，在某些情况下，"自然状态"和"社会"体现了同一种含义，而在另一些情况下它又和"政府"的意思相同。连霍布斯自己也说，在国际关系中，国家间的贸易战争、军事行动也体现了自然状态的某些特点。因此，边沁认为，这种对自然和社会的区分是没有意义的，从本质上讲也不可能找到经验的依据。正因如此，以此为依据所确立的契约也是虚假和无效的。所谓人民为了保障自然权利而与主权者订立契约，根据契约形成法律，这种契约如果真的是基于某些"天赋的"和"不可剥夺的"权利，它必然是稳定和稳固的。可是漫长的历史发展经验与政治实践经验证实，没有一个政府可以长期和无限地维持下去。退一万步讲，即使真的有自然权利，但因为契约缺乏必要的稳定性，它也是毫无意义的。而真正让人民信守承诺、甘于被统治的不是什么天赋人权，恰恰是他们最为关注的社会利益和功利。

我们通过对边沁正义思想较为全面的考察可以发现，他的正义理论带

---

❶ ［美］约翰·罗尔斯：《正义论》，何怀宏等译，北京，社会科学出版社，2003 年版，第 22 页。

有非常明显的"后果论"特征。从本质上讲，他是从后果的角度来考察和界定一个行为是否正义的。在功利主义的正义体系中，一种社会制度所依托的正义原则也是通过后果来检验的。换句话说，判断一个事物或行为善恶的标准就在于该事物或行为所带来的后果是苦还是乐，是否能够带来功利。边沁认为，一种动机好坏与否，动机本身无法界定，唯一的办法是根据它在每个场合所带来的实际效果来确定，进一步而言也就是根据事件的好坏程度来确定。❶

对于行为动机的否定，给边沁的正义学说带来了一些比较难以回避的困境。美国当代政治哲学家迈克尔·桑德尔曾经在他那本畅销全球的政治哲学著作《公正：该如何做是好？》一书中举了一个例子：

> 在古罗马时期有一种大众娱乐项目：将基督徒扔给竞技场中的狮子。让我们来想象一下，运用功利主义会如何看待这种娱乐：当狮子撕裂并吞食基督徒时，他遭受了极大的痛苦；然而，那些围在竞技场边欢呼着的观众们感受到了狂喜。如果有足够多的罗马人从这一残暴的景象中得到足够多的快乐，那么，一个功利主义者又有什么理由来谴责它呢？❷

或许，边沁可以从人类社会长远发展的广延性上来对此进行反驳。这种残酷的游戏激发了人们内心的兽性，它会使得人们对"作恶之乐"越发地依赖，最终摧毁社会稳定的根基。因此而带来的痛苦在计量的意义上会覆盖掉短时刺激所带来的感官之乐，故此，这样的娱乐是不正义的。但是，这种反驳方式并不能从根本上对忽视动机所带来的困境做出彻底辩护。

例如，假设一家生物制药科研公司，他们违背科学研究的法律和伦理审查的限制，正在秘密地研制和培养一种超级细菌。这种细菌一旦使人感染，尚没有有效的药品进行救治。如果因为管理不慎，导致细菌在人群中传播会造成无法估量的可怕后果。此时，恰好一位参与核心科研的工作人员为了私利盗取了细菌的唯一一个样本和一些核心科研材料，准备高价卖给恐怖组织。这家公司的安保系统很快发现了这一事件，为了避免造成更

---

❶ 姚云：《边沁功利主义正义思想初探》，沈阳，《理论界》，2013 年第 1 期，第 97 页。

❷ ［美］迈克尔·桑德尔：《公正：该如何做是好？》，朱慧玲译，北京，中信出版集团，2018 年版，第 41 页。

为恐怖的后果，他们选择报警。警方很快找到这个人并准备对他实施逮捕。仓皇逃窜的过程中，盗窃犯跑进了一家炼钢厂，最后被逼上了高炉。负隅顽抗中，他打死了几名工厂的保安，击伤了几名特警，最后绝望地跳下正在熊熊燃烧中的高炉。超级细菌显然无法在过高的温度中存活，样本和核心科研材料便付之一炬。这名盗窃犯，最终通过这样一个方式解除了一项对全体人类都极具威胁的医学和健康危机。他确实打死打伤了很多人，但他也——尽管不是主观意愿——毁掉了可以造成更多人死亡的细菌。考虑到功利主义并不审查人们行为的动机，从快乐和痛苦的总收益上而言，我们是不是应该认为盗窃犯的最终行为是正义的？而且鉴于他做出的最终行为给人们带来了这么积极和巨大的福利，我们是不是应该颁一枚勋章给他？

尽管边沁的正义理论看起来还非常令人难以满意，但功利主义原则事实上被广泛地运用到了我们的日常生活中。"最大多数人的最大利益"从后果性总量善的意义上来考虑一个行为和政策的正当性，具有非常直接的优点。我们想要建造一条从乡镇通往市中心的省级公路，它能够极大地促进周边数百万人的生活便利，带来数千个工作岗位的机会，创造出极大的经济增长。即便它可能被迫要拆掉几间民房和毁坏一些已经上百年的古墓。但如果这些个别的人得到了相应合理的补偿，比起公众的福利，似乎我们一般情况下不会质疑修路行为的正当性和正义性。毕竟生物制药的案例过于极端，我们可以用休谟关于习惯的学说来对它进行反驳：在实际生活中"修路案例"发生的概率要远远大于"盗取细菌案例"，那么企图用后者来否定前者，它的经验意义并不是很大。我们毕竟不能用三百万分之一的飞行事故率来否定民航的安全性和稳定性。对于这一点，我们可以暂时勉强地接受。

但是，事实上边沁正义理论真正的困境来自他对于快乐和痛苦等级的否定。前文介绍过，为了简化和确定"快乐—痛苦"的计量，边沁否认了苦和乐的质的差别。这一观点给他和他的功利主义正义论带来了更大的困难。对此，我们不妨再做一个思想假设：

2014 年世界杯在巴西举行的时候，根据央视的统计，有超过七亿的电视观众通过直播收看了阿根廷对阵德国的最后一场决赛。两支代表世界足球技术最高水平的国家队为亿万球迷奉献了精彩绝伦的视觉盛宴。他们苦苦鏖战了九十分钟，没有分出胜负，将比赛拖进了加时赛。加时赛上半场，由德国中场球员马里奥·格策打入制胜一球，所有球迷的热情在一瞬间被点燃，人们——尤其是德国球迷——呼吸加快，心跳与血液流动加速，肾上腺素快速分泌，迅速达到了难以描述的快感和幸福的巅峰，就此陷入彻夜的狂欢。

现在假设，就在加时赛刚刚开始，比赛正在胶着的时候，直接负责接收和处理电视直播信号的工作人员突然因为某种急性病发作陷入了非常危险的境地。我们现在有两种选择：或者立即中断直播，对这名工作人员进行急救，它的代价是，数以亿计的球迷无法再继续收看苦苦等待了四年的世界杯决赛，并必将错过格策的进球。等比赛恢复直播的时候一切都已经结束了，甚至是颁奖典礼也要错过。又或者不中断直播，只对这名工作人员进行一般性抢救。它的代价是，这名工作人员必将会因为病情无法得到及时控制而死亡。

如果你是一个坚定的边沁式的功利主义者，因为快乐和痛苦在质上是没有分别的。那么尽管看球和生命比起来无足轻重，但是七亿人的快乐无论多么微弱，相互叠加起来，在总量上也必然大大地超过了一个人所遭受的足以致死的痛苦。似乎，忽视这个工作人员而任其死亡是一个正义的选择？你是否能够认同这一点呢？

边沁式的功利主义道德观，虽然很大程度上因循了休谟的人性论传统。但是他在"善"和"正当"的排序上与休谟发生了根本性分歧。上一章的最后介绍过，休谟通过对"自然之德"和"人性之德"的区分，认为构建社会的正义应该优先于"自然之德"。一个社会的正义与否与一个人品行的高低本质上是没有关系的。因此，他确立了"正义优先于善"的原则。虽然在边沁的学说系统中，社会正义与否与一个人的品行高低也没有直接相关的本质性联系，但是，他将快乐定义为善，正义与否与快乐比痛苦正值的高低直接相关，那么善就完全凌驾在了正当之上，边沁"首先把善定义为独立于正当的东西，然后再把正义定义为增加善的东西。更为准确地说，这样一些制度和行为是正当的：它们是能够产生最大善的可选择对象，或至少能像其他可行的制度和行为一样产生同样的善"。❶ 我们上述所列举的很多争议性事例，它们的问题很大程度上就出在这一方面。这样

---

❶ ［美］约翰·罗尔斯：《正义论》，何怀宏等译，北京，社会科学出版社，2003 年版，第21—22 页。

将善（快乐）作为最高目的和判断行为、政策和法律正当与否的思想，会使得行为、政策、法律以及制度的正当性难以保证。尤其是对于善和快乐本质性差别的忽视，会造成一些看似无足轻重的快乐在广泛的人群中相叠加，使得它的正当性和正义性能够冲销掉一些我们看起来非常重要的价值。

如果一个人的生命和七亿人看球的快乐比起来，我们有些人还能够认同牺牲他一个，满足亿万人是正义的。但是一百个人的生命呢？显然，七亿人看球的欲望和快感因其绝对值的庞大，在总量上明显能够超过一百个人丧失生命的痛苦。但是为了满足七亿人看球，而屠杀一百人，我想这无论如何在任何道德系统中也无法与正义产生关系。如果我们接受这一点，那么边沁式的正义理论就受到了致命的威胁和打击，它赖以生存的理论基础也遭到了根本性的动摇。

很显然，要使功利主义继续"存活"下去，必须对它进行在某些重要方面的改造。但是，边沁本人没有完成这一任务。前文已经提到，他以一种非常符合功利主义原则的方式，逝世于 1832 年，他在遗嘱中要求将他的遗体做成"木乃伊"，并当作展品向公众展示。

在他去世前不久，边沁扪心自问了一个与他的哲学相一致的问题：一个死去的人对于生者还有什么用呢？他总结道：一个用途就是将自己的尸体贡献于解剖学。然而，对于那些伟大的哲学家们来说，最好还是保存他们的肉体以激励未来的思想家们。边沁将自己置于第二类。即使死了，杰里米·边沁仍然践行了功利主义哲学的誓言，试图在促进最大多数人的最大善。❶

（二）来自功利主义内部的"反叛"

在十九世纪上半叶，欧洲资产阶级通过革命、改革和改良逐渐奠定了自己的统治地位。那个时候各项自由制度已经逐渐在欧洲进行尝试性的实践和建设，政治哲学家们所梦想的符合正义的黄金时代却没有到来。1848年，一本名为《政治经济学原理》的著作在英国出版。书中，作者提醒所有关注正义和讨论自由的人们，如果政府没有一套解决政治、经济和社会

---

❶ ［美］迈克尔·桑德尔：《公正：该如何做是好？》，朱慧玲译，北京，中信出版集团，2018 年版，第 62 页。

问题的行之有效的具体办法，并将这套办法完整和适时地向公民公布的话，就不可能建立一套符合正义和保障自由的政治制度。社会始终会被持续的骚乱和不断的罢工所困扰，军事戒严和武力镇压可以缓解一时的动荡，阶段性地重建脆弱的社会秩序，以自由为基础的正义社会却无法最终确立。

正义的社会制度，应该是一种以保护自由为目的的管理方式。这位作者还指出：封建君主专制制度已经被彻底终结，人民之所以还不断地参与示威、罢工、游行甚至是革命，不能仅仅归因于少数野心家与阴谋者的鼓动，而是当时欧洲以财产为基础的对选举权的过分限制，使得大多数处于贫困的社会阶层中的人民无法参与政治和表达诉求，频繁的经济危机和极不平等的社会分配激化了种种社会矛盾，因此需要一套新的符合自由和保障权利的正义原则来维护个人的尊严，确保他们的发展。这本书的作者叫约翰·斯图亚特·密尔。

约翰·斯图亚特·密尔是功利主义哲学家和经济学家詹姆斯·密尔的长子，后者是边沁功利主义学说的狂热信徒和忠实追随者。约翰·密尔1806年诞生于英国伦敦，他早年的教育经历非常独特。幼年密尔从未上过正规学校，他的教育是在父亲詹姆斯·密尔的严格指导下完成的。严苛的父亲和天才的儿子很快在学术界创造了一个不小的神话，小密尔三岁开始学习希腊语，八岁学习拉丁文，不满十岁就开始广泛接触和阅读古希腊和罗马的文学、历史及哲学著作。很快，又在父亲的友人——英国古典政治经济学奠基人大卫·李嘉图——的影响下研读了政治经济学。到十六岁时，他已经是英国学术界的一位响当当的人物了。❶

由于父亲的缘故，小密尔的学术背景天生就被打上了浓重的功利主义烙印，他被寄予厚望，詹姆斯希望他能全面和完整地继承边沁主义的学说并将其发扬光大。这也给年轻的天才带来了巨大的困扰和麻烦，根据《密尔自传》，1827年，他曾经陷入一场非常严重的精神危机，开始反思边沁的那种对善和正义冷冰冰的功利和效用的计算，质疑作为边沁主义核心内涵的快乐主义伦理学。密尔认识到，边沁功利主义分析的习惯对深谋远虑和洞察力来说是有利的，但对激情和美德的根基来说是永远的蛀虫，快乐

---

❶ ［美］约翰·罗尔斯：《政治哲学导论》，杨通进等译，北京，中国社会科学出版社，2011年版，第257页。

主义的信条也不可能引导人们追求幸福生活。此后，他从欧洲其他重要的政治思想家的理论中汲取养分，试图摆脱功利主义的影响。不过，终其一生，他都没有能够走出功利主义对他的束缚，但他确确实实摆脱了边沁的藩篱，对功利主义政治哲学和正义理论做出了伟大和富有建设性的改造。

密尔本人和他的学术著作几乎可以说是一个非常复杂的矛盾结合体，一方面，他是一个彻底的功利主义思想家，他一生都在完善和发展功利主义的理论。他的著作可以被看作一次调和个人权利和他从父亲那里继承而来、从边沁那里接受而来的功利主义哲学的艰难尝试；❶ 另一方面，他却完全"背叛了"边沁，他的理论在边沁主义的视角下甚至简直可以说是"异端邪说"。

边沁的功利主义倡导的正义原则要求在判别一个行为、措施和政策是否正义时，要审视它是否满足了最大多数人的最大利益。而密尔在其著作《论自由》中公开宣示：倘若不妨害到他人的话，人们应该可以自由地去做任何他们想做的事情。政府不能为了保护人们不受到伤害，而干涉个体的自由，或将大多数人关于怎样最好地生活的观念强加于每个人。❷ 边沁否认自然权利，以快乐和幸福的最大化作为辨别善恶与否的最高标准，为了推进社会全体成员的福利，牺牲某些少数人的权利在他看来是无须置疑地具有正义性的。但密尔认为，一个人只要不伤害到其他人，他的个人权利的独立性就是绝对的。个体是他自己，是自己身体和思想的最高统治者。❸

我们甚至能够感觉到边沁和密尔的理论之间扑面而来的那种针锋相对的矛盾与差异。我甚至认为，如果小密尔不是詹姆斯的儿子，他可能会完全走上一条与边沁和功利主义截然不同的原创性哲学思辨的道路。即使是肩负了功利主义如此厚重的"负担"，他竟然也另辟蹊径地成了奠基近代自由主义政治哲学流派的一代宗师。

但是，现实就是现实，"约翰·斯图亚特·密尔—詹姆斯·密尔—杰里米·边沁"，他们三人之间复杂的亲缘关系和心理羁绊使得小密尔不可能与他父亲和边沁的功利主义有一场公开的决裂。1836 年詹姆斯·密尔逝

---

❶ ［美］迈克尔·桑德尔：《公正：该如何是好？》，朱慧玲译，北京，中信出版集团，2018 年版，第 54 页。

❷ 同上注。

❸ 同上注。

世，两年以后密尔发表了题为《论边沁》的论文。1840 年，他再次发表《论柯勒律治》。在这两篇论文中，他对边沁和他父亲的功利主义思想公开地表达了严肃的保留意见。事实上早在 1833 年，他在其匿名发表的论文《边沁的哲学述评》一文中曾经对边沁提出过更为尖锐的批评。以至于当代最伟大的政治哲学思想家约翰·罗尔斯就认为密尔"所发展的功利主义思想形式是完全不同于他的前辈的"❶。

那么，密尔究竟是在什么程度上发展了边沁的功利主义？他又是如何改造边沁式的正义理论的？我们又应该在什么视角上将他视为一个功利主义思想家呢？

密尔很清楚地察觉到了边沁的功利主义因为忽视个人权利和对人们行为动机的考察缺乏审慎的态度，从而与"正义"之间有着非常紧张和矛盾的关系。有些行为——例如上一章我们提到的"偷细菌的窃贼"和"突发急病的足球转播员"——明明一些决定是荒谬、悲惨甚至是极端不正义的，边沁的理论却在判定这些行为的时候"迷失了自我"，这样他的功利主义理论很难最终成立。

密尔想要重塑一个更容易被人接受的功利主义，以避免边沁哲学那些难以回避的困境，因此密尔首先对边沁的哲学进行了全面的总结。他透过边沁那些直接和富有迷惑力的文字表述，试图通过归纳、定义和分析找出边沁哲学的本质内涵。密尔认为，边沁哲学的核心原则是，"幸福和快乐"是人们唯一欲求的事情，除此之外其他所有事都是作为实现这一目的的手段。因此，幸福的最大化就是人类所有思想和行为的唯一正当的目的，当然促进最大多数人的最大幸福，也就成了所有的道德和政府的最为恰当的目标。❷ 这一原则——如果前提为真——确实很难否认，但密尔认为边沁至少在三个方面出了比较严重的问题。

首先，边沁将对"功利"的审查限定在了狭义和特定的后果上。我们确实无法否认，一个特定的人在一个特定的环境下作出某些特定判断时完全符合某些具体而特殊的"苦乐原则"，这个原则很可能在多数情况下都是适用的。比如说一个具体的法官，他在判决某个具体案件时，所考虑到的是通过这次判决能给社会带来什么正面积极的影响，从而给社会带来幸

---

❶ ［美］约翰·罗尔斯：《政治哲学导论》，杨通进等译，北京，中国社会科学出版社，2011 年版，第 261 页。

❷ 同上注。

福和福利的增益，以及能够在多大程度上惩戒罪犯且阻止某类具体犯罪的再次发生，来消解它给社会带来的负担和痛苦。但是，密尔直言，用这种功利主义原则来整体概括和最终解释属于整个时代的基本政治与社会问题就过于狭隘了。作为立法者，他考虑的不仅仅是出于"利弊和苦乐"原则来惩戒罪犯和激励良善，他应该从一个更高远的角度去建构和制定某种基本的社会制度，这套社会制度可以培养和改善公民的整体品格，以使得具备这样品格的人们自觉地不去犯罪。在密尔看来，这是边沁式的简单而狭义的苦乐权衡原则所无法达到的效果。

其次，密尔指出，边沁对于人性的考察虽然非常精巧但很难称得上特别高明。[1] 边沁假定人类完全被一种对于未来而言的快乐和痛苦的欲望所统治，推动人们做出判断的也是出于对这些未来苦乐结果的平衡和考量。他通过简单列举的方式罗列了人们快乐和痛苦的数量。但是密尔很睿智地指出，事实上这些快乐和痛苦不论在数量还是在种类上都是不可计数和无法计量的。例如，我在吃一个冰淇淋，短短的十分钟内，我的快感就可能会发生无数次变化。刚刚吮吸到甜品的时候，我的快感可能没有那么强烈，但味蕾得到充分刺激后，这种快感会突然增加，随着感觉的持续，数分钟后达到饱和后又可能瞬间降低到非常低的标准。这些量的变化怎么能够确切地统计和表达呢？此外，未来的快乐和痛苦也根本是无法计量的。例如一个作家，他深切地热爱着写作，勤奋地创作可以给他带来持续的快感，成功的作品可以给他带来更大的兴奋和荣耀。但未来是无法判定的，有些工作狂，发奋工作一辈子，长寿基因和天生的好运能确保他们颐养天年。这位作家偏偏是运气更差的一个，很快他就因为积劳成疾陷入更大的痛苦中。但是，假如他当初不努力工作，他明显违背了让自己更快乐的原则。未来的他痛苦的不确定性，就让他当初的看似正确的决定最终变得非常不正确。那么边沁的理论不是自我矛盾的吗？密尔直言，边沁本质上忽略了一些最重要的社会动机，例如良心、正义感、使命感和责任感等，因此无形中他走进了"心理利己主义"的窠臼。利己主义必然是一个自败的理论，例如利己主义要求"人人都有一个至高无上的合理的终极目标：使

---

❶ ［美］约翰·罗尔斯：《政治哲学导论》，杨通进等译，北京，中国社会科学出版社，2011年版，第262页。

得自己的生活过得比自己而言尽可能地好"❶。我们以这个目标出发，往往会得到相反的结果，因为人的判断力是有局限性的。事实证明，很多出于"利己"考虑做出的选择得到的结果甚至比其他选项更糟糕。密尔进一步指出，边沁的失败在于他没有认识到，人类真正的"功利"，也就是从最本质意义上讲的广义的幸福和快乐，是取决于人们的品格和他们的习惯性和主导性之欲望的改变。他们能在漫长的历史和个人的生活实践中，逐渐认识到什么是真正对他们有益的事情。❷ 而一个健康和正义的社会也不应该是仅仅满足人们无差别的快乐在量上的堆垒，政治和社会制度的根本要义恰恰应该是对一个民族进行这种品格和认识的培育和教育，以促进整个社会得以进入更为和谐和文明的阶段。密尔认为，这与功利主义原则本质上是不冲突的，因此边沁的问题是没有认清真正的功利是什么。

最后，密尔直指边沁理论最主要的错误。他认为，边沁过高地估计了人们对于快乐和痛苦的计算能力。苦乐的权衡确实是推动人们做出行为判断的整体动机的一部分，但这不是全部内容。事实上，作为每一个个体的人类，也根本做不到类似一台冰冷的计算机一样，对每一个特定的苦乐都能做出精准的计算和辨别。他们根本没有那么沉着和冷静，边沁低估了人们习惯和想象的角色和作用，他也忽略了文化、历史和社会制度对人们判断的实际作用。例如，一个生长在成熟民主制度下的人，可能会不顾一切地为了争取自由而努力。但对于亚伯拉罕而言，忠诚地向耶和华奉献自己的儿子也许就是最为正义的选择。

事实上，密尔所做的工作并非"继承"功利主义，他是将边沁和他自己父亲的学说的每个部分都进行了重新阐释，以适合他自己对这种学说的理解。因此，他重新定义了何为正义。在他看来，正义这个观念包含两种要素，一是行为规则，二是赞同行为的情感。❸ 密尔坦言，对于什么是正义，古往今来从来没有一个固定的和大家都能够认同的说法。这一点，从柏拉图到边沁，从未改变。但是，他给众多的正义理论做了一个概括式的

---

❶ ［英］德里克·帕菲特：《理与人》，王新生译，上海，上海译文出版社，2005 年版，第 6 页。

❷ ［美］约翰·罗尔斯：《政治哲学导论》，杨通进等译，北京，中国社会科学出版社，2011 年版，第 262 页。

❸ ［英］约翰·穆勒：《功利主义》，徐大建译，北京，商务印书馆，2014 年版，第 53—54 页。

梳理，总结了五种比较集中的正义概念：

（A）属于法律的正义；

（B）属于道德的正义；

（C）属于应得的正义；

（D）属于信用的正义；

（E）属于公平的正义。

尽管对于正义的定义是纷杂的，在密尔看来，我们也不能说上述的这些正义有哪些是对的，哪些是错的，它们有可能都是正义的。密尔没有像柏拉图那样，将这些具体的正义视为个别的经验，从而抽离出一个理念的共相。在他看来，正义概念之所以是混乱的，主要是由于人们对利益认识的不同造成的。正义概念的多变是由于人们对于功利认识的多变导致的。在这里，倔强的密尔重新回到了功利主义的大家庭。

尽管密尔在很多著作中都公开而直接地表达了对边沁理论的不满，但不得不说，他从一开始就宣示忠诚于功利主义的信条："当行为能够促进幸福时，它们就是对的；当它们促进幸福的对立面时，它们就是错的。幸福就是我们想要的快乐和摆脱痛苦，不幸福就是痛苦和缺乏快乐。"密尔无法在根本上批判边沁，他接受了边沁功利主义的道德基础，"所有值得追求的事物，都是因为其包含了快乐，或者因为它能促进快乐，避免痛苦。"❶

我们通过"漫长"的篇幅来介绍密尔和边沁的分歧，事实上，他们核心矛盾就集中在对于"作为快乐和幸福的功利"的界定上，也就是到底什么是快乐、幸福和功利。密尔不能接受边沁对于快乐不加以质量区分的观点，因为我们明显地能够察觉到《理想国》和《小时代》的差别，明确地知道将基督徒扔给狮子的娱乐是不正义的，确凿地相信应该中断足球直播来挽救一个人的生命是我们义不容辞的责任。因此，密尔主张，有些快乐比其他的更加值得欲求，更有价值：

> 就两种快乐来说，如果所有或几乎所有对这两种快乐都有过体验的人，都不顾自己在道德感情上的偏好，而断然偏好其中的一种快乐，那么这种快乐就是更加欲求的快乐。如果对这两种快

❶ ［美］迈克尔·桑德尔：《公正：该如何做是好？》，朱慧玲译，北京，中信出版集团，2018 年版，第 54 页。

乐都比较熟悉的人，都认为其中一种快乐远在另一种快乐之上，即便知道前一种快乐带有较大的不满足也仍然偏好它，不会为了任何数量的合乎他们本性的其他快乐而舍弃它，那么我们就有理由认为，这种被人偏好的快乐在质量上占优，相对而言快乐的数量就变得不那么重要了。❶

密尔对快乐等级的区分是为了对功利概念从根本上进行重新界定和澄清。但是，他对快乐所做的"质量"上的区分，似乎并没有完整地表达出他真实的意图。因为密尔本人也无法解释一些事实：人的理智能够确定地辨别哪些快乐是高级的，哪些快乐是低级的。然而，同样经历过两种快乐的人，我们还是更多地偏好于低级的快乐。例如在中国，现在几乎所有的适龄人口都已经接受过九年义务教育，我们知道哪些文学是更高级的，但在出版市场上，巴尔扎克、狄更斯和鲁迅永远卖不过郭敬明、南派三叔和唐家三少。

最后，连密尔自己也不得不承认，"有时候在诱惑的影响下"，即使我们当中最好的人，也会选择低级快乐而推迟高级快乐。但是密尔坚持，尽管他无法解释人们为何执着地贪恋于低级的快乐，但他倔强地宣称：

> 做一个得不到满足的人要好过做一头满足的猪，做不满足的苏格拉底要好过做一个满足的蠢货。如果一个蠢货或一头猪持有不同的观点，那也仅仅是因为他们只坚持自己的偏见。而相比较的另一方即苏格拉底之类的人，则对双方问题都很了解。❷

密尔在宣称这一点的时候，事实上他已经——至少在潜在的情绪和观念上——超越了功利主义前提。尤其是他谈到苏格拉底。边沁功利主义讲"自然把人类置于两位主公——快乐和痛苦——的主宰之下。只有他们才指示我们应该干什么，决定我们将要干什么"❸。一切对未来快乐和痛苦的预期、判断和权衡都奠基在生存的基础上，如果我们放弃生命，我们就放弃了这个世界。那么不管是快乐和痛苦，也不管它们是否在量还是在质的

---

❶ ［英］约翰·穆勒：《功利主义》，徐大建译，北京，商务印书馆，2014年版，第10—11页。

❷ 同上书，第12页。

❸ ［英］边沁：《道德与立法原理导论》，时殷弘译，北京，商务印书馆，2012年版，第60页。

意义上有差别，在本质上都丧失了意义。因此，在边沁式的功利主义中，放弃生命都是一个非常奇怪的选项。即便边沁可以为此辩护，一个人所遭受的痛苦，大于他能够承受的限度，他出于功利的角度而自杀。然而，苏格拉底不论从哪个角度审视，都没有遭到类似的苦难折磨，雅典法庭没有对他施以过分的肉体上的刑罚，他在雅典仍然享有较高的名望，最后他慷慨赴死显然不是带着痛苦和无奈的情绪做出的选择，也不是对于现实社会完全失望和厌恶。他宣称："我去赴死；你们继续生活：谁也不知道我们之中谁更幸福，只有神才知道。"❶ 苏格拉底显然选择了他认为正义和正当的事情，但他的选择明显是违背功利主义原则的。

密尔在强调快乐分级别的时候，事实上已经暗中"背叛了"边沁，他实际上是在说"欲求事实上不再是判断何谓高尚何谓卑劣的唯一基础"❷。判断"高尚"和"卑劣"的标准应该是一种独立于人们期望和欲求的、事关人类尊严的理想。更高级的快乐并非因为我们更喜欢它们而更加高级，我们之所以更喜欢它们是因为我们能够明白和认识到它们更加高级，是因为我们可以运用比欲望更加高级的能力来确定通过这些更为伟大的事物，能够使我们更加完善和幸福。❸ 现在，只要再向前走一小步，密尔就彻底地和功利主义决裂了。但是，密尔退了回来，他在如何挽救功利主义的道路上又做了一次艰难的尝试。

> 根据最大幸福原则……这个最终目的就是尽量免除痛苦，尽量在质和量两方面多多享受生活。一切其他事物（不论我们考虑的是自己的还是别人的利益）都是因为与这个目的有关，并且因为这个目的才成为可欲的东西。❹

密尔修改了关于"功利"的定义，他依然承认人们被苦和乐所"统治"，但是人们追求的已经不是单单作为情感的快乐，也不是作为某种类型的具体的感官体验，而是"最终目的——幸福"。密尔的功利指的就是

---

❶ ［古希腊］柏拉图：《苏格拉底最后的日子——柏拉图对话集》，余灵灵、罗林平译，上海，上海三联出版社，1988年版，第81页。

❷ ［美］迈克尔·桑德尔：《公正：该如何做是好？》，朱慧玲译，北京，中信出版集团，2018年版，第61页。

❸ 同上注。

❹ ［美］约翰·罗尔斯：《政治哲学导论》，杨通进等译，北京，中国社会科学出版社，2011年版，第265页。

第四章　功利主义

幸福，密尔的"功利原理"也就是"最大幸福原理"。所谓幸福：

> 这种手段之被人欲求，就像大家热爱音乐或欲求健康一样，与欲求健康并无不同。它们都包含在幸福之内，是一些对幸福的欲求的构成要素。幸福不是一个抽象观念，而是一个具体的整体，所有这些东西都是幸福的组成部分。❶

我们可以猜测，密尔对快乐的分级，实质上是想表达人们欲求的是"一种作为最终目的的幸福"。有些低级别的快乐，例如低俗的享乐、暴力的发泄和过渡的纵欲，最终都无法抵达和实现作为最终目的的幸福。因此，从哲学上讲，边沁所谈到的"快乐"是作为一种过程来考察的。它类似于我们的身体在体验某些生活中的事件和刺激时所呈现的状态。而密尔谈到作为最终目的的最大幸福时，是把它作为一种存在，或者作为存在的一种类型和方式来谈的。因此它的内容要远远地比边沁更加丰富，幸福当然也不仅仅指肉体和感官的快乐，也不仅仅只有数量意义上的差别，它应该被理解为一种伴随着某种目标和意义的生活模式，只有当这种生活模式或多或少地实现了它的目标的时候，我们才能说它是幸福的。当这种幸福观念推广到社会政治和社会正义的层面时，它自然也就呈现出与边沁主义哲学截然不同的内容。

密尔的社会正义和社会功利并不是仅仅从个体意义上而言的对快乐体验简单的相叠加。他经常用"人类幸福""社会利益"和"公众利益"来解释他所理解的"社会功利"。政府存在的目的，推行政策的初衷当然也不是仅仅将人们无差别的快乐体验的总量最大化。

> 政府的目的就是培养更好的人民，而手段就是教育人民和利用他们所达到的最高品质。❷
>
> 任何政府形式所能具有的最重要的优点就是促进人民本身的美德和智慧。❸

这样我们就能理解和解释在本章一开始提出来的密尔和边沁的关于个人自由权利的矛盾——密尔主张政府不能为了保护人们不受到伤害而干涉

---

❶ ［英］约翰·穆勒：《功利主义》，徐大建译，北京，商务印书馆，2014 年版，第 38 页。
❷ 王连伟：《密尔政治思想研究》，哈尔滨，黑龙江大学出版社，2007 年版，第 108 页。
❸ ［英］约翰·穆勒：《代议制政府》，汪瑄译，北京，商务印书馆，1982 年版，第 26 页。

个体的自由。他对于自由权的阐释从直观上讲看似是与功利主义"背道而驰"的。在边沁的理论中，如果能够促进最大多数人的最大利益，少数人是可以被牺牲的。但密尔对个体权利毫不让步：只要我不妨害到他人，我就是自我权利的最高统治者。如果我们理解了他关于"最高幸福"的阐释，我们也就能够理解，密尔这样的权利宣示实际上也是建立在功利主义的考量上，而并非"背叛了边沁，投靠了洛克"。

> 应当说明，凡是可以从抽象权利的概念（作为脱离功利而独立的一个东西）引申出来而有利于我的论据的各点，我都一概弃置未用。的确，在一切道德问题上，我最后总是诉诸功利的；但是这里所谓功利必须是最广义的，必须是把人当作前进的存在而以其永久利益为依据的。❶

密尔认为，人们不应该就事论事地谈功利和功利的最大化，应该从长远来看，站在人们的作为目的的最高幸福的角度来看。尊重个体的自由权利，最终会导向最大的人类幸福。消灭目前看似"阻碍了最大多数人最大利益"的"异见分子"或少数人，抑制这些人自由地发声和思考，看似可能会在短期内使得目前的功利最大化，但是从长远来看，它会最终侵蚀人民本身的美德和智慧，并使得这个社会逐渐僵化，从而剥夺自身促进社会进步的能量和活力，使得社会变得更坏——更加缺乏快乐。❷

密尔的正义理论，如果从最本质的核心上而言，与边沁是没有分歧的。尽管他声称，正义是一种拥有巨大心理强度的情感：

> 假如，人人一向认作是正义或者不正义的每一件事情，总是具有某种共有的属性或属性集合，那么，我们就可以判断，根据我们情感构造的一般规律，这种特定的属性或属性的集合是否能够引起具有那种特有性质的强度的情感，抑或这种情感是无法解释的，只能把它看作我们本性当中的一种特别的天赋。❸

---

❶ ［英］约翰·密尔：《论自由》，许宝骙译，北京，商务印书馆，2013 年版，第 12—13 页。

❷ ［美］迈克尔·桑德尔：《公正：该如何做是好？》，朱慧玲译，北京，中信出版集团，2018 年版，第 55 页。

❸ ［英］约翰·穆勒：《功利主义》，徐大建译，北京，商务印书馆，2014 年版，第 52—53 页。

这样，基于人情感的心理和正义感的正义原则就会衍生出诸多不同的类型。正如前文提到的，密尔也归纳了主要的五种正义类型。他指出，存在于正义的不同规范之间的矛盾和冲突只能通过诉诸某个比这些规范更高的原则才能解决。密尔主张，最终只有功利原则才能够满足这个目的。"大闹天宫"之后密尔最终还是选择"皈依我佛"。在根本上而言，他的正义理论依然是符合一个人最大幸福的抉择即是正当和正义的原则、促进一个社会最大多数人最大幸福的措施和政策是正当和正义的原则。

不过，我们已经完全了解到，由于他将"最大幸福"和"功利"的内核重新进行了改造，以至于即便依系在功利主义这个最高的原则之下，密尔的理论映射到每个具体问题中、每个具体学说的部分上，都体现了他极强的个性和与边沁主义的极大不同。

我甚至非常理解年轻的密尔为什么会陷入一场可怕和严重的精神危机，他一方面深刻地感受到了，我们很难彻底地从根本上否认和推翻功利主义所讲的"苦乐原则"，另一方面也极其敏锐地发现某些道德原则的独立性，这些道德义务看似绝不依系于功利而存在。正如他所定义的道德：

> 正确的（道德的）行为就是那些应该做的行为，错误的行为就是那些不应该做的行为，未能遵守相应规则的行为就应该以某种方式受到惩罚。对于这类行为，可以通过法律手段加以惩罚，或者通过公共的非难（道德舆论），或者通过良心的谴责加以惩罚。❶

他所定义的道德涉及了"应当"和"不应当"的问题，而功利主义并没有这样的内容，只有"值得"与"不值得"。但无法回避的事实是，很多直观上值得做的事情，看似都是不应当的。在这一方面，自然权利学说可能比功利主义更有说服力，义务论的哲学要比单纯的后果论更能让人信服。但密尔终究没有迈出那一步，他从情感和心理学等方面做出了对功利主义最大程度的修补和改造，论证了那些看似我们值得做的且不应当的事情，事实上在功利的角度上而言也是我们不值得做的。这一点，在密尔自身的学说系统中是相当成功和精彩的。

我们很难想象，一个人需要多大的才思和能力才能够将两种互斥性极

---

❶ ［美］约翰·罗尔斯：《政治哲学导论》，杨通进等译，北京，中国社会科学出版社，2011年版，第281页。

强的政治学说——一种旨在维护个人权利的"自由主义"和另一种立足于享乐幸福的"功利主义"——结合到一起，并完美地共存。约翰·斯图亚特·密尔，无疑就是这样一个天才，他的理论的原创性可能受到了他父亲和边沁的"拖累"，并没有像同时期的哲学家——例如康德——那样光芒四射，但这并不妨碍他成为维多利亚时代声名最为显赫的政治和社会作家之一。尽管他的作品或许存在很多不足和他根本无法克服的矛盾，但是，如果用一种不屑一顾的姿态去阅读密尔却是一个巨大的错误。密尔是一个伟大的人物，值得我们好好地关注和尊重。❶

（三）古典功利主义的巅峰

"快乐是唯一的价值"，功利主义之所以自诞生之初就能风靡整个学术界和思想界，并能在漫长的历史时期内奠定其在政治哲学和正义理论范围内的主流和统治性地位，很大程度地在于它揭示的这一条"真理"实在是令人难以反驳。

尽管边沁的理论落在纸上的一刹那，就注定了会被无数的人反驳和批判，由于他拒绝对快乐做出质的区分，人们称他所提倡的快乐是"猪的快乐"。尽管密尔对此完全无法接受，密尔相信，"只要是人，都不会真正地情愿沉沦到他觉得是一种下等的生活中去"❷。但是，在核心观点上，密尔也无法反驳"快乐是唯一的价值"，他在根本上也认同"自然把人类置于两位主公——快乐和痛苦——的主宰之下。只有它们才指示我们应当干什么，决定我们想要干什么"。❸

为了说服自己，并试图匡正和挽救功利主义所面临的困境；为了避免使苏格拉底的情操与一个蠢货的偏好沦落到同一种境界，密尔将快乐做了分级，将"追求快乐"升级为对"作为最终目的的幸福"的追求。他认为，幸福是最终的目的，而幸福指的就是快乐或痛苦的免除，同时，"行为的正当与它倾向于增进幸福成正比，行为的不正当与它倾向于产生不幸

---

❶ ［美］约翰·罗尔斯：《政治哲学导论》，杨通进等译，北京，中国社会科学出版社，2011年版，第259页。

❷ ［英］约翰·穆勒：《功利主义》，徐大建译，北京，商务印书馆，2014年版，第9页。

❸ ［英］边沁：《道德与立法原理导论》，时殷弘译，北京，商务印书馆，2012年版，第57页。

福成正比"❶。这样，通过密尔的努力，功利主义与正义和正当之间"剑拔弩张"的关系得到了缓解，他也最终完全地接受了功利主义原则，并将它作为判断行为正当、正义与否的标准。对此，密尔做了严肃的证明：

> 能够证明一个对象可以看到的唯一证据，是人们实际看见了它；能够证明一种声音可以听见的唯一证据，是人们听到了它；关于其他经验来源的证明，也是如此。与此类似，我认为，要证明任何东西值得欲求，唯一可能的证据是人们实际上欲求它。如果功利主义学说自己提出的目的，在理论上和实践上都没有被公认为是一个目的，那么就没有任何东西能够使任何人相信，它是一个目的。除非每个人都在相信幸福能够获得的范围内欲求自己的幸福，否则便没有任何理由能够说明，为何公众幸福值得欲求。然而这是一个事实，因此我们就不仅有了合适的证据，而且有了可能需要一切证据来证明，幸福是一种善：每个人的幸福对他本人来说都是一种善，因而公众幸福就是对所有人的集体而言的善。❷

我们不得不叹服于密尔的雄辩和构思能力，他这番对于功利、正当和善的证明看起来似乎确实非常令人信服。但对哲学的思考和对正义的追求永远是在质疑和反驳中进行的，尽管反对一个天才通常是非常艰难和棘手的，但江山代有才人出，各领风骚数百年。

很快有人发现了密尔论证的漏洞，我们的确无法否认快乐和幸福是人们实际欲求的东西，但密尔并没有能够证明实际欲求就是值得欲求的。就如同，我们也无法证明实际看见的东西就是值得和应当看见的东西一样。人们可能真实地欲求某种东西，但这种东西也很可能就是不值得欲求的。苏珊年轻的时候狂热地爱着一个风度翩翩、举止优雅的青年学者，简直到了离开他就无法继续生活的地步。她真切地明了自己的欲望，时时刻刻想和他在一起并拥有他。但路遥知马力，日久见人心；疾风识劲草，板荡见忠臣。这个青年学者事实上是个轻佻好色的浪荡公子，一个唐璜一样的人。于是，苏珊的余生中更加深切地庆幸年少的自己没有因为"真实而实际的欲求"做出离谱和出格的事来，并念念不忘地感激这个"渣男"的

---

❶ [英] 约翰·穆勒：《功利主义》，徐大建译，北京，商务印书馆，2014年版，第9页。
❷ 同上书，第35页。

"不娶之恩"。因此，事实上"实际欲求"并不能必然导出"应该欲求"。退一步而言，即使我们能够承认"实际欲求"就是"应该欲求"，密尔的论证也存在非常明显的漏洞。密尔所说的"作为最终目的的幸福"显然是一个集合的概念，是将众人所有最为真切的对个人幸福的欲求集合起来。但是，个体对于幸福实际欲求的无限集中能不能形成"普遍幸福"是存疑的。苏珊的实际欲求是找到个如意郎君，彼得的实际欲求是考上理想的大学，村上春树的实际欲求是得一个诺贝尔文学奖……我们可以承认这些欲求是值得的，但这些欲求集中起来，能不能形成一个普遍的值得欲求的幸福？这似乎是无法证明的。因为即使各种实际欲求和欲望是指向普遍幸福的某一个部分或各个部分，它的总和也有可能并不构成一种存在于某个人身上的对于普遍幸福的欲望。❶

看起来，密尔把一种"作为事实的判断"和"作为价值的判断"搞混了。我们无法否认，我们是追求幸福和快乐的。但根据这一点，我们无法证实，我们应该追求幸福和快乐，这是两码事。就如同，这朵花是粉色的，它简直太漂亮了，每个人都喜欢它，但这并不代表它就应该是粉色的。较早地对密尔提出系统性和严厉批判的这位思想家，就是十九世纪末英国著名伦理学家、古典功利主义的集大成者——亨利·西季威克。如同密尔全面重新阐释了边沁一样，西季威克也对密尔提出了全面的批评。

西季威克诞生于 1838 年，他是一位富有的棺材制造商的孙子，他的父亲曾经就读于剑桥大学三一学院，毕业后成了圣公会的一名教士。此后，老西季威克被任命为约克郡斯基普顿中学校长。亨利·西季威克中学毕业后于 1855 年也进入剑桥大学三一学院就读，很快这名聪明勤奋而又极具天赋的学生引起了校方的注意和青睐，在杰出的本科阶段结束以后，1859 年，年仅二十一岁的西季威克被聘为三一学院的董事。1869 年，三十一岁的西季威克因为对宗教持怀疑态度，拒绝在赞成英国圣公会的三十九信条上签字而辞去三一学院的董事一职。但是，牛津大学并不打算放弃这个人才，很快他就又获得了三一学院的另外一个特殊职位，并且这个职位并不受到宗教势力的干涉和影响。而且，当要求效忠圣公会的签字规定被废除以后，他又重新被任命为董事。1876 年，西季威克与埃莉诺·贝尔福结为夫妻，后者是英国首相亚瑟·贝尔福的妹妹。埃莉诺·贝尔福建立了纽恩

❶ 陈良坚：《论西季威克对功利主义的证明》，《道德与文明》，2012 年第 4 期，第 95 页。

汉姆学院，这家学院后来成了牛津大学最早的女子高等教育机构。1883年，四十五岁的西季威克接任了奈特布里奇教授，这是牛津大学的一个非常重要的荣誉。西季威克的一生一直服务于牛津，从未有过到其他大学任教的经历，1900年，哈佛大学曾经力邀他到美国去授课，他似乎也表示出了愿意前往的意愿。遗憾的是，天不假年，此议尚未成行，西季威克就于当年八月与世长辞，享年六十二岁。❶

西季威克对密尔的批评是从他对"快乐质与量区分"的反思开始的。他认为，虽然边沁对快乐只在量的意义上进行考察，否认快乐在质上的区别，这一点饱受诟病，但这恰恰保证了功利主义在形式上的一致性。而密尔对快乐进行质和量上的区分，恰恰牺牲了功利主义内容与形式上的一致性。

西季威克本质上接受了功利主义的核心原则，他也认同"快乐事实上就是值得欲求的或值得偏爱的一种感觉"❷。假如我们认同密尔关于快乐分级的观点，有一些快乐比另一些快乐的质量更高、更加高尚并且能够更多地增益人们的幸福，但是比起一些低级快乐，它们在量上又是更少的。那么我们会发现一个与功利主义完全相悖的观点："那些较少的、令人愉悦的感觉始终被视为比更令人愉快的感觉更可取。"❸ 这与密尔之前所坚持的"行为的正当与它倾向于增进幸福成正比，行为的不正当与它倾向于产生不幸福成正比"❹ 显然是自相矛盾的。正如我们在讨论密尔时已经提到的，一定要坚持一种将快乐分级的主张——尽管密尔本人不承认——事实上已经脱离了功利主义和快乐主义的根本原则和对苦乐的判别标准。密尔实际上是在说，那些所谓"更高级的快乐"不是因其快乐而值得被欲求，而是因为其他的原因。西季威克不认同这样的观点，在他看来，事实上不存在比快乐更加欲求的其他原因，因此对快乐的分级也是不真实的。

> 我们在说，一种快乐在质上优于另一种快乐时，可能是指从令人愉快性的方面去考察它是值得偏爱的。在这种情形下，种类

---

❶ ［美］约翰·罗尔斯：《政治哲学导论》，杨通进等译，北京，中国社会科学出版社，2011年版，第393—394页。

❷ Henry Sidgwick. *The Methods of Ethics*，7th edn，London：Macmillan，1922：128.

❸ 陈江进：《论西季威克对穆勒功利主义的批评》，桂林，《学术论坛》，2005年第11期，第10页。

❹ ［英］约翰·穆勒：《功利主义》，徐大建译，北京，商务印书馆，2014年版，第9页。

上的区别便分解为程度上的差别。❶

西季威克的意思是，我们完全可以承认阅读《理想国》和痴迷《小时代》之间所产生的快乐是不同的，并且这些快乐对人们而言的意义也是不同的。但我们也不一定非要用质上的差别来解释这一点。

首先，人们对于某件事——例如阅读——的体验从根本上说是一个完整的意识状态，而在一般意义上我们所说的"读《理想国》很快乐"或"读《小时代》很快乐"仅仅指的是这个完整意识状态中的一部分，并非涵盖了全部内容。有些快乐在享受之后总会伴随着痛苦，有些快乐在享受之后厌烦也会随之而来，而有些快乐在享受之后会反复刺激我们并将这种感觉持续下去。因此，我们阅读《小时代》很可能作为部分的快感可以大大地在总量上超过阅读《理想国》。但我们读过这样一本书后，快感可能会迅速地丧失，当我们——例如十年后——再读它的时候，不仅得不到快感，还会感到荒谬，会因为年少无知时的幼稚而感到悔恨。但是，《理想国》带给我们的"微弱"的快感可能会持续数十年之久。这样，即便在量上，柏拉图也不是没有可能超越郭敬明。❷

其次，"快乐的强度"和"知觉的强度"是两码事。有时候，我们身体受到某些特殊的刺激会产生极其强大的知觉强度，但它不意味着必然就带来与之相对应的量级上的快乐的强度。例如，假设现在我们可以去位于纽约的六旗游乐园❸体验世界上速度最快的过山车。如果我们有这样的选项，恐怕没有人还愿意留在学校再上一节两个小时左右的哲学课。这是显而易见的。但是，疯狂的过山车给我们带来的是知觉上的强度，并不是快乐上的强度。而阅读带来的微不足道的知觉上的强度，也不意味着两个小时枯坐在课堂上我们没有产生快感。"有时一种很强烈的令人愉悦的感觉并不比另一种微弱的令人愉悦的感觉更令人愉快一些，因为这只是一种知

---

❶ Henry Sidgwick. *The Methods of Ethics*, 7th edn, London：Macmillan, 1922：128.

❷ 我的本意，并非指《小时代》是一本不值一读的书，也不是在说郭敬明是一个没有价值的作家。那是一个很有才华和令人尊敬的作家，他的作品也都很有创造性（尽管我本人并没有阅读过）。毕竟，对我们任何一个从事写作的人而言，从对促进人类思想文明发展的贡献角度上讲，与柏拉图和《理想国》相比的渺小，都是一件再明晰不过的、不需要解释和不应该对此感到诧异和不快的事情。

❸ 六旗游乐园本来是个名为"大冒险"（Great Adventure）的私人公园。现在，它是世界上最大的主题公园连锁品牌，总部设于纽约市。

觉强度上的差异而并非快乐强度上的差异。"❶ 这听起来似乎有些滑稽，但如果我们承认，知觉往往是富有欺骗性的，我们就不难理解这一点。一个醉卧在冰天雪地里的醉汉，最终被可怜地冻死。由于酒精的麻痹，他的知觉感受不到客观环境的寒冷与严苛。但这并不意味着，客观环境实际上并没有那么寒冷和严苛。

再次，有时当一种快乐被判定为在质上优于另一种快乐时，被偏爱的并非真的是那种感觉本身，而只是那种感觉由以产生的心理或物理的条件或关系。❷ 我们认为《哈姆雷特》比《花花公子》更高级，或许——简直是肯定的——阅读《花花公子》这件事本身带给我们的切实的快感在量上是要大于读《哈姆雷特》。但是，我们知道莎士比亚是英国最伟大的文学家和剧作家。懂一些英国古典文学，往往会受到尊敬和关注。这些心理、社会和物理条件综合起来刺激我们，因此而给我们带来的快乐总量在量级上可能并不低于阅读一本低俗的色情杂志。

西季威克从另一个角度挽救了功利主义，在他看来，如果我们坚持一种正义和正当是将"快乐最大化"的原则，那么快乐必须是可以进行比较的：

> （作为功利主义者）我们必须接受边沁的命题，快乐的所有质的比较必须分解为量的比较。所有快乐之所以被称为快乐，是因为它们有一共同的令人愉快的特征，因而能够根据这一共同的特征来进行比较。❸

功利主义发展到西季威克的时代，依然缺乏比较系统和完整的证明。边沁提出了功利主义的基本观点，着力建构了功利主义的理论体系，但是他对功利主义基本原理的证明是相当贫乏的。边沁在他的整个体系当中，对于功利原则❹几乎没有做出任何严谨的哲学论证，而且对于自己的论敌，边沁显示出一种草率和轻蔑的口吻。❺ 密尔则对那些持着不同哲学和道德

---

❶ 陈江进：《论西季威克对穆勒功利主义的批评》，桂林，《学术论坛》，2005 年第 11 期，第 10 页。

❷ Henry Sidgwick. *The Methods of Ethics*, 7*th* edn, London：Macmillan, 1922：128.

❸ Henry Sidgwick. *The Methods of Ethics*, 7*th* edn, London：Macmillan, 1922：94.

❹ 即判断行为正确（正义）与否的标准是最大多数人的最大幸福。

❺ ［美］约翰·罗尔斯：《政治哲学导论》，杨通进等译，北京，中国社会科学出版社，2011 年版，第 261 页。

观念的人们采取了更为认真和审慎的态度进行了回应。他尝试着为功利主义提供了一种证明，前文已经提到，他从听觉、视觉的角度证明了一个人真正值得欲求的东西是"幸福"，继而从每个人都欲求幸福的角度推导出人们欲求的是"普遍幸福"。

但是，西季威克认为，密尔的论证是站不住脚的。因为他把"作为事实的判断"和"作为价值的判断"搞混了，犯了从"是"推导出"应当"的错误。密尔的对功利主义的证明实际上是在说："人们是追求快乐的；因此快乐是值得人们追求的；因此快乐是好的；因此追求快乐并将其最大化是善的、正义的。"通过这样的推导，他给功利主义找到了一个道德基础。但是我们前面已经讨论过，首先，他证明不了人们都追求快乐，他们就都应当追求快乐。其次，西季威克更严厉地指出，即使我们能承认，人们应当追求快乐，快乐是一件好事，也无法证明追求快乐就是善的和正义的。因为，善是无法被定义的。

西季威克和他的学生摩尔提出了一个对道德哲学而言意义非凡的观点，他们认为："我们用于解释事物的概念分为'单纯的概念'和'复合的概念'。'单纯的概念'是无法定义的。任何定义都是对复合概念的定义，任何复合概念都可以分析或还原为不可定义的单纯的概念。"❶ 这个观点，确凿地说是被乔治·爱德华·摩尔提出来的。但毫无疑问的是，他受到了西季威克深刻的影响。❷

比如我们定义"糖"，这就是一个复合概念。"糖类物质是多羟基（两个或以上）的醛类或酮类化合物，在水解后能变成以上两者之一的有机化合物。在化学上，由于其由碳、氢、氧元素构成，在化学式的表现上类似于'碳'与'水'聚合，故又称之为碳水化合物。"我们明显地可以看出来，它还能被分解为很多更单纯、更简单的概念。因此，只要概念能够继续被分解，就可以继续被定义。越单纯和简单的概念就越难以被定义。例如，无法被水分解为更小分子的"单糖"，就比糖难以定义。葡萄糖是一种典型的单糖，我们定义它时内容就少得多："（葡萄糖）是自然界分布最广且最为重要的一种单糖，它是一种多羟基醛。"继续往下分解下去，"多

第四章 功利主义

---

❶ 龚群、陈真：《当代西方伦理思想研究》，北京，北京大学出版社，2013 年版，第 15 页。
❷ 摩尔在自己的著作中说："因此，善是不能下定义的；但就我所知，只有一位伦理学作家，即亨利·西季威克教授清楚地认识并叙述了这个事实。"参见［英］摩尔：《伦理学原理》，长河译，上海，上海世纪出版集团，2003 年版，第 27 页。

羟基醛"的概念还可以分解为"羟基","羟基"还可以分解为"氢原子和氧原子"……一直可以拆分至无法还原的单纯的对象。那个单纯对象就是没办法定义的东西。

"善"恰恰就是那种单纯的概念，由其构成诸定义，而进一步对其下定义的能力就不再存在了。但是，"善"和自然界中不可分割的单纯概念还不一样，例如"电荷"，其实电荷就已经很难再定义，我们可以说它是"为物体或构成物体的质点所带的正电或负电，带正电的粒子叫正电荷（表示符号为'＋'），带负电的粒子叫负电荷（表示符号为'－'）"。那么"＋"和"－"又是什么？就已经极其难以定义了。但是，自然界中切实存在的东西我们可以通过其他与它性质完全相同的东西来进行类比。例如我们可以将电荷称为"带电的粒子"。而善不是这样的具备"自然属性的"单纯概念，善带有"非自然的属性"的特征。最直白地讲，我们只有在人类社会的意义上才谈得到善。因此，它没有一个天然地"绝对与它在性质上相同的东西"。因此，如果我们像解释"电荷"那样解释善，就堕入了一种"自然主义的谬误"。例如，我们说善是快乐，或快乐是善，这在西季威克和摩尔看来，就是典型的"自然主义谬误"。这就是密尔对功利主义证明之所以失败的核心原因，摩尔比西季威克更加犀利和直接地指出："密尔如此质朴和拙劣地运用了自然主义谬误，真达到了任何人所能想象的地步！"❶

那么，既然密尔关于"大多数人所实际欲求的快乐是善"的证明是失败的，应该如何去证实和主张一种功利主义的正义原则？西季威克阐释了他的直觉主义的哲学思想。

在西季威克的著作中，他在多种意义上使用"直觉"这一概念，既在感性层面——例如他在阐释人们的道德感时，认为这种感性最为稳固的基础也是直觉——也在理性和抽象的方面。在论述和证明功利主义正义原则时，他对"直觉"的用法是，人们假定了某种行为的正当和正义性是无须考虑它们的后果而被认识的。❷

对于直觉认识正义和正当的方法，有三种不同的路径。第一种是单纯的感知，例如"做人要真诚"，假设这是一条正义原则，我们能够通过感

---

❶ ［英］摩尔：《伦理学原理》，长河译，上海，上海世纪出版集团，2003 年版，第 88 页。

❷ 龚群：《罗尔斯政治哲学》，北京，商务印书馆，2007 年版，第 69 页。

知清晰地认识它。但这不足以构成稳定的、完整的正义理论。因为"我们往往没有考虑在面对敌人时是否应该真诚的问题"就得出了这样的结论。第二是教条的直觉方法，我们绝大多数普通人可以在日常生活中贯彻一些比较完整的道德原则，例如："吾日三省吾身，为人谋而不忠乎，与朋友交而不信乎，传不习乎？"但要想彻底地、十分清楚地陈述它们，则需要一种专门的明确而稳定的思考抽象道德概念的习惯。这是普通人不具备的能力，因此不可能通过真正的和最终有效的教条直觉看清正义的一般规则。❶ 第三条路径就是哲学的直觉，也可以称为"哲学的直觉主义"。"哲学的直觉主义"所要达到的是一种通过直觉就能认识和把握某个命题的自明性原则。那么，人的直觉到底有没有这个能力？西季威克给出了自己的解释：

> 在人们通常承认的公正、审慎和合理仁爱的原则中，至少存在一种可以直接凭借抽象直觉认识的自明因素，以及这种因素在每一个场合都依赖于个人及其目的所体现的部分与同其整体的，以及这些部分同整体的其他部分的关系。在我看来，人们对这些抽象真理都多少带一些明确性的领悟，这种领悟构成了"基本的道德准则是内在合理的"这一常识信念的持久基础。❷

因此，西季威克主张，人的直觉领悟能力是与原则的自明性一致的。边沁所阐释的功利主义核心原则，即"自然把人类置于两位主公——快乐和痛苦——的主宰之下。只有它们才指示我们应当干什么，决定我们想要干什么。"❸ 在西季威克看来，就是这样一种可以通过人们哲学直觉主义证明的自明性原则，并且它是具有最高确定性特征的。

我们不能把西季威克的直觉主义"浅薄"地理解为是一种粗糙的感觉。也就是我在直觉上认为什么是正义，什么就是正义，我在直觉上认为什么是正当，什么就是正当。并不是这样的。哲学直觉主义说阐释的正义——或者说功利主义——原则的自明性需要运用哲学分析，经过缜密的分析考察才能够呈现出来。这个过程就像人们剥笋子一样，要一层层将不

---

❶ 龚群：《罗尔斯政治哲学》，北京，商务印书馆，2007 年版，第 69 页。
❷ Henry Sidgwick. *The Methods of Ethics*, 7th edn, London：Macmillan，1922：391—398.
❸ ［英］边沁：《道德与立法原理导论》，时殷弘译，北京，商务印书馆，2012 年版，第 57 页。

同质的因素剥离开，最终清晰地提取出原则中的自明性因素。

正当行为的实践上的决定作用就是依赖于终极善的决定作用的。我们已经看到：（1）一些缜密的考察，我们就发现大多数公认的义务准则——甚至那些初看起来是绝对的、独立的义务准则——都是隐含地从属于更普遍的审慎原则和仁爱原则；（2）除这两条原则以及公证或公道的形式原则之外，我们不能认为任何其他原则可以凭当下的直觉而被确认为清晰明确的原则。❶

西季威克正是通过合理仁爱的直觉，并以此为基础阐释哲学的直觉主义完全修正和弥补了密尔对功利主义证明中所出现的缺陷。

但西季威克现在还面临一个棘手的麻烦，这也是任何质疑密尔对快乐分级不合理的人共同面临的麻烦。既然快乐是不能在质的意义上做出区分的，终极幸福是善的理论也是不成立的，那么，少数人的快乐和权利又面临无法保障的威胁，为了满足一个最大多数人的最大利益，"被赶入斗兽场的基督教徒"和"无法得到救助的足球直播员"这样的案例还会不会再次发生？

对此，西季威克从功利主义的角度出发，以哲学的直觉主义阐释了两条符合人们直觉的不证自明的符合正义的公理。首先，通过思考构成逻辑整体的个人的相似性可以获得公正公理，即：

仅仅由于甲和乙是两个不同的人，而不是因为他们本性或境况中存在差别，并且这种差别可以作为对他们作区别对待的理由，甲对待乙的这样一种方式不可能是正当的，如果乙以这种方式对待甲可能是错误的话。❷

这段话西季威克写得相当拗口，他是出于哲学的直觉主义对自明性原则的严格要求而不得不这样写作。如果用尽量通俗的意思来解释，就是世界上有 A、B、C、D、E、D、F……这么多的人，每个人都追求自己的快乐，这是没问题的。但是每个人的直觉都能够认同和理解这样一个自明性的原则，那就是如果 A 对 B 做了一件错事，B 对 A 做同样的事也必然是错误的。当然这个原则可以等价代换到任意一个组合中去。因此，我们假设

---

❶ Henry Sidgwick. *The Methods of Ethics*, 7th edn, London：Macmillan, 1922：406.

❷ Henry Sidgwick. *The Methods of Ethics*, 7th edn, London：Macmillan, 1922：395.

基督徒将罗马人喂狮子，这是错误的话，罗马人将基督徒喂狮子当然也是错误的。也就是说，罗马人将亚述人喂狮子也是错误的，亚述人将波斯人喂狮子也是错误的……因此，即便在功利主义原则下，也可以认定这样的事情是不正义的。它并不妨碍"苦—乐原则"。因为它是每个人直觉直接可以认识到的不正义的事情。换句话说，即使罗马人在目睹基督徒被野兽撕裂时，感官会受到极大的刺激。首先，这种巨大的刺激无法确定地换算为比少数基督徒所遭受的痛苦还大的量级上的快乐。其次，罗马人自己在直觉上确定地知道这是不正义的事情。这个困境被完美地规避了，也没有动用将快乐分级的办法。

紧接着，西季威克提出了另一个更加有力的论证：通过思考构成一个数学整体或量整体的个人的各个相似部分可以获得审慎公理，即"无偏袒地关心我们的有意识的生命的各个部分"[1]。最大多数人的最大幸福，是一个不证自明的符合正义的原则。而绝大多数人的最大幸福显然是有无数个具体的个人幸福在量上叠加而成的。这个边沁过去饱受诟病的观点，现在被加入了哲学的直觉主义元素后，成了西季威克有力的自我辩护基础。他的意思是，我们审慎地思考一个个人，他在从功利主义角度出发，在直觉上完全可以认识和做到这样一点，合理地权衡苦、乐。只有把这个自明性的功利，无偏私地相叠加，才能真正地构成"最大多数人的最大幸福"。

让我们回到"突发急病的足球直播员"的案例中，事实上，不管收看直播的观众有多少，他们每一个人从直觉上都能认可这样一条正义原则，即如果他们自己在收看比赛的时候，突发急症，最符合功利主义的办法就是立刻中止观赛并对自己进行有效的救治。那么这样的权衡相叠加所构成的最大幸福就应该是他们都能够认同对生命的救助符合他们的最大利益。因此，尽管暂停直播救助那个可怜的直播员看似阻碍了亿万人收看比赛的感官上的刺激，但是亿万人出于功利主义的考虑都会认同这样的措施是符合正义的。而"活下去"和"看比赛"的快乐也并没有什么质上的差别，仅仅出于对快乐量级的无偏私的考虑，我们也能做到符合正义的事情。[2]

在我看来，西季威克才是真正而彻底地拯救了功利主义。对于为功利主义辩护这个任务而言，聪明而天才的密尔显然是走了一条捷径。但这条

[1] Henry Sidgwick. *The Methods of Ethics*, 7th edn, London：Macmillan, 1922：395.

[2] 这个辩护事实上也能够更有效地运用在"基督徒和狮子"的案例中，没有人会为了快乐承担将自己投喂狮子的痛苦。这种痛苦量级叠加，会促使每个人做出否定这项活动正义性的判断。

路对功利主义而言却是危险的，稍不留意，它就会从根基上彻底摧毁边沁的学说，流向一种义务论。而西季威克走的是一条布满荆棘、艰难困苦的小径，他必须在全盘肯定边沁式功利主义理论的基础上对此做出辩护。西季威克虽然做到了这一点，但这也意味着真正阅读他的学术著作绝不会有阅读密尔著作那样流畅和明快的体验。西季威克的道德哲学注定是结构宏大、内容专深、叙述冗赘和晦涩难懂的。正如英国哲学家布洛德所言：

> 他（西季威克）不断地提炼、限定、提出反对意见，回答，再提出进一步的反对意见。所有这些反面意见、回答、反驳、再驳本身都是令人肃然起敬的，并且的确表现了作者的敏锐和坦率。但是，读者却容易失去耐心，弄不清论据之所在，甚至会拍案而起，觉得他满怀敬意地阅读了这么久，对书中的内容却毫无记忆或所记甚少……❶

正是出于这样的原因，使西季威克在公众中的名望远远没有密尔和边沁那么显赫。从一个广泛的意义上而言，他和他的著作自诞生之日起，就注定了湮没无闻。但正是在他的努力之下，边沁和密尔所构建的那种功利主义社会正义观一直从十九世纪开始在英美国家中长期占据支配地位，这种情况一直到上个世纪七十年代契约主义重新复兴后才得到改变。我们在仰望边沁、倾慕密尔的同时，不应该忘记这样一位伟大的、真正的功利主义哲学家。事实上，他可以担得起"古典功利主义巅峰"这样的美誉。

---

❶ ［英］布洛德：《五种伦理学理论》，廖申白译，北京，中国社会科学出版社，2002 年版，第 145 页。

第五章　契约主义的回归

（一）囚徒困境与自利契约

1950 年，美国兰德公司的梅里尔·弗勒德和梅尔文·德雷希尔拟定了一个关于"相关困境"的理论，这个理论后来由艾伯特·塔克以囚徒方式阐述，并命名为"囚徒困境"。

假设，甲乙两人因涉嫌携带枪支和预谋作案被警察逮捕。很快警方怀疑他们可能还有更为严重的犯罪行为，但暂时还没有直接有力的证据向检方申请起诉他们。因此，警方将这两个人分别单独关押在两间无法互相沟通的牢房里进行审讯。现在，警方告知他们，如果他们都能够主动坦白罪行，就可以按照政策从轻处罚；如果一方坦白，一方顽抗，那么不配合警方的人将遭到更为严重的惩罚。但是，囚徒们心知肚明的是，现在警方因没有掌握充足的证据，如果两人同时不招供，将无法向检方申请对他们的起诉，那么他们很可能会被无罪释放。因此，实际的情况出现了四种不同的结果：

（A）甲全部坦白了罪行，乙拒不招供，那么出于甲有重大立功表现，警方会为他申请转作"污点证人"，并允许他保释，而乙会被重判十年有期徒刑；

（B）如果甲不招供，乙坦白了罪行，同样，警方会释放乙，甲面临十年刑期的重判；

（C）如果两个人都承受不住心理煎熬，互相揭发，一起招供，那么警方会根据他们实际犯罪行为，各判处他们五年有期徒刑；

（D）如果他们不约而同地拒不招供，由于警方没有足够的证据，只能以非法携带枪支罪起诉他们，各判一年有期徒刑。

警方将这样一种处置结果告诉甲乙二人，那么对甲乙二人而言，所得

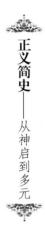

到的信息是对称、完整且公开的。但是，由于二人无法交流，因此完全不知道对方将如何决定。

涉及这样一种人际交往的判断后，功利主义的原则就陷入了巨大的麻烦。出于"利益和成本"的权衡，对于甲而言，快乐和福利最大化的选择应该是"他招供而乙扛住不招供，这样他就会被无罪释放"。当然，对乙而言，也是这样。因此，对甲而言，利益最大化就应该是他果断招供，并寄希望于乙负隅顽抗。乙当然也完全可以认识到这一点，那么实际情况很可能就是两人同时招供，得到 C 选项的结果。而 C 选项，显然不是一个最优结果。这似乎是在说，"如果我们以自己快乐和福利最大化为目标，一定会得到一个更差的结果"。

假如牢房里关的是亨利·西季威克和爱德华·摩尔，设想他们比愚蠢的嫌疑犯想得更为审慎和深远一点。通过哲学的直觉他们意识到，迅速地招供很可能就会被判五年刑期。因此，事实上应该争取 D 选项才是最优的。通过苦乐原则的权衡正确的结果应该是 D——谁都扛住不招，争取被轻判。

但这个选择很快就会陷入另一个悖论。尽管信息无法沟通，但考虑到囚犯是哲学家，假如"囚徒西季威克"通过哲学的直觉，确知"哲学家摩尔"会选择不招供。那么对他而言更优的选择就悄然间发生了变化——那就是应该招供，这样才符合最大快乐和利益的原则。同样，假如"囚徒摩尔"确知"哲学家西季威克"会不招供，那么他也应该招供才是符合功利主义原则的决策。否则的话，就会得出这样的结论：我明知有一个更为快乐的选项，有些义务却阻止我做出这样的行为。这个义务是什么呢？如果二人纷纷招供，则又回到 C；如果二人纷纷不招供，似乎是在说，如果我出于自己利益最大化的考虑，得出的也是一个更坏的结果。（因为他们分别有机会争取假释。）这样，无论他们怎么选择，似乎都纷纷违背了功利主义。

囚徒困境之所以是一个困境，就在于，个人认为最合乎理性（或者是功利主义原则）的行为，结果却远没有想象的那么好。这个设置无疑是一个假设的思想实验，但这样一个实验的价值就在于它非常真实地映射了人们在现实社会生活中的行为和行动。它的悖论在于，每个个体认为是最合乎理性的追求自我利益的行动，完全可能导致集体的非理性。

我们可以反思一下反复在人类历史上出现的军备竞赛，是不是也符合这样的悖论？两个超级大国，他们或者选择疯狂地制造大规模杀伤性武器，以此来压倒对方，或者选择销毁这些人类的威胁，彼此之间实现和平共赢的局面。但出于个体最为有利的选择，就是己方不停地生产核武器，寄期望于对方放弃竞赛或者是因实力的不济而最终被拖垮。潜在的威胁就是，爆发大规模的战争，最后大家一起毁灭——这显然是集体的非理性。但实际上，在国际政治实践的历史上，个体理性和集体非理性的选择一直是在现实地上演着。上世纪结束的美苏争霸，也是以这样一种近乎疯狂的过程结束的。

囚徒的困境所再现的事实上就是霍布斯在利维坦中所描述的"自然状态"。在这种自然状态中，每个人都在追求自己的利益最大化，结果却是导致了一幅更为悲惨的人类状况。❶

对于这种悖论和困境的反思，似乎是在呼唤着一种符合现代正义理论和政治哲学的契约主义的回归。虽然，从十九世纪以来，契约主义的传统似乎已经逐渐衰退和成了"明日黄花"。这种学说和传统，也似乎沦为了几个世纪以前的过去式。不得不说，有几件事情，对于契约主义的衰落是负有不可推卸的责任的。首先，人们认识到所谓通过契约形成政府，看似像是一个美妙的"谎言"，因为现存的任何一个合法政府事实上都没有得到它们的被统治者的广泛同意。"大多数美国人从未签署过社会契约。事实上，美国那些实际上同意遵守宪法的人（公共官员们除外），只有那些自然公民——那些移民，宣誓忠诚于宪法，以作为获取公民身份的条件。从来没有人要求我们表示同意。"❷ 被统治者推动契约主义诉诸在一种假设的环境下，假设的人们的假设的同意。❸ 其次，是功利主义和直觉主义的兴起，作为契约主义实质性的替代者，他们不遗余力而严肃犀利地批判了自然权利学说，并在此基础上提出了他们自己对政治合法性和正义理论的明确观点。第三，自然科学和社会科学全面飞跃式地发展，在实证主义角度消解了启蒙思想家们关于自然法和自然状态的那种粗糙而略带原始方式阐释的可信度。各种学说基于不同的角度对古典契约主义进行了道德和政

❶ 龚群：《现代伦理学》，北京，中国人民大学出版社，2010 年版，第 213 页。

❷ ［美］迈克尔·桑德尔：《公正：该如何做是好？》，朱慧玲译，北京，中信出版集团，2018 年版，第 158 页。

❸ ［美］休·拉福莱特：《伦理学理论》，龚群译，北京，中国人民大学出版社，2008 年版，第 289 页。

治理论层面的明确批判，这些批判在一定的历史时期内严重地削弱了契约主义进一步发展为一种合理的可辩护的规范理论的努力。

但是，随着功利主义和直觉主义理论的不断完善和发展，人们对于它理论内部所展示出的矛盾之不满也在日益增长。理论家们开始日益怀念自然权利学说那种对个人权利和个人先在性突出地位的阐述，有些思想家开始重新阅读经典契约理论，并希望通过回到霍布斯来寻求一条契约主义对正义理论阐释的新的出路。大卫·高契尔就是这样一位最为成功的现代自利契约论思想家。

高契尔，是一位加拿大裔美国哲学家，他于 1932 年生于多伦多，在多伦多大学和哈佛大学接受了本科教育，1957 年开始，到英国牛津大学学习，毕业后回到多伦多大学任教一直到 1980 年。高契尔的学术著作和研究兴趣主要集中在道德哲学领域，他发表了很多关于伦理学的高水平论文，其中包括对于实践理性的认识、利维坦的逻辑、协议道德和对卢梭的一些专门性研究。当然，他最大的贡献，就是在当代的道德哲学语境中提出了关于"自利契约论"的观点。

高契尔通过对囚徒困境的反思，发现走出困境的出路在于：首先，从个人对自我利益的追求来看——正义的方式是——每个人都应该放弃对自我利益最大化的追求，而选择有约束地追求自我利益。其次，选择有约束地追求个人利益，实质上是要求我们必须要将他人利益纳入到我们自己的思考中，切实地考虑到他人的存在。因此，考虑他人利益，也就意味着与他人的合作。于是我们就能够审视一组对比：

a. 选择通过合作从而得到个人利益；

b. 不考虑他人的存在而最大化地追求个人利益。

高契尔认为，a 选项的结果一定优于 b 选项。因为，如果大家不从一种功利主义角度出发考虑正当和正义，如果处于囚室中的囚徒能够放弃个人利益最大化的准则，那么他们就可以通过合作来将损失降到最低。例如，现在有一片公海，存在着有限且比较丰富的渔业资源。如果每个到公海捕鱼的人都本着绝对自利的理性想法，希望自己可以多捕捞一点，总不希望自己的所获比他人少，那么必然导致因过度捕捞，最后使得大家全体地丧失这片公海的渔业资源。但是，如果这些人选择与他人合作，坐到一起，以协商的方式订立一个契约，按照符合科学捕捞的原则来进行海洋作业，那么每个人都能收获相应的利益，且能长久地享受到自然给予他们的馈赠。看起来，这当然是更为可取和更为正义的一种选择。这也是高契尔之所以要摒弃一种功利主义而回归契约主义的最核心的原因。

而我们主张一种契约主义还必须清醒地认识到契约主义的某些局限性和困境。首先，如果不对人性加以更审慎和严肃的认识，那么极有可能出现我们想与他人合作，最后却得到了更坏的结果。每个渔夫都按照契约的规定进行作业，唯独有一小部分人暗中破坏和违反契约，很快他们赚得盆满钵满，并把公海祸害殆尽。在实际利益面前，谁也无法保证最后一刻不反悔。而违约一旦成为事实，那个信守协议的人势必就会成为最倒霉的一个。这和市场经济中的毁约现象是一样的，如果能够逃避惩罚，或者惩罚没有毁约所带来的利益大，那么，人们总是会倾向于毁约。❶ 其次，契约主义——至少是古典契约论——在假想契约的道德力量时，总是会前提性地认为构成人们之间的契约中的各项条款一定是公平的。但事实上，这仅仅是一个推测，没有哪一种社会契约或协议能够保证一定产生出社会合作的绝对的公平条款。❷

现在我们可以考察一下人们之间行为的具体方针，根据可能发生的各种情况提出四种合作模式和契约，并审查它们的正当性和正义性：

（1）在其他人都按尊重他人的方式行动时，你则按照最大化自我利益的方式来行动；

（2）在其他人都以无限度最大化自我利益方式来行动时，你则按照尊重他人利益的方式来行动；

（3）每个人都按照无限度最大化自我利益的方式来行动；

（4）每个人都按照尊重他人利益的方式来行动。

直观上，我们认为最接近正义和最好的状况，应该是一个人人都尊重他人利益的状况。在这种情况下没有蓄意毁约者和企图"搭便车"的人。每个人的需要都受到了他人的尊重，你也不想多得他人的好处，他人也不想多得你的好处。人人都会因合作而得到一种比不合作更多、更好的利益。但是，这种情况是不可能实现的。因为无论是霍布斯还是高契尔，他们都认为从人性的角度而言，人们行为的动机在于满足自我的利益和需求。一种完全利他的情况是不可能发生的，因为人们的德性如果能够满足

---

❶ 龚群：《现代伦理学》，北京，中国人民大学出版社，2010年版，第214页。

❷ ［美］迈克尔·桑德尔：《公正：该如何做是好？》，朱慧玲译，北京，中信出版集团，2018年版，第158页。

这个条件，那么囚徒困境中的人们只要采取合作的方式，每次都应该是"不约而同地拒不招供"。但事实显然不是这样。第一种情况下，毫无疑问你可以在这种合作模式中占尽先机。其他人都会以尊重他人利益的方式来对待你，他们会尊重你的利益和需要，你也会从他人的诚实守信中得到巨大的利益。但一旦你这种"搭便车"和"极端自利"的行径被人们发现，很快这种合作模式就会解体，人人都会发现只有你这样才是收益最大的，那么这种合作便无法为继。在第二种情况中，这样的合作注定了只有你一个人信守着协议和尊重他人的利益，人人都在算计和"坑害"你，这种合作对你而言没有任何意义。第三种情况，所有人都自利地算计他人，为了获利不择手段。这实际上就是霍布斯所说的自然状态，人与人之间的战争状态。❶

很显然，这四种模式都难以称得上是让人满意的符合正义原则的契约基础。这事实上也导出了一个我们难以回避的现实问题，就是在以自利为基础的人性条件下，人们之间必须要通过合作来避免更大的损失。但是，人们的合作往往呈现出混乱的、类似自然状态的情势。这个自然状态显然不是像洛克所言的那样克制而有序。那么为了终结这种实际的混乱，形成一个符合正义的契约，就必须有一套行之有效的办法和富有约束力的基础。霍布斯依靠的是强制性的政治机构——利维坦，而高契尔则探讨建立一种规则性的契约合作机制。如果说，霍布斯的自然状态所呈现的仅仅是一种无法证实的假设，那么囚徒困境所展示的则是人们实际交往中的行为因缺乏道德和契约约束所呈现出的真实状态。没有道德，社会将动荡且混乱；缺乏正义，人们将贫困而孤独。

囚徒困境非常真实地再现了人们集体行动中出现的问题，无限制地自利且毫不顾及他人的利益，势必会使我们自己的境遇和生活变得更差，使得每个人的生活越来越远离正义。那么，正如我们前文已经提到的，合作是唯一的选择。尽管合作后的结果可能不是最好的结果，但它能够让人们总体上来看更为有利。问题的关键在于，如何才能使得人们更好地进行合作而不轻易地因自利而违背契约，这事实上取决于人们的道德情操中是否有这样的基础。

高契尔认为，我们不能排除人们行动中的动机从本质上讲是自利的，

---

❶ 龚群：《现代伦理学》，北京，中国人民大学出版社，2010年版，第214—215页。

它的目的在于满足自我的利益和需求。但是，自利的理性人能够意识到这样一个事实：如果我们不遵循和维护一定的道德规则，无视正义的存在，人们就不可能进行一种协同性的活动。因此，高契尔阐释了一个基于自利人出发的理性概念——"最大化理性概念"。这个概念从表述上和功利主义非常相似，它最直接的意思是：

> 如果行动者采取行动 A 能够最大限度地实现自己的利益，行动者就有充分的理由采取行动 A。❶

所谓"最大限度"指的就是尽其所能地实现自我利益的追求。高契尔这个理性概念，来自他对人的自利本性的考察和认识。因此，那种没有限制地追求预期中的自我利益，高契尔将其称为"直接的最大化"。

但是，行为者对利益的最大化追求不仅仅是从个人自我利益出发考虑的。为了说明这一问题我们已经多次反复地谈到——假如完全从自我利益出发，必然会得出与动机相反的结果。因此，在使用最大化理性概念的时候，还要考虑到人们合作时的共同利益。因此，高契尔认为，一个理性人从自利的基础出发，能够做出的最为合乎理性的行动事实上应该是"有限制的最大化"。换句话说，也就是如果最大化必然要通过共同利益的途径来实现，那就必然意味着要对自我利益进行一个前提性限定——在共同利益能够保障的前提下最大化地实现自我利益。因此，我们就得出一个符合契约主义和人性自利的正义原则："人们实现彼此合作的时候，只有在保障了共同利益的前提下，所追求的属于个人之最大利益才是正义的。"

高契尔非常成功地将出于自利品格的人们经过契约主义论证引向了带有互利特征的正义原则中。当然，这里高契尔的理论也与功利主义完全走上了两条路。因为在功利主义看来，个人最大利益的叠加就是最大的共同利益。但是高契尔通过囚徒困境否认了这一点。

"有限制的最大化"解决了我们之前的一个难题。人们虽然可以订立契约，但无法保障人们不会通过"假装与他人合作"而实际毁约的行为。在高契尔看来，理性人能够明确地知道这样做的后果，"所谓'理性行为者'就是为最大化实现其偏好而行动的人，而且是对其行为方式的约束，道德产生于与其他行为者的交往的效应。"❷ 高契尔似乎是在说，理性人都

---

❶　龚群：《现代伦理学》，北京，中国人民大学出版社，2010 年版，第 215 页。
❷　包利民：《当代契约主义论》，南京，江苏人民出版社，2007 年版，第 51 页。

会同意且有充足的理由遵守这样一条"自利且互利"的契约主义正义原则。

但是，目前高契尔至少还面临这样一个困境。我们无法保证没有这样的人——他们自私到了极点，虚伪得没有一点人性，不知道什么样的生长环境让他们变得人前一套，背后一套，阳奉阴违且两面三刀。我们可以承认，绝大多数理性人都能够同意并遵守"自利且互利"的契约主义正义原则，但这些"变色龙"式的坏人，就是抱定要"搭便车"和"蓄意毁约"，一定要享受集体性的协议带来的好处，自己却不履行协议。这样的话，对于大多数人而言，正义的原则又成了一个并不公平的约束。

事实上，我们在理解"有限制的最大化"时，最好将其理解为人们在通过合作而相互获利的情况下，只要确信他人会遵守契约，那么他们就会倾向于真正地履行诺言，信守契约，并在契约的约束下追求个人利益的最大化，而并不会真正去计较和算计毁约是否能够得到更大的利益。因此，如果满足这个条件，那么便意味着那些"有限制的最大化"者，他们只会和与他们有同样倾向的人合作，一旦确认对方事实上是一个"直接的最大化"者，他们会毫不犹豫地拒绝合作。因此，高契尔解释说，信守诺言、实话实说这些道德实践一定需要在倾向于遵守它们的人中才能真正地实行。如果有个人仅在对自己有利的时候才守约，如果觉得不守约是更有利的选择时便不守约，那么，在各自审慎理性都为人们相互知道的地方，互利的机会将不再留给他，人们会因其失信的记录而不再与他合作。❶

可能在现实生活中我们确实无法杜绝这样的事情：我通过电话预定了一桌丰美的酒席，然后承诺在用餐后的两个小时之内将费用支付到这家提供服务的酒店账户。酒店准时、保质和保量地为我送来了美食，我在大快朵颐后却拒绝付款。如果不通过法律而仅仅出于正义和道德的原则，人们可能确实无法约束和惩罚我。但很快，这件事就会最大限度地传遍整个同行业。我永远也别再想通过这样的方式获得类似的服务了。我们再想想那些因为信用违约而上了征信系统黑名单的人们，他们一时间可能是通过违约获得了一些利益，但是他们为此在更大程度上丧失了融入社会合作体系的机会。

高契尔进一步解释，如果社会上"有限制的最大化"者足够多，并且

---

❶ 龚群：《现代伦理学》，北京，中国人民大学出版社，2010年版，第218页。

人们的品格和性格充分透明，每个人实际上都对他人将如何做出选择有着非常精准和确定的认识，那么事实上"有限制的最大化"就是这些人唯一的、符合理智的选择。因为，那些变色龙式的人物能够被轻易地揭露出来，从而成为遭到整个社会合作体系排斥的对象。因此，社会合作逐渐会自然地被"纯化"和"净化"为尽可能多地"有限制的最大化"者们之间参与的体系。虽然这些人遵守契约时可能放弃了本可以获取的更大的利益，但在社会合作的总体意义上比那些毫无廉耻地追求利益最大化的人获益更多，因为他们享有的机会更多。❶

为了进一步说清这个问题，高契尔曾经让人们思考一个非常有意思的例子：

假设琼斯和史密斯在德克萨斯州的某个小镇上各拥有一家不大的农场，并毗邻而居。尽管他们几十年相安无事毫无私怨，但显然他们也算不上是朋友。因为彼此没有交情，更谈不上友谊，所以通常他们不会得到对方的帮助而因此受益。但他们心里都很清楚，假如他们两家互相合作，在秋收的时候一起收割庄稼，那样他们两个都将获利。因为在一片麦田上收割的劳动力增多会减少劳动时间，从而降低他们的付出成本。大大缩短的工作时间也能回避潜在的骤雨威胁那些来不及收割的庄稼。总之，合作是显而易见地共赢。

下周，琼斯就要开始收割了，两周以后，史密斯的麦田也将完全成熟。但这将是琼斯最后一次在这片麦田里干活，因为冬天来临之前，他将卖掉农场，举家迁往温暖的佛罗里达州，享受退休生活。在那里，他也不大可能会遇见什么熟人。现在，琼斯来找到史密斯，请求史密斯帮助自己收割庄稼。但两个人都明确地知道，尽管琼斯信誓旦旦地许诺，两周之后同样会帮助史密斯，但那时候对于琼斯而言，付出劳动已经得不到任何回报，因为他即将离开此地，而他本来也不太愿意帮人。史密斯显然也不是傻子，他明确地看清了琼斯的小算盘，知道自己真的帮了他最终也难免是竹篮打水一场空。因此，即使琼斯信誓旦旦，史密斯依然拒绝了他。

这并不是问题的关键，问题的关键在于，假如琼斯真的能信守承诺，并能有效地展示出这样的品格。即便这种承诺带不来任何回报，他也必将

───────────────

❶ 任俊：《高蒂尔道德契约论研究》，武汉，《华中科技大学学报（社会科学版）》，2013 年第 2 期，第 43 页。

较之于现在的情况而更加获利。

高契尔通过这个例子让人们明白，如果人们不能够建立一种信用关系，在人际交往中，就不可能获得长期信用和互信所带来的合作盈余。因此，真正倾向于严格遵守道德实践而非唯利是图的人们比没有这种倾向的那些人确定地更加能够获取利益，而这显然是符合正义原则的。❶

这样一来，高契尔就比较成功地消除了个人理性和正义原则稳定性之间的矛盾和困境。换言之，也就是他证明了属于社会合作中的大多数的"有限制的最大化"者，他们确实都会出于长远的自我利益来遵守正义的原则和制度。在这个理论框架中，只要一种原则和制度被证明是正义的，那么它必然也是稳定的。理性的自利既是正义的基础，也是稳定的保证。

高契尔这种基于自利的契约主义基础而阐释的"协议道德理论"在很大程度上回应和解释了博弈论所谈到的共同准则问题。人们的行为通过博弈会产生很多类似的共同准则，例如"人人为我，我为人人""诚实守信，一诺千金""平等相待，互敬有爱"等。高契尔为这些共同的准则论证了比较稳定的符合正义和道德的基础。自利契约主义的正义理论向我们揭示了在自我约束个人利益的前提下进行社会合作可以带来比单独追求个人利益更大的幸福和福利。"一加一不仅仅等于二，更将会大于二。"实际上，在某种程度上而言，这也是人类社会之所以能够持续地兴盛和不断地发展的一个根本原因。站在这个立场上而言，高契尔的自利契约主义理论似乎比功利主义在某些方面更具有说服力。

坦率地说，高契尔的理论似乎也有着一些很难回避的局限。通过总结可以发现，高契尔的自利契约理论最重要的核心点在于：理性的人们通过"讨价还价"来建立一种约束个人行动的规则，从而使得每个人——相对于不合作的情况——都可以从合作中获利，而这些规则就可以被当作道德和正义的规则。假如我们暂时简化高契尔运用博弈论和理性选择理论的一些具体细节，集中考虑这样一些问题：理性协议的观念是否提供了一种恰当的道德证成的方式？实现互利的规则和制度一定是正义的吗？讨价还价的契约模式能否与我们关于"平等待人"的直觉相融贯？我们就会发现，高契尔关于以"道德和理性协议"为基础的正义理论显得过于"弱"了。

---

❶ 龚群：《现代伦理学》，北京，中国人民大学出版社，2010 年版，第218—219 页。

"基于自利的互利式正义"从本质上讲，无法为弱者的正义诉求提供辩护。

由于现实社会中切实地存在一些天赋能力和理性水平都有明显缺陷或处于劣势地位的人（如儿童、残障人士等），但他们也完全有可能是尊重他人利益和非常信守契约的人，人们与这样的对象合作几乎无利可图，那么旨在实现互利的契约——从理论上讲——在一开始就把那些软弱无力的人排除在"基于自利的互利性社会合作体系"之外了。如果是这样，毫无疑问，他们也必将被排除在正义的领域之外。弱者在互利合作中永远处于被动和不公平的地位——尽管他们也有可能从这种合作中获利，却很难说他们的处境是正义的。例如，在国际合作的舞台上，两个超级大国因各自国家贸易利益的诉求，面临"贸易战争"的威胁。根据基于自利的互利，他们可以从理性的角度出发，限制一些属于己方的利益，通过谈判和协商来取得共赢。但是，假如一方是超级大国，另一方是一个积贫积弱的小国，那么，对于小国而言，只有两种选择，一种是向大国妥协，以换取和平来保障微弱的利益，另一种是负隅顽抗，最后被武力侵略丧失所有利益。虽然前者也达到了一种"基于自利的互利合作模式"，但这个基础赋予后者的正义保障过于"弱"了。因此，高契尔面临的真正问题是：基于利益的契约论无法容纳一个"人具有内在价值"的观念。从道德和正义的观点看，人的重要性不在于创造出特定的利益。人本身就是目的，平等待人要求人们赋予他人和自己同样的道德地位。❶

不管怎样，契约主义已经开始吹响了复兴的号角。尽管自利契约论自身还矛盾重重，但这种古老而极具传统的学说已经开始在当代政治哲学和正义理论的舞台上迈开了回归的步伐。不久的将来，它将以一种全新的姿态展现在人们的面前，谱写出一曲足以影响人类政治文明的灿烂华章。

（二）作为公平的正义

大家是否还记得，我们对于正义的追问和考察是从苏格拉底开始的。事实上，西方政治哲学比较确凿的源头，也可以上溯至苏格拉底。从那时起，政治哲学就作为哲学的一个特殊分支，一直流传至今。政治哲学自其诞生之时，就承担着非常特别的使命。它不仅"仰观宇宙之大"，探索世

---

❶　任俊：《高蒂尔道德契约论研究》，武汉，《华中科技大学学报（社会科学版）》，2013 年第 2 期，第 44 页。

界和物质本源的知识，同时"俯察品类之盛"，追求社会和德性基础之奥赜。因此，从本质上讲，政治哲学是一门事关人类应该怎样生活的学科。而植根于政治哲学的西方正义思想和理论，毫无疑问也具备相似的任务。正义的目标，说到底是对政治事物和政治制度进行善恶之别、好坏之分的价值判断，是对社会体系和社会分配进行善恶之别、好坏之分的价值判断。

然而，十九世纪以后，经历了将近三百年的人文运动和启蒙思想的积累，西方自然科学在这一时期突然呈现出一种火山喷发式的飞跃式发展，几个世纪以来，科学事业不断地取得里程碑式的进步，一个又一个重大的科学成果不断地将人类社会推向新的高度，带入新的时代。

科学跨越式进步，技术极速的发展也不断地将新的方法扩展和渗透到不同的学科和知识领域，并开始逐渐占据统治地位。但是，政治哲学对于政治事物的研究有着不同于其他知识领域的特征，它强调考察和讨论对象的价值和意义，追问社会制度和政治原则的内在本性。这些考察和研究的内容有的时候——至少相当长的一个历史时期内——无法完全运用和照搬那些纯粹科学的研究方法，这使得政治哲学和正义理论一度陷入了比较严重的知识合法性的危机。

根据一种广义上理解的科学主义知识论原则，只有关于经验事实的知识才是"真知识"。因此，按照一种"科学的方法"对政治问题的研究只能诉诸事实而尽量要回避价值判断，更不适宜采取那种类似于形而上的思辨。换言之，科学研究的是一个"证实和证伪"的过程，科学研究的目的是为了追求和探索真理。这样，一般的科研任务就尽量要保持价值上的中立原则。也正是如此，以一种科学主义的角度检视人们对于正义的追求，不容置辩的是根本性的价值判断。我们认为，一件事、一个人、一种政策和一套制度是正义的还是不正义的，这本身就是价值判断。这是一系列的规范性命题，无所谓真也无所谓假，只有好还是不好。

这在科学的意义上而言，当然会妨碍人们对政治问题的真理性把握。因而现代政治科学的一个重要任务就是要革除这些附加在人类知识中的"赘物"。这个过程事实上从边沁阐释功利主义理论开始，就已经逐渐展开了。我们讨论正义、讨论政治哲学应该尽量用定量和计量的方法，尽量让数据和证据说话。这种趋势进入十九世纪以后更加明显。从十九世纪中叶到二十世纪六十年代末，政治研究作为一门科学，逐渐经历了从"传统主义时期"到"行为主义时期"的过渡。在这期间虽然政治哲学的规范性问题始终未被完全排除掉，但实际上政治哲学的衰落与危机已经成为一个不争的事实。❶

那个政治哲学日益沦为冷冰冰的数据处理和实证研究的时代，传统的政治哲学那种理性思辨的方式似乎已经显得完全过时和幼稚不堪了，因此美国哲学家列奥·施特劳斯无限怅然地慨叹："政治哲学已死。"直到二十世纪七十年代，一部鸿篇巨著的问世，扭转了这种局面，将分析的哲学和科学的方法与政治哲学理论研究的传统完美结合，极大地复兴了这门古老而宝贵的学科。这部著作的名字叫《正义论》，他的作者是二十世纪最伟大的政治哲学家——约翰·博德利·罗尔斯。

1921 年 2 月 21 日，罗尔斯出生在美国东部马里兰州港口城市巴尔的摩的一个富裕家庭。❷ 他的父亲是一位非常著名的律师，母亲来自巴尔的摩郊区的一个富裕家庭。在罗尔斯幼年生涯的经历中，他与父亲的关系比较疏远，在他的印象里，父亲似乎是一位非常冷淡的人。因此，他和母亲关系十分亲密，后来在他漫长的学术生涯中，始终将对妇女平等权利的阐释作为一项核心工作内容，很大程度上和母亲对他的影响是分不开的。

罗尔斯七八岁时，他的两个弟弟先后受到他所患的白喉症和肺炎的传染而夭折，他自己却非常神奇地幸免于难。这件事对他幼小的心灵造成非常重大的打击，因此他在相当长的时间内无法摆脱口吃的困扰。但这件事某种意义上也对他的学术方向造成了影响，他后来在《正义论》中表达了对先天和后天不幸的弱者的关怀，很难说与童年的遭遇完全无关。1939年，十八岁的罗尔斯进入普林斯顿大学学习。后来，他自己回忆说："我刚进入普林斯顿大学，不知道要做什么。"他先后试过学习化学、研修数学甚至是艺术史等学科，但是很快他发现自己对这些学科不是没有兴趣，就是自认没有天分。最后，他才选定了哲学作为一生追求的目标。罗尔斯

❶ 陈晏清、王新生：《政治哲学的当代复兴及其意义》，北京，《哲学研究》，2005 年第 6 期，第 25 页。

❷ 以下关于罗尔斯生平的内容，主要得益于何怀宏老师的著作：《正义理论的导引——以罗尔斯为中心》，北京，北京师范大学出版社，2015 年，第 115—120 页。以及杨玉成老师的著作：《罗尔斯》，西安，陕西师范大学出版社，2017 年，第 3—29 页。因此说明并致谢。

的哲学启蒙老师是维特根斯坦❶的著名弟子诺曼·马尔康姆。但罗尔斯和马尔康姆的初次会面并不愉快。1941 年秋季学期，罗尔斯将自己感觉非常得意的一篇哲学论文交给了马尔康姆，没想到很快受到了马尔康姆非常严厉的批评。他要罗尔斯"把论文拿回去"，并"仔细地考虑你究竟在做什么"，尽管罗尔斯很泄气，这次批评却激励他更加笃定地要从事哲学的研究。1943 年，罗尔斯终以最优等的成绩毕业于普林斯顿大学哲学系。

罗尔斯大学毕业以后太平洋战争爆发，他随即应征入伍，参与美国对日作战，服役于新几内亚、菲律宾和日本等地。当时，他隶属于步兵团，负责情报和侦查工作。战事进入了最为惨烈的几年，美军一个岛屿一个岛屿地同日军消耗和作战，仅罗尔斯在普林斯顿的同届校友就牺牲了十七人，但他又一次幸运地活了下来。战争经历对罗尔斯的政治思想无疑也产生了重大的影响，他后来在 1995 年发表了一篇——也是他学术生涯中的唯一一篇——直接批评政治事件的论文——《广岛五十年》，对美国使用原子弹以及在"二战"中针对平民的无差别的轰炸进行了抨击。

1962 年，四十一岁的罗尔斯进入哈佛大学哲学系任教，并在这里发表了举世瞩目、影响巨大的《正义论》。这本书问世以后，很快就在学术界乃至社会各界产生了广泛而深刻的影响，引发了激烈而热情的讨论。以1971 年罗尔斯《正义论》的发表为标志，当代政治哲学也进入了一个繁荣发展的时期。可以说，罗尔斯是当代政治哲学的重要奠基人和开创者，现在已经成为这一领域的共识。几乎所有的当代政治哲学研究者——不论是赞成罗尔斯还是反对罗尔斯——都以他为坐标展开各自的理论建设。❷ 该书很快被译为各种语言，1975 年德文版首先面世，四年以后韩文版、日本文和法文版同时公开出版；1981 年，葡萄牙文版出版；第二年，意大利文版也转译完成；1988 年中国社会科学出版社推出了这本书的中文版，使得我国学者也能一睹这位伟大思想家的学术风采。

罗尔斯毕生研究正义理论和政治哲学，但他几乎从不涉及政治，他

---

❶ Ludwig Josef Johann Wittgenstein，（1889—1951）犹太人，哲学家，出生于奥地利维也纳，逝世于英国剑桥，享年 62 岁。维特根斯坦是 20 世纪最有影响力的哲学家之一，其研究领域主要在数学哲学、精神哲学和语言哲学等方面，曾师从英国著名作家、哲学家罗素。1939—1947 年，维特根斯坦一直在剑桥大学教书。他在生前出版的著作不多，包括一篇书评、一本儿童辞典和一本 75 页的《逻辑哲学论》。

❷ 姚大志：《当代政治哲学崛起于罗尔斯》，《社会科学报》，北京，2013 年第 5 版。

说，"我对政治感兴趣，但却不想有一个政治事业，我想我在这方面是很差的"，"一个人有不同的才能，政治不适合我的气质"。事实上，《正义论》这部著作也不能看作当前具体政治问题的理论框架。罗尔斯解释，这是一个虚拟的理论设计，并不能直接给出对实际问题的答案，《正义论》的领域是有限的，它只是在一种很抽象的层次上探讨社会基本结构可能采取的正义原则。罗尔斯与现实的社会政治事件保持了相当的距离，他是在一个更深的层次上关怀政治。

> 正义是社会制度的首要德性，正像真理是思想体系的首要德性一样。一种理论，无论它多么精致和简洁，只要它不真实，就必须加以拒绝或修正；同样，某些法律和制度，不管它们如何有效率和安排有序，只要它们不正义，就必须加以改造或废除。❶

罗尔斯的正义理论目的性非常明确，他在《正义论》的第一节就开宗明义地指出来，"正义"是社会制度的首要德性。我们回顾人们关于正义漫长的讨论历史，很多事物都可以被称作正义或者是不正义。例如，战争、契约、指控、法律、需求、裁决、荣誉、命运，甚至世界。但是，罗尔斯很明显是在一个比较具体和特殊的意义上使用"正义"这个概念，它主要是指对社会制度的道德评价。❷ 换言之，罗尔斯正义理论的目的在于论证和建构社会制度的正义原则。社会的基本制度可以说是人类生存和生活的基石与前提，它将影响我们每个人对于生活毕生的追求和对于人生无限的期望，我们只能生入其中，死出其外。因此，任何人也无法摆脱社会基本制度对我们的影响。所以，正义作为社会基本制度的首要德性，也就意味着一个社会若是没有正义，或失去了正义，那么它也就没有存在的意义与价值。❸ 尽管这一时期，功利主义和直觉主义的影响非常巨大，但罗尔斯显然对这两种理论所阐释正义的方法都不满意。罗尔斯的正义观带有

❶ ［美］约翰·罗尔斯：《正义论》，何怀宏等译，北京，中国社会科学出版社，2009年版，第3页。

❷ ［德］汤马士·伯格：《罗尔斯与正义论》，顾肃等译，台北，五南图书出版，2010年版，第40页。

❸ 龚群：《现代伦理学》，北京，中国人民大学出版社，2010年版，第222页。

第五章　契约主义的回归

一种比较明显的"道义论"特征。在这一点上，他受到了德国哲学家康德❶比较深刻的影响。

根据康德的理论，一个行为是否符合正义、是否符合道德价值与其所带来的结果并不构成完全的必然联系，而是取决于这个行为最初的意图和动机。

> 一个好的意志之所以好，并不是因为它所能达到的效果或成就。即使这一意志完全没有力量实现它的目的，即使它付出了最大努力却仍然一事无成……它也仍然像一颗珠宝一样因其自身的缘故而熠熠发光，就像那些本身就拥有完整价值的事物一样。❷

之前我们通过整整一个章节介绍了古典功利主义三位最杰出的代表（边沁、密尔和西季威克），很明显功利主义的那种社会最大净余额的正义观与康德和罗尔斯坚持的这种道义论正义观是直接冲突的。罗尔斯认为，最大多数人的最大利益也不能抵消掉由此而带来的对个人权利的侵犯。尽管密尔和西季威克都从不同角度，站在功利主义的立场上对个人权利作了最大程度的辩护。但是，不可否认的一点，只要不离开一种结果主义、不放弃一种后果论的正义观，在面临利弊取舍的时候，总是会有少数人被"无情"地抛弃。这一点是罗尔斯无法接受的。

因此，他采取了另一种阐释正义的方法，回到了契约主义的传统中。但罗尔斯抛弃了霍布斯和高契尔那种"自利的个人概念"，他首先并不认同基于人们自利本性的基础所形成的契约有正义性，其次他的契约前提也并不是基于人性而论证的。

我们在谈论高契尔临近结束的时候曾经探讨过，一种基于自利—互利

---

❶ Immanuel Kant（1724 年 4 月 22 日—1804 年 2 月 12 日），出生和逝世于德国柯尼斯堡，德国人，作家，哲学家，德国古典哲学创始人，其学说深深影响近代西方哲学，并开启了德国古典哲学和康德主义等诸多流派。康德是启蒙运动时期最后一位主要哲学家，是德国思想界的代表人物。他调和了勒内·笛卡尔的理性主义与弗朗西斯·培根的经验主义，被认为是继苏格拉底、柏拉图和亚里士多德之后，西方最具影响力的思想家之一。他有着其自成一派的思想系统，并且有为数不少的著作，其中核心的三大著作被合称为"三大批判"，即《纯粹理性批判》《实践理性批判》和《判断力批判》，这三部作品系统地分别阐述他的知识学、伦理学和美学思想。《纯粹理性批判》尤其得到学术界重视，标志着哲学研究的主要方向由本体论转向认识论，是西方哲学史上划时代的巨著，被视为近代哲学的开端。此外，康德在宗教哲学、法律哲学和历史哲学方面也有重要论著。

❷ Immanuel Kant, *Groundwork of the Metaphysic of Morals*, translated by H. J. Paton, New York：Torch books，1964：394.

的契约主义所阐释的正义理论，它的力量过于薄弱了。这正是导致罗尔斯无法满足于自利契约论的最主要的原因之一。在现实生活中，人们的处境大不相同，这就意味着不同的交易力量和知识总是可能的。如果人们有不同的知识背景、实际的社会资源、各异的智力天赋，那么尽管可以达成互利的契约，这种契约也无法保证它的公平性和正义性。

2001 年，毕业于德州大学奥斯汀分校的陈进博士回到中国，为上海交通大学带来了一个科研团队。很快，这个团队在上交大成立了"芯片与系统研究中心"，由陈进担任中心主任。仅仅两年以后，2003 年陈进宣布自己在上海完全自主研发了一款世界一流的芯片——"汉芯 1 号"。这款芯片号称 0.18 微米的工艺，只有半个指甲那么大，却集成了两百五十多万个器件，具有三十二位运算处理内核，每秒运算能力可以高达两亿次。如果这是真的，这项发明当时无疑填补了中国芯片制造领域的空白，一时举国欢腾。

但是，真相很快浮出水面，这枚"小小的重大发明"很不幸是个骗局。它只是源于陈进利用在美国的关系私自下载的摩托罗拉一款芯片的源代码。然后通过海外购买另一款摩托罗拉芯片的外壳，找来民工，用砂纸打磨掉 MOTO 的字样，再贴上"汉芯 1 号"的 LOGO。这样一个骗局以极低的成本套取了国家上亿元的科研经费。

在这个例子中，我们可以看出，无论是上海交通大学还是中国科技界，事实上他们与陈进的合作都是本着"自利—互利"原则的。你可以为我提供高端科技成果，我可以为你提供个人发展的平台、物质和名誉的保障。尽管在极短的时间内，这种合作确实也达到了"互利"的效果，但终因双方知识背景过大的差异，使得陈进可以利用信息不对称制造漏洞，谋求违反正义原则的不当利益。因此，如果双方所处的实际且具体的社会环境差异是无法抵消的，这种情况就会不断地发生并蚕食正义的基础。很显然，人们从社会中的自然事实和人们之间的偶然性事实出发，无法达成我们所需要的正义原则。

因此，罗尔斯认为，如果正义原则一定要基于人们的同意和自主选择，那么就必须先设想一个完美的契约环境。首先，进入契约的人们不是那种"自利的个人"概念，而是一个政治哲学意义上的自由平等的个人概念。其次，这个契约的基础是基于自由平等的个人概念之上的社会合作概念。

第五章　契约主义的回归

在一个正义的社会里，平等公民的各种自由是确定不移的，由正义所保障的权利决不受制于政治的交易或社会利益的权衡。❶

基于这样的前提，罗尔斯继承了古典契约论的方法，阐释了一种类似于古典契约论的自然状态，他将其称为"原初状态"：

在作为公平的正义中，平等的原初状态相应于传统社会契约理论中的自然状态。这种原初状态当然不可以看作是一种实际的历史状态，也并非文明之初的原始状态，它应被理解为一种用来达到某种确定的正义观的纯粹假设的状态。❷

罗尔斯的契约论与传统契约论有着非常大的差别，他并非要通过契约达到一种人们相互性的目的。换句话说，霍布斯、洛克之所以论证一种自然状态，是因为在这种状态下人们之间相互合作有着无法避免的缺陷——这一点高契尔也能够认同——人们因为自利互相侵害，因此要结束这种自然状态即须订立某种契约。但罗尔斯的原初状态与此完全不同，首先，它是一个纯粹的思想试验。其次，人们在原初状态下并没有相互性目的，彼此也没有什么需求，只是通过这样一种状态来达到某种确定的正义观的纯粹假设的状态。那么，在原初状态下如何能推导出正义原则呢？罗尔斯为此阐释了他关于"无知之幕"的假设，"无知之幕"是对处于原初状态下的人们自身信息的限定。

没有人知道他在社会中的地位，他的阶级出身，他也不知道他在自然资质、自然能力以及他的理智和力量等方面的分配中的运气。也没有人知道他的善的观念，他的合理生活计划的特殊性，甚至不知道他的心理特征：像讨厌冒险、乐观或悲观的气质。我假定各方不知道这一社会的经济或政治状态，或者它所能达到的文明和文化水平。处在原初状态中的人们也没有任何有关他们属于什么世代的信息。❸

之所以要对人们进入原初状态设置一个这样非常严格的限制，罗尔斯

---

❶ ［美］约翰·罗尔斯：《正义论》，何怀宏等译，北京，中国社会科学出版社，2009 年版，第 4 页。

❷ 同上书，第 10 页。

❸ 同上书，第 132 页。

解释，假如进入原初状态的人们各自具备特殊的知识和社会背景，那么这种特殊性就会导致对任意的偶然性进行偏袒。

例如，人们在实际生活中，各具非常不同的天赋。有的人天生对数学感兴趣，就像华罗庚教授、陈省身教授这样，有极高的数学天赋。还有一些人对电子竞技有非常高的天赋，就像7kill、梦泪这样，通过训练可以打出非常高水平的电子游戏竞技的水平。但是，我们建构社会分配原则时，构成社会利益分配的不同原则稍稍偏向于不同的天赋会产生极大的差别。例如，在中华人民共和国刚成立的急需科技发展的历史时期，华罗庚、邓稼先、陈省身这样的人才就极端重要，而电子竞技的选手，几乎没有生存的可能和存在的意义；进入新世纪，随着市场经济的发展，消费主义的盛行，人们娱乐精神开始蓬勃发展的时代，可能更多的通过电子游戏竞技实现人生价值的职业者会越来越多。这本是现实社会发展不同阶段体现的差异性。但是，假如我们想通过罗尔斯式的这种思想实验，"在社会基本结构"层面探讨前宪法阶段的抽象正义原则，那么人们一旦具备了这种特殊的知识和背景，他们对于建立符合正义的社会契约时，就会在有意无意间针对自己特定的天赋、知识、背景和偏好做出偏袒，我们也就无法最终确保契约的公正性和正义性。

> 如果原始状态是为了产生公正的契约，那么，契约各方就必须处于平等的境况，并被当做有道德的人而同等对待。必须通过调节最初契约状态的环境，而纠正这个社会的任意性。❶

如果我们接受罗尔斯这样的一种观点，事实上思考正义的途径就是审视那些在无知之幕背后的、处于原初状态中的人们，考察他们会做出怎样的选择、形成什么样的原则、达成何种契约来建构社会。

根据罗尔斯的观点，如果我们真的处于原初状态中，恐怕没有人会同意功利主义的原则。因为没有人知道无知之幕打开以后自己会在真实的社会中处于何种地位。换句话说，每个人都有可能成为"最倒霉的一个"。当然，每个人也都有可能成为最幸运的那一个。问题在于，如果是后者，我们不必为此担心，如果是前者，我们就不得不审慎地思考一番了。如果我们最终很不幸地成了社会中绝对的少数群体——"一个极特殊的少数民

---

❶ ［美］迈克尔·桑德尔：《公正：该如何做是好？》，朱慧玲译，北京，中信出版集团，2018年版，第62页。

族或小众宗教团体的成员"或"一个能力和天赋与主流社会无法相容的特定个人",那么我们绝不会希望通过牺牲自己来增益绝大多数人们的最大利益。为了避免这样的"悲剧",无知之幕下每个人天然地将反对功利主义,并倡导一种能够保障所有公民基本平等和自由权利的原则。因此,古典契约主义的天赋权利即通过这样一种思想试验在罗尔斯的理论中得到了更具有说服力的论证。无须自然法和上帝的赠与,每个人都会通过理智做出这样的选择。

同时,现在我们可以思考一下,在无知之幕下人们将如何对待、选择和处理社会中经济不平等的问题。基于同样的理由,没有人知道自己能够在未来的社会中处于什么样的经济地位。也许,在无知之幕中的人们各自身怀绝技,各有很多异禀的天赋,但他们都不知道原初状态的面纱揭开后,那个真实的社会需要什么样的人才。我们必须要接受和承担自己有可能成为新社会里最为"无用"和"贫穷"的人这个潜在的风险。那么,很显然一种倾向于收入和财富的平等分配的政策就是我们的首选。当然,我们也有可能会成为最为富有的那一个,假如经济的不平等是一个无法在短期消除的客观事实,即使我们真的有可能成为新社会的比尔·盖茨和马克·扎克伯格,我们也会完全同意自己财富增益的同时有必要改变社会最底层人们的处境。因为,情况完全有可能反转。当他人成为盖茨的时候,你绝不希望堕入贫困的自己被新社会无情厌恶并弃之不顾。

因此,罗尔斯认为,人们处于原初状态下会形成两个关于正义的原则:

> 我要坚持认为,处在原初状态中的人们将选择两个相当不同的原则:第一个原则要求平等地分配基本的权利和义务;第二个原则认为社会和经济的不平等(例如财富和权力的不平等)只有在其结果能给每一个人,尤其是那些最少受惠的社会成员带来补偿利益时,它们才是正义的。❶

对于第一个原则,我相信人们只要能够接受"没有人天生愿意做奴隶"这样的观点,任何人在原初状态中确实都能够做出那样的选择。但是,第二个原则往往会带来更多的质疑和疑问。假如我们天生具有豪赌的

---

❶ [美]约翰·罗尔斯:《正义论》,何怀宏等译,北京,中国社会科学出版社,2009年版,第12页。

性格，我们孤注一掷地判断将来在无知之幕打开时，我们将处于最有利的地位，即使失败了也在所不惜。那么，可能我们就无法得到第二个原则。为此，罗尔斯提出了"最大最小值规则"❶来进行解释。最大最小值规则告诉我们要按选择对象可能产生的最坏结果来排列选择对象的次序，然后我们选择那个其最坏结果好于其他最坏结果的行动。我们可以通过一组事例来解释说明这一点。

假设我们现在可以面临三个选择，依次相应带来三种好坏程度不同的结果：

决定	结果		
	C1	C2	C3
D1	−7	8	12
D2	−8	7	15
D3	1	3	6

很显然，三个决定中最好的结果是当我们做出 D2 决定时出现 C3 的结果，它的收益是最大的。最坏的结果是当我们做出 D2 决定时出现 C1 的结果，它的损失也是最大的。而在最差的结果 C1 组中，最好的选择是 D3 的决定。按照最大最小值的规则，我们应当认同和选择 D3 的决定。因为，即使是在最坏的情况发生了，我们还能够有一个单位的收益。❷

现在的难题是，为什么我们不能"赌一把"？选择 D2，万一要是发生了 C3，它的收益远远要大于 D3，如果真是出现了 C1 我们也认命了。这时候，无知之幕的力量就显示出来了。一般而言，我们豪赌的"资本"是基于现实特殊性的判断。很少有理智人会完全不参照任何依据进行愚蠢而盲目的猜测。例如，在 A 股市场上，大多数散户的投资事实上基本上是靠"猜"的。即便是这种蒙和猜，也基于一些现实特殊性的参照。如政策信号、企业年度财务状况等。如果我们对任何事情一无所知，对将要投资的企业完全没有任何信息，对即将执行的政策也毫不知情，那我相信大多数人还是愿意将钱存入银行，确保自己的钱在最坏情况发生时，也不至于

---

❶ 罗尔斯的"最大最小值规则"（maximin rule）概念，它由"最大限度"（maximum）与"最小限度"（minimum）两个词共同折合组成，本意在于解释人们会选择那种基于最低限度的基础上所能达到的最大限度。

❷ 龚群：《罗尔斯政治哲学》，北京，商务印书馆，2006 年版，第 127—128 页。

"血本无归"。

无知之幕恰恰就是屏蔽了所有我们可以"依仗"和"凭借"的用于"豪赌"的根据和信息。在这种情况下，赌博没有任何意义。因为你对未来一无所知，那么理性人应该都会选择按照 D3 的方式来进行行为的安排和规划。既然如此，我们就有理由相信，在原初状态中，所有人都能够认同和选择罗尔斯所阐述的两个正义原则。

罗尔斯正义理论的另一个极富创建的内容在于他排斥了道德的任意性和武断性。他认为，任何在社会分配中产生的道德的任意性和武断性因素，都是不正义的。为了说清这一点，他从分析封建特权的统治展开自己的论证。我们知道，基于现当代的政治环境中，几乎没有人愿意维护和自愿接受一种封建特权的统治，尤其是会排斥种姓制度，因为它们显而易见的不正义、不公正。但是，我们不妨反思，它们为什么不公正呢？很大程度上，这种制度根据人们出身的偶然性来决定收入和财富的分配。皇亲国戚尽管没有任何贡献、能力甚至是基本的道德，仅仅出于生在帝王家，就可以对平民随意践踏，对财富随意占有。这就是道德的任意性和武断性。如果我们能够认可这一点，不妨再把问题推进一步，假如我们构建一个机会平等的社会，人人都在同一起跑线上，情况是否会好一些呢？很快我们就发现，自身天赋水平的差异还是会造成巨大的不平等。我们可能会辩护，因为我们站在同一起跑线上，这种不平等是正义的。罗尔斯认为，天赋的差异也是某种道德的随意性和武断性。仅仅因为你天生善于跑步，我天生不善于运动，那么你就应该享有这种天赋带来的利益？假如你认为贵族不应该正义地分割财富，关于天赋应得的合法性也就同时丧失了存在的基础。

但是，我们不可能要给善于跑步的人戴上镣铐，以求得他和不善于奔跑的人在能力上获得平等。我们无法人为地抹平自然的差异，就必须要求社会和经济的不平等（例如财富和权力的不平等）只有在其结果能给每一个人，尤其是那些最少受惠的社会成员带来补偿利益时，它们才是正义的。这样，社会正义的第二原则就得到了较为完整的证明。

你可以是一个天赋善于奔跑的运动员。但在无知之幕之下，你并不知道新的社会中会有奥林匹克运动会这样的事情存在，也不知道善于奔跑有什么好处，因此，你也会同意，对于那些完全不善于奔跑的人，万一我们将来因此而获利，也应该以我们的天赋和优势所获得的利益来帮助他们改善因他们自身天赋和优势所造成的劣势，只有这样，才是正义的。

在现实生活中，我们往往已经接受了各种不平等和不公正。那种试图纠正自然差异的行为往往被视为是可笑和荒谬的。人们明确地知道，即使再有天赋的人，不努力、不奋斗也终将会因为放纵和慵懒一事无成。在我关注足球的这个时代，克里斯蒂亚诺·罗纳尔多和里奥·梅西无疑是这个星球上最具天赋的两个足球职业运动员，但极少有人会质疑他们是否应该获得每年数千万欧元的收入，毕竟他们在成功的道路上也付出了巨大的代价和汗水，没有人能否认这一点。因此，尤其是在上个世纪七十至八十年代，自由至上主义盛行时的美国，提倡天赋自由和倡导自由市场经济已经是无须置辩的真理。人们反驳，假如认为 C 罗和梅西的天赋是不正义的而禁止他们比赛，认为码头工人应该享有和天皇巨星一样的待遇，这种论调简直是可怕的。毕竟没有人会在一间能够容纳 8 万人的体育场内看水泥工人搬卸货物。

罗尔斯并不否认这一点，他承认某些差异所造成的不平等是不能够人为强行地通过暴力纠正的。因此，才有了平等自由的第一原则。但是，更为难能可贵的是，他提醒了我们一个经常被忽视和忘却的真理：事物所是的方式，并不决定它们应当所是的方式。❶ 这个真理，在西季威克反驳密尔的时候我们曾经提到过，这朵花是黄的，很漂亮，但这并不代表它应该是黄的，也更不能就此得出，它因黄而美丽就是应得和正义的。为此，罗尔斯在《正义论》中表达了一个鼓舞人心的段落：

> 我们应当反对这样一种论点：制度的安排总是有缺陷的，因为自然才能的分配和社会环境的偶然性因素是不公正的，而这种不公正不可避免地必然要转移到人类的制度安排之中。这种思想有时候被用来作为对不公正熟视无睹的借口，仿佛拒绝默认不公正的存在和不能接受死亡一样。我认为，自然的分配无所谓公正不公正，人们降生于社会的某一特殊地位也说不上不公正。这些只是一些自然事实。公正或不公正在于制度处理这些事实的方式。❷

罗尔斯的《正义论》点燃了政治哲学戏剧性的复兴，这本书自出版以

---

❶ ［美］迈克尔·桑德尔：《公正：该如何做是好?》，朱慧玲译，北京，中信出版集团，2018 年版，第 62 页。

❷ 同上书，第 187 页。

来，仅英文版就销售了四十万册，这是同类哲学类著作中绝无仅有的销售业绩。现在，罗尔斯的政治哲学理论和正义理论已经成为北美、欧洲甚至是中国大学中政治学、政治哲学、管理学等学科的必修课程。他和他的著作鼓舞影响了整整几代人，人们对他的关注至今热度不减。许许多多出色的哲学家、经济学家、法理学家和政治理论家受到他的启发，投身于政治哲学和正义理论的研究中。

罗尔斯语重心长地建议我们应该审慎地处理下述事实，人们应当同意和他人分享命运，并且只有当利用那些自然和社会环境的偶然性能够有利于整体时，人们才能这么做。坦率地说，我们无法断言，罗尔斯式的正义理论，最终就是应该运用于现实政治实践的真理，但不管它最终是否能够成功，它都代表了当代西方政治哲学中迄今为止所提出的、最具有说服力的、最为完备和令人信服的正义理论。❶

2002 年 11 月 24 日，罗尔斯在家中溘然长逝，享年八十一岁。他的追悼仪式在莱克星顿公共草坪旁的第一教区教堂举行，莱克星顿镇降半旗致哀，以示对这位伟大的哲学家的不同寻常的尊敬。罗尔斯生前，喜欢研究那些伟大的哲学家。尤其对洛克、密尔、康德、黑格尔和马克思表示出了特殊的、极大的兴趣，他总是对他们满怀敬意，并孜孜不倦地阅读这些人的著作，从先哲的思想宝库中汲取营养。我们可以非常肯定地预见到，罗尔斯自己的理论也必将会成为一代又一代学者钻研、诠释和阅读的对象，并将永久地陈列在人类思想文明的殿堂中，向后来的人们展示着她独特的魅力。

（三）人的正当性❷

上一节简要地考察和介绍了罗尔斯的社会正义理论。某种意义上，罗尔斯极大地复兴了现代契约主义的理论，他通过一种非自利契约论的办法阐释了关于社会正义的两个原则。自此以后，契约主义的传统完美地回归到了当代政治哲学对于正义理论的体系中。

斯坎伦是当代著名的契约主义伦理学家和政治哲学家。与罗尔斯关注

---

❶ ［美］迈克尔·桑德尔：《公正：该如何做是好？》，朱慧玲译，北京，中信出版集团，2018 年版，第 187 页。

❷ 关于本节，更详细的内容，如有兴趣可参考：宗民：《帕菲特对斯坎伦准则中个人主义限定的批判》，《内蒙古大学学报（哲学社会科学版）》，2017 年第 6 期，第 69—74 页。

宏观的社会基本建构不同，斯坎伦以个人的行为出发，以微观的视角来考察个人道德的本质性和正义的问题。1982 年，他首次提出了自己的非自利契约论思想。这个思想对于道德和个人正当性的定义有一个非常重要的特征：他并不对在道德上是正确的行为下定义，而是对"道德"错误下定义。❶ 斯坎伦试图论证人们行为的正当性，这种正当性是否具备正当性的一般原则？通过对斯坎伦所阐释的人们行为的正当性，我们可以透视出一种有别于罗尔斯理论的关于正义的原则。

我们如何判断一个人的具体行为是对的还是错的？如何判断一个人的具体行为是正义的还是不正义的？斯坎伦给出了一个解释，这个解释后来被归纳为"斯坎伦准则"。

"斯坎伦准则"可以表述为："一个行为是错误的，是因为这类行为拒绝接受那些无人可以合理拒绝的原则。"❷ 如何理解"合理拒绝"的范围？斯坎伦没有正面界定，而是阐述了"不合理拒绝"的含义。他认为，假如你因为某个原则会强加给你某种负担而拒绝接受，但是一旦你拒绝，则对他人而言，任意的其他选择都将会给他们带来更大的负担。这就是不合理的。❸

我们可以通过一个通俗的事例来解释一下，这样有助于我们更好地理解斯坎伦的本意。假如，我去购物。如果"购物需要按照价格标签付款"是一个判定这一行为是否正当的原则，那么事实上我有两个选择，一是老老实实给钱，二是拒绝付款并耍无赖。如果我认为，我遵守"购物需要按照价格标签付款"这个原则，给我带来了负担——我的钱少了，因此而拒绝执行这个原则。但我的选择给他人带来了什么结果呢？首先，卖东西的人，赔了。假如我老老实实付款，在价格合理的情况下，我没有什么损失。那么，卖东西的人因此受到的负担，显然是比我大。其次，其他人，如果我的这样一个行为得不到制止，很快人们会纷纷效仿，那么市场秩序会被完全打乱，所有人都会承担极大的损失和负担，这个损失和负担也远远大于我买东西付钱所要承担的负担。那么这个时候，就可以判定，我拒

---

❶ 龚群：《斯坎伦的契约伦理思想初探》，上海，《华东师范大学学报》，2009 年版，第 45 页。

❷ Derek Parfit, *Justifiablity to Each Rerson*. Blackwell Publishing, Oxford, 2003：368.

❸ Scanlon, 'Contractualism and Utilitarianism', *in Moral Discourse and practice*, edited by Stephen Darwall, Allan Gibbard and Peter Railton, 1997：272.

绝付款原则的行为完全是不正当和不正义的。

通过对"不合理拒绝"含义的理解，反过来也有助于我们理解"斯坎伦准则"中合理拒绝的含义。所以说，我们的行为如果是合理的，实际上就意味着我们对于他人的幸福与道德主张具备了相当分量的关注。❶ 换言之，"斯坎伦准则"也可以理解为：当面对一个错误行为时，假如我们否认它是错误的，就会对其他人的道德主张和幸福造成过分的轻视。

"斯坎伦的准则"很清晰地为我们提供了一个方法和途径，只要根据这一条准则来考察我们的行为，遵守哪些原则是符合准则的，即为正当。哪些原则不能够符合准则，即为不正当。当然，也可以诉之于某一个原则，把它概括为符合斯坎伦准则所说的标准，这个原则就是指导我们行为的正当原则和正义原则。但在实际运用这个准则时，往往会遇到很多困境和挑战。

假设我们用一种结果主义的原则去套用"斯坎伦准则"很快我们就能发现这个准则"失效了"。一般而言，结果主义分为两种。

行为结果主义：无论如何，我们都应当试图取得一个事情的最好结果。

规则结果主义：我们应该在别人同意某一个原则的前提下，去取得该事情的最好结果。

如果考虑将"斯坎伦准则"直接运用在结果主义原则中，两种结果主义都可以宣称自己所坚持的原则无法被他人合理地拒绝。因为任何一个人拒绝接受一种试图取得事情更好的结果，那么那些与他合作的人所承担的负担都会比他大。假如我们有一个团队在进行科学试验，明明可预测的一个方法能够取得更好的结果，但这个团队中的某个人出于自己的目的，他认为这个更好的结果违背了他想多重复试验几次的欲望，因此拒绝这样做，但他的这个拒绝必会给其他的成员造成远大于他遵守规则的负担，无论是从"行为结果主义"还是从"规则结果主义"角度考虑出发，都会如此。这样的话，斯坎伦准则就会成为一个摇摆不定的定义，那么，它就成了自我矛盾的准则，并且失去了判定正义和正当的意义和效力。

斯坎伦给出的解释是，我们必须从根本上排斥一种结果主义的原则。他因此给自己的准则添加了"反结果主义"的限定。斯坎伦认为，两种结

---

❶ Derek Parfit, *Justifiablity to Each Rerson*. Blackwell Publishing, Oxford, 2003：369.

果主义犯了同一个错误：我们不能通过诉诸某种结果的善，就宣称无法合理地拒绝某个原则。例如，我们绝大多数人都相信尽管有些行为——例如杀人、赌博、盗窃等——可能会带来更好或最好的结果，我们却绝不能认同这些行为是道德的、正确和正义的。因此他主张拒绝通过某种结果的善而直接宣称某个行为合理的限定，就是"反结果主义限定"❶，通过这个限定，成功地排除了结果主义对准则运用的干扰。

但是，如果我们细心地反思，仅仅通过"反结果主义限定"远远没有让"斯坎伦准则"远离麻烦，因为它马上又会遇到"功利主义"的"责难"。在本书第四章，我们曾经细致地考察过功利主义，它自近代以来一直占据英美的伦理学、政治哲学和法学学说中的绝对主导地位。❷ 功利主义的伦理观和正义观来自对个人幸福的理解。在功利主义者看来，自然界将人类控制在快乐和痛苦这两个最重要的因素中。从这两个因素出发，人类天然地做出相应行为的决定，即将要做什么、怎么做。世界上的道德是非评价标准、事物之间的因果联系都是在这两个因素影响下而确立的。因此，凡是我们的所行、所思，都接受它们的支配。所以，个人的幸福取决于个人行为所带来的痛苦和快乐的总和计算。如果一个行为给人们带来的快乐在总量上超过了痛苦，那么这个行为就是善的、可欲求的。功利主义的伦理观和正义观也是在这样一个基础上所建立的，一个行为可以给人们带来的最大满足的净余值，这个行为就是合理的。

功利主义给斯坎伦准则带来的困难主要在于，它忽视了个人行为的独立性。主张在一种行为总量的角度上去审视行为的合理性，这样会造成在审视行为合理性时的困境和矛盾。

与结果主义相似，我们考察功利主义时，也可以将其区分为两种不同的类型。

行为功利主义主张：无论如何，我们都应该使人们的利益最大化。

规则功利主义主张：我们应当在取得当事人同意的前提下，使人们的利益最大化。

这两个原则与"诉之于某种结果的善"并没有关联，因而不受"反结果主义限定"制约。有些选择可能从个体角度出发考虑，在结果的意义上

---

❶ Derek Parfit, *Justifiablity to Each Rerson.* Blackwell Publishing, Oxford, 2003：371.

❷ 龚群：《罗尔斯政治哲学》，北京，商务印书馆，2007 年版，第 48 页。

并不是最优的，但是它能够促进大多数人的利益，因此，功利主义也认为这是正义的和正当的。

然而，对于运用"斯坎伦的准则"而言，类似的困境再次出现。两种原则仍然可以站在各自的立场上坚持对方不能合理地拒绝自己的原则。

所以，"斯坎伦准则"若想成立，他还得再次排除功利主义原则。他认为，功利主义的原则错误地把总量意义上的善或好的增长看成是衡量一个行为道德与否的标准。如果从社会的角度而言，它错误地将个人对自我幸福的考虑从总量的意义上做出"负担"和"福利"的简单叠加，考察最终获得净余额的增长，借此来判定社会是否正义。❶

事实上，不同人们之间的"负担"与"福利"单纯地叠加，在道德上是无效的。对此，美国道德哲学家阿拉斯戴尔·麦金太尔曾举过一个"虐待狂"的例子来说明这一点。

假设一个社会只由十个人组成，其中八人是精神变态的虐待狂，只有另外两个人是正常的。那么，为满足八人最大幸福欲望而虐待正常人，虽然符合功利主义道德原则，但这明显是荒谬的。❷

为了强调个人权利在考察行为原则合理性中不可或缺的地位，斯坎伦为他的准则添加了另一个限定：

> 拒绝某一道德原则时，必须从一个人自身的意义或其他任意一个单独个人自身意义层面上来诉之于这个道德原则的含义。道德原则的正当性只取决于个人主义的理由对于这一原则的拒绝和取舍。❸

我们可以将这个限定称为"个人主义限定"，如同"反结果主义限定"彻底排斥了结果主义，通过这个限定实际上也从根本上否定了功利主义，使得功利主义给斯坎伦准则造成的困境暂时难以成立。

由于斯坎伦将"合理地对于某种原则的拒绝"限定在了个人理由这个范畴内，对于不同人之间互有差异的"负担—福利"叠加对于个人而言就没有意义了。斯坎伦解释，契约主义的基础就是对于每一个人而言的"可

---

❶ 龚群：《罗尔斯政治哲学》，北京，商务印书馆，2007年版，第49页。

❷ 同上书，第52页。

❸ Scanlon, 'Contractualism and Utilitarianism', *in Moral Discourse and practice*, edited by Stephen Darwall, Allan Gibbard and Peter Railton, 1997：229.

辩护性"理念。如果有某一行为对于他人而言是不正当的，那么足以使其看来是谬误的。❶ 事实上，"斯坎伦准则"重要目的是旨在提供一种非功利主义的道德理性基础，并对之尽可能地加以清晰地解释。❷

坦率地说，"个人主义限定"比较成功地使"斯坎伦准则"摆脱了结果主义和功利主义的困扰，但同时也给它带来了一些新的麻烦。我们将尝试着剥茧抽丝地对这些困扰进行反思和考察。

"个人主义限定"的提出，虽然排除了因功利主义对个人权利的武断和忽视而给"斯坎伦准则"带来的困境，但是也使得福利的重要性与合理性与某一行为所影响到的人数完全脱离了关系，这个后果给"斯坎伦准则"造成一种"纯粹反数量困境"。

我们不妨通过一个案例来解释和体会这一困境：假设某一天，怀特和朋友们驾驶着一条小船出海游玩。但他们很不幸遭遇了可怕的海难，怀特孤零零地困在一个礁石之上。距其不远的另一个礁石上，他的其他五个朋友被困在那里。在海水涨潮之前，我们只能动用有限的救生资源，救出怀特或者是另外五个人。

如果基于结果主义，那显然救出五个人的结果要好于救出一个人。那么怀特不能拒绝牺牲自己的选项。因为因此而带来的负担要大于他选择牺牲自己。同样，如果是基于功利主义正义原则，那么我们的选择也容易得多，怀特最为正确、正义和唯一的选择就是放弃自我，成就其他五个人的生还，因为这符合最大多数人的最大利益。

但由于"斯坎伦准则"添加了"反结果主义限定"，导致我们无法用"结果自身的善"来判定这一案例中各种选择的正当性，而"个人主义限定"又导致了不同人们的福利不可以在道德上叠加。因此，我们显然不能叠加五人的命，认为这在道德和正义层面大于怀特的命。这便让我们陷入一种两难的境地。直觉上，我们认为救助五个人是对的，理论上却找不到合理的解释。

针对这样的困难，斯坎伦提出了"中断连接观点"：

　　当两个意见相左的主张在强度上大致平等时，数量打破连

---

❶ Scanlon, 'Contractualism and Utilitarianism', *in Moral Discourse and practice*, edited by Stephen Darwall, Allan Gibbard and Peter Railton, 1997: 212.

❷ Derek Parfit, *Justifiablity to Each Rerson*. Blackwell Publishing, Oxford, 2003: 373.

第五章　契约主义的回归

接，我们应该满足大多数人的主张。❶

如果以"中断连接观点"作为我们选择上述案例救援方案的指导原则。目前有两个选择意见可供参考，即：A，救怀特；B，救五人。

因为"个人主义限定"，道德原则的正当性只取决于个人主义的理由，对这一原则的拒绝和取舍。那么，即便选择 A，另外五个人的反对意见也不能相叠加成五倍的效果，而只能被一一地加以考量。不过，问题在于：如果我们选择 A，那么——五个个体人反对；如果我们选择 B，那么——怀特反对。在斯坎伦看来，这就符合了"两个意见相左的主张在强度上大致平等"的界定，这种情况下，数量打破连接，我们应该满足大多数人的选择。

但是，如果我们仔细地分析，会发现一个非常玄妙和有意思的事情。"中断连接观点"潜在地有可能违背"斯坎伦准则"。基于斯坎伦对于某行为"合理地拒绝某一原则"范围的界定：一个人能够合理拒绝某个原则主要取决于当他拒绝这类原则时，他的强烈程度要远大于其他人对这个原则替代选择的反对程度。❷ 所谓的反对强度，主要取决于这个原则将要强加给被动接受者将要承担的负担大小。

对于这一点，我们还可以通过一个通俗的例子进行说明。假设我们还是在购物，但这一次我们是在一个诈骗集团所开设的商店中进行购物。购物的一般正义原则是"需要按照价格标签付款"。但是，我很快发现，这里每件商品的标价都比正常价格高出一百倍，因此，我拒绝这个原则。假如我拒绝，其他诈骗犯不会因此而遭到很大的负担。但是我不拒绝，对我造成的负担会远远大于因我违约给诈骗犯造成的负担。

这样我们就可以理解，在救生艇的案例中，怀特能不能合理地拒绝"中断连接观点"，主要取决于他对这个原则的反对强度。如果他的反对强度远大于其他五个人对于这个原则的其他替代选项的反对程度，那么怀特反对"中断连接观点"就是合理的。

我们不妨考虑一种"机会平等原则"❸ 的可能性，假设现在除了上述

---

❶ Scanlon, 'Contractualism and Utilitarianism', *in Moral Discourse and practice*, edited by Stephen Darwall, Allan Gibbard and Peter Railton, 1997：240.

❷ Derek Parfit, *Justifiablity to Each Rerson*. Blackwell Publishing, Oxford, 2003：376.

❸ 同上注。

A、B 两个选项外，还有一个选择 C——通过构设一个虚拟的步骤，让怀特和其余的五个人享有同等的机会（比如掷硬币）来平等地决定去营救他们哪一方。

我们都知道，无论是对于怀特，还是对于另外被困的五个人，执行任意的原则，他们面临的负担和福利都是相同的，即各自平等的一条生命。而且，依据"反结果主义限定"和"个人主义限定"，另外五个人的生命也不能叠加。那么我们就可以用列表的方式，将这两组人对于不同原则的负担做对比：

	怀特的负担	另外五人的负担
中断连接观点（斯坎伦契约主义原则）	遇难	0
功利主义原则（广义）	遇难	0
结果主义原则（广义）	遇难	0
机会均等原则（罗尔斯）	有一半的概率遇难	有一半的概率遇难

很明显，由于承受负担的不对等，在"中断连接观点"中，怀特对于斯坎伦契约主义原则的拒绝强度必然会远远地大于任意另外五人在其他替代原则中的拒绝程度（机会平等原则除外）。因为在前三种原则中，怀特和另外五人所承受的负担严重不对等。只有机会平等的原则，而非"中断连接"观点，是无人可以合理拒绝的原则。我们如果如此行事的话，至少强加给所有人的负担是相等的。❶

这样一来，运用斯坎伦准则，考察"中断连接观点"和"机会平等原则"，看似就与斯坎伦自己的表述出现了矛盾，恰恰使得"机会平等原则"比个人主义限定下的"中断连接"观点更可取。

事实上，斯坎伦的契约主义一个最重要的目标"旨在提供一种非功利主义的道德理性，并将之尽可能清晰地表述出来"，而"个人主义限定"几乎已经完成这个任务。所以，在面对机会平等原则挑战的时候，斯坎伦坚持认为"个人主义限定"并没有出问题，并针锋相对地提出了辩护意见。

斯坎伦提到：上述争论之所以会出现，在于所有人拒绝"机会平等原则"的强烈程度要轻于怀特拒绝"中断连接"的观点（也就是"契约主

---

❶ 同上书，第 376 页。

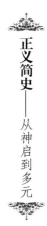

义原则")。因为前者看起来至少给了所有人以平等获救的机会。然而，这种争论是无法使人信服的。当这些原则运用在"救生艇案例"中，无论我们遵循哪一种原则，最终对人们的影响都是相同的：一些人遭受严重的负担时，另一些人获救。❶

在此，斯坎伦否认了"获取某种利益的机会本身也是一个事实上的利益"。按照他的辩护，怀特并不能声称如果给予他求生的机会，就会让他的处境更好。因为，假设他总是不幸的，那么即使给他机会，最终也不能获救的话，这个机会对他而言并未增加任何东西。并且这样的假设可以平等地用于"救生艇案例"中的任何一个人。这也回应了对于"中断连接观点"的质疑——事实上没有选项 C，所有人所面临的负担和福利也还是相同的。斯坎伦无非是在强调，"机会"和"可能性"对人们而言，不能算是真正的福利。

这样一种拒绝将机会本身视为福利的观点，虽然能够暂时在"救生艇案例"中起到作用，但事实上它最终仍是难以成立的。为了检验斯坎伦的这个说法，我们不妨通过另外一个案例来考察它：

现在假设有两个危重病人——格林和格雷——需要救治。有以下两种情况可供选择。

我们治疗格林：格林将确定可以多活 1 年，格雷立刻患病死去；

我们治疗格雷：格林立刻患病死去，格雷将有 50% 的机会多活 40 年。

我想我们大多数人都会认同，即便是斯坎伦也会同意应该选择治疗格雷，应该给予格雷那种预期多活 40 年的福利，而不是给予格林的确定的仅多活 1 年的利益。❷ 因为，就算在我们实行救治之前，可以给格林 100% 多活 1 年的心理预期，这在利益预期的角度而言也要远远小于格雷的 50% 的多活 40 年的预期。

如果上述选择是难以否认的，那么在"救生艇案例"中，当"中断连接观点"强加给怀特以一个 100% 必死的负担预期时，机会平等原则强加给个人的负担预期是 50%。50% 的死亡负担预期明显地要小于必死的负担预期。所以，在"斯坎伦准则"中，基于"个人主义限定"怀特理所当然地可以合理地拒绝"中断连接观点"。这样一来，斯坎伦的辩护就难以

---

❶ Derek Parfit, *Justifiablity to Each Rerson*. Blackwell Publishing, Oxford, 2003：233.

❷ Derek Parfit, *Justifiablity to Each Rerson*. Blackwell Publishing, Oxford, 2003：377.

成立。

面对越发犀利的"机会平等原则"的质疑，为了继续给"中断连接观点"辩护，斯坎伦提出了"充分接近原则"：

> 当施加在不同人们身上的负担在程度规模上充分接近的时候，一个更大负担的分量可以被若干个充分数量的稍小负担在道德层面上所超过。[1]

再来考虑"救生艇案例"，施加给任何人身上的负担实际上就是相等的一条命。那么，在程度规模上它显然是符合"充分接近"的原则。这样，五个人"充分数量"的负担，在道德上就超过了怀特的负担程度，运用该原则来牺牲怀特，就不能被任何人合理地拒绝。

事实上，斯坎伦没有正面回应"机会平等原则"对"中断连接观点"的质疑，他采取这样一种添加附加条件的方式对原有的观点进行修订，希望用这样一种方式来完善原有观点。但是，如果我们足够细心的话，会发现实际上"充分接近原则"内在隐含了另一种假设：当负担充分接近的时候，它们的道德重要性与它们的程度规模成正比。[2] 而这种假设恰恰是一种与功利主义非常相似的信念，仅仅将所有的负担叠加，所以每一个负担的道德重要性便与它们的规模成正比。如果斯坎伦添加这一原则造成与功利主义信念重叠的效果，那么他想要表达"一种非功利主义的道德理性"的任务就失败了。

斯坎伦为此辩护："显然我们都可以认同，假如能避免一百万人变成瘫痪者，却没有这样做而是选择拯救了另一个人的性命，这看起来是错误的。"[3] 他进一步解释：一般而言，我们绝大多数人会认同，如果某人彻底地瘫痪了，那么几乎可以说他二十分之一条命就没有了。[4] 如果我们说，负担的道德重要性与其程度规模成正比的话，一个人的生命大概就可以被20个人的完全瘫痪在道德分量的重要性上所追平或超过。但是，问题在于如果把一个人的生命与一百万人的瘫痪作类比，并能确定不移地觉得一百

❶ Derek Parfit，*Justifiablity to Each Rerson*．Blackwell Publishing，Oxford，2003：378．

❷ Derek Parfit，*Justifiablity to Each Rerson*．Blackwell Publishing，Oxford，2003：379．

❸ Scanlon，"Contractualism and Utilitarianism"，*in Moral Discourse and practice*，edited by Stephen Darwall，Allan Gibbard and Peter Railton，1997：239—240．

❹ 当然，斯坎伦在这里更多的还是一种直觉上的预估，我们也可以认为是五分之一、十分之一或者是其他什么直觉上的数据，这本身不影响他后面的推论。

万人的利益大过一个人。这种选取与参照对比负担大得多得多的数量规模显然不是一种功利主义式的"负担—福利相叠加"能够得出的原则。

也就是说，未达到充分接近的更小的负担，引起道德重要性远远小于它的程度与比例，并不能与之形成比例上的相关性。只有达到充分接近的负担，才具备相同的道德重要性。这样就使"充分接近原则"和功利主义之间保持了差异和距离。我们可以将这个观点概括为"非比例相关观点"。❶"非比例相关观点"的提出，斯坎伦准则就比较完整了。

我们通过这么长的篇幅来介绍和考察"斯坎伦准则"，事实上这就是斯坎伦对于道德行动依据的核心观点。也就是我们开篇就提到的问题，如何来判断一个人的行为是对的还是错的，如何来判断一个人的行为是正义的还是不正义的。

斯坎伦的契约论是继罗尔斯之后最重要的非自利契约论，但他关注的焦点与罗尔斯不同，他的契约论重心在于考察人们道德的基本特性。"道德行为的依据究竟在哪里？"古往今来，不同的道德哲学家有不同的答案，斯坎伦则试图通过契约论的立场来回答道德的客观性问题。"斯坎伦准则"事实上也回答了这样的问题，也就是我们有什么理由将某种行为看成是对的或错的，什么样的原则使得一个行为成为道德上的对的或正义的行为，什么样的原则又使得我们明确地知道哪些行为是在道德上应予谴责和批判的错的或不正义的行为。

尽管"斯坎伦准则"在阐释的过程中遇到了非常多的麻烦，对于这些麻烦，我们也依次逐个地进行了介绍。但通过斯坎伦的自我辩护，我认为他还是非常有效地提出了判别上述问题的一个标准。下面我们可以通过一个案例再来分析一下这个准则。

汶川大地震已经过去十年了，但是，它对于人们的影响甚至再过几代人也不会消退。很多家庭因此而变得支离破碎，更多的人们又能够以极其坚韧和乐观的态度重建家园，重新拾起生活的希望，正如时任国务院总理温家宝同志所说——多难兴邦。

那场地震，无形中也检验和拷问了人们的道德和人性。很多人面临灾难，牺牲小我，奋不顾身；很多人面临生死，公而忘私，舍己为人。然而，也有一些人，他们的行为在今天看来仍然存在极大的争议。

---

❶ Derek Parfit, *Justifiablity to Each Rerson*. Blackwell Publishing, Oxford, 2003：379.

2008 年 5 月 12 日，地震发生时，四川都江堰市光亚学校正在课堂讲课的范美忠不顾学生的安危，先于学生逃生。事后，他为自己辩护，他的理由是，在大灾面前和生死面前，每个人都会恐惧，自己除了妻子、母亲和女儿任何人都不会在乎，因此没有义务冒着牺牲自己的风险来救助学生。这件事一经曝光，立即引起轩然大波，他本人也被讥讽为"范跑跑"。那么，如果我们从一个道德哲学的角度来审视，"范跑跑"的行为到底是正当的还是不正当的？到底是正义的还是不正义的？

站在功利主义或自利契约论的角度，范美忠为自己辩护的前半部分是能够成立的，即"在大灾面前和生死面前，每个人都会恐惧"，每个人都将自我利益放在他人利益之前来建构合作体系，那么都要权衡福利和负担。但是，如果按照斯坎伦的准则来检验，"范跑跑"的行为显然在道德上是站不住脚的。假设我们订立一条原则"教师有义务在学生遭到危险的时候进行必要的救助，即使教师自身面临更大的危险，也不应该推卸责任"，我们在直觉上认可这样一条原则是符合正义的。现在"范跑跑"因为"害怕自己死掉"（负担）而拒绝这个原则，那么会带来什么后果？我们都很清楚，成年人不论是在思维、体魄和对风险的预判能力上都远远强于未成年人。如果一群小孩子，失掉了领导和协调他们的老师，再面临重大危险境地，因此所造成的负担是极大的，每个人对这种恐惧是大于成年人的。所以，首先，"范跑跑"拒绝这条原则，给任何一个未成年人所造成的包含恐惧的负担都要大于他本人。其次，师生关系本身是一种契约。在课堂上，学生让渡自己自由行动的权利，来保障教师可以顺利地进行教学，自己可以更好地获取知识。这样，教师将集中行使很多特权，例如自由表达意见、（在课堂范围内）自由行动、奖励、（一定程度地）惩罚学生等。与此同时，教师应该承担相应更大的义务。"范跑跑"拒绝救助学生的"原则"，可以从根本上瓦解师生关系的契约基础，因此让整个教育合作体系的合法性受到重大打击和影响，这个负担远远要大于他自己接受原则所要承受的负担。最后，虽然我们不能用全班同学的生命简单地相叠加，认为他们的重要性大于"范跑跑"的生命，但是根据"充分接近原则"，范美忠在道德上只有一种选择是正当的，尽管他可能很自利，很胆小，很爱自己的妻儿父母，但只有留下来协助学生一起逃生，才是他唯一的符合道德的选择。

当然，在法律上，我们永远无法制裁范美忠这类人。依据一种自由主义传统，"法不禁止，即为自由"，我们也不能约束今后有更多的范美忠还会做出类似的选择。然而，我们不应该无视头上的星空和心中的道德律，一个人可以不高尚，但不能无耻。人们之所以会认为范美忠无耻，是因为他不仅认识不到自己在道德上的缺陷和困境，反而沾沾自喜地为自己的行为辩护，甚至为它感到光荣。

尽管我们认为他无耻，但在无数为他"洗白"的文章面前，有时很多人也会感觉疑惑，甚至会慢慢"认同"他的选择。"斯坎伦准则"和斯坎伦的非自利契约论，纠正和澄清的就是人们这样的困惑。他界定了人们在一定环境条件或通常情况下的最低道德要求，而不是那种最高要求。有些所谓的学者还在大放厥词，说我们谴责范美忠是中国人要求人人成为圣人的传统，现在看来多么可笑。一些道德原则是我们谁也无法合理拒绝的最低标准，就如同一个士兵，面临枪林弹雨，他可以害怕，可以胆怯，可以流泪和祈祷，但他绝不能丢盔弃甲，临阵脱逃。这不是对于圣人的要求，也无关道德和正义的最高标准，恰正是我们反复强调的，是人们在一定环境条件或通常情况下的最低道德要求。

斯坎伦的契约主义伦理学理论是一种比较精致的理论，他以非自利的契约论来建构一种道德理论，阐释什么行为是正义的，什么行为是不正义的，总体而言是比较成功的。并且，他在一定程度上填补了罗尔斯正义论的空白。罗尔斯高屋建瓴地阐释了作为社会基本结构的正义原则，斯坎伦则具体地为人们特定行为找到了道德的依据。

在斯坎伦看来，一个正常人是一个能够合理地进行道德判断的人，人们的行动是为道德理由所支持的，道德的行动是合乎情理的行动。我们都是一个可以服从理性说服的理性人，因此，能够建立某种道德的共识，那些通过契约性协议所达成的东西就是以人们的道德共识为前提和基础的。

因此，契约主义的回归不仅仅是代表着那种关于协议、同意和契约条款的学说传统重新回到了政治哲学体系中，更重要的是，契约主义较之于功利主义和直觉主义，在人们的社会生活中更能够发现深层的道德基础。没有这种道德基础，人类社会合作以及人与人之间的相互信任以及社会团结都是不可能的。❶

---

❶ 龚群：《现代伦理学》，北京，中国人民大学出版社，2010 年版，第 250—251 页。

第六章　批判与争鸣

（一）权利至上

以 1971 年罗尔斯《正义论》的发表为标志，当代政治哲学进入了一个繁荣发展的时期。可以说，罗尔斯是当代政治哲学的重要奠基人和开创者已经成为这一领域的共识。几乎所有的当代政治哲学研究者——不论是赞成罗尔斯还是反对罗尔斯——都以他为坐标展开各自的理论建设。❶ 罗尔斯的正义理论一经发表，立刻引起了学术界广泛的讨论、批判和争鸣。其中最早对他发起挑战的正是与他同在哈佛大学任教的同事，罗伯特·诺奇克。

诺奇克，1938 年 11 月 16 日出生于纽约的布鲁克林。他在很小时候就表现出了对哲学独特而浓厚的兴趣。据说，十五岁那年他就带着一本平装版的《理想国》，在布鲁克林的大街上转悠。1963 年他毕业于普林斯顿大学哲学系并留校任教。1969 年，他来到哈佛大学，两年以后罗尔斯的《正义论》发表，并在学术界一石激起千层浪。为了回应和批判罗尔斯，1974年诺奇克发表了成名作——《无政府、国家和乌托邦》，这本书给他在1975 年带来了美国国家图书奖的荣誉。此后，诺奇克又陆续出版了多部重要著作，但影响力都无法超越《无政府、国家和乌托邦》。1998 年，诺奇克被提名为哈佛大学教授（the JosephPellegrino University Professor），这在哈佛是极大的学术荣誉。❷

诺奇克与罗尔斯一样都是当代西方政治哲学研究领域中极为重要的思想家之一，我们甚至可以说，《无政府、国家和乌托邦》和《正义论》构

---

❶ 姚大志：《当代政治哲学崛起于罗尔斯》，社会科学报，北京，2013 年第 5 版。

❷ 罗尔斯是于 1979 年接替美国哲学家阿罗（Kenneth Arrow）荣任这一职位的，当时拥有哈佛大学教授教席的算他自己在内只有 8 个人。

成了上个世纪对当代政治哲学影响最为巨大的两部学术著作。很有意思的是，如果从学说系统的角度而言，罗尔斯和诺奇克毫无疑问地都从属于"自由主义"这一范畴，但更为明显的是，他们二人的观点却是极为对立的。我们可以将罗尔斯的学说概括为一种"自由平等主义"，而诺奇克的观点更多地呈现了"自由至上主义"的特征。那么，整体而言，这两种思想在看待正义问题时，有什么具体的区别呢？

如果说解读罗尔斯的关键词是正义，那么解读诺奇克的关键词则是权利。❶

罗尔斯的正义理论展示出了对于平等价值的追求与同情，对于他而言，正义事实上就意味着平等，至少应该以一种平等为前提。因此，任何的不平等都是应该加以纠正的。《正义论》从外观上看，更像是一座结构宏伟、设计精密、运行巧妙的思维宫殿，它有着非常复杂的体系。但正如我们在上一章第二节已经介绍过的，这座思维宫殿的奠基却并非是什么玄妙、深奥而不可理解的观点。罗尔斯主张：

> 对于所有社会基本善——自由和机会、收入和财富以及自尊
> 的基础——都应该被平等地分配，除非对一些或所有社会基本善
> 的一种不平等的分配有利于最不利者。❷

然而，诺奇克并没有致力于建构一个思维体系，他更善于通过缜密的推理，运用曲折机智而又新奇夸张的案例来阐释自己的观点。在诺奇克看来：

> 个人是神圣不可侵犯的。❸

诺奇克的正义实质上就是权利，自由的权利，这种权利是神圣不可侵犯的。自由与平等可以说是最为重要的两种政治价值。这两种价值之间内在既相互依存又有着巨大的张力。当代自由主义的学说范畴内，罗尔斯更亲近于平等而诺奇克则更倾向于自由，在某种意义上而言，其他自由主

---

❶ ［美］罗伯特·诺奇克：《无政府、国家和乌托邦》，姚大志译，北京，中国社会科学出版社，2014 年版，第 2 页。

❷ ［美］约翰·罗尔斯：《正义论》，何怀宏等译，北京，中国社会科学出版社，2009 年版，第 292 页。

❸ ［美］罗伯特·诺奇克：《无政府、国家和乌托邦》，姚大志译，北京，中国社会科学出版社，2014 年版，第 39 页。

理论家只能在二者之间各自寻找自己的理论位置。❶

维护个人权利是自由主义政治哲学长期以来的学说传统，从启蒙运动开始发端即是如此。不论是洛克，还是康德，抑或是密尔，尽管他们学说的方方面面都展示了千差万别的特点和内容，但在对于个人权利的尊重和保障这一核心观点上他们基本上是一致的。同样，罗尔斯与诺奇克同属于自由主义者，在权利问题上也有着许多一致的地方，例如，他们鲜明地反对功利主义正义观，主张权利应该优先于善。诺奇克和罗尔斯都受到康德哲学比较明显的影响，坚持一种"人是目的，不是手段"的观点，因此他们在根本上都坚定地维护个人权利。但是，当我们将权利这个概念"代入"到二者整个理论框架中去，他们的分歧立刻就展现出来了。

对于罗尔斯而言，正义原则是建立社会基本结构的前提性的存在，是社会的首要德性。而权利的保障与分配应该是社会基本结构得以确立以后的规定和规范。那么，要进入社会之前，就必须先要解决正义的问题。因为，在罗尔斯看来，某些法律和制度，不管它是不是能够保障个人的权利，也不论它多么的有效率和安排有序，只要它们不正义，就必须予以废除。❷ 但是，诺奇克并不这样认为，在他看来，权利是具有优先地位的，是确定不移的东西，是已经有明确归属的东西。因此，不管是什么人、组织、机构甚至是国家和政府都不能以任何理由加以侵犯。我们探讨正义，应该是建立在保障权利的前提之上，而不应该"本末倒置"。正如他在《无政府、国家和乌托邦》中，刚一开篇就直抒胸臆："个人拥有权利，有些事情是任何人或任何群体都不能对他们做的，否则就会侵犯他们的权利。"❸

那么，我们不禁疑问，诺奇克所指的这些权利，到底具体是什么含义呢？诺奇克坚决捍卫的权利基本上继承了约翰·洛克的学说，他认为"生命权、自由权和财产权"是神圣不可侵犯的。但是，我们可以通过分析罗尔斯与诺奇克的争论来反思主张权利的内在矛盾。我们可以通过一个案例

---

❶ ［美］罗伯特·诺奇克：《无政府、国家和乌托邦》，姚大志译，北京，中国社会科学出版社，2014 年版，第 2 页。

❷ ［美］约翰·罗尔斯：《正义论》，何怀宏等译，北京，中国社会科学出版社，2009 年版，第 1 页。

❸ ［美］罗伯特·诺奇克：《无政府、国家和乌托邦》，姚大志译，北京，中国社会科学出版社，2014 年版，第 3 页。

来分析这一问题。

　　天冷极了。外面下起了雪，夜色渐渐暗了下来。这是今年的最后一晚——除夕之夜。在这天寒地冻的漆黑的夜晚，街道上一个光着脚丫的小女孩仍在缓慢地挪动着脚步。……她的小脚已被冻得青一块、紫一块了。她身上的那件旧围裙里，包着很多很多火柴；就连她的手上也还拿着一把。这个小女孩在整整一天里没有卖掉一根火柴，没有一个人向她买火柴，也没有一个人给她一个铜板。❶

　　这是丹麦作家安徒生在 1846 年创作的童话故事——《卖火柴的小女孩》，曾经在我们的童年记忆中都非常熟悉。我们就假设这个贫困不堪、饥寒交迫的小女孩，毫无疑问她是具有生命权的，但更为显而易见的是，让她赤脚走在极寒的除夕之夜的大街上的时候，她更需要果腹的食物和温暖的环境。那么，我们思考一件事，她有没有权利强迫别人去买她的火柴？或者说强行地敲响一户人家的大门，要求别人收留并救助她？如果我们站在诺奇克的立场上，很抱歉，尽管我们可能对这个小女孩的处境非常同情，但是，从道德的角度而言人们没有这种强行要求补偿和救助的权利。一个人对自己的生命享有权利，但他并不能据此为借口剥夺他人的自由和财产的权利。严格地讲，对于诺奇克来说，"卖火柴的小女孩"甚至都没有要求国家和政府救助自己的权利。因为，国家如果要对现有的财富进行再分配，就只有一种办法——征税。但是，基于一种严格的自由至上主义观点，国家没有为此而征税的权利，人们对自身的生命、自由和财产的权利是绝对的、无条件且神圣的。

　　但这在罗尔斯看来是荒谬的，罗尔斯也承认自由优先于平等，但是这并不意味着权利应该被僵化和抽象到这个高度和程度。我们完全放弃了经济平等的主张，就会导致上述"冷酷无情"的事实的发生。对于所有像"卖火柴的小女孩"一样窘迫和困难的人们，所谓的神圣的自由权利恰似一种讽刺和嘲弄。毫无疑问，"无家可归"者，他们确实拥有自由，但当他们除了自由什么也不拥有的时候，自由就失去了根本的意义。如果我们的社会只能坐视这些人自生自灭，只能在第二天早上看到：

―――――――――――

　　❶　[丹] 安徒生：《安徒生童话》，周凝绮译，哈尔滨，北方文艺出版社，2013 年版，第 139 页。

"小女孩仍然坐在那个墙角边。她的脸颊红红的，嘴角露出幸福的微笑，她已死了——就在这旧年的除夕之夜被冻死了。新年的太阳升上来了，暖暖的阳光照到了她那柔小的尸体上！她仍是那样坐着，那双小手还紧紧地抓着火柴——其中的一把几乎都烧尽了。"❶

那么，就毫无正义可言。所谓的神圣的权利，也会变得苍白而无力。

但是，在诺奇克看来，人们之间的权利是存在着冲突的。当一个穷苦人的生命权和一个富足人的财产权产生了冲突时，为什么穷人不能强行侵犯富人来保全自己呢？因为，诺奇克始终认为，正义的内容涵盖了对人们行为的道德约束。他将这种约束命名为"边界约束"（Side Constraints）。人们之间的行为，一旦跨越或无视这种约束，同样是荒谬的。对此，我们仍然可以通过一则少年时代人人熟知的童话故事来进行反思：

夏天的时候，小猴、小猪和小鹿都想要造一幢属于自己的房子。各自备好了建房用的材料后，小猪和小鹿汗流浃背地工作起来。终于在盛夏即将获取的时候有了自己的新家。而小猴擦擦头上的汗说："明天开始建房子吧！"第二天，它看看太阳，天气真晴朗，便说："这么好的天气，该去玩一玩，等明天吧，今天可以不用住房子。"就这样，一天一天过去了，小猴还是把建房子的任务推到明天。许多天过去了，天气渐渐地冷了，房子还没有造好。严冬来临了，小猴依然没房子住，他敲响小猪和小鹿的房门，但是他们拒绝了他。小猴此时心里后悔极了。

如果我们基于罗尔斯的正义论，假设小猪和小鹿有着高效工作的实践天赋，而小猴则天生好吃懒做，这本是自然的选择，产生出的更差的处境不是小猴个人的责任，而是一种道德的武断。小猴、小猪和小鹿很快就因此陷入了不平等。小猪、小鹿的优势，我们无法将其视为一种应得，而这种不平等只有在使得小猴的处境改善时，才是正义的。那么，小猪和小鹿应该爽快地开门接纳小猴，才是符合两种正义原则的。但问题是，如果我们不能严守财产和自由的权利，小猴没有付出任何劳动却能坐享资源和财

❶ ［丹］安徒生：《安徒生童话》，周凝绮译，哈尔滨，北方文艺出版社，2013 年版，第140—141 页。

第六章 批判与争鸣

富的分配，那么如果越来越多的小猴出现，对于小猪和小鹿而言，是公平和正义的吗？

因此，在诺奇克看来，权利是界限性的道德约束，而并非是直接追求的行为目的。我们每一个人，在道德义务的层面都必须服从权利的约束。为什么权利决绝地不可侵犯？事实上，同罗尔斯一样，诺奇克在道德哲学上潜在地接受了康德的义务论，在他看来，"边界约束"表达的是康德主义的根本原则——"人是目的，而不仅仅是手段；他们若非自愿，就不能被牺牲或者用来达到其他目的；个人是不可侵犯的。"因此，我们理解诺奇克时，一定要透过他对权利的维护直接洞察到他想要表达的本质观点，事实上权利的不可侵犯想要表达的是"个人的神圣不可侵犯"❶。对于诺奇克式的正义论而言，个人是唯一的实体和最为核心的出发点，基于个人的各种权利在道德上具备无法超越和不容忽视的价值。组织、机构、社会或国家既不是实体，也不具备有机的生命，它们无非是人类社会演进过程中的概念性设计。因此，从社会的角度阐释一些无法把握的原则来牺牲另一些实际存在的生命实体性权利，它实际上就是为了一些特定的人的利益而牺牲另一些人的利益。一旦跨越了这个边界约束，今天我们可以为了穷人的生命权牺牲富人的财产权，那么明天我们可以从同样的原则出发为了富人的财产权而牺牲穷人的生命权。这恰恰不是在思想上的一种假设，而是在人类历史上比比皆是的实际发生过的事情。因此，诺奇克的道德约束依赖着一项根本的观念——"存在着不同的人，他们分享着不同的生命，从而没有任何人应该为了别人而被牺牲。"❷

除此之外，诺奇克对于罗尔斯阐释正义理论时所运用的方法也无法接受。他认为"原初状态"和"无知之幕"的运用造成了两个难以被接受的结果。首先，这种设定错误地假定了人们待分配的所有物品来到这个世上之初都是未被占有的，而有待于预先设定某种正义的原则，并以这种原则为基础加以分配。其次，原初状态的设立，是在另一个侧面上主张只有基于社会合作才能产生分配正义的问题，如果没有任何社会合作，每个人都靠自己的努力单独得到他的份额，那么就不存在任何争议问题，也不需要正义理论。❸

---

❶ [美] 罗伯特·诺奇克：《无政府、国家和乌托邦》，姚大志译，北京，中国社会科学出版社，2014年版，第4页。

❷ 同上书，第5页。

❸ 同上书，第220页。

这两点，诺奇克认为都无法成立。

诺奇克认为，罗尔斯"天真地"将那些能够引起正义问题的用于分配的物品视为是"从天上掉下来的馅饼"。事实上，物权和人权是伴随着人类社会始终的、甚至早于成熟的人类社会所形成的概念和事实。任何东西，一旦出现在这个世界上，它就与人们对它的所有权紧密地联系在一起了。但是，罗尔斯的正义理论，完全忽视了这个历史事实，仿佛实在说没有任何人对任何物品享有在任何意义上的所有权。并且应该通过原初状态和无知之幕对已经物有所属的所有东西进行再分配。假如我们是对"天上掉下来的馅饼"进行分配，那么我们又有什么理由一定会选择两个正义原则呢？这等于是说，没有任何人对任何的待分配物应该有着特殊的所有权，而且，人们还得事先同意某一种非常特殊的分配形式（罗尔斯的两个正义原则）才能开始进行分配，否则的话天上是不会掉馅饼的。如果真要是基于这种前提，那么人们完全能有理由主张应该以另一种方式对分配加以约束，他们可以通过某种方式使得任何人对将要掉下来的馅饼都不构成威胁，为什么还要允许有些人享有更多的馅饼同时再去同意差别原则呢？这不等于说，一方面声称人们没有任何理由应得某物，但另一方面又确定了有些人基于某些特殊的原因（例如运气和天赋）能够享有某些特殊的所有权吗？这看起来是前后矛盾的。❶

罗尔斯始终将正义视为社会的首要德性，同时，社会合作也是分配正义存在的前提。没有社会，正义无从谈起；没有正义，社会合作当然也找不到道德的合法性基础。按照罗尔斯自己的话说：

> 我将从考虑正义原则的作用开始。为使观念确定起见，让我们假定一个这样的社会，这个社会是由一些个人组成的多少自足的联合体，这些人在他们的相互关系中都承认某些行为规范具有约束力，并且在很大程度上遵循它们而行动。我们再进一步假设这些规范标志着一个旨在推进所有参加者的利益的合作体系。而且，虽然一个社会是一种为了共同利益的合作事业，它却不仅具有一种利益一致性的典型特征，而且也具有一种利益冲突的典型特征。存在着一种利益的一致性，因为社会合作使所有人都有可

---

❶ ［美］罗伯特·诺奇克：《无政府、国家和乌托邦》，姚大志译，北京，中国社会科学出版社，2014 年版，第 191 页。

能过一种比他仅仅靠自己的努力独自生活所过的生活更好的生活；另一方面，由于这些人对由他们协力产生的较大利益怎样分配并不是无动于衷的，因为为了追求他们的目的，他们每个人都更喜欢较大的份额而非较小的份额，这样就产生了一种利益的冲突，就需要一系列原则来指导在各种不同的决定利益分配的社会安排之间进行选择，从而达到一种有关恰当的分配份额的协议。这些原则就是社会正义原则，它们提供了一种在社会的基本制度中分配权利和义务的办法，确定了社会合作的利益和负担的适当分配。

诺奇克一直对罗尔斯所论述的"社会合作"之于"正义原则"的特殊性地位表示怀疑。他提出疑问，为什么社会合作产生出分配正义的问题？假如根本没有社会合作，每个人都靠自己的努力单独地得到他的份额，是不是就不需要阐释一系列的分配正义的原则？是不是就不存在任何正义问题？也不需要正义理论了？按照罗尔斯的理论路径去推测，似乎应该是这样。对此，诺奇克提出了一个非常有意思的案例进行反驳与反思。

诺奇克假设，有十个鲁滨逊❶，其中每个人都被困在不同的岛屿上单独生活了两年，他们凭借着各自不同的生存本领积累了各自不同规模的财富和资源。偶然一天，他们各自在岛上发现了多年以前留下来的通信设备，开始尝试与其他岛上的鲁滨逊建立联系。很快他们就知道了附近还有至少九个鲁滨逊，并掌握着一些自己岛屿上所没有的资源，那么他们不可以相互提出要求吗？

诺奇克反问，在这十个鲁滨逊中，一定会有一些天赋差、能力弱的人，那么在这样的情况下他能不能依据罗尔斯的正义原则，要求那些处境比自己好的人对自己进行援助？他可以依据那些罗尔斯能够认可的理由，认为这些不同的、个人的、非合作的份额之所以出现这么大的差异，是由于自然禀赋，而自然禀赋不是应得的，正义的任务就是要矫正这些自然的任意性和道德的武断性所造成的不平等。但是，罗尔斯显然不会同意这种

---

❶ 《鲁滨逊漂流记》是英国作家丹尼尔·笛福的一部长篇小说。该书首次出版于 1719 年。该作主要讲述了主人公鲁滨逊·克鲁索（Robinson Crusoe）出生于一个中产阶级家庭，一生志在遨游四海。一次在去非洲航海的途中遇到风暴，只身漂流到一个无人的荒岛上，开始了段与世隔绝的生活。他凭着强韧的意志与不懈的努力，在荒岛上顽强地生存下来，经过 28 年 2 个月零 19 天后得以返回故乡。

主张。因为，十个单独生存的鲁滨逊在建立联系之前没有形成一个社会，并在这个社会中建立合作关系。他们每个人的获得的资源都与他人无关，任何人都应该不能对这份独自持有的物资提出所谓的"正义"。但假如我们接受这样的观点，实际上我们就把社会合作的概念给"污染了"。与其说，是因为没有社会合作而不能进行正义的分配，还不如说，这样的再分配要求没有依据。❶

换句话说，假如世界上只有一个人，我们能够接受这个人基于自己的生命权和自由劳动权，可以心安理得地享有自己的成果和财富。那么为什么社会合作就改变了这一份"心安理得"呢？如果十个荒岛上的十个鲁滨逊永远都无法取得联系，我们就能够接受他们永远也不用对自己基于权利所得的个人财产进行再分配。那么，为什么当他们决定要联合在一起的时候，还是依据的同样的能力和天赋，建立在合作基础之上所形成的财富，那些能力强和富有的人就要无偿地贡献出一些物资来援助那些处境更差的人呢？

诺奇克认为，如果在非合作的状态中，谁对自己能够依据何种权利拥有什么东西是非常确定的，这个权利就应该是正义原则应予确定不移地保障和维护的内容，即权利原则不应该随着社会合作而动摇和被质疑。那种认为一旦建立了社会合作，情况发生了某种变化，权利原则也应该随之发生变化的观点是没有道理和站不住脚的。

诺奇克对于罗尔斯的批评是全面和系统的，他对于罗尔斯的差别原则尤其给予了特别的关注并给出了更为严厉的反驳。这里，我们可以简要地回顾一下罗尔斯对差别原则论证的路径。罗尔斯论证差别原则主要分为两个部分，一个是否定的部分，他认为社会和经济的不平等很大程度上是由于人们自然天赋和社会文化条件差异所导致的。从道德层面考察，这些不平等是由偶然和任意因素造成，因此应予调整。那么，如何纠正这些不平等呢，罗尔斯从肯定的层面提出了再分配的原则，也就是我们反复提到的，人们都要从社会合作中获益，处境好的人有道德义务对处境更差（或最差）的人予以援助。诺奇克并不否认，人们自然天赋和社会文化条件差异所导致的不平等带有偶然和任意因素，但是他进一步提出，如果一定要

---

❶ ［美］罗伯特·诺奇克：《无政府、国家和乌托邦》，姚大志译，北京，中国社会科学出版社，2014 年版，第 221 页。

对人们天赋造成的不平等进行再分配，无异于是在主张"人们的自然天赋是社会的共同财富"❶，这一点是荒谬的。

对于诺奇克而言，不管人们的自然天赋是不是一种任意的结果，它从本质上都是从属于——且完全从属于——个人的不可剥夺的权利。任意和偶然并不代表人们不应该坚决地享有和完全地维护这种权利，更不意味着需要对这种差别进行调整和纠正。诺奇克指责罗尔斯，过分地将人们的天赋所展示出来的外在性因素夸大和强化了。确实，由于社会文化的差异，不同的天赋在不同的社会中展示了各自不同的优势，并因此而获得不同的收益。但这不意味着人们的天赋没有自主性和主体性，个人天赋所展示的能力最终起决定性作用的不是社会和文化的差异，而是人的主观能动性。如果我们否认人们天赋的主动性，在诺奇克看来，是对人的一种轻视、歧视和贬低。我们过去歧视一些行为能力有障碍的人们，现在无非是反过来了，一些能力和天赋高的人们，反而带有了某种"原罪"，需要人们带着"有色眼镜"来关注他们是否付出了更多，来弥补自然对他们的馈赠。罗尔斯本意是想重视和提高人的尊严，但诺奇克认为差别原则却起到了事与愿违的效果。如果我们无论如何不能接受，因为博尔特跑得太快，应该给他的双脚加上一副沉重的镣铐来达到平等的话，那么为什么那些通过天赋努力而收入更高的人要为此而付出比他人更为沉重的赋税代价呢？

诺奇克更为犀利地指出，所谓的"差别原则"无非是产生于人们"嫉妒"的心理基础，完全是由于天赋较低的人们对于才智较高者的"羡慕、嫉妒、恨"。如果因此而要求贤达俯就庸愚，就尤其不合理了。那种将个人天赋视为是"集体财富和公共资源"的观点就更为荒谬了，那无异于是在说，阿尔伯特·爱因斯坦和史蒂芬·霍金对于科学的推进和贡献是建立在一种滥用公共财富的基础之上。这样，诺奇克将对罗尔斯批评的矛头直指他对于平等价值的推崇和讴歌上来。

关于自由，罗尔斯和诺奇克没有本质上的冲突，他们争论的核心分歧就在于对平等价值的认知和理解的差异。罗尔斯认为，正义必须要达成某种意义的平等，甚至是完全的平等。但绝对的平等是无法实现的，因此需要差别原则予以矫正。他以一种类似历史进步论的角度来考察这个问题。

---

❶ ［美］罗伯特·诺奇克：《无政府、国家和乌托邦》，姚大志译，北京，中国社会科学出版社，2014 年版，第 22 页。

在罗尔斯看来，人类社会符合由不平等向逐渐平等发展的过程。在原始社会、封建社会和资本主义社会的早期，人类社会是分等级的，每个人基于自然的差别被人为地固定在特定的阶层中，一出生就决定了地位和尊严上的极度不平等。等级制度废除后，资产阶级革命兴起以来，人们逐渐确立和完善了基于法律和政治权利意义上的平等。那么，在早先的不平等社会中，造成那种结果的显然是特定的社会和文化因素，例如"君权神授""主忧臣辱、主辱臣死"这种特定的传统。但当社会文化存在的土壤消失以后，导致特定不平等的情况也随之消失。那么很显然，新的经济不平等也是由于社会文化因素导致的，所以应该予以彻底地解决。

我们在上一个段落中已经介绍了诺奇克针对这个观点的针锋相对的反对意见。除此之外，在诺奇克看来，正义根本与平等没有直接的关系，他有三个理由。第一，不平等是无法解决的。如果我们非要强行地推行某种平等，势必会造成更大的或者是其他类型的不平等。例如，十个手指有长有短，树木琅琳有高有低，我们非要把它们变得一样长一样高，这是不是完全不能被接受的？第二，不平等是不幸的，但并非是不公平的。例如有一些职业篮球运动员，穷尽他们一生的奋斗和努力也无法达到迈克尔·乔丹的职业高度。这是值得同情和遗憾的，但乔丹与他们之间的差异与公平正义是无关的。第三，主张平等即正义的观点缺乏论证的依据，并且人们对于平等认知的差异性过于明显了。有人觉得，只要我们在同一起跑线上开始就是平等。但有人就非觉得只有当我们携手揽腕一起通过终点时才是平等的。因此，不同的平等观点带来的势必是对其他诉求的不公正。

可以说，正是诺奇克吹响了对罗尔斯发起进攻的号角。作为两个西方自由主义政治哲学的最为杰出的代表，他们之间的争论也几乎支配了西方政治哲学将近四分之一个世纪的发展轨迹。尽管诺奇克不遗余力甚至是尖锐刻薄地批判了罗尔斯，但他同时也对于罗尔斯及其正义理论给予了崇高的评价和充分的尊重。诺奇克认为，《正义论》是一部非常罕见的论证有力、深刻且精致的学术著作，它将众多能够给人以启发和启迪的观点有机地结合成了一个整体，并形成了一个完整的体系。诺奇克对于罗尔斯本人毫不吝惜溢美之词，认为他是继约翰·密尔之后西方最为重要和杰出的哲学家。诺奇克还预言，《正义论》是如此地重要，以至于此后的政治哲学家们——包括他自己——都无法避免要在罗尔斯的理论框架下从事工作，

或者必须解释不在其理论框架内工作的理由。❶

2002 年 1 月 23 日，这位罗尔斯一生的好友和同事在麻省剑桥病逝，享年六十四岁。十个月以后，罗尔斯也与世长辞。愿这两位当代政治哲学领域伟大思想家的灵魂能够在天国得到永远的安息。

（二）自生自发秩序与"否定性"正义

约翰·罗尔斯在 1971 年出版《正义论》，一举将"社会正义"研究奠基为此后半个世纪的英美政治哲学领域中最为主要的论题。❷ 但几乎就在与罗尔斯同时期，还要稍早一些的时候，还有一位著名的思想家，在他一生长达近四十年的学术生涯中，对"社会正义"的理论进行了极其严厉的批评。我们可以轻而易举地找到他对社会正义理论"无所不用其极"的抨击，例如他说社会正义是"毫无意义的""空洞的"，是"哲学家的魔法师""原始的概念""迷信"，等等。❸ 这位思想家就是弗雷德里希·奥古斯特·冯·哈耶克。

与罗尔斯不同，哈耶克关注的学术领域要更为宽泛得多。他在经济学领域的名声要远远大于他在政治哲学界所作出的同样杰出的贡献。因为，人们更多的是从 1974 年的诺贝尔经济学奖的颁奖典礼上认识的这位二十世纪伟大的思想家。

1899 年，哈耶克诞生于奥地利首都维也纳的一个学术世家。他早年就读于维也纳大学，先后获得了法学博士和经济学博士。完成学业以后，哈耶克主要从事经济方面的研究工作。1924 年开始，他加入了由奥地利经济学派重要代表人物路德维希·冯·米塞斯主持的"私人研修班"，正是在米塞斯的影响下，哈耶克放弃了原来坚持的社会改良主义者的立场，成了一位自由市场经济的坚定捍卫者和理论家。就在同一时期，哈耶克开始研究经济周期理论。1927 年，奥地利经济周期研究所成立，年仅二十八岁的哈耶克出任该所所长。四年以后，哈耶克发表了个人的第一部学术专著——《价格与生产》。这部著作的理论与当时大行其道的凯恩斯学派观点完全相左而引起了非常强烈地反响，哈耶克因此得到了伦敦经济学院的

---

❶ ［美］罗伯特·诺奇克：《无政府、国家和乌托邦》，姚大志译，北京，中国社会科学出版社，2014 年版，第 19 页。

❷ 周濂：《哈耶克与罗尔斯论社会正义》，《哲学研究》，北京，2014 年第 10 期，第 89 页。

❸ 同上注。

邀请，获得了一个教授的职位，这一年他才刚满三十二岁。他从此离开故乡维也纳，侨居伦敦，并加入了英国国籍。离开奥地利对哈耶克来说是一次命运对他的垂爱，此后的十几年法西斯德国的铁蹄几乎踏遍了整个欧洲大陆，但哈耶克却始终能够在英国潜心地集中精力致力于教学和研究，也出版了多部深刻影响当代思想和理论界的专著，例如《利润、利息与投资》《资本纯理论》《科学的反革命》以及大名鼎鼎的《通往奴役之路》。其中的后两本著作代表着哈耶克的研究兴趣已经逐渐从纯粹的经济学开始向政治思想和政治哲学的领域转移，哈耶克开始从自由主义的角度阐述他的政治哲学思想。第二次世界大战结束后，哈耶克同美国建立了广泛的联系。1950 年，他辞去伦敦的教职，前往美国芝加哥大学任教。1960 年，哈耶克发表了全面阐述自己自由主义政治哲学思想的力作——《自由宪章》（The Constitution of Liberty），正是这部著作奠定了他在自由主义思想史的地位，同时也确立了他在当代政治哲学领域的声誉。1962 年，哈耶克返回欧洲，先后在西德弗莱堡大学和奥地利萨尔茨堡大学任教。在萨尔茨堡期间，他完成了自己的最后一部重要著作——《法律、立法与自由》。进入二十世纪七十年代以后，如同罗尔斯全面地在政治哲学领域复兴了自由主义一样，名噪一时的凯恩斯主义无力解释战后西方社会经济发展的现实，哈耶克所倡导的自由主义经济理论重新回到了学术理论舞台的中心位置。1974 年，哈耶克因其早年的经济周期理论研究，与美国经济学家冈纳·缪尔达尔（Gunnar Myrdal）一起获得诺贝尔经济学奖。❶

从十九世纪中叶开始，人们对不平等的关注就已经转移到了经济领域。思想家们开始普遍关注由强调个人行为的交换正义所支配的自由市场秩序在机会、能力或财富等方面所产生的不平等现象，并提出了一系列的事关社会正义的主张和批判性的理论。❷ 当然，如果我们反思这些批判和理论的最初目的，很明显地可以发现他们是在追问和呼唤统治者的良心。一方面是两三百年来资产阶级兴起过程中资源财富的飞速积累、文明社会的跨越式发展和科学技术日新月异地创造，另一方面却是贫穷者越发苦难，富足者越发安逸，这样的境况促使一批思想家觉得自己有义务提醒统

---

❶ ［英］哈耶克：《自由宪章》，杨玉生等译，北京，中国社会科学出版社，2012 年版，第 6—7 页。

❷ 邓正来：《"社会正义"的拟人化谬误及其危害——哈耶克正义理论研究》，北京，《马克思主义与现实》，2011 年第 4 期，第 63 页。

治阶级，让他们认识到在欣赏眼前这些浮华与繁荣之外，自己对社会中没有得到充分关注或被忽视的那一部分人的利益负有不可推卸的责任。这种思潮和趋势实际上伴随着第二次世界大战的结束就开始在西方社会全面展开了。大批信奉进步思想的西方社会思想家以自由民主国家为探讨问题的前提和框架，他们在此基础上去论证自由主义市场经济体制内部造成不平等的因素，并希望通过政治手段和政策的改良来纠正这些他们所认为的不正义。但实际上，市场经济内部的诸多核心因素是与机会和财富密不可分的，针对这些内容的批判就将"社会正义"问题与适当分配财富和收入的问题直接联系在了一起。❶ 社会正义在这个意义上也就等同于是"分配正义"。❷ 从二十世纪开始，事实上多数政治哲学家已经并不再热衷于论述"社会正义"与"分配正义"之间的差别了。甚至在更早的时候，约翰·密尔就已经将两个概念完全等同起来使用，只是在罗尔斯和《正义论》之后，这种论述方式才大为流行起来。

1976 年，哈耶克出版了《法律、立法与自由》。这本书的第二卷被他命名为《社会正义的幻象》，哈耶克针锋相对地将矛头指向了所谓的"社会正义"的概念，并对这个概念进行了尖锐的批判。他从经济学的角度出发，认为"社会正义"是一个"伪概念"，只是将正义在社会层面进行了粗糙的套用，并且将其做出了"拟人化"的处理。这种处理方式对于完善和健全一种自由市场秩序而言毫无意义。❸

哈耶克之所以对"社会正义"的概念进行了如此尖锐的批判和反对，是由于他个人对"社会"这个概念有着非常独特和深刻的理解。我们需要反思的是，"什么是社会"？哈耶克认为，人们当初之所以引入"社会"这个术语，是将这一概念用于描述那种以自生自发的方式发展和建立起来的人际关系秩序。"社会"与"国家""政府""联合国""世界银行""国际货币基金组织"等一系列人为刻意建立起来的机构和组织有着本质上的差别，社会力量和社会结构并不是人们运用理性和个人意志来主动规划、

---

❶ ［英］戴维·米勒等：《布莱克维尔政治学百科全书》，邓正来等译，北京，中国政法大学出版社，1992 年版，第 408 页。

❷ 例如，罗尔斯在《正义论》中对"正义""社会正义"和"分配正义"这三个概念的使用就并未加以明确区分。在罗尔斯的理论中"作为公平的正义"即是以一种"社会正义"的面貌出现，它同时又表现出了一种非常完整的"分配正义"特征。

❸ 邓正来：《"社会正义"的拟人化谬误及其危害——哈耶克正义理论研究》，北京，《马克思主义与现实》，2011 年第 4 期，第 65 页。

有序计划的产物，而是通过历史上无数个人的各自活动和实践而自发产生出来的。因此，社会到底能够演变成什么形态，到底能发展到什么阶段，这在本质上是人们无法预知的。❶ 所以说，在哈耶克看来，真正的社会不能够通过逻辑进行建构，当然也无法对其进行严格意义上的逻辑推理。"社会"在本质上呈现出一种"无个性特征（anonymous）"和"非理性特征（non-rational）"的进化与选择过程，它在发展和严谨的过程中与个人的行为是截然不同的。我们一个人不管是生活，还是学习、科研、事业等等方面，一般而言，作为一个成功人士都需要进行比较严谨的规划，设立长期目标、短期计划，并应该用比较审慎和严格的态度进行贯彻和执行。这也体现了我们人类取舍、选择、坚持和实践的理性过程。例如一个农民，在年景不好、粮食歉收的时候，他能够合理地分配食物，确保他可以捱过寒冷的冬天。这件事通过个人理性完全能够实现。但是，如果我们把"社会"视为一个整体，它是不会思考的，也没有所谓的统一的理性活动能力。在社会发展过程中无数的、无法统计的个体为此做出过截然不同、甚至是毫不相关的贡献，这些贡献不是统一地指向某个方向，而是出于自发的行为活动。有些铁匠，矢志不渝地要钉好一副马掌，另外还有一些空气动力物理学家殚精竭虑地想要制造出精确制导武器。这二者没有任何联系，尽管他们都为社会发展做了贡献，但他们的行为和思想无论如何无法公度到一个方向上来。因此，哈耶克认为，我们要求在社会的范畴内实行财富的再分配，是荒谬和不能成立的。

作为古典自由主义经济学的倡导者和维护者，哈耶克坚定地推崇一种自由的市场经济秩序，并认为只有完善和健全的自由市场经济才能够给人类社会带来稳定和繁荣。自由的市场经济秩序本质上和社会的属性是一样的，都不是人们依靠理性刻意设计和主动规划的结果，而是产生于自生自发的发展过程。通俗地讲，人们在成熟的市场经济活动中，做什么或不做什么最终都取决于他们自由的行为选择。没有人约束你早点是吃一顿高档的广式早茶还是随便在街边买一个煎饼果子来充饥。既然是出于人们自由的行为选择，因此而带来的后果理所当然应该由每个人所承担。你不能说因为你吃了广式早茶，花了一千块，所剩余的财富要远远小于仅花十块钱

❶ 孙春晨：《哈耶克为什么反对"社会正义"》，长沙，《伦理学研究》，2013 年第 5 期，第 75 页。

吃煎饼的人，那么你就要求社会正义针对现存的你们之间的不平等进行纠正和财富的再分配。因此，哈耶克申明，基于这种现实，我们没有理由针对这些后果来要求通过实质性的社会机构以"社会正义"的名义来重新安排、重新分配实质性的物质财富。

哈耶克反对"社会正义"的另一个理由在于，他始终认为倡导社会正义本质上是对某些特殊利益集团权利的维护。社会正义理论的初衷，原本是对社会阶层中处境较差者的关怀和同情。体现的应该是人们出于对贫困者的救济和帮助而提出的那种具有道德意义的善意主张，这原本是非常合乎情理且能够符合某些伦理道德基础的价值概念。❶ 但是，哈耶克仔细考察和研究了"社会正义"理论演变的过程和历史，他发现社会正义观念在实践的过程中几乎无一例外地偏离了自身的初衷和主题，最终都逐渐地变为某些特定阶层和特殊利益集团用来满足自身需求的某种道德诉求。

> 要求政府为了特定群体的利益而采取行动的绝大多数主张，都是以社会正义的名义提出的，而且如果论者有办法把某个这样的主张弄得好像是"社会正义"所要求采取的一种措施，那么反对这种主张的意见即刻就会变得软弱无力、不堪一击。❷

这一点，其实并不难理解。比如说，现在我们身处一个自由市场经济体制并不发达的共同体中，本土企业发展得并不健康。那么，为了挽救和扶植这些在市场中处于劣势地位的企业，国家相应出台一些贸易保护的政策，这个在一定范围内是合理的。但是它和社会正义没有关系。如果我们一定要打着"正义和平等"的旗号，宣扬民族爱国主义，将合理的保护强化为某种垄断性和贸易壁垒式的政策。在这面大旗之下，你如果反对，那么你很容易就走到了民族尊严和爱国主义的对立面。那么如果真的实行这种政策，对这个共同体建立健全自由市场经济体制有百害而无一利，贸易壁垒只能使得市场竞争更加不充分。那些本身先天不足的民族企业躺在保护性政策的摇篮里，永远也别想成长和成熟起来。但是，民营企业家依然可以享受到非常多的特权，并大获其利，而普通民众想要获得更好的外资

---

❶ 孙春晨：《哈耶克为什么反对"社会正义"》，长沙，《伦理学研究》，2013 年第 5 期，第 77 页。

❷ ［英］哈耶克：《哈耶克论文集》，邓正来选编/译，北京，首都经济贸易大学出版社，2001 年版，第 120 页。

企业的商品可能就要付出成倍的高昂代价。虽然打着正义旗号，事实上却成就了某个特定阶层的特殊利益。在这里，哈耶克犀利地提出了自由主义❶正义观与社会正义理论之间的差别：

> （自由主义正义）所提出的只是这样一项要求，即在国家规定个人据以行事的各种条件的情况下，国家必须根据同样适用于所有人的形式规则来规定这样的条件。自由主义反对任何形式的法律特权，亦即反对政府把任何具体好处只给予某些人而不给予有的人的做法。❷

在哈耶克看来，自由主义所追求的正义应该是一种对所有人全部都能够平等对待的行为规则，而"社会正义"的各种理论隐含了对某些特定利益集团的倾向性道德关怀。这种关怀，不仅不能够最终达成正义，相反会侵蚀和瓦解自由市场经济秩序，最终将人类社会推向极权或更为不自由的境地。因此，哈耶克坚持认为，当今在"社会正义"的名义下所做的很多事情，不仅不是公正的，而且还是高度"反社会的（unsocial）"，因为这种做法与保护既得利益或特权阶层的动机没有什么分别。❸ 对此，他严厉地批判道：

> 当为数足够多的人都吵闹着要求保护他们既有地位的时候，它就会被视为是一个"会问题"，……它之所以变成一个严重的社会问题，主要是因为这种要求在"社会问题"的幌子下能够激起公众的同情。❹

但是，这种情形却无法改变下述事实，即把这些做法说成是为了满足"社会正义"，无非是个借口而已，它们真正的目的在于维护特定阶层和特殊利益集团的利益，以此来压倒所有人的普遍利益。❺

---

❶ 哈耶克的自由主义很明显地彰显了"自由至上主义"的理论特征。从宏观的角度而言，他和罗尔斯都属于自由主义，而罗尔斯的理论则更多地体现了"自由平等主义"的特征。

❷ ［英］哈耶克：《法律、立法与自由（第二、三卷）》，邓正来译，北京，中国大百科全书出版社，2000年版，第84页。

❸ 孙春晨：《哈耶克为什么反对"社会正义"》，长沙，《伦理学研究》，2013年第5期，第78页。

❹ ［英］哈耶克：《法律、立法与自由（第二、三卷）》，邓正来译，北京，中国大百科全书出版社，2000年版，第163页。

❺ 孙春晨：《哈耶克为什么反对"社会正义"》，长沙，《伦理学研究》，2013年第5期，第78页。

哈耶克反对社会正义最为核心的一个理由在于，他认为社会正义践踏了个人自由。在这一点上，哈耶克与诺奇克是非常一致的。启蒙运动以来，自由已经逐渐成为人类最为重要和最为基本的一项权利。尤其在当代社会中，自由权利对我们每个人而言在生存和发展的意义上都有着前提性和基础性的意义。因为，只有当我们的个人行为能够不受到外部力量的奴役和管制时，才能够自主地选择自己将要实现的生活愿景，个人的价值和理想才能够最大限度地实现，个人的尊严才能最大程度地实现。

在哈耶克看来，主张"社会正义"的目的就是试图在自由市场秩序中通过"社会的"方式来分配财富，而这个"社会的"方式实质上只能通过"拟人地"和"人格化"的某个具体权利机构或组织来实现。那么，实现社会正义的再分配必然会带有强制性和专断性特征。我们可以通过一些假设的案例来理解这一点。

"耕者有其田，居者有其屋"是人们千百年以来对正义社会的一种向往和追求。但现实中，尤其是市场经济下，任何一个国际化大都市中房地产价格都高得让绝大多数普通人难以接受，更不可能在这里享受到"居者有其屋"的现实。但是，如果我们为了实现社会正义，成立一个机构——不妨权且将其称为"社会正义部"——这个机构可以保证每一个人都能够分到一套平米数大致相等的住房，条件是，不可能将分房的地址限定在某个地区。也就是说，假如你是一个祖祖辈辈生活在北京的人，但你大学毕业以后如果在市场经济条件下，凭借工资买房，几十年也不可能实现。现在，"社会正义部"可以分给你一套一百平方米的位于拉萨的住房，你只能接受，因为如果你不去，那么你就是违反了社会正义所追求的基本价值。请问，你愿不愿意去？我们再来思考，假设你祖祖辈辈生活在一个偏远山区，以放牧为生，居住在原始的帐篷中，世世代代过着和谐和安宁的生活。但是，假设现在全国绝大多数地区已经步入了后工业时代的文明社会。忽然，人们发现以现有的物质文明水平来衡量，你们过得太贫苦了，这简直太不正义了。于是"社会正义部"在你家周围盖起了一幢幢水泥房子，迫使你们放弃自己过去的生活方式，以正义之名要求你们在极短的时间内融入"文明"社会，你是否愿意？我想，不管是前者还是后者，人们都会极不情愿。原因很简单，它都极大程度地干涉了人们自由的权利。正如哈耶克所说：

分配正义这个理想对于自由主义思想家来说一直有着吸引

力，而且还可能构成了促使如此之多的自由主义思想家从自由主义转向唯社会论的一个主要因素。需要强调指出的是，坚定的自由主义者之所以必须拒斥分配正义这种理想，主要原因有二：第一，根本就不存在为人们所公认的或能够被人们发现的有关分配正义的普遍原则；第二，即使人们能够普遍认同这样的分配正义原则，这些所谓的分配正义原则在一个生产力取决于个人自由地运用自己的知识和能力去追求自己目的的社会中也是不可能付诸实施的。❶

所谓的"社会正义"只是一种道德诱惑，在自由市场秩序中不仅是不可能实现的，而且更为严重的是，像大多数追求某种无法达到的目标的努力一样，追求"社会正义"的努力也同样会产生极不可欲的后果；尤其需要指出的是，这种努力还趋于把传统道德价值赖以演化扩展的不可或缺的环境给摧毁掉；而这个不可或缺的环境便是人身自由。❷

在这里，哈耶克可以说成了诺奇克最亲密的"战友"。自由，是他们思想体系中最为核心的观念。自由之所以重要，不仅仅在于它是人们所追求和尊崇的众多核心价值中的一个，更在于它是实现其他价值的前提和基础。哈耶克将自由上升至了人们"唯一一项道德原则"的高度。❸

实际上，使先进文明之发展成为可能的唯一一项道德原则，便是个人自由的原则。该项道德原则所意指的是：个人在决策的过程中受正当行为规则的指导，而不受具体命令的指导。在一个自由人组成的社会中，任何约束个人的集体行为原则都是不可能有立足之地的。❹

因此，在哈耶克所倡导和坚持的自生自发市场秩序中，自由是一切权

❶　［英］哈耶克：《哈耶克论文集》，邓正来选编/译，北京，首都经济贸易大学出版社，2001 年版，第 83 页。

❷　［英］哈耶克：《法律、立法与自由（第二、三卷）》，邓正来译，北京，中国大百科全书出版社，2000 年版，第 124 页。

❸　孙春晨：《哈耶克为什么反对"社会正义"》，长沙，《伦理学研究》，2013 年第 5 期，第 78 页。

❹　［英］哈耶克：《法律、立法与自由（第二、三卷）》，邓正来译，北京，中国大百科全书出版社，2000 年版，第 124 页。

利的基石，是毫不容动摇的最为核心的权利。自生自发市场秩序保障了人们选择的自由，本身就是正义。而任何借助权力机构强行地对此加以干涉，都是对自由权利粗暴的侵犯。如果政府以"社会正义"之名，通过权力的介入来实施对财富的分配，试图利用政府的强权来达到所谓的社会平等，这种做法"必然导致把市场的自发秩序变为一个组织，或换言之，变为一种极权主义秩序。必然会导致对个人自由的践踏"❶。

我们经过如此漫长的篇幅来介绍哈耶克对"社会正义"这个特定概念的批判，似乎可以得出这样一个定论：哈耶克与致力于社会正义理论建设的罗尔斯之间必然是水火不容的。但是，追求正义之路之所以是如此迷人，如此让人神往，就在于理论的探索过程中，不同的思想和观点之间，往往在矛盾中孕育着统一，在对立中隐藏着共识。哈耶克在《法律、立法与自由》这本书中，几乎不遗余力地批判了社会正义，唯独却对罗尔斯的理论表露了非常明显的嘉许之意：

> 经过仔细地考察，我得出这样一个结论，我原本想就罗尔斯的《正义论》所做的讨论，对我所探讨的直接目标并无帮助，因为我们之间的差异看起来更多的是语义上的而非实质的。尽管读者的第一印象可能不一样，但我在本卷稍后处引用的罗尔斯的陈述，在我看来，表明我们之间在我所认为的最根本论点上是有共识的。❷

虽然哈耶克立场坚定地反对"社会正义"，但这不代表哈耶克本人没有关于正义的观点，他只是反对将正义这个理论冠之以"社会的"限定，这样的做法在他看来是不能成立的。至于他本人对"正义"的理解是非常深刻和全面的。正是因为具备这样的基础使得他和罗尔斯之间必然会产生一定程度上的共识。在解释自己的正义观时，哈耶克援引了美国著名经济学家、思想家罗伯特·卢卡斯❸在《政治的原则》中的一段论述：

---

❶ ［英］哈耶克：《经济、科学与政治——哈耶克思想精粹》，冯克利译，南京，江苏人民出版社，2000年版，第403页。

❷ ［英］哈耶克：《法律、立法与自由（第二、三卷）》，邓正来译，北京，中国大百科全书出版社，2000年版，第4页。

❸ Robert E. Lucas, Jr. 美国著名经济学家、芝加哥经济学派代表人物之一、芝加哥大学教授，1937年生于华盛顿的雅奇马，卢卡斯是一位经济学天才、理性预期学派的重量级代表，倡导和发展了理性预期与宏观经济学研究的运用理论，深化了人们对经济政策的理解，并对经济周期理论提出了独到的见解。为表彰他对"理性预期他假说的应用和发展"所作的贡献，1995年成为诺贝尔经济学奖获奖者。

面对人的不完整性，我们在一定程度上是从程序的角度来阐释法治的，这些程序的目的并不是为了确保绝对的正义得到实现，而是为了防止最糟糕的不正义。在政治哲学中，"披着外衣"的是不正义而不是正义，这是因为，作为会犯错误的人，我们无力事先说出什么样的判决将始终是正义的，再者，由于我们生活在自私的人当中，所以我们也无力始终如一地保证正义得到实现；据此，从明确性这个角度来考虑，我们采取一种否定性的认识进路，并确定一些程序以避免某些可能产生的不正义现象，而不是去追求各种形式的正义。

哈耶克之所以长篇大论地引述了这段话，是因为它基本上非常准确地表达和阐述了哈耶克本人的正义观。❶ 哈耶克的正义观主要体现了三点内容：

首先，正义的规则是"抽象的"，"我们必须明确地承认我们对于特定情势所具有的那种不可避免的无知"❷，因此，我们只能从程序的角度而非结果的角度去追求正义。换言之，作为结果到底是不是正义的，本质上说我们最终是无法判断的。只能尽可能地保证在程序实施的过程中，呈现出正义的特征。

其次，正义的规则和内容是"否定性的"而非"肯定性的"。也就是，我们也不知道什么是真正的、完美的、没有瑕疵的"绝对正义"。但是，有一点我们可以做到，就是我们明确地能够判断哪些事情、行为和内容肯定是不正义的。因此，就要对这些内容进行纠正和避免。这就是"否定性"的含义。

再次，正义的追求与自生自发秩序之间存在着密切的关系。哈耶克认为，从历史上看，正是对正义的追求，才使得一般性规则系统得以生成和演化，而这个规则系统反过来又成了日益发展的自生自发秩序的基础和维护者。❸

回顾我们以往对正义思想和正义理论的讨论和介绍，西方政治思想史

---

❶ 周濂：《哈耶克与罗尔斯论社会正义》，北京，《哲学研究》，2014 年第 10 期，第 91 页。

❷ ［英］哈耶克：《法律、立法与自由（第二、三卷）》，邓正来译，北京，中国大百科全书出版社，2000 年版，第 55 页。

❸ 周濂：《哈耶克与罗尔斯论社会正义》，北京，《哲学研究》，2014 年第 10 期，第 91 页。

和政治哲学史的传统中，对正义的追求和理解大致上分为三个不同的路径和角度，即消除不正义、促进正义和追求一种完美的正义世界。例如我们之前介绍的霍布斯、洛克和卢梭，他们更多地是从一种"先验制度主义"的角度，心心念念、孜孜不倦地追求着某种完美的正义世界，但他们常常忽视、遗忘或不屑于探讨正义的前两个层面的内容。与此相对的是，边沁、密尔、西季威克等人更多地是站在"经验制度主义"的立场上在探讨如何才能消除现有世界中的不正义。我们通过这样的分析可以发现，哈耶克本人的正义观正是介于这两者的中间地带。他一方面强调正义的主题是"最抽象的规则"，是某种"程序"，这本身带有了"先验制度主义"的特征。但同时，他站在自生自发秩序的基础上，否认我们人类的智慧和理性可以建构出一个所谓的完美正义的世界，这种努力在他看来显然是徒劳的。所谓正义规则的目标应该是"否定性"的，它们并不是为了确保绝对的正义得到实现，而是为了方式和纠正最糟糕的不正义。

在人类实践政治制度和阐述政治理论的过程中，哈耶克就像是一个冷静的长者一样，谆谆地教诲我们应该反思和认清人类理性能力的局限性。我们不能过分沉迷和过度自信地认为理性是无所不能的，他和他的正义观点都彰显了这一点难能可贵的沉稳。无论我们多么热烈地渴望着正义，无论我们多么骄傲于人类理性所创造的一切，都不应该忽视和忘记他对于我们的教诲：

> 我们所习得的经验已经足以使我们认识到了这样一个道理，即对于任何想通过把个人互动的自生自发过程置于权力机构控制之下的方式去扼杀这种自生自发的过程并摧毁我们的文明的做法，我们都予以坚决的制止。但是需要指出的是，为了不使我们的文明蒙遭摧毁，我们就必须丢掉这样一种幻想，即我们能够由刻意地设计而"创造出人类的未来"，正如一个信奉唯社会论的社会科学家在晚近所发表的那部狂妄自负的作品中表达的那般。以上所述便是我经由四十年的研究而达致的最终结论：自我意识到理性被滥用及其衰微这个过程以来，我用了四十年的时间来研究这些问题，而在这四十年的岁月里，理性被滥用及其衰微的过程实际上就从来没有停止过。❶

---

❶ ［英］哈耶克：《法律、立法与自由（第二、三卷）》，邓正来译，北京，中国大百科全书出版社，2000 年版，第 492 页。

1992 年，哈耶克于德国的弗莱堡去世，享年 93 岁。

（三）应得与共同体

2004 年夏，飓风"查理"从墨西哥湾咆哮而出，横扫佛罗里达，直至大西洋。这次飓风给当地居民造成了非常严重的生命和财产损失，与此同时它还引起了一场关于价格欺诈的争论。时值盛夏，由于停电不能使用冰箱和空调，人们只有去买冰袋用来降温解暑。但是他们忽然发现，原本标价两美元的冰袋，凭空涨了 5 倍，需要十美元才能买到。日常在商店里二百五十美元就能买到的小型发电机现在涨价竟达到了十倍多，需要支付两千美元。佛罗里达州的居民被飙升的物价激怒了，《今日美国》（USA Today）的一个头条报道如此命名："刚送走飓风，又迎来秃鹫"。佛罗里达州有一项反价格欺诈法，在此次飓风之后，总检察长办公室收到了两千多件投诉。❶ 围绕着"反价格欺诈法"的诉讼，人们形成了不同的派别，引发了一场旷日持久的争论。

如果我们持一种功利主义的态度，可能会认为，自由市场通过物价上涨提供了刺激，这样可以使得人们更加努力地工作以增加所需用的商品和服务，客观上能够起到促进社会整体福利的效果，毕竟"只有中世纪的哲学家和神学家才会认为商品交换应当根据基于传统或物品固有价值的'正当的价格'来进行。在当下的市场经济中，价格应该由供求关系来决定"❷。因此，即便是价格因为供求关系的变化，短时期内飙升到了很高的水平，但如果这样可以促进社会整体福利，也没有什么不正义的。

考虑到上世纪七十年代以后，功利主义正义观就已经变得非常没有说服力了。罗尔斯的两个正义原则让我们明白这样一个道理：真的处于"原初状态"和"无知之幕"中，没有任何人愿意接受自己作为少数人被牺牲的结果。因此，除了站在功利主义的角度之外，我们最好用其他视角再来审视一下这个问题。

之前我们通过两个小节介绍了诺奇克和哈耶克的正义理论，我们不妨考虑一下，自由主义应该如何看待这个问题。如果站在"自由至上主义"的角度，成熟的市场经济体制下应该充分地尊重个人的自由，允许人们自

❶ ［美］迈克尔·桑德尔：《公正：该如何做是好?》，朱慧玲译，北京，中信出版集团，2018 年版，第 2—3 页。

❷ 同上书，第 3 页。

已给他们所交易的东西定价，只要没有人强迫个人进行交易，不管这个交易的价格"离谱"成什么样，都是符合市场规律的。因此，似乎灾后的物价飞涨也没有什么不正义。

如果我们坚持一种罗尔斯的正义观，那么假设物价飞涨是完全不可避免的事情，只有在这样一种情况下失控的价格才能算是正义的。也就是，在交易中大获其利的人们，他们财富增加的同时，使得处境更差甚至是最差的人们境遇也得到了相应的改善。

但截止到目前，上述三种事关分配正义的观点，都很难让我们满意。一种功利主义的传统，自由主义——尤其是罗尔斯的理论——已经对其进行了非常充分和有效的反驳与批判。现在的问题是，自由主义本身看似也面临了难以回应的麻烦。首先，我们直觉上可以肯定地认为，这种"乘人之危"的行为绝对是不正义的。其次，尽管基于自由主义内部可以派生出两种非常不同的观点，但这两种观点暂时都非常难以令人满意。这就引发了我们另一种思考，对于正义的讨论，考察和批判还是不是一定要限定在自由主义的学说系统中？自罗尔斯《正义论》发表以后，率先发起批判和讨论的学者们，大多数都是基于自由主义内部的传统（例如诺奇克和哈耶克）。但是，现在我们需要反思的是，是不是应该跳出这个范畴，以一种全新的视角来重新审视正义问题？

在二十世纪，自由主义在美国社会越来越占据统治地位，但伴随着自由主义全面兴盛的同时，美国社会在收入和财富方面也变得越来越不平等。尤其是七十年代末到九十年代中期，贫富差距已经达到了惊人的程度。或许罗尔斯的理论可以为一些贫富差距做出辩护，因为统计数据显示，1950 年到 1978 年，穷人和富人同样分享了经济增长的好处，低收入、中等收入和高收入的家庭实际收入都分别至少增长了一倍。按照《正义论》的差别原则，这似乎是符合正义标准的。但问题在于，从 1979 年到 1993 年，这一时期几乎家庭收入的所有增长部分都落入到占总人口不到五分之一的最为富裕的人群手中。财富的分配明显变得日益不平等，到二十世纪末，美国总人口最富裕的百分之一的人拥有了占财富总值百分之四十二的私人财富。这样的结果给罗尔斯的理论也带来了极大的冲击，如果出现了这样的情况，即处境更好的人们，他们的财富增长是呈几何级数的，而因此带来的处境更差者财富的增加始终是以算数级数呈现，这样的情况还能算是正义吗？或许马克·扎克伯格的财富增长确实改善了一些处境很差人们的状况，但是假如小扎每年财富增长数十亿，而处境更差者一年因此增加了几百美金的收入，这种差别原则下的所谓的正义还有实际意义吗？

正是在对整个自由主义反思和批判的过程中，另一个思想派别开始兴起，并在此后数十年深刻地影响了当代政治哲学的发展，这个流派就是——社群主义。社群主义主要是在对自由主义"个人和中立国家观念"❶及其——以罗尔斯为代表的——社会正义理论的反对和质疑过程中逐渐兴起的。

一般认为社群主义比较明显的代表有阿拉斯戴尔·麦金太尔、迈克尔·桑德尔、和查尔斯·泰勒等人。不过，正如当代加拿大学者丹尼尔·贝尔教授所提到的，"社群主义这样的说法，往往都是批评者给这些理论家贴上的标签。相反，这些反对自由主义的思想家们从来没有自己认同过这个名号"❷。我们到底应该如何理解和看待社群主义，概要而言它有如下几个特点。

首先，社群主义通常坚持一种特殊主义的哲学观点，并从反对普遍主义的角度对自由主义提出明确的批判。其次，社群主义者认为自由主义的理论中的"自我中心"观念是其最大的缺陷之一。包括罗尔斯的正义理论，他阐释的"原初状态"和"无知之幕"都带有十分明显的以个人个体为考察对象的核心特征。并且这种特征包含着某种意义上的形而上学的自我观念，这种自我脱离了经验、没有任何实践背景作支撑，近乎于一种超验的自我。超验的自我和经验的缺乏最终会使自由主义理论走向空洞。第三，社群主义强调人们的自我观念和自我属性与其所在的共同体之间是一种依附和共存的关系，而不是自由主义所主张的个体优先于共同体的观点。公共的生活和个人权利不能决绝地割裂开来审视与考察。❸

社会正义是社群主义和自由主义产生分歧并持续论战的一个最主要的领域。那些最具代表性的社群主义思想家们几乎没有不对以罗尔斯为代表

---

❶ 刁小行：《多元价值的均衡：沃尔泽政治哲学研究》，北京，中国社会科学出版社，2014年版，第2页。

❷ ［加］丹尼尔·贝尔：《社群主义对自由主义之批判》，北京，《求是学刊》，2007年第1期，第6页。

❸ 龚群：《当代社群主义对罗尔斯自由主义的批评》，北京，《中国人民大学学报》，2010年第1期，第12页。

的自由主义社会正义理论提出批评的。罗尔斯的社会正义理论倾向于平等，诺奇克的正义理论则以洛克式的权利为基础。社会群主义的社会正义更多地强调共同体、共同体的成员资格以及应得概念的意义。❶

当代美国道德哲学家、政治哲学家阿拉斯戴尔·麦金太尔❷是较早地从当代德性论的角度关注社会正义问题的社群主义思想家。在他的重要著作《德性之后》（After Virtue）一书中，他用了整整一个章节来考察和研究了罗尔斯与诺奇克之间的争论，并以此为基础提出了他自己关于正义的理论。我们曾在本章的第一节中专门地介绍了诺奇克与罗尔斯之间的分歧，在诺奇克看来，罗尔斯式的社会正义原则是对个人权利的侵犯。麦金太尔发现，罗尔斯与诺奇克关于社会正义的争论，如果从道德哲学的角度看待体现了当代无法达成一致的道德争论的一种典型例证。正如他所说："日常生活中充斥着各种不同的正义概念，因此，关于正义概念的基本争论不可能得到合理的解决。"❸

一般我们都会认同这样一种说法，如果一些人他们处于相同或相似的阶层，那么他们对于正义原则的选择以及对正义概念的理解应该能够在很大程度上取得共识。比如说，我和你都是非常富有的富豪，那么我们很可能对诺奇克和哈耶克的正义理论会非常青睐。如果我们是非常困难的赤贫阶层，则我们更多地会喜欢和赞赏罗尔斯的正义观。但，麦金太尔发现，即使我们处于相似的阶层，甚至我们的职业完全相同，对于正义的理解也可能产生重大且无法调和的分歧。我们可以通过一组假设的案例来理解这一点：

现在假设有两个人，A 和 B。他们既不是大富大贵的成功人士，也不是贫苦交加的困难户，都是社会中最为普通的一员。我们可以假设他们是在同一间工厂上班的两个工人。A 是一个勤奋努力的工人，他拼命地干活，

---

❶ 龚群：《麦金太尔与桑德尔对自由主义分配正义的批评》，《上海师范大学学报（哲学社会科学版）》，上海，2014 年第 5 期，第 22 页。

❷ Alasdair MacIntyre，生于 1929 年，早年就读于曼彻斯特大学，先后执教于曼彻斯特大学、利兹大学、波士顿大学与维特比德大学，现任美国鹿特丹大学哲学系麦克马洪与哈克荣誉教授。麦金太尔是当代西方最重要的伦理学家之一，伦理学与政治哲学中社群主义运动的代表人物。从二十世纪五十年代起，麦金太尔以其大量的著作，对摩尔以来的元伦理学进行了不懈的攻击。他的重要著作《追寻美德》（1981）、《谁之正义，何种合理性》（1988）以及《三种对立的道德探究观》（1990），在对西方现代性的根源的追溯中，促进了亚里士多德的德性伦理学在当代的复兴。

❸ ［美］阿拉斯戴尔·麦金太尔：《德性之后》，龚群译，北京，中国社会科学出版社，1995年版，第 308 页。

努力地工作，省吃俭用来供自己的子女们接受教育，用辛辛苦苦攒下来的积蓄按揭贷款来买房，日子过得相当拮据。但是，不断上涨的税收和快速上调的应该缴纳的社会保障金对他现有的收入和生活质量造成了非常大的困扰和威胁。他认为高额的税收对他而言是非常不公正的，福利国家的制度只是养了一群好吃懒做、游手好闲的人。而像他一样勤恳工作的人却要白白地为此买单，因此他主张一种极端的自由主义正义观，声称没有任何人有权对他的劳动所得进行再分配，任何人都不应该掠夺他的合法收入。B 同样是一名工人，他独身一人，并没有结婚。他尤其对社会收入的不平等感到无法接受。他无论如何也想不通，为什么工厂总经理坐在装有空调的办公室里，每天敲敲电脑就可以挣到比他高十倍的年薪。由于财富分配和权力分布造成的不平等使得他发现自己想要改善现在的处境是一件完全不能实现的事情。因此，他相信，一切不平等最终都是不正义的。唯一正义和合理的做法是改善穷人和弱势群体的不平等现状。因此，他坚定地主张如果能够通过提高税收——尤其是对高收入者课以重税——来增进社会服务和保障事业的发展，通过财富的二次分配来缓解社会福利的不平等，这是一件非常正义的事业。

现在我们发现，同样是工人，A 和 B 对于正义的观点是完全相左的。A 反对增加税收，而 B 却支持和赞同增加税收。造成这样冲突的一个重要原因在于这两个人的行动逻辑和思维逻辑是不能够相容的。他们都关注了正义内涵的某一个方面，却不得不面临着要放弃另一方面的某些内容。A 所坚持的正义原则在于保障了他基本的个人权利，同时也限制了再分配的可能。假如要坚定地维护和主张这种权利，就不得不面临接受这样的事实：主张这种正义的代价就是要接受和忍受由于运用权利原则所造成的不平等，尽管这些不平等有时可能是夸张和悬殊的。而 B 所坚持的正义原则虽然关照了平等价值，却又限制了合法所得的权利。实行这种正义的结果就是以税收或国家权力来干预目前社会中一直被视为是合法的所得与权利。麦金太尔说：

> 在 A 和 B 的情形中，一个人或一部分人得到正义，总是要其他人付出代价。因此，不同的社会群体按各自的利益接受某项原则，拒绝其他原则。❶

---

❶　［美］阿拉斯戴尔·麦金太尔：《德性之后》，龚群译，北京，中国社会科学出版社，1995年版，第 310 页。

麦金太尔认为，不仅 A 和 B 之间所坚持的正义原则是无法相容的，而且他们之间的争论基于自由主义也是无法最终解决的。其实，我们不难发现，诺奇克的社会正义理论就是对工人 A 所期望的正义的理论说明，而罗尔斯的社会正义理论则是对 B 的理论说明。对此，麦金太尔质疑道：如果罗尔斯和诺奇克的正义理论最终基于的是完全相悖的行为逻辑和思维逻辑，他们二者讨论的基础也就是完全不同的。这种争论的意义又在什么地方呢？一个要求平等优先的正义主张，怎么能够合理地与权利优先的正义主张来权衡孰为优劣？❶ 因此，麦金太尔提出，罗尔斯和诺奇克的理论之所以无法调和 A 和 B 之间的矛盾，是因为他们的正义理论忽视了共存在二者之间的一个重要因素。这个因素在政治思想史和政治哲学史上有着漫长而悠久的历史，上溯其源一直可以追溯到亚里士多德甚至是更早的哲学传统中去。❷ 这个共同因素就是应得的概念。

我们知道，罗尔斯是反应得的，罗尔斯的理论拒绝接受任何应得的基础。即使是天赋和自然运气也被视为是一种"共同资产"。在麦金太尔看来，尽管诺奇克的理论坚持个人权利优先的主张中隐含了强调应得的事实，但由于他的正义方案的全部基础都建立在了"资格与权利"之上，事实上也并没有给应得概念留下任何空间。❸ 除此之外，麦金太尔之所以认为罗尔斯和诺奇克的正义理论中都没有应得概念，是因为他自己所提出的应得概念是一个亚里士多德主义的应得概念。在他看来，正义理论无法抛开应得而成立，但是要叙述一个应得概念，首先必须阐述一个人类共同体的概念："在这个共同体内，在其成员追求共享的利益的过程中，对共同体的共同任务的贡献相关的应得概念，为有关德性和非正义的判断提供了基础。"❹ 现在，我们就可以很清楚地看到，麦金太尔所主张的"应得"概念是与共同体的共同任务的完成相联系的。诺奇克所谈的应得，仅仅是从个人的获取资格权利以及他们合法转让的权利来阐述的，这与麦金太尔所

---

❶ 龚群：《麦金太尔与桑德尔对自由主义分配正义的批评》，上海，《上海师范大学学报（哲学社会科学版）》，2014 年第 5 期，第 23 页。

❷ 宗民：《分配正义中运用应得概念的困境与出路》，呼和浩特，《内蒙古大学学报（哲学社会科学版）》，2018 年第 3 期，第 41 页。

❸ 龚群：《麦金太尔与桑德尔对自由主义分配正义的批评》，上海，《上海师范大学学报（哲学社会科学版）》，2014 年第 5 期，第 23 页。

❹ ［美］阿拉斯戴尔·麦金太尔：《德性之后》，龚群译，北京，中国社会科学出版社，1995年版，第 316 页。

谈的应得完全是两回事情。

本质上讲，麦金太尔反对的是自由主义基础上的那种个人主义的观念。在他看来，仅仅从个人的劳动获取行为或转让而获得的东西，远远不足以能够称其为"应得"。

> 个人主义的观念认为，永远是个人第一、社会第二，而且对个人利益的认定永远优先于、并独立于人们之间的任何道德的或社会的连接结构。但是，正如我们已经看到的，应得赏罚的概念只有在这样的一个社会共同体的背景下才能适用，即该共同体的基本连接物是对人而言的善和共同体的利益这两者有一个共同的理解，个人根据这种善和利益判定自己的根本利益。❶

麦金太尔指出，自由主义社会正义理论之所以"失败"❷，在于他们都把社会看做是由那些本质上只关注各自身利益的个人组成的。罗尔斯的契约主义虽然带有明显的非自利特征，但他对于人性的认识也是基于人们之间的"相互冷淡"，每个人关心自己的切身利益，不想吃亏但也绝对不想占便宜。这样的人进入到原初状态和无知之幕中，才能够得出关于正义的两个原则。因此，在自由主义看来，人们之所以不得不走到一起，乃是因为更好的自利。由于他们都忽视和拒绝了共同体的观念，使得他们没有这样一个共同体作为他们应得观的根源，从而他们的正义观是永远无法统一的。

在启蒙运动发展了几百年以后，个人权利得到了不容置疑的维护和充分全面的论证之后，人们猛然发现基于个人主义的正义理论彼此之间竟然是有可能最终都无法达成共识的。这时，麦金太尔一语点醒梦中人，你们忘记了已经存在了两千多年的传统。这个传统早在古希腊时期就已经生根开花，"人天生是政治的动物"，"作为正义的最高善应该是属于城邦的善"。

---

❶ ［美］阿拉斯戴尔·麦金太尔：《德性之后》，龚群译，北京，中国社会科学出版社，1995年版，第315页。

❷ 站在社群主义角度审视自由主义社会正义，他们的正义理论都是不能最终成立的。但是，自由主义的正义论是不是失败的？我们不宜轻易地下结论，自由主义能不能针对社群主义的批判做出自己的回应。现存的一些文献中，我们可以找到很多内容。限于本节的篇幅，我们无法在这里一一展开。我们希望，有兴趣的同志们可以借助这一问题，自行思考，自己继续沿着这个路径深入地阅读并最终得出自己的答案。这将是本书最大的功效与荣耀。

麦金太尔神奇地在二十世纪的政治哲学领域复兴了已经湮没了太长时间的亚里士多德主义。但是，不得不说，二十世纪的现代社会毕竟和两千年前的古希腊社会无论是从内容还是内涵上都发生了彻底的改变。麦金太尔为代表的社会群主义同样需要反思，现代社会还能够找到亚里士多德式的那种共同体背景之下的应得吗？对此，社群主义也要基于现代社会的特征，不断地对自我的观点和理论加以深化和改造。与麦金太尔不同，美国当代政治哲学家迈克尔·桑德尔❶从自由主义内在的困境角度出发，阐释了自己的社群主义正义理论。

迈克尔·桑德尔恐怕是当代政治哲学领域名声最大、几乎家喻户晓的人物。互联网将他在哈佛大学所讲授的"公正：该如何做是好"的公开课传遍了整个世界。正是因为他那种睿智和潇洒的教学风格也使得人们对社会正义理论问题的关注空前高涨。桑德尔本人也是在对自由主义——主要是对罗尔斯——的正义理论批判过程中建立了自己的正义观点和理论。

自由主义一个非常显著的特征是坚持"正义是社会的首要价值"，这个特征一般也被称为是"正义对于善的优先"原则。与此相对应的是，罗尔斯认为如果要保障正义理论的稳定性，就要给它找到一个非常稳定的基础，也就是"人的观念"。换言之，正是因为人优先于目的，所以正义也就必然优先于善。❷ 但是，在桑德尔看来，正义与自我的双重优先都是难以成立的。

我们可以认为，"人优先于目的"是自由主义在更大范围上对"正义优先于善"的扩展性论证。按照罗尔斯的观点，自我之所以能够优先于目的，是在道德意义上而言的。这种优先体现的是一个人应该享有的自主性尊重，也就是对人们尊严的尊重。人的尊严及其本身的属性在道德层面必然超越他所在任何共同体中所扮演的角色、承担的任务、追求的目的。另一方面，不仅在道德意义上，自由主义认为自我的优先性还体现在认识论的意义上。也就是说，自我优先于目的就是要将"属于我的"和"何为自

---

❶ Michael J. Sandel，1953 年 3 月 5 日出生于美国明尼苏达州明尼阿波利斯，哈佛大学政治哲学教授、美国文理科学院院士、社群主义的代表人物。他以其 1982 年所著的《自由主义与正义的局限》一书中对罗尔斯《正义论》的批评而闻名。

❷ 姚大志：《社群主义的自由主义批判》，厦门，《厦门大学学报（哲学社会科学版）》，2011 年第 3 期，第 96 页。

我"相互区分。❶

　　但是，桑德尔认为，这二者之间无法彻底区分。因为，按照自由主义对人的理解，人是单一个体的存在。这种单一个体显然不是以同一的形式存在的，而是以多元和复杂的形式存在的。换言之，我们首先是各具特色和差别的人，然后我们才是能够在彼此关系中找到相似的共识，从而进行合作的人。桑德尔正是对这一观点提出了非常严厉的批评。

　　在他看来，自由主义的人作为道德主体是"我"，而不是"我们"❷，这是无法实现的。因为，自由主义的正义理论中，人与他们的目的、个体的人和人的群体之间都保持着一定的距离，但只要这个距离是存在的，正义问题事实上就无法进行实质性论证。这种自由主义的人的观念实质上排除了所有关于公共生活的可能性。

　　我们剥离了家庭关系、社区关系、组织机构和国家的关系概念，仅仅从我们个体为单位考察正义，这是不能实现的。因为，人类生活从根本上说绝大多数的特征是构成性的，而不是选择和赋予性的。自由主义恰恰忽视了人类社会构成性的特征。所谓忽视构成性，就是假如我们要探讨一幢新修建的大厦，讨论这座大厦是好的还是坏的。我们不从整体上进行判别，而脱离了它存在的意义，单独去从一砖一瓦甚至是单独地从一根钢筋的好坏来阐述，这能够最终论证出我们想要的内容吗？

　　因此，在桑德尔看来，脱离了公共生活给予人类的构成性特征，人们即便可以在自我和个体的意义上获得独立和优先，但他同时也便无法再宣称自己是道德主体。要知道，个体一旦脱离了公共生活和共同体的基础，很有可能根本无法给出与自我相一致的道德解释。在这个意义上，自我根本无法优先于目的，个体与群体之间也无法作出决绝的分割。这也可以说是自由主义和社群主义正义理论在伦理基础上的一个核心分歧。

　　自由主义的正义论符合普遍主义的特征，罗尔斯的理论即是如此。他的正义论从本质上讲是不受社会制度、环境所限制的。我们可以说，"原初状态"就是罗尔斯社会正义的理论基础，"原初状态"就是罗尔斯的"契约论"。这个"契约论"的基础和起点又是"无知之幕"。罗尔斯通过无知之幕的设计排除了有关个人的所有差异性信息和特殊信息。这样，理

---

❶　Michael Sandel, Liberalism and the Limit of Justice, Cambridge University Press, 1982：20.

❷　姚大志：《社群主义的自由主义批判》，厦门，《厦门大学学报（哲学社会科学版）》，2011 年第 3 期，第 97 页。

论上讲，进入原初状态的所有人都可以被视为"拥有平等地位和平等权利的个体"❶。从这个前提继续推导，具备理性能力的、拥有平等地位和平等权利的个体都会选择他所主张的正义两原则。在这个意义上，罗尔斯的正义论显然具有非常明显的普遍主义特征。

与自由主义不同，社群主义的正义理论整体上而言是比较典型的特殊主义理论。社群主义的社会正义理论通常都是非常具体的，他们也从不声称自己的正义论是"普遍的真理"。相反，社群主义者主动承认，他们的正义理论只能在特定的历史阶段并在特定的民族、文化或共同体的情境下才有效。在桑德尔看来共同体本身就带有这样的特征，他所说的"构成性"实质上就是每一个个体意义上的人，他对于共同体都有先在性的理解，这种理解构成他认识自我的精神内涵。这也是他判断道德的基础。而共同体的道德基础，正是由所有成员自我精神内涵的共享性理解所构成的。

例如，我们只有在特定的家庭环境中，才能明白"父亲的责任"和"母爱的伟大"。再比如，之所以会有这样一个人类历史上最为困难的难题，即"你的母亲和你的媳妇同时掉海里了，你应该先救谁"，正是因为人们对于"家庭"这样的共同体有着共识性的理解，它才赋予了"救人"这件事非常特殊的道德意义。母亲同时又是父亲的媳妇、媳妇又是儿女的母亲。这种在共同体中特定角色的认识，使我们对基础性道德有了无法分割的前提性理解。假如我们站在个人主义角度，从生命权利的层面探讨这个问题，它似乎根本就不应该成为难题，每个人的生命都是平等的。我们营救任何一个人在道德层面都能站住脚。可现实中它确实又是难题，这就是共同体所带来的特殊性和不容忽视的内容。

因此，在这个意义上，人们不可能脱离他人而实现自我优先。因为，只有在公共生活中，才有谈论道德的基础和前提。正是由于共同体的存在，才使得人们能够拥有某种共同的生活，彼此参与这种生活的个体身份与各自判别利益的好坏对于参与者而言是至关重要的。❷

基于这种对共同体的理解，桑德尔认为作为共同体的善和共同体成员之间的情感优先于正义。正如他自己所说：

---

❶ 龚群：《罗尔斯与社群主义——普遍主义与特殊主义》，北京，《哲学研究》，2011年第3期，第116页。

❷ 同上书，第117页。

正义是一种修补性的德性，如果一个共同体内部仁爱和秩序本身已经达到了完美的状态，也就不需要正义及其原则进行匡正。❶

事实上，桑德尔这种思想本身就带有非常明显的历史主义的传统。在社群主义看来，正义的原则应当根据共同体的善来理解。那么，它就必然是具体的、各具差别的。我们可以看出，麦金太尔与桑德尔都强调共同体的优先性，总体上讲，社群主义的正义观都是多样性、特殊性和地方性的。也可以说，反对普遍主义、反对分配正义中的本质主义和基础主义、强调善的特殊性和各种善之间的差别、强调善的意义和善的分配的多元性是社群主义分配正义理论的基本特征。❷

自由主义之所以坚持"权利应该优先于善"，是因为，在罗尔斯看来正义对于个体的善观念应该时刻保持一种中立的地位，起到一种能够判别个体和特殊善观念的尺度性作用。这种观点实质上是将"善"视为某一个人个体的偏爱，以及对这种偏爱的表达。桑德尔则认为，这不能视为是一种善，这种偏爱至多是人们在日常生活实践中的某种欲望的表达。而共同体的善不能够简单地视为是由个体善汇集而成的共同规则。因为，按照社群主义观点，一个个体无法独立地追求任何善。人一旦脱离了共同体所构成的道德基础后，无法单独判断什么是善、什么是恶。并且这种道德基础是原生性的，伴随着任何一个人一出生就已经存在的。特定的家庭环境、特殊的文化历史背景、特别的政治共同体制约着人们必须要从某个共同体角色出发，并在审视其他成员的道德基础和道德认同的前提下，才能真实地认识自我，寻找到自我的善的目标。在这个意义上，个体与公共之间无法分割。善的观念，也就是共同体的善，理所当然应该优先于权利和正义原则。

事实上，自由主义和社群主义最为根本的分歧，就体现在它们的立足点和出发点的不同。前者从个体权利出发，后者从共同体的善出发。当然，自由主义也有自由主义的共同体观点。例如，个体的善汇聚的共同体

---

❶ 龚群：《罗尔斯与社群主义——普遍主义与特殊主义》，北京，《哲学研究》，2011 年第 3 期，第 117 页。

❷ 姚大志：《社群主义的自由主义批判》，厦门，《厦门大学学报（哲学社会科学版）》，2011 年第 3 期，第 98 页。

的善观念，稳定的正义原则也是出于为了保障共同体的正义和稳定等等，但是在桑德尔看来，这种共同体观点本质上仍然个人主义的。

桑德尔认为，自由主义的共同体观念从宏观上看有两种不同的形式：首先是古典自由主义的共同体观念。它强调个体的自私、个体的缺陷。通过公共生活对于个体——不论是行为能力上的还是理性层面的——缺陷进行弥补。这种共同体观念实质上是带有工具性特征的。它的基础依然是个人主义。其次就是当代自由主义——也就是罗尔斯式自由主义——的共同体观念。在罗尔斯看来，个体的利益虽然是复杂的，甚至是相互冲突的，但汇集所有个体的利益依然能够找到取得共识的基础。然而，这种个体的归总式重叠的共同体观念，依然是一种个人主义。因为，这种共同体存在的首要目的就是要保障个体的善，它的动机根本上受到个体的支配。在罗尔斯式的共同体观念中，相互重叠的个体善虽然组成了某种共同体观念，但这种观念预先设置了个人为合作主体的前提。只有确保个体的权利，有某一种原则中立地、严格保障个体权利才能够使得共同体的观念得以贯彻和实现。因此，这种共同体观念依然是工具性的。

因此，桑德尔主张，不论是古典自由主义还是当代自由主义，他们都无法最终摆脱个体孤立的动机去审视共同体客观存在的善。罗尔斯式的自由主义在本质上错误地把握了个人和共同体之间的真实关系。事实上，不论是麦金太尔，还是桑德尔，大多数社群主义者都主张一个人之所以是共同体的成员，不仅仅是因为他和其他人在利益、善观念上获得了某种共识。更为重要的是，这个共同体本身为他们提供了认识的统一性基础，这个基础才是他们判断和选择利益、善恶的前提，"共同体不仅表明了他们作为其成员拥有什么，而且也表明了他们是什么；不仅表明了他们所选择的关系，而且也表明了他们所发现的联系；不仅表明了他们的身份的性质，而且也表明了他们的身份的构成因素。"❶

自由主义和社群主义对于社会正义理论的争论客观上极大地推动了这一理论的发展。社群主义的大部分批评也促使罗尔斯本人严肃反思和修订了他的正义理论，这些修订奠定了他后期关于"政治自由主义"观点的基础。罗尔斯在《政治自由主义》中对《正义论》的修正及其正义理论的基

---

❶ 姚大志：《社群主义的自由主义批判》，厦门，《厦门大学学报（哲学社会科学版）》，2011 年第 3 期，第 99 页。

本变化，非常明显地带有回应社群主义批评的痕迹。在《政治自由主义》中，他逐渐弱化个人观念与康德式的道德形而上学之间的关联，从而将个体诠释为在民主社会前提下进行合作和生活的公民。看得出来，罗尔斯已经从早年那种决绝的普遍主义正义观点中退了一步，借以申明他的正义论也并非是放之四海而皆准的普遍真理，从而将其限定在西方民主社会及其公共政治文化氛围中。在某种意义上而言，这已经略微带有了一丝特殊主义的韵味。另外，在后期的著述中，罗尔斯也明确地承认人与人之间对于善和价值方面的多元性特征，正义的原则可以求助"重叠共识"来完成他的稳定性。这都和社群主义批判之间有着非常重要的联系。

应该说，罗尔斯《正义论》发表之后的将近四十年的时间，对于政治哲学领域而言，都是在批判和争鸣的氛围中度过的。并且，在此之后，关于社会正义理论的辩论和研究又发生了非常重要的转向。社群主义和自由主义的争论更多的还是体现在伦理基础的根本性差异上。但随后，社会正义的讨论在具体内容上的关注点越来越多。由于罗尔斯的正义理论带有非常明显的平等主义特征，这一特征客观上促使人们对于"平等"概念的关注越发重视，因而使得上世纪八十年代后，平等主义开始兴起，并成为当代社会正义理论研究中另一个至关重要的组成部分。

第七章　平等主义的崛起

（一）"荒岛拍卖"与"虚拟保险"

自启蒙运动以来，平等一直就是政治思想和政治哲学领域研究和讨论的一个最为重要的命题。《正义论》的出版在西方学术界产生了巨大影响，特别是促进了当代政治哲学在西方世界的全面复兴。罗尔斯将正义作为政治哲学研究和探讨的核心内容，并且在罗尔斯所建构的正义理论中，"平等"又占据了及其重要的位置。正如他自己所说：

> 所有社会价值——自由和机会、收入和财富、自尊的基础——都要平等地分配，除非对其中一种价值或所有价值的一种不平等分配合乎每一个人的利益。❶

这便使得罗尔斯的分配正义观点带有十分鲜明的平等主义倾向和特征。❷ 也可以说罗尔斯在某种程度上改变了自洛克和密尔以来，以"自由"为研究核心的古典自由主义的政治哲学研究方向，提出了一种更为倾向平等主义的自由主义。❸ 一方面，罗尔斯继承了古典自由主义对于"自由"价值的追求。自由始终是贯穿于罗尔斯政治哲学的核心概念，他的两个正义原则中的第一原则，就集中地概括了其自由理念。❹ 另一方面，罗尔斯认为，自由与平等两个概念不可分割，它们的内在价值是相互联系的。在罗尔斯的论述中，"平等的自由"是一组不可分割的权利。这一组权利中

---

❶ ［美］约翰·罗尔斯：《正义论》，何怀宏等译，北京，中国社会科学出版社，2009 年版，第 48 页。

❷ 龚群：《德沃金对罗尔斯分配正义理论的批评与发展》，武汉，《湖北大学学报（哲学社会科学版）》，2014 年第 5 期，第 9 页。

❸ 姚大志：《当代政治哲学崛起于罗尔斯》，北京，《社会科学报》，2013 年第 5 版。

❹ 龚群：《罗尔斯政治哲学》，北京，商务印书馆，2007 年版，第 283 页

的两个内容是同等重要的，以任何借口不能侵犯。❶ 政治哲学领域研究主题的改变，也使得"平等"时下逐渐成为当代政治哲学研究的热点和最主要的内容之一。

人类世世代代、孜孜不倦地追求和呼唤着平等。但是，当我们真的坐下来认真思考"平等"问题的时候，却发现这是一个极其复杂的问题，甚至几乎没有任何人能够真正地把"事关平等的问题"阐释清楚。正如山东大学政治与公共管理学院冯克利教授所说的那样：

> 平等历来是人们所向往的一个重要价值，这些年来由于市场化浪潮和财富的增长而在世界各地引起的麻烦越来越多，它更是变成了一个热门话题。但是尽管如此，一般学者还是不太愿意从理论上深入处理这个题目。此类言论容易给人留下话柄不说，就算你不怕得罪人，恐怕也很难说得清楚。这种费力不讨好的事情，自然还是不做为妙。当然了，有些政治家是很喜欢把平等挂在嘴边的，但经验却告诉我们，对他们的话不能过于当真。真心诚意讲平等的大概以两种人为最多，一种是法律家，一为福利主义空想家，不过他们各自所说的'平等'往往南辕北辙，不但无助于厘清问题，反而经常平添许多冲突。所以，我们必须承认，在这些人之外还有敢于详加申论平等的，那必定是勇气可嘉了——就算这事说起来很棘手，也可以让人们知道麻烦出在何处不是？❷

当代美国著名的法学家、哲学家罗纳德·德沃金就是这样一位勇士，他将政治哲学和社会正义的关切直指向平等价值。两百一十多年以前，在卢梭高唱过平等至上的理想之后，两个多世纪以来，人们在各种社会运动和政治革命铁血般的洗礼下对这一迷人而又危险的价值的认识已经变得异常审慎，甚至有些怀疑。直到罗尔斯，又开始小心翼翼地倡导：

> 所有社会价值——自由和机会、收入和财富、自尊的基

❶ 龚群：《罗尔斯正义原则及其理论意义》，长沙，《中南林业科技大学学报》，2008 年第 3 期，第 8 页。

❷ ［美］罗纳德·德沃金：《至上的美德：平等的理论与实践》，《译者的话》，冯克利译，南京，江苏人民出版社，2012 年版，第 1 页。

础——都要平等地分配。❶

但睿智的罗尔斯通过精巧的思想推理和完整的理论建设，并没有"把话完全说满"，他仍为自己的这一事关平等的主张留了一条"进可攻、退可守"的"后路"：

　　除非对其中的一种价值或所有价值的一种不平等分配合乎每一个人的利益。❷

德沃金对于平等价值的追求要比罗尔斯更为直接和有力得多，他直言不讳地主张：

　　我们能够对平等不闻不问吗？宣称对全体公民拥有统治权并要求他们忠诚的政府，如果它对于他们的命运没有表现出平等的关切，它也不可能是个合法的政府。平等的关切是政治社会至上的美德——没有这种美德的政府，只能是专制的政府；所以，当一国的财富分配像甚至非常繁荣的国家目前的财富状况那样极为不平等时，它的平等关切就是值得怀疑的。❸

德沃金同我们大家一样，当他在阐述平等价值是"至上的美德"时，首先还需要解决一些最为基本的问题。例如，"我们所主张和要求的究竟是什么样的平等""具体平等究竟体现在什么方面"，很多时候，这些问题看上去更像是关于平等的价值的争论，但是它也可以被视为是关于人们应当如何被平等对待，而不是他们是否应该被平等对待的争论。❹ 那么，在德沃金看来，到底"什么是平等"？德沃金的平等思想和正义理论就是试图向我们说明"人们应当如何被平等地对待"❺。人们仅仅在法律意义上实现地位的平等是不够的，我们所谈的事关正义的平等，应该呈现和展示出更加具体和实际的内容。

---

❶ ［美］约翰·罗尔斯：《正义论》，何怀宏等译，北京，中国社会科学出版社，2009 年版，第 62 页。

❷ 同上书，同页。

❸ ［美］罗纳德·德沃金：《至上的美德：平等的理论与实践》，冯克利译，南京，江苏人民出版社，2012 年版，第 1 页。

❹ ［美］托马斯·内格尔：《人的问题》，万以译，上海，上海译文出版社，2000 年版，第 120 页。

❺ 葛四友：《资源、选择和运气——评德沃金的资源平等理论》，天津，《政治思想史》，2010 年第 3 期，第 106 页。

假如平等的关切是政治正当性的一个前提，那么对于平等的关切要求什么这个问题，我们就不能置若罔闻。对于一个社会而言，保证人人有最起码的营养、住房和医疗保健，然后对一些公民是否拥有与另一些公民差别悬殊的巨额财富不再深究，这就足够了吗？我们必须问一句：有的人对于他们的一些同胞视为理所当然的生活连做梦都不敢想，那种政策能够满足给予这些人平等关切的要求吗？……（因此）平等的关切要求政府致力于某种形式的物质平等，我把它称为资源平等（equality of resources）。❶

与诺奇克、哈耶克、麦金太尔和桑德尔等人不同的是，德沃金的平等理论对于罗尔斯的正义原则展示出的更多的是友好而不是反驳，他基本是站在肯定的立场上对罗尔斯的正义论做出了发展和改造。例如，德沃金并不反对罗尔斯理论中对于运气和天赋在分配过程中的排斥。但是，他认为，罗尔斯的限定过于严厉了，对此他对分配活动中可能出现的两种责任进行了区分。因为，德沃金本人对于契约主义的论证方式并不是十分感兴趣，他直言：

> （资源平等）理论的政治主张所要求的无论什么根据，都不是存在于——甚至假设的——全体一致的协议或赞同中，而是存在于它所诉求的更一般的伦理价值之中。❷

德沃金的平等理论建立在伦理学个人主义的两个基础性原则之上，这两个原则对应的是两种不同的责任。第一个原则是"重要性平等原则，即：从客观的角度讲，人生取得成功而不被虚度是重要的，而且从主观的角度讲，这对每个人的人生同等重要❸。"这个原则要求人们以平等的关切对待处于某种境况下的一些群体，由此，"要求政府采用这样的法律或政策，它们保证在政府所能做到的范围内，公民的命运不受他们的其他条件（例如，他们的经济前景、性别、种族、特殊技能或其他不利条件）的影响"❹。对此，我们可以举一个最简单的例子来理解。例如小明和小红都对

❶ ［美］罗纳德·德沃金：《至上的美德：平等的理论与实践》，冯克利译，南京，江苏人民出版社，2012年版，第3页。
❷ 同上书，第6页。
❸ 同上注。
❹ 同上书，第7页。

未来的人生充满了希望，他们都展示了非常优秀的学习能力。从小学到中学、大学再到研究生的各个学习阶段他们都能够在各自的学习平台上名列前茅。而且，这两个人都坚信知识可以改变命运。那么，社会和政府应该对他们的这种抱负给予同等的关切，不应该让性别、原生的家庭环境、甚至是他们所学的不同专业展示出来的经济前景阻碍他们走向成功。在两种责任中，德沃金将这种责任称为"集体责任"，这是应该由社会和国家肩负起来的正义责任。第二个原则是"具体责任原则"，它意指："虽然我们都必须承认，人生的成功有着客观上平等的重要性，但个人对这种成功负有具体的和最终的责任——是他这个人在过这种生活。"❶ 换句话说，也就是"一个人选择过什么样的生活，在资源和文化所允许的无论什么样的选择范围内，他本人做出那样的选择，自己应该为此而承担责任"❷。我们仍然可以回到小明和小红的例子中来理解这一个原则，国家、社会和政府不应该让类似经济前景、性别、种族等等条件成为这两个人走向成功的障碍，这是社会正义应该关照和解决的问题。小明和小红他们二人的抱负应该得到平等的对待。但是，假如小明矢志不渝地想成为一个像弘一法师一样的当代高僧大德，而小红则立志要成为一个像马云一样的成功商人。在追求成功的道路上，资源、机会、文化等等方面的分配绝不应该对这两种抱负有任何区别的对待。但是，小明和小红一旦最终审慎、决绝地做出了选择，假设小明真的成了当代律宗的一代高僧，小红也如愿以偿地进入了福布斯排行榜。他们自己应该对自己的选择负责，小明绝没有道德上的理由去质疑，为什么当一个苦行僧要比当一个企业老板穷成这个境界?❸ 因此，第二个原则强调的是个人责任，也就是个人应该对此造成的后果负有责任。❹

德沃金这种关于资源平等的观点后来被总结为"敏于抱负、钝于禀赋"（ambition－sensitive，endowment－insensitive）。这种理论的目标，简而言之就是，在分配资源的过程中，由"抱负"等选择因素所造成的不平

---

❶ ［美］罗纳德·德沃金：《至上的美德：平等的理论与实践》，冯克利译，南京，江苏人民出版社，2012年版，第6页。

❷ 同上书，第7页。

❸ 当然，当代中国很多僧人甚至比上市公司高管还要富有。我并不否认这一点，但这个事例中，我们是按照完美环境下的假设来进行的，假设小明想做的就是弘一法师这样的完美的大德。

❹ 关于两种原则对应两个责任的解读，我得益于：葛四友：《资源、选择和运气——评德沃金的资源平等理论》，天津，《政治思想史》，2010年第3期，第106页。

等是能够被允许和接受的，个人应该为此承担责任。例如，谁也拦不住你非得要当一个精神快乐、身体健壮的农夫。同时，你当然也可以选择牺牲健康，日夜奋发地当一个富足的 IT 工程师。造成这二者之间不平等的责任，最终应由你们个人承担。但是，应该排除"禀赋"等原生运气（brute luck）因素对分配的影响，这部分原因造成的不平等个人不应该为此承担责任。例如，假如我们都立场坚定地想当一个富足的 IT 工程师，可是你家里有钱，可以接受全套的 IT 工程师式的教育，而我家特别没钱，只能上到高中就辍学。这个不平等，绝对是应该被纠正的，也不是我个人的责任。

事实上，德沃金将"资源"区分为了"非个人性资源"（impersonal resources）和"个人性资源"（personal resources）。前者对应的就是集体责任，是正义原则应该予以彻底平等对待的资源。后者对应的则是个人责任，这方面的不平等，个人应该自己承担责任。但是，德沃金并非仅仅关注"非个人性资源"的平等，而拒绝承认"个人性资源"天生应该不平等，且这种不平等是不值得处理的。相反，他认为对于两种不同资源的平等分配，应该采取完全不同的方法。我们首先需要考察的是，应当如何平等地处理作为集体责任的"非个人性资源"。

为了论证出人们都可以实现一种"非个人性资源"意义上的平等，德沃金引入了"荒岛拍卖机制"。荒岛拍卖机制是德沃金假设的一个类似于罗尔斯"原初状态"的思想试验，它基于一种类似于现实社会中拍卖情境的规则和原理。❶

假设一条遇难船只的幸存者被海水冲到了一个荒岛上，岛上资源丰富，没有人烟，任何救援只能发生在多年之后。于是这些幸存者们只能选择作为岛民而生存下来。因为岛上物产丰富，人们不需要通过武力争斗和暴力手段来获取必要的资源。况且，他们每一个人都怀揣着将要返回文明

---

❶ 德沃金的"荒岛拍卖"在一定程度上借鉴了经济学中的瓦尔拉斯一般均衡理论。一般均衡理论是法国经济学家瓦尔拉斯于 1874 年在其《纯粹经济学要义》中创立的理论，因而也被称为瓦尔拉斯一般均衡理论或瓦尔拉斯理论。这个理论假定一个市场中存在 m 种可用于生产 n 种商品的资源（即生产要素），并且每个人都持有一定数量的资源，消费者希望获取最大效用，企业家希望获取最大利润，资源所有者希望获取最高报酬。瓦尔拉斯把他们各自的动机用数学公式表示出来，通过求解最终证明，市场中存在一系列均衡的价格和交易数量，可以使所有消费者、企业家以及资源所有者都达到各自的目的，从而使社会处于一种和谐稳定的均衡状态。（参见［法］莱昂·瓦尔拉斯：《纯粹经济学要义》，蔡受百译，商务印书馆 2013 年版。）德沃金对这个理论进行了改编，省略了与分配正义不相关的生产者和企业家以及与此相关的各个环节，因而他对这种一般均衡状态的阐释就简化为每个竞拍者都能获得平等的资源组合。

社会的希望，因此人们都希望在未来相当长的时间内可以和谐共存。这就需要他们能够找到某一种办法对岛上的资源进行一种平等的分配。经过幸存者们的共同协商，他们一致同意接受三条原则。首先，任何人都必须遵守一种类似于拍卖的规则，绝不使用暴力或单方违反这条规则的行为来单独获取资源；其次，所有人都以平等的身份进入拍卖市场，因而对岛上的资源都没有优先权，这些资源只能被平等分配；第三，当拍卖活动结束后每个人都表示可以接受一种"嫉妒检验"（envy test）的检验标准。这是一个检验现有资源分配方案是否平等的重要标准，因为一旦分配完成，如果有任何居民宁愿选择别人分到的那份资源而不要自己那份，则资源分配就是不平等的。如果每个人都更喜欢自己的而不是他人的那份资源，那就足以表明所有人都通过了嫉妒检验，个体之间的"非个人性资源"也就实现了平等。❶

如果我们能够耐心而细致地分析德沃金的拍卖理论，我们就可以发现，进入荒岛的人们在决定实行拍卖规则之前，至少在三个方面存在着非常明显的差异。第一，他们各自具备的生理能力有可能完全不同；第二，人们之间具备的精神能力也有可能完全不同；第三，就是每个人的嗜好和对人生的抱负有可能完全相异。那么这三个方面的差别在实际资源分配中至少可以造成四种不同的不平等。（A）很明显，人们在生理和精神层面的能力差别会导致资源分配结束后新的实际不平等迅速出现；（B）人们由于某些"非个人性资源"之间的差别，造成初始分配的不平等；（C）人们之间关于嗜好与抱负的差别会导致资源初次分配时产生非常大的差别；（D）嗜好与抱负的差别也会导致分配后某些资源迅速从某些人手中流向另一些人手中。❷

由于德沃金区分了"个人性资源"和"非个人性资源"，荒岛拍卖主要解决的是后者，因此 C 和 D 两种不平等暂时不需要考虑而 A 的变化和差异是无法改变和处理的，那么事实上我们只需要检验"荒岛拍卖"的试验能不能解决和纠正情况 B 中的不平等。

荒岛拍卖的试验目前面临着一个非常棘手的麻烦。我们知道，自然资

---

❶ ［美］罗纳德·德沃金：《至上的美德：平等的理论与实践》，冯克利译，南京，江苏人民出版社，2012 年版，第 63—65 页。

❷ 葛四友：《资源、选择和运气——评德沃金的资源平等理论》，天津，《政治思想史》，2010 年第 3 期，第 109 页。

源的分布是带有很大的随意性的。即便采取拍卖的方式，由于资源种类各异，很多资源又无法实现有效的分割，因此，很有可能出现这样一种情况，即现有的资源无论怎样分配都不能使所有人都满意，很多人有可能既不喜欢别人分得的那一部分资源份额，同时也不喜欢自己的那一份。这样的话，嫉妒检验就无法发挥作用。德沃金给出的解决办法是：

> 假设岛上有无数贝壳，谁也不认为它们有价值，分配者把它们平分给每个移民，用来充当接下来就会出现的市场中的钱币。❶

这样做有什么好处呢？因为所有的待分配物都被明确地标上了竞标价格，人们手中的货币又是相等的，那么现在就要考察某一件东西究竟到底能够在哪一种价位被拍下。按照德沃金的要求：

> 接下来，拍卖者为每份物品定价，看看这种价格是否能清场，也就是说，在那个价位上是否只有一个人购买，并且每一份都能卖出去。不然拍卖者就调整价格直至达到清场的价格。❷

这种活动一直持续，直到所有待分配物完成拍卖。最后，每个人都能够买到自己所想要的东西，人人都很满意，因此妒忌检验能够得以通过，没有人会妒忌别人买到的那一份。因为每个人是根据自己手中平等的那份钱币，去挑选的自己需要的那份资源组合。在德沃金看来，这种情况下没有人会发现自己处在除了自己所讨厌的东西之外而一无所有的位置上。❸

德沃金采用嫉妒检验的目的在于，尽管每个人的资源组合不同，但他们终其一生都能基于自身的真实兴趣和偏好而做出选择，不会受到那些不公正的非选择性因素的影响和限制。

实际上，嫉妒检验所依托的是经济学中的一个重要概念——"机会成本"。所谓机会成本，简单而言就是生产商把一定数量的经济资源投入生产某产品时不得不放弃生产其他产品所获得的最大收益。例如说，我是一个一直从事高档棉布印染的企业家，某一年，我的企业利润相当可观，忽然，有些朋友告诉我，房地产市场这些年收益更高。现在，我就面临着两

---

❶ ［美］罗纳德·德沃金：《至上的美德：平等的理论与实践》，冯克利译，南京，江苏人民出版社，2012 年版，第 64 页。

❷ 同上书，第 64—65 页。

❸ 龚群：《德沃金对罗尔斯分配正义理论的批评和发展》，武汉，《湖北大学学报（哲学社会科学版）》，2014 年第 5 期，第 4 页。

种选择，如果坚持我的主营业项目，将资金投入到棉布印染的扩大再生产，我可能就必须要放弃房地产投资，尽管那方面资金和利润回报率要比做现在的企业高出很多倍。相反，如果我投资房地产，我就要放弃棉布企业。很有可能我在短期内积累了相当的财富，但它最终彻底地偏离了我想"实业报国"和"振兴绵染工业"的初衷。因此，事实上做出什么样的选择是基于我对机会成本的衡量而决定的，任何选择都不能说我一无所获。

德沃金在资源平等的理论中把个人资源组合的机会成本看作是衡量拍卖市场中其他资源组合价值的标尺，即"把一个人拥有某种可转移的资源价值确定为他人因此而不得不放弃该资源的价值"❶。也就是说，当某人拥有某些"非个人性资源"时，他人就无法拥有它们，他人因此而丧失的那些资源价值就是该资源的价值。当个人拥有的全部"非个人性资源"份额给他人造成的机会成本与他人拥有的全部"非个人性资源"份额给自己造成的机会成本相等时，个体之间的"非个人性资源"就实现了获取上的平等。

从这个意义上讲，德沃金采用嫉妒检验和机会成本的理念使得作为资源的平等物不仅反映了个人偏好，更重要的是，它还反映了与那些偏好相关的代价。由于每个人手中的贝壳数量都是相同的，因而他们可获得资源的机会也是相同的。❷ 因此，基于德沃金的理论，我们基本上能够同意，在"荒岛拍卖"的思想试验中，一种"非个人性资源"能够非常接近于平等的分配。

现在我们再回过头来考察一下德沃金如何阐述事关"个人性资源"的平等。与"非个人性资源"不同，德沃金认为"个人性资源"因其与个人责任有着无法分割的联系，因此这部分资源无法也不应该直接运用拍卖的手段。因为，这类资源本质上是依附于每个人的人身而无法做到强制转移，它们就不应该被"视为能够根据某种资源平等的解释由政治来决定其所有权的资源"❸ 而用于拍卖。否则，如果将人身资源也视为拍卖品，那

---

❶ ［美］罗纳德·德沃金：《至上的美德：平等的理论与实践》，冯克利译，南京，江苏人民出版社，2012 年版，第 151 页。

❷ 这一部分内容，我得益于常春雨博士的博士毕业论文——《平等主义及平等物理论研究》，因常博士论文并未公开发表，因此特别说明，并表示由衷的感激。

❸ ［美］罗纳德·德沃金：《至上的美德：平等的理论与实践》，冯克利译，南京，江苏人民出版社，2012 年版，第 87 页.

就势必导致高才能者"被奴役"的困境。假如个人禀赋、抱负和精神能力可以在拍卖中被视为"资源"的话，那么相对于那些低才能和先天残障的人们而言，高禀赋、高技能的人们就必须付出更多的资源才能使自己得到闲暇的时间。因为，所有人都会竞相争抢这些高技能者的"作为能力的资源"，毕竟没有人希望雇佣一个什么都做不了的员工。人们只要不断地"竞拍"高技能者的劳动力，这些人本身就得不断地增加自己的资源付出，以保证自己不被"奴役"。● 如果最终呈现这样一种结局，那么与平等价值也是完全相悖的。

那么，个人性资源的平等应该如何实现呢？德沃金引入了另一个思想试验，他采用的是"虚拟保险"的间接方式来实现个人性资源的平等。在德沃金看来，虚拟保险机制是"荒岛拍卖机制"的补充手段，同时也是人们实现人身资源获取平等的一个重要思想实验。因为通过虚拟保险，那些天赋能力和自然资质处于相对劣势的人们将有机会获得补偿，更为重要的是，这些补偿不是以一种强迫和强制的手段实现，而是基于人们个人自由的选择而实现。

如果我们站在一个简单而通俗的角度去理解"个人性资源的差别"，它事实上就是由运气造成的。有些人天生神力，他就能"力拔山兮气盖世"；有些人天生胆子大，他就能"提三尺剑、斩白蛇，开疆万里"；有些人，天生运气好，他爸爸就是万达董事长；还有那些人天生运气差，喝口水都能塞牙。正所谓："石崇豪富范丹穷，甘罗运早晚太公。彭祖爷寿高颜回命短，六人俱在五行中。"说到底，就是运气的事情。

但是，我们如果再细琢磨，运气和运气之间也有很大的差别。比如说，我们经常能在有些短视频网站上看到那些爱好极限运动的人，什么保护措施都没有，他们就愣敢往好几百米的高楼上爬，还敢在高空的建筑之间跳来跳去。一个没留神，掉下去了，非摔死不行，这很明显也属于运气背的一种。还有一种就是天生倒霉，生下来就畸形，也属于运气很差。但这二者之间其实有着非常大的差别。我相信，真敢徒手往帝国大厦上爬的人，当他选择玩儿命的时候就预知了自己有可能会因为运气不好而丧命，但如果他还往上爬，那他就已经接受了自己可以预见到的损益——不摔

● 葛四友：《资源、选择和运气——评德沃金的资源平等理论》，天津，《政治思想史》，2010年第3期，第111页。

第七章　平等主义的崛起

死，就成名；摔死了，命不好。德沃金将这种个人本可以避免但主动选择的活动所产生的运气（比如赌博和购买彩票、股票、期货合同等行为）称为是"选项运气"（option luck）；而那种不同于慎思的赌博方式产生的风险，则称为是"原生运气"（brute luck）。

很明显，选项运气在选择的过程中必然会体现出我们的嗜好、抱负，这也是我们追求哪种生活的体现，因此它属于个人责任范围。在封建社会，谁都知道造反有杀头的风险，甚至还要灭门九族，但刘邦、项羽、陈胜、吴广、田横他们这些人就非要逐鹿中原，都有这样的大雄心、大抱负。但是后边这些人没人家汉高祖那么运气好，你说你能怨谁？可是，原生运气就明显没有反映出我们的嗜好、判断和抱负，因此属于集体责任的范围。例如，有两个人，本来过着相似的生活，好好在家里安安分分地过小日子。突然间，一个人失明了，另一个人则始终健康。平等主义者就应把失明者遭受不幸的原因归为原生运气，因为任何人都没有理由说一个人承担着失明的风险而另一个人却没有，并以此来解释他们之间生活境况的差别，这显然与选项运气中所体现出的情况是截然不同的。

因此，德沃金提出"虚拟保险"的一个重要目的就在于，他试图通过这样一种方式，将"原生运气"全部转化为"选项运气"。考虑后者最终是由个人责任承担的内容，如果这种转化真的能够得以实现，那么基本上也就可以认为完成了在"个人性资源"范畴内的平等分配。那么，这个过程是怎样的呢？

德沃金对"虚拟保险机制"的设置也采纳了一种类似于罗尔斯"无知之幕"式的"反事实的理念"，他假设人们都在对自己身体状况及其才能状况无知的情形中来选择是否购买保险。之所以如此是因为，如果根据常理的话，人们只有在进入了拥有选择能力的成年时期，才可能决定是否去投保，这时，过去发生的残疾就无法通过选择投保的方式来获得补偿，"虚拟保险机制"也就会失去其应有的效力。因此，德沃金假设：如果在"荒岛拍卖"之前，每个人都拥有以一定比例的贝壳来购买保险的同等机会，其中一个人选择购买而另一个人则没有，那么他们之间选择行为的差别就反映了选项运气的不同。

比如说，汤姆决定购买"残疾险"，而杰瑞就没有买，那么即使他们两人都在同一次事故中致残，只有汤姆有资格获得补偿。"资源平等"不会要求将那些已投保者的资源转移到未投保者身上，原因在于，尽管坏运气的降临和意外的发生本质上是一种"原生运气",但它已经通过一种主动决定是否购买保险的行为被转化为"选项运气"。当然,如果汤姆、杰瑞都没有遭受事故,两个人一生都平安和谐,那么很显然汤姆的选项运气就要差于杰瑞。德沃金之所以选择虚拟保险机制来使人身资源得以平等化,是因为他想避免高才能者被奴役的困境。虚拟保险机制恰好能够克服这一困境,人们可以通过选择投保的方式来使其人身资源的缺失获得补偿。更为重要的是,人们可以通过这个机制来确定投保标准。可以说,德沃金通过"荒岛拍卖"的思想试验和"虚拟保险"的假设,非常巧妙地在自己预设的资源平等前提下比较完美地解释了他对于平等的追求和关照。

需要客观指出的是,德沃金的平等理论远远没有达到尽善尽美。他在上个世纪八十年代,自由主义和保守主义盛行的时代,敢于逆流俗而动,勇敢公开地主张一种平等主义学说,这一点是难能可贵的。但是,总体而言,德沃金的"资源平等"理论还面临着很多非常难以处理和回应的难题。我们可以就几个主要的方面来了解一下:

首先,很多理论家批评德沃金的"资源平等"理论陷入了一种"拜物教的泥潭"。德沃金本人没有意识到,所谓资源只是实现平等的工具,而人们拥有的实际生活才是平等需要考虑的核心内容,但资源平等所关注的能力仅仅局限于个人自身的身心健康能力,没有能够全面地考察个人性资源本身与外部世界之间不可分割的联系。例如,我们假设一个严重残障的人士,他完全可以在虚拟的"荒岛拍卖"中首先得到"非个人性资源"的平等对待和保障。紧接着,在"虚拟保险"的情境中他也完全转化了自己的原生运气,购买了保险。但问题是,即便是在虚拟环境中,只要他还要继续生活,社会环境的阻力依然可以将他推向不平等的深渊。这就是德沃金过分关注资源和忽视资源与社会环境之间联系所造成的结果。

其次,德沃金对平等分配过程中的个人责任要求过于严苛了。不管是"荒岛拍卖"还是"虚拟保险"几乎都在预设个人运用理性做出选择的时候,是不容许犯错误的。人们必须要时时刻刻保持冷静的理性分析来判断出自己到底要做出什么样的选择,这些选择还必须是尽可能正确的,才能够达到资源平等的状态。问题在于,陷于荒岛的幸存者们在德沃金的理论中更多的像是时时刻刻在做着算法的 AI,而不像是非常容易受到情绪左右和控制的人类。如果拍卖要经历妒忌检测,而人类情绪是不断变化的。我深刻地怀疑,这种过程由于太多的不可控因素,是根本无法最终得出有效

结果的。个人在两组思想试验中承担了太多、太高的责任要求，这是不现实的。

不论如何，德沃金提出了一种非常鲜明的"平等主义"理论和主张。正是由于他这种开创式的理论阐述，引发了上个世纪八十年代后"平等主义"理论的全面崛起。这股学术浪潮一直汹涌澎湃地涌动至今日仍然热度不减。当代政治哲学家们就此被点燃了对于平等价值的热情和激情，很多人投入到对于平等的探讨中，并陷入了复杂而激烈的争论，并因之提出了多种各具差异的平等理论。继罗尔斯复兴了自由主义之后，政治哲学又掀起了"平等主义"崛起的大潮。

（二）幸福的机会

在西方哲学史中一直流传着这么一个故事：古希腊哲学家泰勒斯整天忙于各种研究，生活过得相当窘迫。而当时他所居住的米利都是一个商业城市，许多有经商能力的人们都过着非常优越的生活，享用着来自世界各地的奢侈品。一些富有的商人时常嘲笑泰勒斯，说哲学家所从事的事业是毫无意义和用处的。泰勒斯则对这些人说："你们可以认为我没用，但要说知识没有，那就大错特错了。"没过多久，他就找了个反击的机会。有一年，由于天气不好，橄榄歉收，许多做橄榄油生意的商人都有些心灰意冷。但泰勒斯经过仔细的观察和分析当时的气象和自然规律，认定来年会风雨顺，橄榄将大获丰收。第二年开春后，泰勒斯不动声色地以非常低廉的价格租下了一大批米利都的榨油机。等到橄榄收获季节到来时，他靠高价出租榨油机狠狠地赚了一笔钱。就这样，他用事实告诉人们：哲学家只要想赚钱，便能赚很多钱。

这个故事的真实性现在已经无法考证，但是我们顺着这个故事的脉络可以引起另外一些关于社会正义问题的其他思考。我们知道，对于分配的正义罗尔斯在《正义论》中阐述了两个原则：

第一个原则：每个人对与其他人所拥有的最广泛的平等基本自由体系相容的类似自由体系都应有一种平等的权利；

第二个原则：社会和经济的不平等应这样安排，使它们（1）被合理地期望适合于每一个人的利益；并且（2）依系于地位和

职务向所有人开放。❶

那么，我们就可以顺着"泰勒斯租榨油机"的案例，继续做一些发散性思考。我们可以假设泰勒斯还有个弟弟，叫"史密斯"。他们拥有相同的天赋——就像是麦考夫·福尔摩斯和夏洛克·福尔摩斯一样——二人的童年也拥有相似的优质教育环境。在各自的生活经历中，史密斯选择了一种能够让他获得高收入的生活计划，而泰勒斯沉迷于思辨和思考宇宙人生，除了不会挣钱，剩下几乎什么都会。考虑到罗尔斯正义的第二原则要求"社会和经济的不平等应该适合最少受惠者的最大期望利益"❷，很显然，囿于贫困的泰勒斯比史密斯的处境糟糕了很多，国家应该通过税收或转移支付的手段将资源重新进行分配，使泰勒斯现有的境遇得到改善，这才是符合正义的。问题是，泰勒斯本人并没有觉得自己是"处境更为糟糕的那一个"，他就是坚定的具有那种"安贫乐道"高尚情操的人，正如孔子赞美颜渊那样："贤哉，回也！一箪食，一瓢饮，在陋巷，人不堪其忧，回也不改其乐。贤哉，回也！"❸ 因此，泰勒斯自愿追求与资源最大化无关的生活计划，在他的价值观和审慎判断的过程中，甚至他认为他的生活状态和处境要远远地优于史密斯。况且，就如同我们一开头所讲的那个故事，如果他真的愿意，也许也可以在物质生活的资源获取方面轻而易举地实现对史密斯的超越。那么，如果我们主张"正义的分配就是事关平等的分配"，罗尔斯的正义原则在处理这种情况的时候就显得不是那么灵敏，甚至是失去效力了。

同样主张一种平等主义正义理论的德沃金，是不是也有着无法回避的难题呢？在上一节将要结束的时候，我们曾经概要和简略地提到了德沃金"资源平等"理论的一些麻烦。这里，我们可以选择一些非常重要的内容再细致和深入地考察这些问题。

我们仍然可以通过一个案例来审查德沃金的理论。我们假设泰勒斯和史密斯这一对兄弟，生活和学习环境还是非常的相似，但现在他们不是哲学家和商人，而是志同道合、旨趣一致地想成为登山家，征服这个地球上

---

❶ [美] 约翰·罗尔斯：《正义论》，何怀宏等译，北京，中国社会科学出版社，2009 年版，第 47 页。

❷ 同上书，第 65 页。

❸ 孔子：《论语》，杭州，浙江文艺出版社，2000 年版，第 6 页。

每一座高山就是他们毕生的梦想。但是，恰好泰勒斯比史密斯天生具备了更优秀的"推理和判断"的能力，因此虽然二人在面临选择时付出了同样的努力，泰勒斯在登山时的成功力往往非常明显地大于史密斯。按照"资源平等"的理论，天生优秀的推理和判断能力很显然是一种"个人性资源"，只能通过"虚拟保险"的形式来弥补，而不能通过强制的手段来解决因此带来的不平等。那么我们不妨进一步推进一下这个案例，假设史密斯能够通过"虚拟保险"来弥补自己判断力的不足，因此现在他和泰勒斯都可以做出同样正确的选择。问题是，在泰勒斯的性格深处，隐藏着强大的执行力和意志力，这一点史密斯是不具备的（或者比泰勒斯更差一些）。因为这一点差距，在他们攀登珠峰的时候，泰勒斯得以成功登顶，而史密斯则永远无法实现这个"幸福的目标"。我们现在可以非常清楚地看到，尽管泰勒斯和史密斯都做出了相同的选择，史密斯也有办法对于自己"个人性资源"的不足进行弥补，但由于他们在落实选择目标的能力上存在着差异，不管史密斯还能买多少份"虚拟保险"，也无法改变他永远不能登上珠峰的事实。因此，兄弟二人在实现选择目标的最终结果上是截然不同的。

如果我们能够坚定地认为，正义事关平等，那么没有疑问的是，其中能力高的泰勒斯他的处境会始终优于能力略低的史密斯。而且，这只不过是做出选择后的能力差异，是他们二人谁都无法控制的、不同性质的能力不平等，当事人非但不应该对这种不平等承担责任，从平等价值角度出发考量，史密斯更应该获得某种补偿。然而，德沃金的"资源平等"却不能为这种补偿做出理论支持，这使得德沃金的理论看起来落入了难以回避的困境。

> （主张资源平等的）正义只消除人们对其无法选择的才能差异的责任，而没有消除个人对其由落实选择能力的不同而导致的幸福差异所承担的责任，这就为赞同和反对个人只对其控制之中的事情负责设置了自相矛盾的正义规则。❶

正是出于这些原因，有些哲学家认为一种更为完善的平等主义不能从

---

❶ Richard Arneson, *Rawls, Responsibility, and Distributive Justice*, Marc Fleurbaey & Maurice Salles & John A. Weymark, Justice, political liberalism, and utilitarianism: Themes from Harsanyi and Rawls, New York: Cambridge University Press, 2008: 88.

将资源作为"平等物"的角度去阐释。于是，美国加州圣地亚哥分校理查德·阿内逊教授在充分研究和批评罗尔斯、德沃金等人的平等正义理论后提出了"幸福机会平等"（equality and equal opportunity for welfare）的正义理论观点。

阿内逊反思了罗尔斯和德沃金的正义理论，发现我们不应该过分地执迷于对用于分配的东西做出客观性判断。举例而言，你和我分十个包子，显然客观上，你五个我五个就是平等。但问题是，我吃一个就饱了，你吃八个都不饱。这么个分法显然也不是合理和正义的，甚至和平等不平等都没有关系。因此，阿内逊所捍卫的社会正义理论主张采用一种"分配的主观主义"立场，也就是通过从一个人主观体验的角度出发考虑对个人幸福感的同等对待来实现平等。

既然阿内逊坚持一种"幸福机会的平等"，现在首要的问题就在于先说清楚什么是幸福。"什么是幸福"这个问题太大了，如果从广义和宏观上而言，简直问到了道德哲学和政治哲学最深处的诉求。到底，什么是幸福？

"幸福就是：我饿了，看到别人手里头拿着个肉包子，那他就比我幸福；我冷了，看见别人穿了件厚棉袄，那他就比我幸福；我想上茅房，就一个坑，你蹲那儿了，那你就比我幸福！"正如亚里士多德所说：

> 因为一般人把它（幸福）等同于明显的、可见的东西，如快乐、财富或者是荣誉。不同的人对它（幸福）有不同的看法，甚至同一个人在不同的时间也可把它说成不同的东西。❶

但是，阿内逊所说的幸福并非是那种无所不包的、广义而宏观意义上的幸福，它仅仅指的是一种"自利性偏好"（self-interested preferences）的满足。概要而言，指的就是一个人排除了对他人的无私关心之后他所偏好的东西。❷需要注意的是，某人偏爱 X 胜过对 Y 的偏爱，假如这种选择不是出于他自身的原因，而是出于某种宗教或道德承诺，那么他的这种偏好就被排除在阿内逊所说的"作为平等"意义上的幸福考虑之外。更具体

---

❶ ［古希腊］亚里士多德：尼各马可伦理学，廖申白译，北京，商务印书馆，2003 年版，第 9 页。

❷ Richard Arneson, *Liberalism, Distributive Subjectivism, and Equal Opportunity for Welfare*, Philosophy & Public Affairs, Vol. 19, No. 2, 1990：160—161.

而言，如果让我在苹果和荔枝之间选择，我宁可选荔枝。这就是阿内逊所说的"自利性偏好"。如果能够选择荔枝使得我感到满足，这就是幸福。但假如我选荔枝是出于我信了某个宗教，这个宗教禁止吃苹果。或者，我生活在某个文化共同体里，在这吃苹果是不道德的，所以我只能选荔枝。那么，这和自利性偏好的满足——也就是幸福——无关。

现在，我们明白了阿内逊所说的"幸福"是什么含义了，明确限定了"自利性偏好"的含义和范围之后，阿内逊阐释了可能对"自利性偏好"产生影响的三个不同因素：

A. 行为倾向（behavioral dispositions）；

B. 某种情感和欲望（feelings or desires of a certain sort）；

C. 个人价值判断（judgments of personal value）。

为什么要研究这三种不同的影响因素呢，因为它们之间有时会产生冲突和矛盾。一旦发生这种情况，就需要有一个在判断上的优先标准。我们仍然可以通过举例来解释和说明这一点。

假如我是一个大龄未婚而且仪表不凡的有为男青年。现在有两个选择：要么陪一个经人介绍的绝代佳人吃顿晚餐，要么自己宅在单身宿舍研究一晚上社会正义理论。好了，如果我行为倾向于必须陪女神，看见女神我生理上都非常愉悦，且我认为只要我吃好了这顿饭或许还能和女神有进一步深度交往的可能，那么，对我而言，"选陪女神吃饭"这件事，很显然在A、B、C三种因素上保持了高度的一致。这样，我们很容易就能判断出吃饭在"自利性偏好满足"的意义上是胜于研究正义理论的。但，假如我是一个又丑、又穷的正处在考研备考阶段的学生。如果能够考上研究生，对我而言是人生重大转折，一生的命运都有可能会因此而改变。所以现在，尽管我更倾向于想和女神吃饭，尽管我看见女神生理上也很愉悦，但是我明确知道我跟女神吃饭纯粹是瞎耽误工夫——女神又不瞎，她也不会喜欢我。因此，如果我继续复习研究一晚上的政治哲学理论，对我考研这件事儿而言有更大的价值，于是我选择"宅在单身宿舍学习正义理论"。后一种情况很明显A、B两种因素与C发生了冲突，当然实际情况中A与C、B与C、A、C与B都有可能会冲突，不管是怎么冲突，阿内逊主张，C因素具有判断上的优先性。

因此，阿内逊事实上给人们对于"自利性偏好"代入了两个特定的条件，一个是"信息充分条件下的慎思"，另一个是"个人价值的谨慎判

断"。事实上，"自利性偏好"也就是一种"虚拟理想情况下经过深思熟虑的偏好"。●

阿内逊通过对三种影响个人偏好因素的阐释，以及对这些因素产生矛盾时判断的优先限定，对他所主张的正义理论中"作为平等物的幸福"概念做出了比较完整的界定。一方面，他把那些歧视他人或使他人出于不自由、不合理的偏好（例如宗教、文化和道德因素等）都拒之门外，避免了所有将不同类型及性质的快乐或偏好都混为一谈的情况。个体之间的幸福感建立在"自利的个人偏好"基础之上，更易于在人际关系的层面做出较为明晰的比较。另一方面，阿内逊敏锐地发现并充分地关注了个人幸福感对人们生活质量的重要影响，从主观感受的角度出发去阐释"幸福"，回避了德沃金资源平等理论所存在的"拜物教"的困境和缺陷。

如果我们能够再细致地思考一下阿内逊的理论，会发现当我们以"自利性个人偏好"的满足作为"幸福"时，会面临一个比较复杂的麻烦。按照阿内逊的主张，社会正义应该满足一种符合平等价值的分配原则，而平等主义者则应该基于个人的主观幸福感来确定和衡量他们所持有的资源份额。因此，实际上，正义就是"平等地满足个人一生的自利性偏好"。这一点现在看来是非常清晰的。问题在于，一个人的偏好可不是一成不变的，同一种资源或福利在不同的人生阶段对同一个人而言完全有可能产生截然不同的幸福感。不相信的话，你回想一下，你在五岁的时候特别看重的东西，现在你还在乎吗？那会儿，你宁可放弃和 Aragaki Yui（新垣结衣）一起出去玩儿的机会，来坐在电视前看"米奇妙妙屋"。现在你还会这样吗？但是话说回来，等你八十九岁的时候，也许你又会宁愿放弃和"国民女神"一起出去玩的机会，坐在阳台上享受一上午柔和的阳光。像这种偏好的改变还算好的，毕竟没有给追求偏好的人造成什么重大伤害。

十一年前，曾经有一个事关追星的新闻，搅动得当时的社会舆论沸沸扬扬。事情是这样的，甘肃某地有个 Y 某某，从十几岁开始就疯狂地迷恋香港的某位"天皇巨星"。此后 Y 某某辍学开始疯狂追星。Y 某某的父母当然苦口婆心开导和教育她。父亲爱女心切，在劝阻无效后，开始卖房、卖肾来筹资供她多次去香港、北京等地求见这位天皇巨星。2007 年 3 月 22

● Richard Arneson, *Equality and Equal Opportunity for Welfare*, Philosophical Studies: An International Journal for Philosophy in the Analytic Tradition, Vol. 56, and No. 1, 1989: 83.

第七章 平等主义的崛起

日，这位疯狂的粉丝终于在媒体的帮助下，见到了自己心仪的明星。但这个故事并没有一个圆满的喜剧式结尾。由于 Y 某某的追星行为给自己的家庭造成了巨大的代价，同年她的父亲因其丧失理智般的行为愤而跳海自尽。父亲的去世深深刺激了 Y 某某，直到这个时候，她才意识到失去了自己最亲的人，感到非常懊悔。很久以后，当她再次面对媒体访谈的时候，以亲身经历说法，奉劝年轻人不要疯狂迷恋明星，直言所谓的天皇巨星并不值得人们为之浪费青春。在节目里，她读了一封写给父亲的信，泣不成声，并且劝说另一位和当年的自己很相像的女孩不要重蹈覆辙。[1] 我们可以发现，这种"自利性偏好"的改变，最终是以丧失亲人生命为代价，我相信在这个世界上绝大多数的尚存理智的人都无法承受这么大的代价。那么，前者偏好的满足在后面一个阶段看来，不仅不能称为是幸福和福利，简直是一生的悔恨和痛苦。这种案例，给阿内逊"幸福机会"的定义带来了非常巨大的麻烦。因为，这样看来，个人主观幸福感的人际比较很有可能因其多变性特征而无法实现。如果把对个人曾经拥有但后来不再拥有的合理偏好的满足仍然看作是对其终身幸福的提升，这种思考幸福的方式就是不合理的。[2]

阿内逊从否定和肯定两个方向来应对"自利性个人偏好"的变化为"幸福机会平等"所带来的困境。

首先，阿内逊并不否认个人偏好有可能是多变的，但他认为合理偏好一般不容易发生变化，也不会经常出现由此产生的人际比较问题。因为，合理偏好是一种"虚拟理想情况下经过深思熟虑的偏好"，具备"信息充分条件下的慎思"和"个人价值的谨慎判断"这两个限定条件。一个人真的非常谨慎地选定了自己要过一种什么样的人生，认真地进行了价值权衡，他的理想和选择有可能是非常坚定的。

人最宝贵的东西是生命。生命属于我们只有一次。人的一生

---

[1] 事件资料来自于《南方周末》，由于涉及当代新闻，出于保护当事人的角度考虑，本文并不想公开事件当事者真实姓名和信息（尽管此事作为多年以前早已广泛传播和引起舆论热点的"新闻事件"，这样做也完全没有什么不妥）。但出于笔者个人情感和道德标准的原因，我决定不详细地引注材料出处，以及并不直接引述所有当事人的真实姓名，以免对相关当事人的情感造成有可能的二次伤害。因此向广大读者朋友们说明，并请原谅。

[2] Richard Brandt, *A Theory of the Good and the Right*, Oxford：Prometheus Books，1998：247—53.

应当这样度过：当他回首往事的时候，不因虚度年华而悔恨，也不因碌碌无为而羞耻。这样，在他临死的时候，他就能够说：我所有的一切，包括宝贵的生命，都已经献给世界上最壮丽的事业——为人类的解放而斗争。❶

因此，我们很容易能够对保尔·柯察金的幸福做一个全面的审查和判断。那么，为什么人们的偏好还会如此多变呢？在阿内逊看来，偏好变化的一个重要原因在于个人认知的缺乏。"在一定条件下，当主体认识到那些前提的虚假性时，基于那些错误前提的偏好就让位于其他偏好。"❷ 假设我一直想做某个明星的"铁粉"，原因是我以为能够得到某个明星的关注就是生命的全部内容。可我一旦发现，哪怕我能够稍微冷静下来反思一下人生的意义，就会知道年少时的这种追求是多么的荒谬。因此，当个体对其偏好的真实价值缺乏认知时，满足那些基于错误前提的偏好本身并不能促进其合理偏好的满足，平等主义者也不应把从我先前想成为某明星的粉丝到后来我想认真地过属于自己的平凡而朴实的生活的这种转换看作是合理偏好的完全改变。因为，在这种情况下，"尽管我的实际信念已经发生了改变，但我潜在的最优偏好仍然保持不变"❸，也就是说，个人之所以会选择错误的偏好是因为他对其自身偏好的认知错误。

其次，阿内逊并不否认作为"虚拟理想情况下经过深思熟虑的偏好"也会不时地发生改变。

> 其时我是十八岁，便旅行到南京，考入水师学堂了，分在机关科。大约过了半年，我又走出，改进矿路学堂去学开矿，毕业之后，即被派往日本去留学。但待到在东京的预备学校毕业，我已经决意要学医了。原因之一是因为我确知道了新的医学对于日本维新有很大的助力。我于是进了仙台医学专门学校，学了两年。这时正值俄日战争，我偶然在电影上看见一个中国人因做侦探而将被斩，因此又觉得在中国医好几个人也无用，还应该有较

---

❶ ［苏联］尼·奥斯特洛夫斯基：《钢铁是怎样炼成的》，刘心语译，长沙，新世纪出版社，1999 年版，第 256 页。

❷ Richard Arneson, *Liberalism, Distributive Subjectivism, and Equal Opportunity for Welfare*, Philosophy & Public Affairs, Vol. 19, No. 2, 1990：165.

❸ 同上书，同页，

为广大的运动，先提倡新文艺。我便弃了学籍……❶

我们很难说，鲁迅先生对于人生规划的改变是不审慎和不慎重的。一方面，正如阿内逊所说，我们合理偏好的改变还有可能是因为选择信息的不充分。如果，鲁迅先生一辈子没有机会看到日俄战争的惨状，他可能会成为一个医术高超的医生。另一方面，即便是作为信息充分下的审慎选择，合理偏好也会因为不同生活环境的改变而导致一些变化。对此，阿内逊专门阐述了一种能够反映合理偏好变化的、关于偏好满足程度的计算方法，其步骤如下：（1）每个人都可以在其人生的不同阶段确定一个合理偏好集的相关内容，这些合理偏好可能与其过去、现在及未来的任何一个时期相关；（2）每一种偏好都被视为个体在做出选择的那个特定时期是合理的，因而都可以通过个体的不同重视程度而被赋予不同的权重；（3）确定在这个人的一生中，那些始终难以释怀的偏好在何种程度上得到满足；（4）统计总数，在其他条件不变的情况下，总数越大，这个人的生活越如意。❷

因此，我们回到鲁迅先生的例子中，当我们计算周先生一生的幸福感时，基于阿内逊的理论，我们不能只算他弃医从文后作为文学家、思想家和革命家的后半生的偏好满足程度。而是应该适当综合考量他前半生作为中学教员、矿路学堂学生和仙台医学院高材生时的偏好满足。对此，阿内逊自己也举例说，如果某人在临终之前的几个月内经历了一个合理偏好的彻底转变，那么在计算这个人一生的幸福感时，就不能仅仅考虑他生命的最后几个月中偏好的满足程度。根据阿内逊的看法，以个人一生合理偏好的满足来界定幸福涵义的想法是有价值的。在计算幸福感的时候，平等主义者在追求和探讨社会正义时应将个体过去的合理偏好与那些用于替代的合理偏好同等对待。

问题讨论到现在，我们基本上就完全明白了阿内逊所说的作为"自利个人偏好满足"的"幸福"之含义了。但现在我们需要注意的是，阿内逊并不是说，正义就是要实现"幸福本身"的平等，而是实现一种"幸福机会的平等"。

---

❶ 缪君奇：《鲁迅画传》，上海，上海书店出版社，2001年版，第29页。

❷ Richard Arneson, *Liberalism*, *Distributive Subjectivism*, *and Equal Opportunity for Welfare*, Philosophy & Public Affairs, Vol. 19, No. 2, 1990：166.

我们依然可以通过一组例子来解释这两者之间的区别。例如，你和我都拥有两个相同的选择，既可以成为一个金融家，又可以成为一名高校教师，与此同时，我们都十分清楚面临两组选择时，我们之间的幸福期望是相等的。因此，如果你选择了金融家，并因之获得了较高的幸福水平，而我则成为一名高校教师，只能获得较低的幸福水平。在这种情况下，考虑到金融家和高校教师之间薪酬水平的差异，从幸福本身的水平而言，我们最终是无法实现平等的，但我们所拥有的选项机会却是等价的。这样，我们就在幸福机会的层面实现了平等。但，这看起来与资源平等对个人责任的限定没有什么不同。那么阿内逊与德沃金的正义理论之间的差别究竟体现在哪里了呢？现在考虑，你也与我一样选择了当高校教师，不过你需要到蚊子猖獗和疟疾肆虐的非洲来实现对偏好的满足，而我在北京就可以实现自己的梦想。这时候，幸福机会平等所要求的选项的平等性就遭到了破坏，我拥有免遭蚊子叮咬的机会选项，而你却没有这样的选项。在资源平等中，这部分内容由于资源的客观性成为了个人责任必须负担的部分。而在阿内逊的幸福机会平等主义理论中，从主观幸福感角度出发，正义就必须对这部分内容进行纠正和调整。在客观上，阿内逊减轻了人们个人责任所应该负担的内容，将"作为平等的正义理论"更加地向前推进了一步。

阿内逊在个人应承担的责任和不应承担的责任之间做了重新划分，这种划分不仅是对罗尔斯和德沃金资源主义平等物主张在个人责任问题看法上的超越，而且也极大地影响了后来的平等主义者。幸福机会的平等对个人幸福感的关注在当代西方社会正义理论的发展过程中具有非常重要的价值，因其对个人责任问题的关注在当代西方平等物问题研究中做出了非常特殊贡献，逐渐成为平等物问题研究演进和发展过程中不可或缺的一项内容。

当然，与我们曾经介绍过的所有正义理论一样，阿内逊的事关"幸福机会平等"的正义理论也有这一些非常难以回避的困难和局限性。

首先，一个最为明显的事实是"幸福并不能涵盖人们生活的所有状态"。我们当然无法否认合理的"自利性个人偏好"对于我们每个人的生活而言都是绝对存在的，但更确定的是，这并非是我们生活的全部内容。有很多天生乐观的"不幸的人群"他们并不认为自己处在没有"自利性个人偏好"满足感，即缺乏幸福的状态中。例如，我们在新闻中常常见到因天生不幸或后天遭遇导致非常严重的残障人士，尽管这些缺陷给他们带来了极大的生活成本，但他们从不觉得自己在能力上比健康人更逊色。他们甚至觉得自己通过付出更大的努力来实现人生理想，在幸福感上要更优于健康的人们。这些人虽然身体残疾却生性乐观，根本不认为自己缺乏幸福。根据这些人自己的判断，他们对自己的能力和生活状况都非常满意，无意索取任何帮助，更不寻求实现这些帮助的机会。但是，根据幸福机会平等，他们遭遇的用以满足"幸福"的"原生运气"显然是更糟的，如果不对此进行补偿，就是不正义的。这时候，这种补偿更像是一种画蛇添足的多余之举。但我们假如竟然认为这些天生乐观的残障人士享受到了更好的原生运气，因而不应对其做出补偿，显然是更荒谬的。阿内逊的理论在这个意义上就陷入了自相矛盾的境地。

其次，幸福机会平等面临的另一个困境在于它不能成为实现平等的充分条件，换句话说，即使我们能够实现"幸福机会的平等"，它本身推导不出我们就完全达到了平等状态。

我们可以通过一个例子来解释这一点。❶ 例如泰勒斯和史密斯兄弟各住在一个相距不远的活火山岛上。我们假设这两座活火山爆发的概率是一样的——假如都是百万分之一的几率。泰勒斯和史密斯对这个信息充分地了解，并审慎地决定将人生寄托在各自风景如画、气候宜人的小海岛上。于是，泰勒斯特别幸运地活到了八十岁无疾而终，史密斯也特别幸运地中了百万分之一概率的彩票，上岛第二年火山爆发，化为火山岩的一部分与小岛同在了。我们可以说，这俩人机会完全平等，"自利性个人偏好"一辈子压根儿没变过，信息绝对的充分，决策审慎得不能再审慎了。从"幸福机会平等"的角度而言，绝对达到了几乎完美的状态。但是，无论我们从哪个角度考察，恐怕也很难说他俩的人生实现了平等的状态。

因此，阿内逊在面临类似众多的批评和反驳意见后，他本人对幸福机会平等能否摆脱目前的困境也持一种消极的态度。最终，他自己也不得不承认："无论幸福机会平等最初的吸引力是什么，以上描画的理想还是有明显缺陷的"，因为"从道德的观点来看，具有根本重要性的不是一个人的机会，而是这种机会所产生的结果。"❷

---

❶　高景柱：《平等的福利主义分析路径》，昆明，《云南大学学报（社会科学版）》，2016 年第 3 期，第 66 页。

❷　Richard Arneson，"Debate：Equality of Opportunity for Welfare Defended and Recanted"，*Journal of Political Philosophy*，Vol. 7，No. 4，1999：497.

尽管阿内逊的平等正义理论看似很难最终成立，客观而言我们也不能因其种种局限性而否定"幸福机会平等"对当代西方社会正义理论的杰出贡献。值得肯定的是，无论是主观幸福感在平等物范围上对以往研究的有效拓展，还是幸福机会在个人责任问题上对以往研究的积极推进，无疑都构成了当代西方平等物问题研究过程中的一笔宝贵财富，推动着后继者的相关研究朝着更加深入全面的方向发展。❶

（三）"现实主义"与"可行能力"

不知道我们有没有察觉这样一个问题，我们对于正义问题的研究，随着时间的推移它的内容就变得越来越复杂，形式就变得越来越多样，论证也变得越来越细致。当我们回想柏拉图、亚里士多德、奥古斯丁、阿奎那甚至是洛克、休谟等人的正义理论时，我们会由衷地赞叹古人智慧的凝练。他们很可能用简简单单的一句话、一段论述或一本著作就把他们所理解的正义谈得很透彻。但是，近代以后，尤其是现代政治哲学兴起以来，对这个问题的考量就陷入了日趋激烈的争论和纠缠中，往往在激辩之后我们都忘了最早是从哪个地方出发。这也使得政治哲学这门学问陷入了一个非常尴尬和麻烦的境地。原本，人人都关心政治，人人都追求正义，人人都热爱哲学，但是当这门学问逐渐变得越来越繁琐、琐碎和复杂以后，又有多少人还会对它感兴趣呢？

我们常常会感慨这样一个事实，当我们踏上一个漫长而艰难的征途后，往往会因为走得过远而忘了为什么出发。当我们尝试着跨越千年来谈论和研究正义问题时，我们却不应该忘了最为核心的一个问题：何谓正义？

回首我们谈论过的众多的正义理论，我们会发现，历来不同的哲学家和思想家们对于"正义"几乎每个人都有不同的见解和自己的定义。对于正义的理解，古代和近代有着非常不同的认识；经典和现代也有着特别明显的差别。在古代，正义是一种崇高的理想，它包罗万象、囊括着无数的内涵。我们在个人的美德、城邦的目标、法律的价值、道德的原则、传统的尊严等各个不同方面中都能够找到正义的身影。现代政治哲学兴起以

---

❶ 本节关于阿内逊"幸福机会平等"理论的部分介绍性内容，我尤其得益于常春雨博士的博士论文——《平等主义及平等物理论研究》，因常博士论文并未公开发表，因此特别说明，并表示由衷的感激和特别的敬意。

后，虽然对于正义讨论的内容越来越复杂和晦涩，但是哲学家们对于正义的认识却逐渐开始趋于统一。在当代政治哲学领域，当我们再谈论起正义问题的时候，绝大多数情况下，我们指的是——社会正义。❶

在最宽泛的意义上，正义是一个与社会制度的选择相关的概念，可以看做待评价社会状态的优良属性❷

涛慕思·博格的这个看法，可以说非常准确地总结了自启蒙运动以来社会正义问题研究和关注的核心主题。正义问题，归根结底就是在讨论如何、怎么样来构建一个良好的社会，以及，当我们建构和设计出某种社会制度后，如何来判断和鉴别它是好的还是坏的。

在对这一正义主题探索和研究的过程中，逐渐产生了两大学派。当代印度著名的哲学家、思想家和经济学家阿马蒂亚·森较早地意识到了这一点，并对此做出比较全面阐释和论述。

森与哈耶克的经历非常相似，他也是一位非常杰出的跨学科思想家。他在学术上真正引人注目和赢得崇高荣誉的是其对于福利经济学和社会选择理论上的研究贡献。因此，他被誉为"当代经济学的良心"并赢得1998年诺贝尔经济学奖。

与哈耶克相同，上世纪六十年代以后，森的研究兴趣开始转向政治哲学——尤其是社会正义理论，他将自己的主要的研究方向从农业发展经济学调整到了关于社会福祉问题的研究上。森仔细地梳理了近代以来的社会正义理论后，他发现思想家们对"正义"理论的阐释和考察非常明显地分成了两个不同的路径或两大不同学派：

一个学派，他将其称为"先验制度主义"，这一学派的代表人物分别有霍布斯、卢梭、康德和罗尔斯等人。"先验制度主义"简单而言，主张阐释正义理论的目的是为了建构、创制或寻找某种"最优"的社会制度。这些思想家们都有着共同的目标，就是矢志不渝地努力探求某种"终极"的社会正义制度。例如"霍布斯的利维坦""卢梭式的社会契约""罗尔斯

---

❶ 尽管哈耶克对社会正义这个概念进行了严厉的批判，但无可否认的一个事实是，哈耶克本人所谈论的正义思想客观上也带有非常明显的社会正义的特征。此外，他四十余年对社会正义这个概念批判的本身，对推动社会正义理论的发展而言，也有着非常重大的积极意义。

❷ Pogge, T., *Justice*, *in Encyclopedia of Philosophy*, Vol. 4, D. M. Borchert, Editor McMillan Reference USA: New York, 2005: 862—870.

的两个正义原则"，他们并不关注现实中不完善的社会制度哪一个更接近正义，也没有兴趣对现存的社会政治制度进行比较，霍布斯对法国君主专制和英国君主立宪制度哪个更优越毫无兴趣，罗尔斯也从不曾比较美国的三权分立和苏联的苏维埃政治制度之间的差别和优劣。

另一个学派，森称之为"现实主义"，不得不说在社会正义研究的历史上这一派的思想家和理论家居于少数，但他们对正义理论研究的影响却是同样巨大的。代表人物包括边沁、亚当·斯密、约翰·密尔、哈耶克等人。现实主义社会正义理论与先验制度主义截然不同，他们"都致力于对现实的或可能出现的社会（制度）进行比较，而并非局限于先验地去寻找绝对公正的社会"❶。现实主义正义理论主要致力于消灭世界上现存的显而易见的不正义和不公正。在追求正义的方法上，现实主义者并不关注和寻找"终极"而"完美"的正义制度，而是采用"比较性方法"，通过对现存政治制度的对比和研究来发展各种不同政治制度的正义标准，以此来指导和辅助现实决策，促进社会制度向着正义迈进。而森本人，就是一个典型的现实主义社会正义思想家。

森首先是一位经济学家，他对于经济学领域中的"阿罗不可能性定理"有着非常深刻的认识，这种认识让他果断地放弃了"先验制度主义"的社会正义研究路径。为了弄清森的选择和立场，我们有必要先对"阿罗不可能性定理"进行一个简要的介绍和解释。

"阿罗不可能性定理"是由美国当代经济学家、管理学家肯尼斯·约瑟夫·阿罗❷在1951年提出的一个经济学和决策学理论。简单地说，"阿罗不可能性定理"是指不可能从个人偏好顺序推导出群体偏好顺序。阿罗认为，个人偏好顺序和群体偏好顺序都应符合两个公理和五个条件。这两个公理是：（1）完备性公理。对任意两个决策方案 X 和 Y，要么对 X 的偏好甚于或无差异于 Y，要么对 Y 的偏好甚于或无差异于 X。（2）传递性公

❶ ［印度］阿马蒂亚·森：《正义的理念》，王磊、李航译，北京，中国人民大学出版社，2012 年版，第 5 页。

❷ Kenneth J. Arrow，美国经济学家，生于 1921 年，于 1972 年因在一般均衡理论方面的突出贡献与约翰·希克斯共同荣获诺贝尔经济学奖。肯尼斯·约瑟夫·阿罗在微观经济学、社会选择等方面卓有成就，被认为是战后新古典经济学的开创者之一。除了在一般均衡领域的成就之外，阿罗还在风险决策、组织经济学、信息经济学、福利经济学和政治民主理论方面进行了创造性的工作。阿罗是保险经济学发展的先驱，更一般意义上讲，他是不确定性经济学、信息经济学和沟通经济学的发展先驱。阿罗先生于美国时间 2017 年 2 月 21 日去世，享年 95 岁。

理。对任意三个方案 X、Y 和 Z，若对 X 的偏好甚于或无差异于 Y，而对 Y 的偏好甚于或无差异于 Z，则对 X 的偏好甚于或无差异于 Z。❶

通俗地讲，也就是如果我们以"个人偏好"作为判断社会正义的一个重要核心标准。那么不论我们怎么努力地阐释出多少种备选地符合正义原则的社会制度，都无法得出一个"终极"且"完备"的最终结果。

对此我们可以做一个假设：

假设有甲、乙、丙三个人，面对 A、B、C 三种经过严格理论论证符合社会正义的制度（不妨假设 A 是符合"罗尔斯式社会基本益品平等"、B 是资源平等、C 是幸福机会平等），甲乙丙三个人对三个备选方案有不同的偏好排序。

甲认为：A > B > C；

乙认为：B > C > A；

丙认为：C > A > B。

现在我们对比制度 A 和 B，那么按照偏好次序可以如下排列：

甲（A > B）；乙（B > A）；丙（A > B）；因此，我们可以认为这两种制度的社会次序偏好为（A > B）；

如果我们取 B 和 C 进行对决，那么按照偏好次序排列如下：

甲（B > C）；乙（B > C）；丙（C > B）；这样，基本上可以认为两种制度的社会次序偏好为（B > C）；

最后，若取 A 和 C 对决，那么按照偏好次序排列如下：

甲（A > C）；乙（C > A）；丙（C > A）；很显然，现在两种制度的社会次序偏好又变成了（C > A）。

于是，通过分析，我们得到了三个社会偏好次序——（A > B）、（B > C）、（C > A），分析的结果显示"社会偏好"有如下事实：社会偏好 A 胜于 B，偏好 B 胜于 C，偏好 C 胜于 A。因此，如果我们不能排除社会偏好对于正义制度的最终影响——事实上我们就是很难在现实生活中排除偏好的因素❷——那么

---

❶ 萧浩辉主编：《决策科学词典》，北京，人民出版社，1995 年版，第 345 页。

❷ 我们可以回忆，罗尔斯在《正义论》中设置"原初状态"和"无知之幕"很大程度上就是在最大限度地排除个人偏好对于正义原则选择上的影响。罗尔斯认为他在这一点上成功了，因此他宣称具备理性能力和道德感的人们在无知之幕下都会选择两个正义原则。至于罗尔斯的理论是否真正成功，在理论界有着广泛和热烈的争论，对此感兴趣的同志们可以参阅相关文献。为了不使本节内容过于复杂和深入，丧失了我们讨论问题的方向，即不在此展开讨论。

不管我们设计出再多的"符合正义"的制度，最终也无法抉择出一个"最优"的正义制度。

因此，森认为，相对于"先验制度主义"所要回答的"什么是最正义的制度"这样的目标，当前我们研究正义问题，更多地应该把重心放在"怎样能够使得社会更加正义"上面。

受到"平等主义"兴起的影响，在宏观上，森也认为正义的社会就应该是某种平等的社会。但是，出于现实主义社会正义理论的基本观点，森首先批判的就是罗尔斯和德沃金的"资源主义"平等理论。

森认为，罗尔斯和德沃金的平等正义理论最大的问题就在于他们忽视了"人际相异性"的问题。什么叫"人际相异性"？我们说，在现实生活中，人们个体上是存在着很多差异的。例如，人们因自身基因的差别造成了我们天赋、身高、体重等等方面的不同，这是显而易见的。资源主义平等理论也意识到了这个问题，因此罗尔斯提出了"差别原则"，德沃金则用"资源平等"来弥补和纠正因此而造成的不平等。但是，我们在清醒地认识到这些差异的同时不能忽视人们的家庭背景、社会地位以及他们所处的自然环境、社会环境等方面存在着的极大不同，这些所有的差异相结合就是"人际相异性"。

换句话说，即使我们实现了资源的平等，那么人们由于人际相异性的原因，将不同资源转化为自由的能力是截然不同的。就如同我们在上一节提到过的例子，由于天赋和禀赋的差异，在机会、资源都均等的情况下有的人可以实现攀登珠峰的人生目标，另一些人则永远无法实现这个理想，他们由于能力的欠缺永远会处于劣势地位。

我们还可以通过一则案例来更好地理解森的意思：

按照罗尔斯的差别原则，现存的不平等如果改善了处境更差者的境遇，那么就可以将其视为是正义的。我们假设一个天生严重残疾的人和一个非常健康的人，但天生残疾的人具有非常高超的经商能力，雄踞福布斯富豪榜的前列，而健康人则因为其他能力平平而非常贫穷。按照资源主义平等理论，残疾人似乎应该在经济上对健康者进行某种补偿。但是，它忽视了"人际相异性"因素，由于残疾人天生的严重缺陷，无论他拥有再多的资产，他也没有将其转化为彻底"行动自由"的能力。如果这两个人都将"远足"或"登山"作为自己人生的理想，残疾人在这一层面可能永远都相对于健康人处于劣势地位。那么他们谁是优势，谁又是劣势呢？

在森看来，"世界上没有两片完全相同的树叶，人类也是这样。人与人之间的差异不仅仅表现在外部特征上（如继承而来的不同数量的财富、我们所处的自然环境和社会环境等），也反映在个体内部的特征上（即生理特征，如性别、年龄、染病几率、体能和智能等等）"，这样，在评价平等主张的时候就不能忽视普遍的人际相异性存在的这个事实。❶

在反对"幸福机会平等"的问题上，森与资源主义平等是一致的。他在一定程度上同意罗尔斯和德沃金等人对幸福机会平等的批评，所不同的是森主要还是从"人际相异性"视角出发来反对幸福机会平等理论的。

在上一节，我们详细地介绍了幸福机会平等的正义理论。从本质上而言，幸福平等基于一种主观主义视角，强调人们对于幸福感的体会。但是，森认为，幸福感根本无法体现平等。"人际相异性"决定了人们每个个体之间对幸福体验的根本性差异，这种差异使得人与人之间的幸福感无法进行合理的比较。如果强行对基于主观的"幸福感"进行对比，一个非常严重的后果就是这会导致对他人的自由权和财产权的侵犯。我们无法否认，幸福感对人们而言至关重要，但一个人的生活不仅仅只有表面意义的"幸福感"，有些在直观上明显违背幸福的事业和选项也是我们的追求，正如匈牙利诗人裴多菲所言："生命诚可贵，爱情价更高；若为自由故，二者皆可抛。"因此，一个人的生活中必定还存在某些诸如权利或自由等其他重要的、无法用"幸福感"来衡量的价值。

此外，由于"人际相异性"的存在，现实中我们每个人的幸福感来源很可能都不相同。因此，个人幸福感具有主观任意性，坚持幸福平等就会把不同性质和类型的幸福（比如从歧视他人的行为中获取的幸福与其他幸福）相提并论，进而导致对个人权利和自由的践踏。例如，我们就无法否认，某些政治偏好可以给一些人带来很强烈的幸福感。但是，有些政治偏好涉及种族主义等歧视性偏好，这类偏好不能与其他偏好进行人际比较。如果将这种幸福感作为衡量正义和平等的标准，很显然就可能导致对个人权利的侵犯。

森对幸福机会平等的批评还体现在他认为以幸福感或幸福机会作为判别平等和正义的标准必然会导致这种判别对人们真实生活状况的反映是严

---

❶ ［印度］阿马蒂亚·森：《论经济不平等、不平等之再考察》，王文利、于占杰译，北京，社会科学文献出版社，2008 年版，第 298 页。

重失真的。即使我们不考虑幸福感可能会侵犯个人权利，对此我们可以列一个清单，将那些有可能侵犯自由的幸福感斥之为"虚假幸福"将其排除在我们的追求之外。森认为，即使我们能够做到这一点，幸福感也无法提供一种对个人实际生活的可靠反映。这主要是因为幸福感是一种因人而异的心理状态，即便是面对同一种生活状况，有人可能会感到幸福，有人却无法从中获得相应的幸福感。因此，"将幸福的程度作为一个人境况的表征，只能分别用于单个个体——两个人的幸福程度是无法比较的，因而不能以幸福作为判断不平等或公平诉求的标尺。"❶

另一方面，森认为，如果我们把正义和平等的焦点过分地集中在诸如"快乐""幸福""感受"等人们内心活动和心理特征之上，那就不可避免地会陷入判断的局限性中。人们的感受不仅仅来自于自我的内心活动，它还会受到具体环境的影响，会受到实际生活的限制。我们可以通过一个具体事例来理解这种局限性：

对于我们普通人、生活出于正常状态中的人们而言，以幸福感或幸福机会来判定我们生活的优劣，这本身没有什么问题，但我们不能忽视实际生活的残酷和悲惨。我们不妨想想那些身处逆境且生活条件长期得不到改善的人们。例如在某个第三世界极度欠发达的某国，有一群以开矿为生的矿工，他们祖祖辈辈以此为业，十四五岁就要下到深达几百米的矿井中劳作，每天工作十四五个小时，从没有休息日，一直到力竭而死或伤病而亡。这样的人们由于长期遭受压迫，早已丧失了改变现状的勇气，出于单纯的生存需要和对受压迫状态的麻木性，他们往往只会根据可能得到的东西来调节自己的愿望和预期，甚至将自己的预期降低到最卑微的生存需求程度。或许，很简单的一顿美食就能给他们带来极大的幸福感；或许，只要让他们休息个三五天，也能给他们带来极大的满足感。假如我们非要以幸福感或幸福机会来做正义和平等的参照，我们就会认为给这些矿工提供一些很简单的救助，仅从他们的满足感而论，很容易就能达成正义和平等。但，显然这是荒谬的。因为，这种幸福感和满足感已经被客观事实严重地扭曲了，尽管当事人可能认为某些救助确实能够给他们带来极大的幸福，但这个幸福——包括这样的幸福机会——完全没有参照意义，也无法

❶ ［印度］阿马蒂亚·森：《正义的理念》，王磊、李航译，北京，中国人民大学出版社，2012 年版，第 261 页。

真实地反映出这些人们生活的状态。

既然森既不同意罗尔斯的平等理论，也不同意德沃金的"资源平等"，更无法认同阿内逊的"幸福机会平等"，那么，我们不免疑问，森自己的正义理论和平等理论是怎样的呢？

森的正义理论最初是在 1979 年提交给泰纳讲座❶的一篇题为《什么的平等》的论文中初见端倪的。在这篇论文中，森集中火力主要对"功利主义""幸福（福利）平等"以及"罗尔斯式的平等"做出了批评和剖析。他一方面赞赏和同意罗尔斯对于功利主义和福利主义的批判，另一方面也表达了他自己对于资源主义平等的不满。早在我们介绍罗尔斯和德沃金的时候就提到过这一点，森认为罗尔斯和德沃金的资源主义平等正义理论存在某种"拜物教"的缺陷。基于此，森提出了自己关于平等正义的理论——基于基本能力的平等。

森认为，即使我们将"基本益品的平等""资源平等"和"幸福机会平等"都结合起来，也无法让人最终满意。希望通过这些不同的平等主张之间相互协调和平衡来探求出另一种恰当的平等理论注定是失败的，因为众多平等主义的理论家们忽视了人们的"基本能力（basic capability）"，而这正是森所主张的平等和正义应该重点关照的内容。

我们前文提到过一个例子，现在不妨再来思考一下，能够促进我们对于"基本能力"的理解。

假设一个残疾人，如果他在资源分配上并不比别人的份额少——也就是之前说的，他是个残疾且富有的人——罗尔斯和德沃金的理论就不会对他再有任何帮助；如果这个残疾人并不富有，但他是一个海伦·凯勒❷式的自强不息、坚定乐观的人。尽管他身体残疾了，自由的灵魂却可以从除身体障碍以外的简单生活中获得无穷的乐趣，所拥有的幸福感不比别人的

---

❶ 泰纳讲座（Tanner Lectures）由美国学者、实业家、慈善家 Obert Clark Tanner 创立，旨在促进人文价值领域的研究和思考，是探讨人文价值问题的国际知名论坛。

❷ Helen Keller，生于 1880 年 6 月 27 日，美国著名的女作家、教育家、慈善家、社会活动家。在十九个月时因患急性胃充血、脑充血而被夺去视力和听力。1887 年与莎莉文老师相遇。1899 年 6 月考入哈佛大学拉德克利夫女子学院。1968 年 6 月 1 日逝世，享年八十七岁，却有八十六年生活在无光、无声的世界里。在此时间里，她先后完成了十四本著作。其中最著名的有：《假如给我三天光明》《我的人生故事》《石墙故事》。她致力于为残疾人造福，建立了许多慈善机构，1964 年荣获"总统自由勋章"，次年入选美国《时代周刊》评选的"二十世纪美国十大偶像"之一。

差，那么幸福平等的坚持者也不会补偿他。

但，不管他是富有，还是乐观，我们都可以很明显地看出他在某些方面始终是处于劣势的。如果我们追求平等，如果我们是一个坚定的平等主义者，至少在直觉上我们会觉得这个残疾人应该在某些方面得到某种补偿。森认为，补偿他的理由，就必须从"人的基本能力"角度出发，只有站在这个立场上，才能抵达真正的正义和平等。

那么，现在的问题是，到底什么叫"人的基本能力"？对此，森举了一些例子，比如能够四处走动的能力、满足营养需求的能力、购买体面的衣物以及参与共同体生活的能力等。为什么人的这些基本能力上的平等比资源、幸福机会和其他内容更为重要呢？因为，人们一旦具备了同等的这些参与生活的基本能力，他们的生活质量就实质性地得到了同等的保障。

人的基本能力可以说包含了两个理念。第一是"需要"的理念，指的是人们所需要的能够维持基本生活的能力。第二是"紧迫性"理念，指的是那些人们必须迫切需要的、能够维持生活的能力。[1] 如果结合这两个理念来理解，森所提出的"人的基本能力"实质上指的就是"能够满足人们对基本生活迫切需要的能力"，而不是那些卓尔不群、出乎其类、拔乎其萃的特殊天赋。

森提出"能力平等"无疑对以平等为追求的社会正义理论是一次非常可贵的尝试和推进。他以"基本能力"代替了"资源"和"幸福机会"非常富有建设性地弥补了二者的缺陷。"资源平等"过于客观，忽视了人们的主观感受，带有"拜物教"的嫌疑；而"幸福机会"又过于主观，使得基于平等正义的对比都丧失了可靠地基础。"能力平等"恰好成功地解决了"幸福机会平等"对人们主观心理感受的过分依赖，同时也并不完全囿于人们对客观事物（例如资源）的局限。森所在意的是，平等应该关照人们是否能够过上基本相似的而有尊严的生活。在这点上，森的理论极具前瞻性和创造价值。

随着对正义和平等问题的继续研究和反思，森在确立了"基本能力平等"的观点以后，他意识到人们之所以热切地追求某种生活，之所以认为某种生活值得我们去珍惜和爱护，并不仅仅是由于大家都意图实现这种具

[1]　姚大志：《能力平等：第三条路？》，杭州，《浙江大学学报（人文社会科学版）》，2004 年第 6 期，第 18 页。

体生活的结果，还在于这种生活本身包含了某种选择。因此，森发现如果要真正实现平等，人们仅仅具备基本能力是不够的，因为我们必须要赋予人们能够在不同生活方式之间做出自由选择的能力和权利。如果我们仅仅将吃饱喝足、行动自如作为生活的全部意义，并将其称为"平等"，那么这种没有经过反思和选择的人生可以说毫无意义，也根本谈不上正义。因此，森发展和扩充了他关于"基本能力平等"的理论，将其完善为关于人们"实现功能的可行能力平等"。我们也可以将其称为"可行能力平等"的理论。

在"可行能力平等"理论中，"功能"和"可行能力"是两个最为重要的核心概念。所谓功能，按照森自己的解释就是：

> 一个人处于什么样的状态和能够做什么（beings and doings）的集合。个体福利方面的成就可视为他或她的功能向量。这些相关"功能"的具体内涵极为丰富，既包括那些最基本的生存需要，例如获得良好的营养供给、身体健康、避免死于非命和早夭等等，也包括更复杂的成就，例如感觉快乐、获得自尊、参加社会活动等等。❶

而"可行能力"则指的是：

> 此人有可能实现的、各种可能的功能性活动组合。可行能力因此是一种自由，是实现各种可能的功能性活动组合的实质自由（或者用日常语言说，就是实现各种不同的生活方式的自由）。❷

我们可以用更为通俗的方式来解释一下"实现功能的可行能力"，它实质上体现了一种实现某种生活选择的实质性机会。在实际生活中，我们在青春期的时候，经常听到父母这样一句话"我不阻拦和干涉你去做某某事"。但假如他们真的发现你早恋了，尤其是当你在面临高考的严峻考验时，这种许诺大多时候是一张"空头支票"。这就是形式上的机会，而并非"实质性机会"。再用一个简单的例子来说明，例如说你想去夏威夷旅行，没有人阻拦和干涉你去夏威夷，这是一回事，而你是否有能力支付得

---

❶　［印度］阿马蒂亚·森：《论经济不平等、不平等之再考察》，王文利、于占杰译，北京，社会科学文献出版社，2008 年版，第 257 页。

❷　同上书，第 258 页。

起昂贵机票、是否有健康的体魄来支持你承受十几个小时的远程飞行是另外一回事。只有当你确实具备后者这些可行能力的时候，它才能够称得上是实质性机会。

因此，"可行能力的平等"所关注的是正义原则对于个人选择的充分重视而非对个人意愿的强迫。对此，森自己曾经通过另一个案例来解释和说明：假设一个信守苦行的印度教徒，在斋戒期间，他必须要将进食量降到最低，每天摄入极少的食物。这时，客观上他和一个处于极端贫困线以下、食不果腹的难民至少在获取食物这个层面是没有什么区别的。但，这两个人在可行能力层面却是截然不同的。苦行僧面对的实质性生活选择的集合要远远大于那个穷困潦倒的难民。他本可以选择吃饱穿暖，但他自己主动选择忍饥挨饿，这是他个人自由的选择；而难民除了忍饥挨饿没有任何选择。这样，尽管二者看起来是平等的，实际上他们的处境和平等毫不相关。按照"可行能力平等"的理论，在正义和道德原则层面，我们有义务对难民进行救助，却不应该干涉苦行僧人的宗教信仰和选择自由。

不得不说，森的"可行能力平等"的理论，极大地推进了平等主义社会正义理论的研究。首先他开辟了除去"资源"和"幸福感"之外的另一条追求平等的路径，丰富了当代社会正义理论对于平等价值追求的研究。理论家们开始意识到，我们谈论平等，追求平等，认为平等就是正义，归根结底我们是在讨论到底应该在什么层面、哪些内容或者是什么标准上来达到平等。森明确地讨论了这个问题，并指出"平等物"不应该局限在个人客观资源存量的同等份额，也不应局限于其主观幸福感的同等水平，而应着眼于一种能够依据自身不同善观念来追求和实现不同合意生活的同等可行能力。因此，当代英国思想家 G. A. 科恩对森的赞善毫不吝惜溢美之词："森对他自己问题的回答是这个论题在当代反思上的一个巨大飞跃。"❶

当然，森的"可行能力平等"理论与罗尔斯、德沃金、阿内逊等人的正义理论一样，也面临着很多批判。其中，G. A. 科恩在赞扬过自己的这位牛津大学的同事之后，随即就对他提出了尖锐的批评，并在此基础上提出了自己关于正义和平等的另一种理论。这些内容我们将在下一节中详细地与大家一起探讨、考察和研究。

---

❶ ［美］玛莎·努斯鲍姆主编：《生活质量》，龚群译，北京，社会科学文献出版社，2008年版，第12页。

（四）拯救正义与优势获取的平等

1941 年，加拿大蒙特利尔的一个工人阶级的家庭里诞生了一个小男孩，男孩的母亲是一位信仰坚定的加拿大共产党员，他的父亲属于犹太人民联合社（United Jewish People's Oder）的成员，虽然不是共产党员，但依然热情和强烈地支持苏联。❶ 他们给这个新生儿起名叫作"杰拉尔德·阿伦·科恩（G·A·Cohen）"。但当时他们谁都没有想到，这个小家伙日后能够成为当代最负盛名的政治哲学家之一、"分析马克思主义的旗手和社会主义平等主义的斗士"。❷

G. A. 科恩打出生起就生活在一个浓厚的马克思主义信仰氛围里，他从小到大接受的都是非常正统的马克思主义教育，耳濡目染，深受马克思主义的影响。❸ 当时，在科恩的老家，流传着这样一首名为《永远团结》的社会主义老歌：

> 我们开垦荒地、建造城市，他们才能从事贸易；
>
> 我们开挖矿山、修建工厂，铺设万里铁路线；
>
> 而如今，我们饥寒交迫，被遗弃在我们自己创造的奇
>
> 迹中……❹

从小受到这样的教育和影响，科恩对于马克思主义，尤其是对于作为平等的正义理想充满了崇高的向往。在他的心灵深处，有着对社会主义和共产主义异常坚定的信念。他坚信社会主义革命必然会涤荡资本主义的尘埃，人类社会必将成为一个完全平等的世界。更为重要的是，这一时代是不以个人意志为转移的必然的历史进程。❺

---

❶ ［英］G. A. 柯亨：《如果你是平等主义者，为何如此富有？》，霍政欣译，北京，北京大学出版社，2009 年版，第 22 页。

❷ 更多关于科恩的生平和思想概述可参考段忠桥教授撰写的《分析马克思主义的旗手、社会主义平等主义的斗士》，载［英］G.A. 科恩：《为什么不要社会主义？》，北京，人民出版社，2011 年版，附录。

❸ 葛四友：《柯亨的分配正义观的转变——兼谈马克思主义与平等》，石家庄，《社会科学论坛》，2008 年第 1 期，第 30 页。

❹ 段忠桥：《社会主义优于资本主义在于它更平等——科恩对社会主义的道德辩护》，上海，《学术月刊》，2011 年第 5 期，第 34 页。

❺ 卞绍斌：《G. A. 柯亨的平等主义诉求及其道德价值》，北京，《马克思主义与现实》，2012 年第 5 期，第 73 页。

尽管在游学英伦后，科恩放弃了马克思的辩证唯物主义理论，开始用分析的方法研究马克思主义，但是，一直到他生命的最后一刻，还坚守着马克思的历史唯物主义的信念，是一个地地道道的西方马克思主义思想家。正因为具有这样的思想基础和学术背景，可以说，在对平等价值的信仰和追求上，科恩是西方政治哲学领域中最为执著和坚定的一位。

　　二十世纪七十年代罗尔斯的正义理论发表之后，道德哲学和政治哲学领域掀起了一场被称为"规范论"❶的转向和风潮。包括罗尔斯本人在内，哲学家们将思考社会正义问题的主要方向放在了如何提出规范性的道德观念和思想标准上，并希望以此为基础引导和建构符合正义原则的社会基本结构。由于罗尔斯引领了这一风潮，因此在上一章我们谈到诺奇克的时候就曾提到，在诺奇克看来"现在政治哲学家们或者必须在罗尔斯的理论框架下工作，或者必须解释不这样做的理由"❷。

　　科恩也是如此，他给予罗尔斯和《正义论》非常崇高的评价。科恩甚至赞扬《正义论》是西方政治哲学史上继《理想国》和《利维坦》之后第三部最伟大的著作，他还称赞罗尔斯在思想中把握了时代的大部分现实，他甚至不反对别人将他称为是"左派－罗尔斯主义者"。❸

　　与诺奇克、哈耶克等人对罗尔斯的批判不同，科恩在更多方面是认同罗尔斯的，也可以说某种程度上，科恩对于正义和平等的思考受到了罗尔斯很大的启发和影响。科恩对于罗尔斯最初所持的正义和平等的态度非常欣赏、十分认同，例如罗尔斯提到"没有理由要让历史和社会命运来决定收入和财富的分配，同样也没有理由要让自然资产的分配来决定收入和财

---

　　❶　规范伦理学是伦理学的基本形态之一。主要用哲学思辨的方法研究伦理问题，致力于揭示、发展和证明有可能指导人们的行为、行动和决定的基本道德原则，从事实出发，给实际生活以伦理上的指导，具有较强的实践性。许多人认为亚里士多德的《尼可马科伦理学》是第一部规范伦理学的著作，亚里士多德亦被尊为"伦理学之父"。经过中世纪直到近代，规范伦理学一直是伦理学的全部。从 19 世纪末到 20 世纪中期，规范伦理学不断受到描述伦理学和元伦理学的挑战而一度式微。由于社会生活要求伦理学要为生活提供价值指导和行为准则，而能够给予实际生活以价值指导的也只能是规范伦理学。如果离开规范伦理学及其研究，其他的伦理学形态也就没有存在的意义。因此，20 世纪中期以后规范伦理学又重新成为伦理学的主流。

　　❷　［美］罗伯特·诺奇克：《无政府、国家和乌托邦》，姚大志译，北京，中国社会科学出版社，2014 年版，第 218 页。

　　❸　A. G. Cohen, *Rescuing Justice and Equality* ［M］. Cambridge, Harvard University Press, 2008：11.

富的分配"❶。在科恩看来，罗尔斯最吸引人和打动人的事业就是他要致力于"消除道德任意性带来的不平等"❷，但遗憾的是，科恩认为罗尔斯并没有坚持自己理论中最富吸引力的这部分东西。

众所周知的是，经济的不平等在自由至上主义者和功利主义者那里是"天经地义"的事情。诺奇克和哈耶克都不会反对超级富豪的存在，因为他们相信天赋卓越、能力突出的人们有权享有属于自己个人权利范畴之内的超额利益，因此而造成的不平等在道德上是能够找到应得依据的；而功利主义者则从分配的不平等有助于推动生产和增加国民经济总收入的角度来为经济不平等进行辩护。总而言之，这二者是立意要为不平等辩护的。罗尔斯的初衷是为了反对这些理论——尤其是功利主义理论——阐述一种关照和追求平等的正义学说。罗尔斯本人完全不能认同包含在自由至上主义和功利主义理论中的"资格""总效用"尤其是"应得"的概念，他在两个正义原则的第一个原则中明确地主张："每个人对与其他人所拥有的最广泛的平等基本自由体系相容的类似自由体系都应有一种平等的权利。"❸ 他还立场坚定地宣称："不能以这样的借口来拒绝某些群体拥有平等的政治自由，即他们拥有这些自由可能会使他们反对有利于经济增长和提高效率的政策。"也就是说，不能以效率来牺牲平等。如果坚持平等影响效率，是否是可允许的？罗尔斯的理论原本是倾向于承认这是可允许的。❹

但是，在综合考虑了关于心理学的事实、效率问题、道德风尚等事实之后，罗尔斯认为存在着某种可以得到辩护的不平等。"社会和经济的不平等应该这样安排，使它们：（1）适合于最少受惠者的最大期望利益；（2）依系于在机会公平平等的条件下职务和地位向所有人开放。"❺ 这就是"差别原则"所要表达的核心内容，通俗地说，社会和经济的不平等，例

---

❶ ［美］约翰·罗尔斯：《正义论》，何怀宏等译，北京，中国社会科学出版社，2009 年版，第 74 页。

❷ 邱娟：《论柯亨对正义与平等的拯救》，昆明，《云南大学学报（社会科学版）》，2012 年第 4 期，第 52 页。

❸ ［美］约翰·罗尔斯：《正义论》，何怀宏等译，北京，中国社会科学出版社，2009 年版，第 47 页。

❹ 龚群：《罗尔斯政治哲学》，北京，商务印书馆，2006 年版，第 159 页。

❺ ［美］约翰·罗尔斯：《正义论》，何怀宏等译，北京，中国社会科学出版社，2009 年版，第 65 页。

如权力、财富、资源等等方面的不平等，只要可以给社会中的每个人——尤其是那些处境最为不利的人们——带来补偿，使得他们的境况得以改善，那么这种不平等是能够得到正义的辩护的。

科恩对罗尔斯在平等问题上的这个"让步"非常失望，他非常清楚罗尔斯承认这种不平等之正义性和必要性的理由，因为这种不平等能够激励处境更好的人，改善处境更差的人。然而，科恩本人更为清楚的一点是，虽然经济激励确实可以给那些处境更为糟糕的人带来很多好处，但是，当有才华和天赋高的人们是为了得到丰厚报酬才决定努力生产时，这些人本身就是非正义的，因而这种不平等根本无法在正义的范畴中得到辩护和认可。[1]

对此，科恩曾经在自己的著作中引述了伦理学家简·纳维森[2]创作的一段"穷人"和"富人"之间的对话，这段对话饶有趣味、充满讽刺地对罗尔斯的"激励论证"进行了质疑。

富人："各位注意了，只要我比你拥有的多一些，我就会努力工作，并使你们和我的处境都越来越好。"

穷人："好吧，这听起来不错，但是我原本以为您也赞同正义要求平等呢，看来不是。"

富人："你说得没错，但那仅是标准之一。想要更好的话，就要给予我这样的富人和你们穷人不同的激励性报酬。"

穷人："哦，好吧。那为什么一定要这样做呢？"

富人："因为不这样的话，我就不会像以前那么努力了。"

穷人："为什么不那么努力了呢？"

富人："我不大知道，我想这就是我与生俱来的本性吧。"

穷人："你的意思是你不太关心正义，是吗？"

富人："哦，不！我可不这么想。"[3]

可以看出，科恩对于罗尔斯的差别原则非常不满，他甚至失望地说，

---

❶　邱娟：《论柯亨对正义与平等的拯救》，昆明，《云南大学学报（社会科学版）》，2012 年第 4 期，第 53 页。

❷　Jan·Narveson，美国当代自由意志主义哲学家，无政府资本主义和社会契约论支持者。他所代表的自由意志无政府主义受到了美国哲学家罗伯特·诺齐克的重要影响。纳维森毕业于芝加哥大学和哈佛大学，曾多处任教。他是加拿大安大略省自由意志党的长期成员，目前担任其伦理委员会一员。

❸　［英］G. A. 科恩：《拯救正义与平等》，陈伟译，上海，复旦大学出版社，2014 年版，第28 页。

"罗尔斯完全没有意识到自己提出的取消道德任意性的不平等有多么深远的影响。"❶ 因此，在科恩看来，罗尔斯背弃了事关平等的正义，他有责任和义务将正义和平等从罗尔斯那里"拯救"出来。

科恩认为，罗尔斯最为重要的问题出在了他对于"正义"的理解上。他所以要从平等的立场上"退守"到差别原则，是因为他不仅仅考虑正义，还考虑了人们的道德心理、现实生活中的经济效益、社会的风尚与传统、政治制度的稳定性等诸多方面的因素。在罗尔斯看来，假如我们完全置这些因素而不顾，那么正义原则只会沦为空想，成为乌托邦式的理想。但是，要兼顾这些因素，就必须要承认某些不平等——至少是经济不平等——是合理的、正义的。科恩则不同意这样的观点，他承认，我们固然无法忽略这些因素对于社会正义的影响，但是假如我们是在谈论正义问题和平等问题，就有必要将平等、正义与这些其他因素和价值区别开来。在谈论正义的时候，应该始终清醒地意识到正义价值的特殊性，而不是在权衡了众多价值得失之后，来"均衡"出一个符合众多价值的"折中内容"。因此，科恩认为，罗尔斯最终所论述的"两个正义原则"不是正义的，而是"综合考虑所有因素之后的最优原则"。❷ 正如罗尔斯在《正义论》一开篇就"信誓旦旦"地提到的：

> 正义是社会制度的首要德性，正像真理是思想体系的首要德性一样。一种理论，无论它多么精致和简洁，只要它不真实，就必须加以拒绝或修正；同样，某些法律和制度，不管它们如何有效率和安排有序，只要它们不正义，就必须加以改造或废除。❸

但，如果罗尔斯最终所说的正义原则只是考虑了各种因素的社会调节原则，在科恩看来，它就丧失了对于社会正义的保障。❹ 科恩指出，罗尔斯的正义原则允许将有条件的不平等视为正义，具有在这种罗尔斯式的社会结构中滋生某些极端自私自利者的潜在危险，这样的话，差别原则也不

---

❶ A. G. Cohen, *Rescuing Justice and Equality* [M]. Cambridge, Harvard University Press, 2008: 90.

❷ 同上书，第 275 页。

❸ [美] 约翰·罗尔斯：《正义论》，何怀宏等译，北京，中国社会科学出版社，2009 年版，第 4 页。

❹ 邱娟：《论柯亨对正义与平等的拯救》，昆明，《云南大学学报（社会科学版）》，2012 年第 4 期，第 53 页。

过是为这种不平等直接辩护而已。正如科恩所说，"罗尔斯对不平等的所谓规范性辩护只是对不平等进行的事实性辩护。"❶

不过，这里有一个现实问题，罗尔斯在自己的理论中，从来没有直言过"社会正义就意味着平等"，他更多地是表达了"作为公平的正义"概念。正因为在罗尔斯看来，绝对的平等是无法实现的，因此他对正义的要求，本质上并不是一种严格意义上的"平等主义"。科恩在这个观点上与罗尔斯产生了根本性分歧，科恩看来"正义就是平等"。如果不管我们因为什么原因，从平等原则退守到了某些折中或调节性原则，那么其实我们就已经放弃了正义。❷

既然科恩认为"正义就是平等"，那么科恩本人所持的平等正义理论是怎样的呢？在着力批判了德沃金的"资源平等"和阿马蒂亚·森的"可行能力平等"理论基础上，科恩明确地提出了自己的平等主义正义论主张，即强调"优势获取平等"的正义论。❸

我们讨论和考察了这么久的"平等主义"问题，不知道大家有没有发现，关于平等的正义问题已经开始从最初的"要不要平等"逐渐地转向到了"究竟要什么样的平等"上来。在上一小节我们已经详细地介绍过了，"什么的平等"问题最初是由阿马蒂亚·森提出来的，并在学术界引起了非常大的反响。科恩顺着阿马蒂亚·森对于平等对象研究的路径继续反思这一问题，他发现平等主义，或者我们说追求平等，最为核心的任务之一就是要讨论"平等物"的问题，也就是我们到底应该在什么层面和什么内容上实现平等。

长久以来，众多的理论家都在研究和探索平等主义的理论，但是他们大多数人都没有能够明确地指出平等主义到底要实现一个什么样的目标。我们追求平等，到底要做到什么，或者是达到什么样的要求，才能够说我们实现了目标，达成了正义？在这一点上，科恩在前人研究的基础上明确地将平等

---

❶ ［英］G. A. 柯亨：《如果你是平等主义者，为何如此富有？》，霍政欣译，北京，北京大学出版社，2009 年版，第 155 页。

❷ 科恩和罗尔斯的争论是一个庞大和复杂的学术问题，科恩本人曾经为此写作过一本煌煌四十万余言的学术专著《拯救正义与平等》，因此，究竟是科恩更有说服力还是罗尔斯的《正义论》更加完善，本小节并不打算给出一个最终的结论，有兴趣的同志、朋友和同学们可以就两位思想家的专著和更多的分析文章来进行继续的深入阅读和反思。

❸ 臧峰宇：《G. A. 科恩的平等主义正义论：解读与借鉴——兼评〈为社会主义平等主义辩护〉》，桂林，《广西社会科学》，2015 年第 4 期，第 70 页。

主义的目标确立为消除"非自愿的劣势"（Involuntary disadvantage）。

所谓"非自愿的劣势"指的就是受害者不能为之负责的劣势，之所以平等主义要消除这种劣势，因为它没有恰当地反映受害者已经作出的或正在作出的以及将来可能要作出的选择。❶

现在，或许可以通过一组例子来帮助我们更好地理解这个概念：

先假设有一个乐观的残疾人，双腿瘫痪，为了能够四处移动，他需要一个非常昂贵的轮椅。作为一个平等主义者，科恩认为应该给他这样一个轮椅，尽管这个设备可能会非常昂贵。平等主义者不需要问这个残疾人是否幸福，对于他的正义补偿与他是否幸福和是否具备幸福机会完全不相关。因为，这个残疾人现在的劣势是一种"非自愿"的劣势，没有人天生愿意双腿瘫痪，也基本上没有正常人会后天主动地愿意选择变成残疾人❷，如果真的不是他们自愿变成这样的，平等主义者就有改善这些人处境和对这些人进行救助的道德义务。在这个层面上，科恩的理论事实上解决了"幸福机会平等主义"的困境。平等与幸福无关，它事实上事关选择。

现在假设有一个像安徒生童话《海的女儿》中小人鱼一样处境的小姑娘。她患有一种奇怪的疾病，双脚完全可以站立，甚至可以跳出美妙和欢快的舞步，这并不困难。但她每挪动一步，都会像站在钢刀上一样的疼痛。换句话说，走路对她而言并不困难，但移动后的代价非常大。❸ 现在有一种药，定时服用可以止住她移动步伐后产生的疼痛，但这种药非常昂贵，因为它没有任何副作用。在科恩看来，平等主义者会赞同给这个小姑

---

❶ 段忠桥：《平等主义者的追求应是消除非自愿的劣势——G. A. 科恩的"优势获取平等"主张及其对德沃金的批评》，北京，《清华大学学报（哲学社会科学版）》，2014 年第 3 期，第 101 页。

❷ 当然，也不排除有像春秋时期刺客豫让的这种人，为了给主公报仇，主动用漆漆身，吞碳使哑，暗伏桥下，谋刺赵襄子；也有像要离这样的刺客，宁可自断一臂，也要去刺杀庆忌。所以，第一，我说的是正常人一般没有主动愿意后天致残的，这些大刺客显然都不是什么正常人；第二，从科恩的理论出发，这些人残疾以后所处的劣势，显然不是"非自愿"的，而是主动自愿的选择，那么平等主义者就没有关照和救助他们的道德义务。

❸ "困难"（difficult）和"代价"（cost）是两个经常被混为一谈的概念，但是在含义上，二者是有明显区别的。举例来说，我可以告诉你一个足以让我身败名裂、万劫不复的秘密。这个并不困难，但是代价极高。我也可以骑车从玉泉路出发，把你带到首都国际机场。几十公里的路，硬这么骑过去，这是非常困难的。但是只要我喜欢这种挑战，又刚好无所事事，骑过去并不会产生什么代价，除了累了点。这一内容，我得益于：段忠桥：《平等主义者的追求应是消除非自愿的劣势——G. A. 科恩的"优势获取平等"主张及其对德沃金的批评》，北京，《清华大学学报（哲学社会科学版）》，2014 年第 3 期，第 103 页。我将段教授原来的案例作了一定的修改，以便于能够更为通俗地呈现出来。

娘免费提供这种药，尽管它很昂贵。平等主义者并不需要问这个小姑娘是不是在资源分配上处于劣势，因为假如她行动实际上并不困难的话，她甚至还可以成为一个舞蹈家，在能力、资源和天赋方面她可能还要优于其他人。可见，对于小姑娘的正义补偿与她是否在资源分配上处于劣势也不相关。之所以关照和补偿她，是因为她这种疾病使她陷入了"非自愿的劣势"，代价巨大的移动和痛苦并非应该由她本人来承担责任。毕竟不是小姑娘自愿变成这样的，平等主义者就有改善她的处境和对她进行救助的道德义务。同样，在这个层面，科恩非常巧妙地批判和拒绝了德沃金的资源平等理论。

如果我们仔细思考，就会发现，事实上在第一个例子中，幸福机会平等理论失效了。在第二个例子中，资源平等理论失效了。正如森批判的那样，幸福感过于主观了，无法对比，资源又过于客观了，沦为了拜物教。那么，在科恩看来，森的能力平等是否成功了呢？

科恩指出，一个实现了一场革命的思想家经常会错误地描述自己的成就，而森的情况就是这样。[1] 森确实发现了一个令人振奋的事实，也就是原生运气会给我们带来一些无法选择的劣势，例如天生残疾、天赋低下、智力不足等等，而平等主义者应该致力于消除这种劣势。但是要消除这种劣势，既不能依靠一个过于主观的幸福感，也不能完全凭借过于客观的资源，应该聚焦于介乎二者之间的那种令人欲求的"中间状态"，这种状态应该同时关照两个不同的维度：资源维度和幸福维度。他就把这个状态称为是"可行能力"。

科恩非常赞同森关于平等主义者注意力必须要转向的观点，但是他认为森的问题是，虽然他正确地指出了两个维度的缺陷，但又错误地将处于两个维度中间状态的内容描述为"代表自由的可行能力"。因为，在科恩看来，人们的可行能力只能构成中间状态的一部分内容，并不能表达它的全部内涵。

我们不妨回想一下，森为什么一定要用"可行能力"来取代"幸福感（幸福机会）"和"资源"作为平等主义应该关照的核心内容？因为，森认为，可行能力事实上能够转化为人们选择做事情的自由，只要人们拥有

---

[1] 段忠桥、常春雨：《G. A. 科恩论阿马蒂亚·森的"能力平等"》，北京，《哲学动态》，2014 年第 7 期，第 56 页。

了这种自由，原生运气带来的非自愿劣势问题就能迎刃而解。一个天生无法走路的人，只要拥有了轮椅，他就获得了自由行动的能力，这个劣势就不存在了。一个天生耳聋的人，只要拥有了助听设备或人造耳蜗，重新拥有了听力，这个劣势也不存在了。但是，在科恩看来，消除劣势与能力所带来的自由根本就不是一回事。

我们可以举一个反例来说明一下这个问题。例如说，现在我们分配食物。对于被分配者而言什么最重要呢？森或许会说，食物本身如何分配并不重要，因为有的人消耗很少量的食物就可以获得巨大的满足。但是对于先天肠胃功能不全的人，你分给他多少食物都没用。因此，你需要先解决他将食物转化为营养的能力问题，这才是重要的。我们应该站在人的运动能力、进食能力和消化能力角度考虑问题，这种能力能够将食物转化为我们选择做事情的自由，吃还是不吃，吃什么，吃多少，怎么吃，什么时候吃，这比食物本身重要得多。问题是，如果待分配的人群全都是婴儿呢？他们有什么能力？除了静静地消化的能力，他们谈不上任何运动能力、主动进食的能力，即算是婴儿们都是完全健康的、各项能力都完备的，食物对他们而言除了保证自身营养和必需的成长保障之外，能转化为什么做事情的自由呢？在这个例子中，能力和自由又有什么关系呢？所以说，在科恩看来，"消除非自愿的劣势"与"赋予人们选择做事情的自由"之间不是完全重合的。森之所以会产生这种错觉，认为自由了就一定平等了，是因为他过分地夸大了行为自由能够带来的实际影响。所有人可行能力都几乎完全在一个水平上，都可以自由选择任何自己想做的事，不平等一样会产生。

由于德沃金的资源平等和阿内逊的幸福机会平等都不能恰如其分地体现平等主义的真实目标，森的可行能力平等虽然精准地提出了这个目标，但他对于平等物的概括却又实在难以让科恩满意，因此，科恩提出了一种不同于以往的、力图实现平等主义目的的全新主张——优势获取平等（equal access to advantage）。❶

与之前我们已经介绍过的四种平等主义正义理论（"罗尔斯式的平等""德沃金资源平等""阿内逊幸福机会平等"和"森可行能力平等"）相

---

❶ 段忠桥：《为社会主义平等主义辩护——G. A. 科恩的政治哲学追求》，北京，中国社会科学出版社，2014年版，第179页。

比，科恩的优势获取平等主要体现出了两个重要的特点，也可以说是优越性，即"优势"的多维性和"获取"的全面性。

那么，什么叫"优势获取"呢？我们先来解释"优势"。科恩认为，平等主义者应该关注优势，而不是仅仅将眼光局限在幸福或资源上面。因为，"平等主义者所关注的问题是关于评估生活质量的恰当方式，这种方式却是幸福和资源都无法充分把握的"❶。关于"优势"，科恩本人并没有给出一个特别精准的定义，按照他自己的说法：

> 对于我主张的观点其名称中"优势"一词，我并不完全满意；我使用这个词只是因为我没能找到一个更好的词。它的不当之处与这样的事实相关：它常常被用来表示竞争性的优势，即超出其他人的优势。但在这里，"优势"必须理解为除去了这一含义，一种它并不总具有的含义。某种东西能够增添某人的优势，但他并不因此而处于比其他人更好的境地，或更糟的境地，因此，这个词在这里将在这种非竞争性意义上使用。❷

虽然科恩对于"优势"这个词本身选择有些含混，但他给出的界定和定义还是比较明确的。至少我们能够知道，它完全涵盖了"幸福"和"资源"两个维度。

> "任何增加我的资源或幸福的东西在一定程度上都属于我的优势，但是，任何增加我优势的东西却不一定能够增加我的幸福，它也可能只增加了我的资源，或者不能增加我的资源，而只增加我的幸福。"❸

但科恩为此特别强调说，优势是一个开放性的概念，其含义远不止于资源和幸福的简单叠加。除了这两个维度，它还包括森所定位的既不能归之于资源、又不能归之于幸福、还无法归之于能力的中间状态中的所有维

---

❶ Alexander Kaufman, *Distributive Justice and Access to Advantage*：*G. A. Cohen's Egalitarianism*, Cambridge：Cambridge University Press，2015：4.

❷ G. A. Cohen, *On the Currency of Egalitarian Justice*，*and Other Essays in Political Philosophy*, Princeton and Oxford：Princeton University Press，2011：13. 译文我参考的是：段忠桥：《平等主义者的追求应是消除非自愿的劣势——G. A. 科恩的"优势获取平等"主张及其对德沃金的批评》，北京，《清华大学学报（哲学社会科学版）》，2014 年第 3 期，第 102 页。

❸ G. A. Cohen, *On the Currency of Egalitarian Justice*，*and Other Essays in Political Philosophy*, Princeton and Oxford：Princeton University Press，2011：14.

度。总之，它比其中任何一个单一概念都更加丰富，足以体现平等正义追求的"多元信息基础"。

现在，我们可能会比较疑惑一件事。如果在资源、幸福、能力之外，还有其他维度。而我们又说不出这个维度的名字是什么——事实上科恩高明之处就是已经将它们全部概括成了"优势"——那么我们怎么肯定这些维度真的存在，并如何对它们进行把握？

G. A. 科恩说，根据他对平等主义的理解，无论劣势空间的维度会有多少，平等主义者都可以划分开它的每一维度，并断定一些优势不平等是可以接受的，另一些优势不平等是不可接受的，而他们做出判断的依据是劣势者是否负有责任。

至于"获取"（access to）原意是指可以获得某物的实际机会，科恩又对这个概念做出了一些扩展性的规定，"把一个人实际拥有的东西视为他获取的某物。"❶

简而言之，"优势获取"的意思就是，如果一个人已经拥有某物或拥有获取这个东西的实际机会，那么他一定拥有得到这个东西的优势。实际上，获取的概念和我们上一节介绍森平等理论中提到的"实质机会"是非常相似的，指的是实际获得或确切可以落实的机会和内容。但是，科恩认为，"获取"的表述比"实质机会"更加全面和贴切。

对于科恩之所以采纳"获取"这个词并对其做出扩展的原因，约翰·罗默给出了一个很恰当的解释：它能够"给所有人一个平等的优势机会，补偿那些由于自身不能控制的事情所产生的较差机会"❷。这就是说，当判定是否应对一种劣势处境做出补偿时，平等主义者需要追问：处于劣势的人是否能够控制其劣势，他在过去是否能够避免或者现在能够克服这种劣势处境。如果这个人过去可以避免它，他就没有理由获得任何补偿；如果他过去不能避免但现在能够克服它，并且克服它的成本小于补偿它的成本，那么他只能要求对这种克服行为所产生的成本进行资助；如果克服它的成本高于补偿它的成本，那么他就应当得到补偿。

例如，保罗喜欢摄影，弗雷德喜欢钓鱼，由于他们各自的嗜好所需的费用不同，弗雷德可以轻松地追求他的消遣，而保罗却不能承受。结果，

---

❶ 葛四友主编：《运气均等主义》，南京，江苏人民出版社，2006年版，第119页。

❷ John E. Roemer, "*A Pragmatic Theory of Responsibility for the Egalitarian Planner*", Philosophy & Public Affairs, Vol. 22, No. 2, 1993: 149.

保罗的生活失去了许多乐趣。那么，按照平等主义正义理论，到底应不应该补偿保罗呢？按照我们上面的理论，这要看保罗对摄影的嗜好是如何形成的？如果这是过去他主动的选择，那么就有理由拒绝他的要求；如果这是某种疾病或者是完全偶然情况下造成的结果，科恩就认为，可以且应当资助保罗的摄影。

科恩强调，在昂贵嗜好的问题上，他是以它们的持有者是否对它们合理地负有责任来区分它们。有一些昂贵嗜好是其持有者不由自主地形成的，且现在无法消除的。相比之下，还有一些昂贵嗜好是其持有者可以掌控的，因为他能预先阻止它们，且他现在能够放弃它们。当然，这不是说一个有意发展一种昂贵嗜好的人应受到批评，因为一个人之所以想要发展一种昂贵嗜好有各种原因，而且他是否这样做了是每个人自己的事。但如果他这样做了，那没有人会为他买单。"平等主义者有充分的理由不去满足那种有意培养的昂贵嗜好，因而，幸福平等必须被拒绝，但这不意味着反过来应接受资源平等，因为这种学说错误地拒绝补偿非自愿的昂贵嗜好，和它拒绝补偿自愿的昂贵嗜好不是基于正当理由。"❶

通过这个例子，我们可以明确地看出两点内容。第一，对于优势的内容，完全可以通过责任和选择来进行把握。第二，对于获取所要表达的实际获得或确切可以落实的机会和内容，也完全可以体现出来。

尽管优势获取平等还是一个有待完善的平等主义社会正义理论，但就其已取得的成就来看，无疑对于以平等为目标的社会正义论有了巨大的推进作用和积极意义。科恩第一次非常明确地陈述了作为平等的正义需要达成一个什么样的目标，我们的目标很明确，就是要消除非自愿的劣势。其次，在什么具体内容上实现平等，科恩解决和回避了资源平等与幸福机会平等各自身上的局限性，又在森的理论之上对资源和幸福两个维度以及这两个维度之外的更为全面的内容进行了完整的阐述和论证。由此看来，无论从哪个角度来讲，优势获取平等都是对前人观点扬长避短之后形成的全新主张，是对以往各种平等物主张的实质性超越，开创了平等主义社会正义理论研究的新时代。

但是，优势获取理论还远远称不上完善。令人遗憾的是，对这一主张

---

❶ G. A. Cohen, *On the Currency of Egalitarian Justice*, *and Other Essays in Political Philosophy*, Princeton and Oxford: Princeton University Press, 2011: 13.

第七章 平等主义的崛起

的继续探讨随着 2009 年科恩教授的突然辞世而不得不中断。其后，虽然也有许多学者对优势获取平等做出了不同解读，但这些解读毕竟不能完全复原作者思维的原貌，甚至还在某些具体理解上形成了一定的纷争。正义之路道阻且长，平等之路漫长修远，相信在这条路上不断会有新的发现，不断会有新的进步，促使着我们向着正义理想一步一步地迈进。

（五）平等还是优先？

托马斯·内格尔❶在一篇名为《平等》的文章中假设了自己有两个小孩，第一个孩子非常健康和快乐，第二个则不幸地患有严重的疾病，饱受病痛之苦。

"现在，我将面临换工作的选择，"内格尔说，"要么搬到一个拥挤的大城市去，生活成本很高。那样，现有的生活品质就会受到严重影响。周围社区环境嘈杂，邻居们奇奇怪怪地很不友好，非常不利于第一个孩子的成长。但是，在大城市里有一个好处，就是第二个孩子将享受到特殊而高质量的医疗和教育保障。"

"如果我不想这么做，"内格尔继续说，"我也可以搬到一个风景宜人的半乡村郊区去生活，在那里，对运动和自然都特别感兴趣的第一个孩子能够过上自由快乐的生活。"❷

内格尔应该如何选择呢？为了使这个困难的选择呈现得再明朗一点，内格尔给这则假设又添加了一些内容："我要设想这个实例有如下特点：搬到郊区给第一个孩子带来的好处远远大于搬到城市给第二个孩子带来的好处。说到底，第二个孩子也会因为家庭生活水平降低和不愉快的环境而受到损失。何况教育和医疗的帮助并不会使他幸福，只是能够减少一些痛苦。相反，对于第一个孩子来说，这是幸福的生活和不愉快的生活之间的选择。让我再补充一点，如果做出了对某个孩子有利的决定，绝无办法给受到损失的孩子以有效的补偿。家庭已经倾尽了全力，而且哪个孩子都没

---

❶ Thomas Nagel，美国哲学家，代表作有《利他主义的可能性》《人的问题》《理性的权威》等。他在康奈尔大学获得哲学硕士学位，在那里他开始研究路德维希·维根斯坦，1963 年他又在哈佛大学获得了哲学博士学位。2016 年 9 月，内格尔被美国教育网站 The Best Schools 选为全球 50 位最具影响力的健在哲学家。

❷ Derek Parfit, *Equality or Priority*?, Lindley Lecture, Department of Philosophy, University of Kansas, 1991：1.

有任何其他东西可以放弃并可能转化成对另一个孩子具有重要价值和意义的东西。"❶

内格尔用这个案例来检验平等主义的理论，现在大家不妨思考这样一个问题，假如我们认可"平等的才是正义的"，出于追求平等价值的考量，我们应该如何选择？❷

内格尔本人认为，平等主义者会毫不犹豫地搬到城市里去。因为，给第二个小孩提供帮助是一件更为迫切的事情。即使我们能够给他的帮助与第一个小孩因此而丧失的利益相比是更小的，但迫切性是具有决定意义的。对患病小孩境遇的改善要比对健康小孩幸福的增强而言在道德上更重要。❸

我们花费了如此庞大的篇幅，谈论了如此多的平等主义者：德沃金、阿内逊、森、科恩，可是平等主义者到底相信什么呢？答案是显而易见的："他们相信平等。"但越是显而易见的答案，每当我们再做一次深入分析和思考的时候，情况就会变得越复杂。我相信，在这个世界上，我们绝大多数人都相信某种平等。例如，"人们在法律面前的平等""人人都享有平等的基本权利""人人的利益多应该受到平等的重视"等等。尽管这些平等都是非常重要的，但不得不说，"平等主义"作为一种社会正义理论，它重点关注的核心内容还并不在于此。英国伦理学家、政治哲学家德里克·帕菲特❹主张："我关注人们过得同样好（equally well off）。在我看来，作为平等主义者，这才是我们必须要相信的那一类平等。"❺

---

❶ ［美］托马斯·内格尔：《人的问题》，万以译，上海，上海译文出版社，2014 年版，第124—125 页。

❷ 当然，我相信，如果这种案例出现在实际生活中，不同的人们会根据自己不同的道德标准和价值权衡做出不同的选择。不论他们如何选择都能够陈述出属于自己立场的理由。毕竟不是所有人都认同"正义就是平等"，现在我们排除这些考量，暂时假设"正义就是平等"，以此来简化我们的讨论，使得我们能够更清晰和明了地理解平等主义的社会正义主张。

❸ ［美］托马斯·内格尔：《人的问题》，万以译，上海，上海译文出版社，2014 年版，第125 页。

❹ Derek Parfit，生于 1942 年 12 月 11 日，是英国当代著名哲学家和伦理学家。他的探究方向为人格同一性、理性、伦理等课题。他 1984 年的著述，《理与人（Reasons and Persons）》在世界学术界内有着很高的知名度，被广泛引用，也被不少高等学府推荐给学生和大众。他所有的研究几乎都在英国牛津大学完成，一直到逝世之前他都是该校的高等级研究员。他同时亦是美国哈佛大学、纽约大学和罗格斯大学的客座教授。帕菲特于 2017 年 1 月 1 日去世，享年 74 岁。

❺ Derek Parfit，*Equality or Priority?*，Lindley Lecture，Department of Philosophy，University of Kansas，1991：3.

什么是"平等主义"？现在成了摆在我们面前的大问题。之前的考察，我们多是围绕着一个学者或一种平等理论在进行。但，从宏观和整体上而言，平等主义到底涵盖了哪些内容？这些内容又分别呈现什么样的特点？不同的平等主义理论之间有什么区别和联系？随着平等正义理论讨论的深入，到了上个世纪九十年代，帕菲特从不同类型的平等主义角度出发，给出了自己的阐述和论证。

通过对本章前四节的学习和了解，相信我们大家都已经看到了，在罗尔斯之后的当代政治哲学界，理论家们对于平等的探讨陷入了非常复杂而激烈的争论中，并因之提出了多种各具差异的平等理论。例如德沃金提出了"资源平等"、阿马蒂亚森提出了"能力平等"、沃尔泽提出了一种"多元复合平等观"❶、G. A. 科恩提出了"优势获取的平等"等等，人们在平等主义正义应该坚持"何种平等"的问题上争论不休。

就在不同的学者纠结于到底应该坚持哪一种平等的时候，帕菲特提出了一种探讨平等主义正义理论的不同视角。他察觉得到，人们之所以在"平等"问题上不断地陷入争吵和困境，一方面是由于对于平等对象认识的差异，另一方面与他们在"认识平等途径""获取平等的手段"以及"评价平等的标准"等问题上都存在着巨大的甚至是根本性的分歧。如果不将这些内容梳理清楚，人们对于平等的争论会陷入更为复杂的境地。因为，根据人们对平等所持有的相当不同的各种观点，他们可以按照不同的方式受到攻击，当然也可以按照不同的方式进行辩护。❷

"我们信仰和追求平等，有两个主要的途径。"帕菲特认为："一种观点坚信'不平等本身是坏的、恶的。因此，当我们以达成平等为目的的时候，我们就必然会得到一个更好的结果。'平等本身要好于不平等。"❸这种观点，帕菲特将其命名为"目的论平等主义（Telic – Egalitarians）"。

另一种观点认为，我们同样相信平等，一切的努力旨在实现平等。不过，我们却不是为了得到某个更好的结果，而是因为其他一些道德原因。例如，人们天然地拥有平等分享的权利，人们出于公平正义的内在

---

❶ "多元复合平等观"内容可参见龚群：《沃尔泽的多元复合平等观——兼论与罗尔斯的简单平等观之比较》，武汉，《湖北大学学报（哲学社会科学版）》，2013 年第 3 期，第 18 页。

❷ Derek Parfit, *Equality or Priority?*, Lindley Lecture, Department of Philosophy, University of Kansas, 1991：34.

❸ 同上，第 3 页。

价值而寻求平等。这时候，人们并不以结果作为评判平等与否的最终标准，帕菲特将这种主张命名为"义务论的平等主义（Deontological - Egalitarians）"。❶

我们首先可以先考察目的论平等主义，这一类平等主义坚持的平等原则是：有些人们的处境比另一些人更糟糕，这件事本身就是坏的。

但是持这样的原则主张很快就会带来十分麻烦的问题。比如说，我们假设有 A 和 B 两个社会。A 社会中呈现出一种平等的幸福状态；与此同时，B 社会呈现出一种平等的苦难状态。如果我们仅仅持"不平等是坏的，平等带来更好的结果"，那么，我们怎么来对比社会 A 和 B 的优劣？或者说用什么标准来判断 A 和 B？因此，看起来仅仅用目的论平等主义观点是远远不够的。

所以帕菲特认为，在面对这样的情况时，如果我们需要界定 A 优于 B，目的论平等主义者就不得不诉诸一种功利原则（The Principle of Utility），即："如果人们处境更好，那么这件事本身就是好的。"❷

虽然目的论平等主义在面临上述问题时不可回避地要引入一种功利主义的原则，但是不可否认功利主义的价值和平等的价值在某些方面是互相冲突的。因为如果我们承认"人们处境更好，这件事本身就是好的"，那么就意味着我们必须要承认如果人们的普遍水平变得更好而与此同时产生了不平等时，这本身也是好的。但是，这就不可避免地与目的论平等主义先前主张的"不平等本身是坏的"这个原则产生了矛盾。

在这个意义上，帕菲特认为，如果我们在目的论平等主义的前提下只关心平等，那么将被称之为"纯粹的平等主义（PureEgalitarians）"；与此同时，假如我们只关心效用，那么将被称之为"纯粹的功利主义（Pure Utilitarians）"。即便如此，帕菲特也并不否认，功利主义和平等主义仍然可以在一定程度上互相共存。他将之称为一种"多元的平等主义观点（Plu-

❶ Derek Parfit, *Equality or Priority?*, Lindley Lecture, Department of Philosophy, University of Kansas, 1991：4.

❷ Derek Parfit, *Equality or Priority?*, Lindley Lecture, Department of Philosophy, University of Kansas, 1991：4.

ralist Egalitarian View）"。事实上，如果我们仔细地想一想，在实际生活中，我们往往追求的是多元化的价值。人们都既不愿放弃平等，又难以割舍对效用的热爱。虽然这些价值有可能是冲突的，但他们可以在一种追求程度上的先后排序意义上实现共存。不过，鱼和熊掌最终是难以得兼的，尽管功利主义和平等主义可以以一种多元论的形式共存，但是在"平等"和"效用"的价值上还是会产生非常难以判断的困境。

我们可以通过一组例子来更细致地理解一下"效用"与"平等"之间的矛盾。

现在我们假设，给两个人分苹果，考虑三种情况：

情况（1）：每个人拥有 150 个苹果；

情况（2）：一个人拥有 199 个苹果，另一个人拥有 200 个苹果；

情况（3）：一个人拥有 101 个苹果，另一个人拥有 200 个苹果。

如果我们是纯粹的目的论平等主义者，那么毫无疑问，情况（1）是最好的结果。如果是基于功利主义则会觉得情况（1）是最糟糕的，因为情况（2）和（3）在总效用上都要高于（1）。❷ 但是作为多元论的平等主义显然会认为情况（2）是最优的，因为它既符合了效用最大，与此同时对于不平等产生的微弱程度，可以在直觉上予以忽略。

如果现在我们觉得"多元论平等主义"就是最为"优越"的理论，那我们就过于天真了。因为，我们可以继续进行我们的思想试验，为上面这个案例增添两个新的情况：

情况（4）：一个人拥有 125 个苹果，另一个人拥有 200 个苹果；

情况（5）：一个人拥有 145 个苹果，另一个人拥有 200 个苹果。

这样一来，多元论的平等主义就势必会陷入困境中，因为，一旦相互对比的两组人拥有的苹果数量在"平等"和"效用"这两个价值间产生了"模糊"时，多元主义便无法给定确信的答案。我们看，情况（4）和情况（5）中，如果基于功利主义，一定会认为它们都优越于情况（1），但是如

---

❶ 这种功利主义平等观，阿马蒂亚森也曾探讨过。阿马蒂亚森认为功利主义的平等概念可以从应用于分配的功利主义的善的概念中派生出来，它的目标并不是考虑如何分配，而仅仅是在总体上追求一种效用的最大化，亦即要求每个人的边际效用达到一种平等的状态。具体内容可参见：Amartya Sen, Equality of What ［J］, The Tanner Lecture on Human Values, Delivered at Stanford University, 1979：198.

❷ 情况（2）中，单个人拥有的总苹果数都比（1）多，情况（3）中，两人苹果总数之和大于（1）。

果作为平等主义，出于平等价值的忽略，他们会选择情况（1）优越于情况（4）和情况（5），因为后两种情况下的不平等已经是显而易见的事情了，这和平等正义的追求相互违背。因后两种情况而产生的矛盾，多元论平等主义通常是无法调和的。

帕菲特在讨论"目的论平等主义"时，还探讨了它所面临的一些其他难以回避的问题。例如，我们前面界定了，对于目的论平等主义者而言，他们坚信"不平等是坏的、恶的"。与此相伴随的就会引出另一个命题，即持这种观点者会认为"平等自身具备着某种价值"，而且这种价值可以带来一种结果上的更优。否则的话，就无法解释"平等自身比不平等好"这个判断。但是，"平等自身具备价值"，对于这个"价值"的理解便至少可以理解为两种不同的主张。

第一，我们可以认为平等具备一种"工具性价值（instrumental value）"，也就是如果人们不平等，那么这会使人们陷于被其他人奴役和控制的境地。

第二，我们还可以将上述的价值界定为一种平等固有的、本质性价值，即一种"源于自性的善"。❶

帕菲特认为，当我们做这两种考量的时候，就会面临一些复杂的困境。他用一种"分离的世界（Divided World）"的思想实验予以说明。什么叫"分离的世界"呢？帕菲特假设有两组人，他们各自不知道另一组人的存在，现在假设：

（1）一半人拥有 100 个苹果，一半人拥有 200 个苹果；

（2）一半人拥有 140 个苹果，一半人拥有 140 个苹果。

如果我们从人均受益的角度考虑，肯定是情况（1）要好于情况（2），因为（1）的苹果总量大于（2）。但如果我们从目的论平等主义的角度出发很可能会得出（2）要优于（1）的结论。但是，由于"分离世界"前提的存在，（1）和（2）这两组人之间没有任何联系。现在假设，在情况（2）中，从未了解和知道"平等"的工具性价值的存在，那么，亦即是说，平等的工具性价值在（2）中无法体现。于是我们就很难得出情况（2）优于情况（1）。这个结果显然不是平等主义所希望的。所以，如果一

❶ David Miller, *Arguments for Equality*, and Midwest Study in Philosophy, Vol. VII, and Minneapolis：University of Minnesota Press，1982：108.

第七章 平等主义的崛起

定要得出（2）优于（1），就要诉诸平等"源于自性的善"。现在单纯考量认为平等具备本质性价值的论点。❶ 由于平等具备这样一种"先天的自有性的善"，那么我们就可以主张，恰因为平等之价值源于其自性善的道德因素，这种善的道德因素与其是否具备工具性价值、是否能够带来实际的对比性影响并无关系。那么这样，我们就可以断定，上述案例中情况（2）天然地要优于情况（1）。但是，这一个判定也有着无法回避的困境。按照帕菲特的观点，如果某一些人比另外一些人活得更差，这本身是坏的，出于平等本质性价值而得出的这个结论，那么就可以不考虑时间、地点、文化背景等一切因素，甚至可以说毫不相关的社团和不同国家种族、甚至不同历史时期也可以做简单而粗糙的对比，这显然是难以使人信服的。譬如，我们不能仅仅出于平等自有性价值就断定欧洲人的生活水平比印加人的要优越，在确定一个可比性系数后，就断言，这自身就是恶的。

所以，帕菲特认为，只有当人们彼此之间具有相关联的前提下来讨论平等的价值，看起来才是一件更为合理的事情。但是，为什么人们彼此之间相互关联会使得这件事变得不同呢？帕菲特认为，正因为这种相互关联使得不平等孕育了一种"社会的不正义"，如果人们认同这样一种观点，那么帕菲特认为，这应该从属于另一种区别于目的论的平等主义，这即是"义务论平等主义"的观点。❷

义务论的平等主义明显地区别于目的论平等主义，因为虽然二者都相信平等，并以平等为目标。但是，义务论者追求平等并非是平等可以给人们带来更好的结果，也不是因为平等给人们带来的处境更好，或因为不平等给人们带来的处境更差，"平等"在义务论者看来，其自身并不代表着好或坏、善或恶。

按照帕菲特的观点，这种平等主义诉诸的实质上是一种有关"比较"的正义主张，❸ 亦即是说，他们并不关心平等了人们会怎样，而是关心人们是否被"平等"地予以对待。换句话说，若是在分配中，人们未被平等

---

❶ 实际上，在帕菲特看来，这个思想实验的前提，就已经排除了平等的工具性价值。因为，在"分离的世界中"，尽管情况（1）中不平等是存在的，但由于两个世界没有任何联系，换言之，情况（1）中的人们被预设假定为一种不知道"平等状态存在的人"。所以，不平等至少在结果上不能给情况（1）中的处境差者带来工具性的坏的效果。相应内容参见：Derek Parfit, *Equality or Priority?*, Lindley Lecture, Department of Philosophy, University of Kansas, 1991：7

❷ 同上书，第 8 页。

❸ 同上注。

地赋予他们应得的份额，这即是不公平、不正义的。

但是义务论的平等主义同样也面临着复杂的困境，其中一点在于，既然平等是作为分配中的正义和公平之价值而存在的，那么义务论者就必须要认真地面对人为分配的不平等与自然分配的不平等之间的界定与判断。一般认为，人为因制度、个人偏好等因素造成的分配的不平等毫无疑问将予拒绝。但是在面临自然分配的不平等时，会引起极大的麻烦。

因为，一个最直接的挑战在于，如果某一种不平等源自于不可抗力，假设是源自于自然因素，无论人们作出何种努力都无法改变，那么从人们相互关联的角度出发考虑，这样的情况我们是不能称之为"不公平的"。例如，假设甲乙二人同行，甲被高空落物所伤致残，从而陷入更糟糕的处境。面对这样一个独立事件，我们很难说相对于乙，甲是不公平的，或者说落物是不正义的，这样的判断没有意义。❶ 关于这一点，罗尔斯有相似的看法，他认为："如果有些情况无可改变……并不会引起正义的问题。"❷因为，罗尔斯假定，所谓的不公平或不正义究其本质是包含了一种错误的行为，在他论述人们遗传天赋的不平等时，他曾这样表述："自然的分配无所谓正义还是不正义……而只是一些简单的自然事实。正义还是不正义是制度处理这些事实的方式。"❸

这里我们可以看出两层意思，第一，自然分配的不平等无关正义。第二，制度处理自然不平等的方式涉及正义。我们这里讨论罗尔斯也可以从侧面体现出当义务论平等主义面对自然的不平等时，他们的态度是矛盾的。一方面，义务论追求涉及公正的平等，另一方面，自然的不平等不涉及公正。而与此同时，人的制度又要对于自然的不平等进行再分配（至少罗尔斯是持有这种观点的）❹。当然，罗尔斯之所以反对自然的不平等并非是出于它本身是恶的，也无关它本身是否正义。罗尔斯将这种不平等称为"道德的武断（morally arbitrary）"。假设人们同等辛劳地工作，却因土地的

---

❶ 当然，我们可以认为甲的遭遇是一种命运的不公。但我相信这与我们探讨的分配问题并不是同一类问题。因为，造成这种结果是不可改变的，且与任何人无关。因为这不是一种人的行为，我们很难将之界定为一种不正义。

❷ ［美］约翰·罗尔斯：《正义论》，何怀宏等译，北京，中国社会科学出版社，2009年版，第259页。

❸ 同上书，第102页。

❹ 这里我们并不是简单地将罗尔斯视为"义务论的平等主义者"，仅将罗尔斯的理论进行一定的论述，以助于我们理解义务论面临自然不平等时的困境。

肥力等级不同陷入不平等，帕菲特认为，这体现出的实质上是一种"生产性的运气（productive luck）"，这便符合罗尔斯的"道德的武断"的判断，是需要制度进行再分配的。但是，这样的解释仍然没有最终处理上述义务论平等主义所面临自然不平等本质上的困境。

与此同时，帕菲特提出了一个更为极端的案例。他举例说，当人们努力工作时，无疑从这个行为中获取了更多的利益或报酬。假使有人天生具备一种因为努力工作而得以获得快感的天赋，而另一个人，在我们假设他也很有上进心的前提下却不具备这样的天赋。那么显然，前者很可能会从一种努力工作的快感中出发，选择增加劳动时间，加大劳动强度，从而获得更大的报酬。而后者，却极可能因此而少获得报酬。那么，这样一种不平等算不算是罗尔斯所界定的"道德的武断"？应不应该予以再次分配？❶虽然这个案例可能过于极端，但是却从另一个角度展示了，即便我们认同"道德的武断"，也很有可能因为对这种武断的判断过于复杂而无法实现对其的最终界定。

在论证了两种各具差异的平等主义后，帕菲特通过对于平等主义所面临的另一种困境的角度出发，提出了第三种对平等主义的区分，他将之称为"优先主义（Prioritarianism）"。

帕菲特针对目的论平等主义提出了一个极其严厉的反对意见，他将之命名为"向下拉平异议（Levelling Down Objection）"❷。简单而言，这种反对意见可以概括为：

> 假设有些本来处境更好的人遭遇了某种不幸，情况变得和其他一些处境更差的人一样糟糕。因为这样一个形势确实移除了不平等，似乎目的论平等主义者应该表示乐见其成。尽管对于一些人而言，处境更糟糕了，且与此同时并未有任何人因此而使情况得到改善。于是，乐见其成的看法就显得殊为荒谬。这样一种反对意见，我将称之为"向下拉平异议"。❸

---

❶ Derek Parfit, *Equality or Priority*? Lindley Lecture, Department of Philosophy, University of Kansas, 1991：11.

❷ 类似反驳观点还可参见：Joseph Raz, *The Morality of Freedom*, Oxford University Press, Oxford, 1986：247.

❸ Derek Parfit, *Equality or Priority*? Lindley Lecture, Department of Philosophy, University of Kansas, 1991：17.

按照帕菲特的看法，至少目的论的平等主义是无法回避这样一个难题的。❶ 在这种情况下，他提出了一种优先论的观点，即："给予处境更为糟糕的人以福利，事关者更为切要。（matters more）"。❷ 这一种提法，它在实质上并不关注一种状态和处境上的相对状况，而转而关注更差者的处境，认为人们扶助处境更差的人具有一种道义上的责任和义务。通过这样的方式就顺利地规避了"向下拉平异议"的责难。

在考察优先主义的时候，帕菲特提到，要使它得以成功的作为原则运用于分配中还需要就"处境更为糟糕"这一判断至少做三点思考：

A. 那些穷其一生始终处于困顿中的人；

B. 那些在人生某一阶段处于困顿中的人；

C. 那些在需求上更具备道德迫切性的人。

当我们在 A 和 B 之间选择时，经常会出现分歧。因为，假如两个人，其中一个人很可能目前的处境很糟糕，但并不能排除他以前曾经或者是不久的将来处境会变得十分优越。那么是不是因为他目前处境很糟，就可以将其界定为需要优先的对象？相对而言，B 和 C 是在一定程度上可以达成一致的。因为如果某人处于一种"更具备道德迫切性"的阶段，那么他很可能也满足 B 中描述的，正处在人生某个低谷中。但是 B 和 C 的表述就"迫切性"这个问题上仍然会面临麻烦。帕菲特举例，例如假设甲乙二人，甲是残疾人，相比于一个健康的乙，他似乎在道德迫切性上更需要一个轮椅。但是，如果甲在其他除残疾以外的任何方面都要比乙优越，那么甲和乙谁应该被视为是处境更糟者呢？所以，对于 A、B 和 C 这三点问题的思考，在建构一种"优先主义"的理论时，无疑是非常重要且复杂的。

尽管优先论暂时还面临着很复杂的困境，但帕菲特认为相比于平等主义——尤其是目的论平等主义——优先主义仍然具有一些显著的优势。首先，他认为，优先主义不同于平等主义诉诸的是对于"平等"价值追求与信仰，它更多关注的是一种结构性差异。优先主义者从根本上而言，可以不相信平等，不追求平等。因为他们关注的核心内容是"处境更糟"的人，给予处境更糟者以福利，这本身是带有定言命令式的道德义务。

---

❶ 平等主义对于"向下拉平异议"并非完全不能予以辩护，具体的内容，我将在下一节中进行探讨。

❷ Derek Parfit, *Equality or Priority*? Lindley Lecture, Department of Philosophy, University of Kansas, 1991: 19.

其次，对比平等主义，优先主义可以形成一个完整的道德观点。前面我们在阐述两种不同的平等主义时，会发现"平等"很难单独地成为我们唯一所信服的价值。例如，在主张目的论平等主义时，一方面我们要宣称"不平等即恶"，另一方面不得不配合以功利主义式的"福利即善"的观点，才能使整个主张变得相对完整。而优先主义并不面临这样的困境，它仅从"若给予处境差者优先，事关者更为切要"这个角度出发考虑，不像平等主义须借鉴其他道德观点下的其他原则。优先的观点可以独立成为这种主张的唯一所需之原则。

虽然从本质上说，优先主义可以视同完全区别于平等主义而独立存在的另一种分配原则，但是，帕菲特认为，因为优先主义可以在效果上与平等主义相类似，且因为，优先主义在其原则的内部显示出了一种对于平等的明显偏爱，所以，帕菲特认同在一种更宽泛的意义上，将之视为平等主义的另一个版本。按照他自己的说法：

> 从一开始，在我的定义下，持优先论的并非是平等主义者。……但是，毕竟这一观点带有一种"内在偏好式"的平等，我们可以在次一级的松散意义上称其为"平等主义"。……持这种观点的，我们可以称为是"非关联性平等主义者（a Non‐Relational Egalitarian）"。❶

帕菲特通过对平等主义"认识平等的途径""获取平等的手段"和"判断平等的标准"等内容进行思考，梳理出了三种不同的平等主义。这样一种区分是建立在不同的伦理学家和政治学家就平等问题的充分研究和考察的基础之上。尤其是，帕菲特提出了一种较为新颖的"带有平等偏好的优先论"观点，使优先主义得以从平等主义的分配思想和原则中独立出来，为分配正义的研究提供了一个崭新的方法和视角。

但是帕菲特也给平等主义理论带来了一些非常难以回应的困境，尤其是"向下拉平异议"，几乎使得平等主义本身难以成立。那么，平等主义在面临困难的时候是否能够进行自我辩护？优先论是否一定是优于平等主义的一种理论？我们将在下一节里集中地分析和讨论。

---

❶ Derek Parfit, *Equality or Priority*? Lindley Lecture, Department of Philosophy, University of Kansas, 1991: 25. 相似观点，也可参考：姚大志，《拉平反驳与平等主义》，《世界哲学》，北京，2014: 5.

（六）为平等主义一辩

如何以一种"简单粗暴"的方式实现平等？假如我手里有六个包子，你手里一个都没有。最简单的办法，就是把我手里的包子分出三个来给你。如果我不想这样做，那么还可以从别的地方找来六个包子给你，这样我们两个也就实现平等了。除此之外，还有一种最为搞笑的办法，就是不论如何都不能给你甚至一个包子，那么把我手里的六个包子抢走，我们现在全成了一个包子都没有的"穷光蛋"，但是我们却实现了平等。

因此，实现平等可以体现为两个非常直观的办法。此处我们不妨暂时抽象地看待所有可比较的内容，为的是不使因对实现平等所需的具体因素的理解偏差造成我们考量的误解和不必要的麻烦。仅设想有两个人 A 和 B。考虑 A 的处境要好于 B，那么实现平等要么使 B 向上达到 A 的水平，要么，使 A 向下达到 B 的水平。[1] 事实上，这两种实现平等的方式，都给平等主义带来了很大的麻烦。反对平等主义的人们针对这两种方式提出了反驳意见，针对前一种的反对意见，通常被称之为"向上提升异议（Raising Up Objection）"，后一种，一般被称为是"向下拉平异议（Levelling Down Objection）"。[2] 但在实际的讨论中，人们更为关注"向下拉平异议"给平等主义带来的难题。

作为平等主义者，他们若相信平等自身具有内在价值，平等自身是好的，不平等自身是坏的。那么他们就必须承认，在不能带来任何情况改善的前提下，牺牲 A 的利益，以达成 A 与 B 的平等状态，这个结果也是更好的。

假设有一群人，有些是视力正常的，另外的人是盲人。如果，那些盲人无论如何不能恢复视力，那么是不是可以得出这样的结论：通过推行一种强制手段，使得视力正常的人全部丧失他们的视力，以此达到一种平等状态，是比现在既有的状态更为公正、"更好"的一件事呢？[3] 由于这样一

---

[1] 此处还可以考虑另一种可能。即，使 A 向下的同时，提高 B 的水平。最终使得他们两人在趋于中间的一个水平上得到平等。为了简化我们的思考，我想这种可能可以视作是我们讨论的两种途径的一个变化，暂时将之忽略，不予考虑。关于这两种途径观点的描述，我参考的是：姚大志，《拉平反驳与平等主义》，北京，《世界哲学》，2014 年 5 月。

[2] Larry S. Temkin, *Egalitarianism Defended*, Ethics, Chicago, 2003：776.

[3] 参见：Derek Parfit, *Equality or Priority?*, Lindley Lecture, Department of Philosophy, University of Kansas, 1991：28.

种反对意见及案例仅从直觉角度而言，使人们觉得极端和荒谬，上述结论是很难让人接受的。所以"向下拉平异议"的确给平等主义带来了很大的麻烦。

为了规避"向下拉平异议"的批评，可以从一个"次一级的温和的角度"阐述另一种平等主义，这就是我们上一节最后提到的"优先主义（Prioritarianism）"❶。

优先主义观点简单而言，即："优先论认为，给予那些处境更差的人以利益（Benefit）更为重要（Matters more）。"❷ 在实质上，优先论并不关注一种状态和处境上的相对的状况，转而关注更差者的处境，认为人们扶助处境更差的人具有一种道义上的责任和义务。通过这样的方式就顺利地规避了向下拉平异议"的责难。出于这一点，帕菲特就认为："优先论把改善更差者的处境放在了优先的位置，这样它不仅能够克服拉平反驳，而且是一种更合理的平等主义。"❸

但即便是基于更为严格意义上的平等主义自身——不去诉诸一种"优先论"的办法——也并非完全不能为平等主义辩护。当代美国政治哲学家拉里·S. 特姆金即从这个角度出发，给出了相应的辩护意见。

他认为，向下拉平异议这个命题本身是有问题的，因为它预设且坚持了这样一个前提：在没有改善所有人处境的情况下，使得原本处境好的人情况变糟，这样的行为一定是不可接受的。相反，如果所有人的既得利益都没有受到影响或遭到削弱，在这个前提下处境更糟糕的人情况得以改善，则必定是应该得到肯定的好事情。

针对这个前提，特姆金对此进行了辩护：即使某个人的情况变坏了，但总体情况也不见得就一定是坏的。同样，即使某个人的情况变好了，总体情况也并非一定就是好的。他为此举了一个"圣徒和罪犯"的例子。

---

❶ 参见帕菲特：从一开始，在我的定义下，持优先论的并非是平等主义者。……但是，毕竟这一观点带有一种"内在偏见式"的平等，我们可以在次一级的松散意义上称其为"平等主义"。……持这种观点的，我们可以称为是"非关联性平等主义者"。Derek Parfit, *Equality or Priority?*, Lindley Lecture, Department of Philosophy, University of Kansas, 1991：25. 相似观点，也可参考：姚大志，《拉平反驳与平等主义》，北京，《世界哲学》，2014 年，第 4 期，第 5 页。

❷ Roger Crisp, *Reasons and the Good*, Oxford University Press Inc., New York, 2006：152. 相似内容也可参见：Derek Parfit, *Equality or Priority?* Lindley Lecture, Department of Philosophy, University of Kansas, 1991：22.

❸ 姚大志：《拉平反驳与平等主义》，北京，《世界哲学》，2014 年第 4 期，第 2 页。

现在假设有两组人，分别用甲、乙来表示。

情况一：甲的生活处境非常优越，乙的处境极其困苦。

情况二：甲的生活处境与情况一中相同，但是乙的情况得到改善后比甲更加优越。

按照向下拉平异议所坚持的前提，显然情况二中乙的处境得到改善，应该是予以肯定的。但是，如果甲是品格高尚的圣徒，而乙是道德败坏的罪犯，这样的结果是不是变得更好或应予肯定的呢？特姆金认为，人们如果在上述类型的案例中依然坚持向下拉平（或向上提升）的反驳意见，就是拒绝了应得正义的原则。圣徒的处境原本就应该优于罪犯，而使得罪犯的处境优于圣徒，这个结果并不能代表着情况的优化，也更是不应该肯定的。❶ 这种辩护意见，在一定程度上维护了目的论平等主义。

除此之外，正如上一节中所提到的，出于对平等的内容和实现途径的不同理解，平等主义自身有很多不同的版本，除了"目的论平等主义"，我们还介绍了"义务论平等主义"和"优先主义"。如果需要为平等主义做具体辩护，那么对于明确我们所辩护的是哪一种平等主义，就是一个非常重要的环节。

为此，特姆金提出了一种平等主义主张：

> 平等主义者通常认为，若在自始至终未出现过错或未经某些人自己选择的前提下，使得他们处于比另一些人更为糟糕的处境中，这是坏的（恶的）。一般而言，这是因为未有过错或未经自主选择而使人处境更糟的情况看起来是相对不公平的。且这种不公平和不平等应予拒绝。❷

可以看出，特姆金认为，只有那些未经自主选择或从未出现过错而产生的不平等，才是应予反对和拒绝的。因为这种不平等意味着相对的不公平。所以，特姆金并非单纯地认为平等与不平等自身具备某种价值。在他看来，恰恰因为"相对的公平"自身是具备价值的，因此追求平等，本质上是在追求相对的公平。

这一种对于平等的理解和描述，可以被理解为是帕菲特所定义的"义务论平等主义"的某个版本。这样一种平等主义"并非相信平等的结果使

---

❶ 姚大志：《拉平反驳与平等主义》，北京，《世界哲学》，2014 年第 4 期，第 9 页。

❷ Larry S. Temkin, *Egalitarianism Defended*, Ethics, Chicago, 2003：767.

我们更好，而是诉诸一种有关正义的主张。向下拉平异议对于义务论平等主义便完全没有任何影响"❶。因此，站在义务论平等主义的立场上，向下拉平异议本身就失去了效果，起不到其应有的反对力量。

所以，特姆金在面临上述向下拉平异议的极端案例时曾说：

> 你若问我，大家都是盲人，是不是要比一半盲人，一半正常人的情况更好？我说是的。但这并不意味着，我的意思是（用强制的办法使）我们大家都变成了盲人，情况就更好了。这与平等谈论的完全是两回事情。❷

因为，那些盲人确是因为未经过错和自主选择而天然的视力缺陷，那么显而易见的，这种不平等是不好的、坏的。但是，如果通过强制手段对于有视力者予以摘除眼球，以实现平等，这就使得那些有视力者未因他们的过错或自主选择陷入了一种相对他人的更糟糕的境地。不可否认的是，业已失去视力的人们不需要承受强制摘除眼球和从光明到黑暗的苦痛。这本身是不公平与不平等的，应予拒绝。

特姆金对于向下拉平异议的回应，体现出他所定义的平等主义是一种关乎相对公平的人们之间的相互关系，也意味着"特姆金式的平等主义"中寄寓了一种对于某些事实结果上的不平等的肯定和承认。例如他自己所言：

> 有些平等主义的反对者试图强迫平等主义接受"所有不平等都是罪恶的"，没有哪个平等主义者会接受这样荒谬的观点。平等主义者不会反对电子多于质子这个事实，蟑螂多于鲸鱼这个事实。也无需反对出于人们深思熟虑而选定的不同长度和颜色的头发样式之不同。❸

所以，特姆金将平等所带来的价值之核心诉诸一种明显带有道义论色彩的过程中。它的核心在于公平的过程与价值，无论结果如何，如果是因为未经自主选择或是基于从未有过错的话，它都不能带来平等所应呈现出的价值。因此，在这个意义上，很难说向下拉平异议给平等主义带来了不可回避的责难。当然平等主义还会面临其他更为困难的责难，例如"同情

---

❶ Derek Parfit, *Equality or Priority*? Lindley Lecture, Department of Philosophy, University of Kansas, 1991: 8.18.

❷ Larry S. Temkin, *Inequality*, Oxford University Press Inc., New York, 1993: 282.

❸ Larry S. Temkin, *Egalitarianism Defended*, Ethics, Chicago, 2003: 768.

和充分原则"给它造成的困境就非常棘手和麻烦。

另一种关于平等主义的更为严厉的反对意见认为：

平等主义所以是失败的，因为相对公平自身是没有价值的；优先论也是失败的，因为给予更差者以优先并不总是有价值的。❶

这个观点由是美国当代政治哲学家克里斯普（Roger Crisp）所提出的。他反对平等主义和优先主义的理由主要有两个，即"同情原则（The Compassion Principle）"和"充分原则（The Sufficiency Principle）"。他主张——不论是平等主义者还是优先论者——我们之所以会展现出一种对于处境更为糟糕者的关注，应该被诉诸一种充分原则，由此所体现出的是我们对于那些处境糟糕者的同情。因此，克里斯普拒绝"平等主义"和"优先主义"的原则，他既不认同目的论平等主义所主张的平等自身具有内在价值，也不认同义务论主张的相对公平的价值，同时，他还不认同优先主义的"弱者优先"的内在价值。

所以，如果这样一种反对意见是成功的，它推翻的将不仅仅是向下拉平异议所能责难的那种范围，而是涉及整个"平等—优先"所关涉的所有分配正义原则。在这个意义上，可以认为克里斯普的反驳意见更加的严厉和重要。而这种挑战集中地体现在了他所提出的"比弗利山庄案例（Beverly Hill case）"中。

我们有必要先就"同情原则（The Compassion Principle）"和"充分原则（The Sufficiency Principle）"的具体内容做一个简要的说明。所谓"同情原则（The Compassion Principle）"，指的是："利益的绝对优先应该是被给予那些处在一个同情开始时的临界值以下的人们。（below the threshold at which compassion enters.）"❷ 克里斯普在这里为人们的同情心的发端设定了一个临界值。他认为，处在这个临界值以上，不会引起人们的同情心，也就是人们不会开始同情。❸ 相反，处在同情心发端的临界值之下时，正

---

❶ Roger Crisp, *Reasons and the Good*, Oxford University Press Inc., New York, 2006：158.

❷ Roger Crisp, *Equality*, *Priority*, *and Compassion*, Ethics, Chicago, 2003：757.

❸ 这一种关于"开始同情"的提法，一经提出无疑就会在很多角度遭到反对。例如，反对者可以认为，即便大家处在所谓的"开始同情临界值"之上，也会因为某些偶发或突然的不幸引起别人的同情。这一点是毋庸置疑的，本文完全同意。但是，为了简化讨论，这种情况可以在本文中予以限制。事实上，克里斯普自己确实也对他之所谓的"同情"添加了类似的限定。这在稍后本文中所提到的"比弗利山庄案例"中也会有所体现。在那样一种所有人处在充足的生活状态下的前提条件中，我们确实很难找到给予这些人中的劣势者以优先的理由。本条注释相应的内容可参见：Larry S. Temkin, *Egalitarianism Defended*, Ethics, Chicago, 2003：766.

是由于人们的同情，才使得优先给予那些处境更糟者以福利具有价值。那么，现在的问题是，这个临界值到底如何界定？在什么位置？

这就需要诉诸"充分原则（The Sufficiency Principle）"。确切地说，充分原则是由另一位当代美国哲学家，哈利·法兰克福（Harry G. Frankfurt）所提出来的。它的基本内容是："当一个人能够过上足够好的、充足的生活时，他将会拥有一定程度的幸福感；对于这种状态下的任意一个人予以特殊的关注都是合适的。"❶ 这里可以将其理解为，假设人们的生活达到了原则中所提到的"充分状态"（我们可以为了简化而直观地将之理解为"一种丰衣足食且有尊严的生活"），那么由于同情心无法起作用，在这个状态下，无论我们关照谁，在本质上没有区别。这样，平等与优先的各项正义原则由于不能体现出同情心的作用而失效。

如果克里斯普论证能够成功，首先优先主义就必然应予拒绝。因为，一旦达到充分状态，所谓的处境更糟糕的情况会依然存在，但是我们却不应该优先给予这些人以帮助。这在根本上就否定了"给予更糟糕者以优先本身更重要"的优先主义基本原则。其次，它对于平等主义的攻击也是非常有力的，因为它用这种方式否认了平等的内在价值。克里斯普假设，在充分状态下，由于同情心的缺乏，人们不会因为平等的内在价值和相对公平的内在价值去关注处境更差的人。这样就使得平等的原则同样失效。

现在考虑"比弗利山庄案例（Beverly Hill case）"。这是克里斯普对他所主张的"同情与充分原则"的一个直观解释和有力的论证。为了详细的说明克里斯普的主张，我们简单地介绍一下这个案例的内容。

假设：在比弗利山庄中，居住着两组富豪。一组超级富豪（Super-rich）我们用字母 S 表示；另一组一般富豪（Rich）不妨用字母 R 表示。现在我们可以分别为 S 和 R 两组人提供不同的优质红酒：S 组，我们为之提供 1982 年拉图庄园红酒，R 组我们为之提供同样年份的拉菲。S 和 R 两组成员规模不同，设 S 组 1000 人，R 组 10 人。他们因所提供的不同红酒各自产生相应的幸福感。现在我们有以下两种选择：

（1）为 1000 名 S 组成员提供 1982 年拉图庄园红酒，使得他们的幸福感水平从 90 提升到 92；

（2）为 10 名 R 组成员提供 1982 年拉菲红酒，使得他们的幸福感水平

❶ Harry G. Frankfurt, *Equality as a Moral Ideal*, Ethics, and Chicago, 1987：21—43.

从 80 提升到 82。❶

我们应该如何选择？

现在，如果我们用优先主义的原则进行考量，基于优先主义的基本原则——扶助处境更差者更为重要。那么，在上面的案例中，10 名 R 组的成员毫无疑问地处于更差的状况中。但是，在同样是富豪的前提下，进行优质红酒的分配事实中，认为 R 组有必要优先扶助的理由似乎很难使人信服。优先论的原则很难有效地运用在这个案例中。

再来考虑平等主义原则，不论是目的论平等主义还是道义论平等主义，我们有必要在这个案例中针对 1000 瓶拉图庄园和 10 瓶拉菲进行再分配吗？在克里斯普看来，这样的情况下，认为仍有再分配的理由同样是使人难以信服的。

所以克里斯普认为，当一个人的状况达到了特定的充足水平时，任意的优先考量都应当完全消失，因为在上述案例中无论是关照超级富豪，还是关照一般富豪，完全不能引发我们任何的同情心，所以，对二者的所谓的关照——除了在功利主义或其他一切相关的原则之下——进行任意选择没有本质上的区别。

我们可以把克里斯普的主张总结为以下三个要点：

第一：人们对于弱者的扶助完全是一种同情心的体现；

第二：在同情心开始临界值——即充分原则——以上，人们的同情心无法得到体现；

第三：平等、相对公平和优先自身至少在充分原则下不能体现其价值。

对于优先主义所面临的责难，我们可以暂时搁置不谈。因为，优先主义作为一个由帕菲特提出来的新的分配正义原则，它的特征、内容和很多具体方面的标准尚未完全成熟。但是，平等主义作为事关"平等"价值追求的社会正义理论，是从上世纪七十年代以后就开始兴起的政治哲学学说，时至今日已经成为正义理论的主流学派，因此我们专门从平等主义的角度来检视一下是否可以针对比弗利山庄案例的反驳予以有效地辩护。

如果要针对"比弗利山庄案例"为平等主义进行辩护，结合上一节所概括的克里斯普主张的要点，就可以从以下几个角度出发：

---

❶ Roger Crisp, *Equality*, *Priority*, *and Compassion*, Ethics, Chicago, 2003：755.

第一：试图论证人们对于弱者的扶助乃是出于对于相对公平的价值的追求；

第二：在同情心临界值之上，人们可以产生出克里斯普可以认同的——而不是由于考量突发事件或不幸意外而引起的——那种同情心。

第三：相对公平具有内在价值。

那么，我们也就可以得出这样的认识，只要特姆金完成了上述三点内容的其中一点，就可以认为，他对于至少是他自己界定的平等主义的辩护是相对成功的。

现在，可以检视一下特姆金所做的辩护能不能成立。

特姆金认为，首先，克里斯普对于"比弗利山庄案例"的描述本身是不能成立的。克里斯普在自己的案例中主张，他所提到的"富有"和"超级富有"是一种福利（welfare）上的富有。❶ 现在回到比弗利山庄的案例中去，当我们考虑这两组成员的时候，潜在地存在这样一个事实，即：不论是超级富豪，还是一般富豪，都已经足够有钱，不再急需任何保障生活的东西，那么实际上可以将之视为一种同等的幸福（well-off）。因为，按照克里斯普自己的说法，达到"充分原则"所描述的状态，需要一个同情开始的临界值。那么，我们是不是可以假设，人们对于单纯的金钱收入也有一个临界值，过了某一个点，金钱上的增加并不能使人们的处境变得更好。❷ 因此，即便我们认同克里斯普的那种直觉，即，在比弗利山庄的案例中，我们完全不能因为对于超级富豪和富豪之间的差异而产生同情。但是，我们若是在直觉上认为从富裕到超级富裕的程度实质上表示的乃是一种幸福状态的平等，那么克里斯普这种无法产生同情而扶助弱者的直觉完全和平等主义的原则不相冲突和矛盾。因为，平等主义者可以宣称：在一种福利平等的状态下，无须再进行再次分配。

应该说，特姆金所做的这个辩护，只能在一定程度上反驳克里斯普，并不能在实质上为他理解的平等主义辩护。因为，仅仅采用一种直觉上的模糊概念，将超级富裕和一般富裕这两种状态理解为一种"福利的平等"，虽然在直觉层面显得有一定的道理，却不能最终令人信服。这种辩护虽然描述了一种类似于间接的、公正的旁观者的角度，借用一种类似第三方的

---

❶ Larry S. Temkin, *Egalitarianism Defended*, Ethics, Chicago, 2003：754.

❷ 同上书，第770页。

直觉经验得出"比弗利山庄案例"所呈现的是一种"福利的平等",但始终不能回避的是,在这个案例的内部,当事双方的确定直觉无法加以考量。因为,我们不能轻率地否认不同品质的红酒确实给不同程度的富豪造成了不同层级的幸福感。这种不平等在案例的内部是不能被忽视的。所以,仅仅从直觉的角度出发反驳克里斯普,还不够完善。

接着,特姆金提出了另一个"社会福利总偏差(Total Deviation)"❶的辩护意见。这种主张简要而言认为,我们在考虑社会福利和资源的分配时,可以测算某一个情况下的不平等程度,将其作为社会总偏差在测量人们实际地最接近平等的状态之基础,然后在这个基础上测算出一个该社会中人们实际最大的接近平均值,接近这个平均值的状态,可以称之为这个社会中实际的平等状态。例如,假设一个社会的最高福利为100,最低福利为10。那么,可以认为,这个社会中的总偏差为90;假设,该社会中人们实际最大的接近平均值是45,按照特姆金的看法,接近45这个状态,就是可以认为是该社会中的实际的平等状态。所以,特姆金认为,在现实社会中,无论是富翁还是超级富翁都远远地处在社会实际平等状态之上。在这个意义上无论是提升富豪还是超级富豪的福利水平,只会继续拉大相对于社会实际平等水平的总偏差。作为社会实际平等状态的平均值本身同样在总量上被相应被提高。平均值的提高会造成的处于均值以下的处境更差者的缺口扩大,这将加剧社会的不平等。所以,选择提升处在社会福利平均值以上的富豪与超级富豪的福利,这相对于社会平等问题,完全是两个命题。换言之,即便是让富豪获得平等,带来的结果也只会加剧整个社会的不平等。这与平等主义的主张和基本原则互相矛盾。

可以说,特姆金的这个辩护同样是不成功的。因为,首先关于社会总偏差和所谓的实际平等状态的平均值测算完全是一种粗糙的假设。我们只知道这个社会实际平等状态的平均值关涉三个数据:第一,社会最高福利;第二,社会最低福利;第三,社会不平等的偏差。这三个数据如何能测算出一个实际平等状态的均值,特姆金完全没有具体的说明。这就使这个辩护的力度大打折扣。其次,即便我们假设这个值是存在且有效的,也不能使情况变得更好。因为,克里斯普完全可以主张,在"比弗利山庄案例"中不涉及外部实际环境,而仅仅是在一个封闭的特定模型中起作用。

---

❶ Larry S. Temkin, *Egalitarianism Defended*, Ethics, Chicago, 2003: 770.

换句话说，这个案例中并不涉及实际社会的分配问题，而只是作为一种纯粹的假设，它在自身的内部结构中进行分配。这样，特姆金的这一点辩护就相对地失效了。

在检视克里斯普对于平等主义的反对意见时，他的核心观点还在于试图用同情心来取代平等和优先的价值。克里斯普主张我们之所以在不平等的状态下，会给予那些处境更差者以优先，最好的解释是出于我们的同情心。所以，当外部条件达到充足时，同情心消失，因此带来优先效果和价值的失效。

特姆金认为，同情也许不失为一种解释给予不幸者以优先的重要理由，但是绝不是这种行为的全部内容。而对于"相对公平"价值的考虑，是我们扶助弱者、追求平等的内在动力。

为了说明这个观点，特姆金阐述了两个案例。❶

在案例一中，特姆金假设了两种不同的情况：

情况一：约翰的处境远远要比朱迪糟糕。但是，造成这样的结果完全是出于约翰自己审慎和自由的选择。换言之，他明明可以使自己的处境变得更好，但却并未为之作出任何尝试和努力。如果约翰现在表示出深深的自责和后悔，声称若可以再有一次机会，绝不会再让自己落入如此悲惨的境地。

情况二：假设还是这个约翰，他因遭受了一次重大的不幸而使自己的境遇远远地比朱迪更糟糕。例如，他在散步时被坠落物所伤。

现在考虑，在这两种不同的情况中，约翰遭受的不幸在程度上是相等的。特姆金认为，作为一个富有同情心的人，无论是在哪种情况下，人们都会有希望帮助约翰的某种倾向。如果我们不需要耗费太多的生活成本就能帮助约翰，那么在任意情况下，同情心都会促使我们去帮助他。

但是，特姆金假设，如果扶助约翰需要动用额外更大的慈善资源——例如需要公共慈善机构动用很大数额的捐款——他认为情况二显然要比情况一更值得考虑。因为，特姆金认为，尽管这两种情况都引起了同情心，但是在最终作出扶助弱者的决定时，依靠的却不仅仅是人们的同情。他认为情况二中约翰所以能更打动人们，是他遭受了一种不公平。特姆金说："毕竟，成千上万的人们去散步，绝少能有被落物所伤者。"而约翰在情况

---

❶ Larry S. Temkin, *Egalitarianism Defended*, Ethics, Chicago, 2003：772—775.

一中，是他自己选择的一个更坏的结果，应该为之完全负责。

在这个案例中，尽管反对者仍然可以辩称：我们对于无过错的突发事故中造成的不平等更为关注，这本身也可以是同情心的一种放大。但本文认为，人们在这个案例中对于后者的关注体现了一种由于不公平所造成的"不应得困苦"的排斥。应该说，这个案例可以认为是有效地反驳了"人们对于弱者的扶助完全是一种同情心的体现"这个论点。

现在可以考虑特姆金提出的第二个案例：

特姆金描述，假设我有两个女儿，安德莉亚和贝姬。她们虽然并非是超级富豪，但可以假设她们的生活十分幸福。从大多数人的角度考虑，她们确实处于一个非常幸运的状态中。现在再来假设，她们二人都十分富有才华和魅力，拥有稳定的家庭和享有恰当的尊严，有很好的收入、梦幻般的事业和一个可以预见的乐观的未来，而且她们彼此之间具有深厚的友谊。

我们可以认为，特姆金的这个描述是针对克里斯普的"充分原则"所提出的。这样一个假设的状态，基本上可以认为大体上符合克里斯普对生活充分满足所界定的标准。几乎可以认为，从任何理性的标准出发考虑，安德莉亚和贝姬的生活都可以称为是充分的美好。

接着，特姆金假设，在这两个姊妹间，安德莉亚的各方面运气比贝姬都要好一些。这种好运延伸到了很小的层面，比如说，她每周去散步时都会捡到 10 元钱。特姆金假设这是一种毫无理由的天然运气，他说："像安德莉亚这种生活水平的人，当然不会因为 10 元钱给生活带来实质性变化，但她却持续能从捡钱这件事中得到情绪上的一种激动。"而与此同时，贝姬却没有这种幸运，虽然她也很希望捡到钱，采取了和安德莉亚相似的时间、散步规律，但却从未有如此好运。当然，捡不到钱，从生活质量层面考量也完全不能成为一个问题。但是特姆金认为，这表示着"贝姬错失了安德莉亚从捡钱中得到的兴奋和喜乐"[1]。

现在假设，首先贝姬不会因为这件事嫉妒安德莉亚，反而因为其有趣的经历感到高兴。其次，如果——他们的父亲，即假设中的特姆金本人——知道了这件事，在某次偶然的全家散步中，先于安德莉亚和贝姬发现了地上的十元钱。特姆金描述说："如果我可以的话，将会用脚盖住它，

---

① Larry S. Temkin, *Egalitarianism Defended*, Ethics, Chicago, 2003：774.

第七章 平等主义的崛起

· 289 ·

直到安德莉亚走过去，然后及时让贝姬去发现它，以使它能为贝姬带来以往相似之快乐。"❶

这个案例可以说明以下几点，首先，我们可以认为，在该案例中之所以选择给予贝姬以优先，是出于对贝姬的同情。这样，并不与克里斯普"给予弱者优先是出于同情"的论点相悖。但是，它恰好反驳了克里斯普"在同情心开始临界值——即充分原则——以上，人们的同情心无法得到体现"的主张。因为，安德莉亚和贝姬显然是符合充分原则这个条件的。

其次，我们也可以假设克里斯普关于"在同情心开始临界值——即充分原则——以上，人们的同情心无法得到体现"的主张是正确的，认为基于贝姬的优先并不是出于同情。那么恰好反驳了他关于"平等、相对公平和优先自身至少在充分原则下不能体现其价值"的主张。因为，在上述的案例中，安德莉亚持续地能够捡到钱，而贝姬持续地捡不到钱，完全是出于纯粹的运气。而另一前提，即安德莉亚在各方面都出于纯粹的运气而比贝姬更优越。因此，贝姬自始至终都并非源于过错或自主选择而比安德莉亚的处境更差，平等主义者可以认为，在贝姬与安德莉亚的关系中，基于处境差者以优先并非是出于同情，而是出于相对公平的考量。❷ 因此，这个案例有效地回应了克里斯普的主张，对"比弗利山庄案例"也可认为是一个有效的反例。

平等主义，关涉很多道德理念，作为一种分配原则，由于对平等本身的理解分歧和这种理解复杂性，不论从哪一个角度出发，都可以延伸出一套相对完整的平等主义理论。所以，这一流派思想整体上所面临的反对意见也必然是激烈和众多的。

有些反对意见——例如"向下拉平异议"和"同情—充分反则"——在某一种版本的平等主义范畴内，确实无法完全克服和提出针锋相对的有效辩护，这也使得有些观点认为，从广义的平等主义角度而言，这种分配原则是有缺陷的，而关注平等自身的平等主义也应该被温和版本的"优先主义"所代替。❸

但是，对于平等主义这样一个庞大而复杂的思想系统，正如帕菲特所论述的，如果我们将要讨论、维护或者是反驳它，最好还是对它做一个有

---

❶　Larry S. Temkin, *Egalitarianism Defended*, Ethics, Chicago, 2003：774.

❷　同上书，第775页。

❸　姚大志：《拉平反驳与平等主义》，北京，《世界哲学》，2014年第4期，第12页。

效的区分。这种区分的意义在于"不版本同的平等主义，针对它们的攻击和辩护方式亦是截然不同的"❶。或许它们由于所追求的价值具有一定的相似性，在实践层面呈现出一定的一致性，然而，由于它们之间对于"平等"的定义与价值诠释的差异，必然难以用简单的方式来确定地说明它们的理论是否成立或者是失败。

特姆金的平等主义，实质上是关涉了平等所带来的道德意义。他的思路可以贯穿为，平等本身蕴含着一种公平的意义，而这种公平的意义本身是人们应该追求的价值。换言之，只有蕴含了公平的平等，才是值得追求的。这种主张，也与帕菲特所提出的"义务论平等主义"的特征两相吻合。在这个层面而言，并不需要借助优先论的帮助，对于向下拉平异议带来的责难，其本身是不需要予以回应的。

特姆金所面临的真正任务，应该在于对一种"作为公平的平等"的内在价值予以论证。这也是克里斯普所提出的反对意见其严厉之所在。如果，公平不具备内在价值，那么，特姆金式的平等主义也势必难以最终成立。克里斯普对于平等主义的反对意见，正是站在这样一个视角下，试图用"同情—充分"的前提和意义来替代公平的内在价值。在面临这个问题时，特姆金选择了思想实验的办法，用举例的方式予以回应。

正如前文所述，特姆金对于"向下拉平异议"及其针对克里斯普对平等主义的批评所做的反驳是基本有效的。他维护了一种道义论的平等主义，认为人们对于平等的追求源自于"相对公平"的内在价值。而平等主义旨在追求这样一种相对公平的人与人之间的联系状态，特姆金重申了若非经自主选择和出于过错所产生的不平等，本身是应予拒绝的平等主义基本立场。

然而，值得注意的是，克里斯普所提出的"比弗利山庄"案例虽然不能完全驳倒平等主义，其对于优先主义的责难仅截止到本节的讨论范围内是仍然存在的。由于优先主义坚持自身的基本原则是一种合理的道德法则，即"给予处境差者优先自身具备价值"这就让它仍然难以回避"充分—同情原则"下克里斯普的反驳。由于本节重点在于探讨和介绍"平等主义的反对意见及其辩护"，优先主义面临的麻烦并不在本节的讨论范围内。但这个问题，仍然值得我们继续深入研究与考量。

❶ Derek Parfit, *Equality or Priority*? Lindley Lecture, Department of Philosophy, University of Kansas, 1991: 13.

第七章　平等主义的崛起

第八章　多元正义

（一）多元主义与多元主义社会正义

上个世纪七十年代开始，欧美政治哲学关注和讨论的主题发生了较为显著且重要的改变，长期在西方政治哲学领域占据主流地位的功利主义和古典自由主义被以新自由主义正义为主题的研究所取代。社会正义究竟应该如何体现，如何实现，是当代政治哲学讨论、研究和争论的核心问题之一。围绕这个核心问题相继兴起了以罗尔斯、德沃金为主的自由平等主义，哈耶克、诺奇克为主的自由至上主义，随后加入论战的麦金太尔、桑德尔为代表的社群主义，G. A. 科恩为代表的西方马克思主义等都围绕这个主题进行了广泛的争论。与此同时，在反思新自由主义"价值一元论"的过程中，以戴维·米勒和迈克尔·沃尔泽为代表的多元主义逐渐作为另一派主要的政治哲学思潮，成为人们广泛关注的对象。

此外，自《正义论》发表以后，在政治哲学对社会正义的关注和研究中，平等主义思想逐渐兴起。二十世纪七十年代平等主义的发展，主要是以自由主义内部争论的形式呈现的，并没有像今日一样形成一整套系统完整、体系周密的学说，更多的是以罗尔斯为代表的"自由平等主义"和以诺奇克为代表的"自由至上主义"之间的论战和探讨。八十年代以后，多种平等主义理论开始独立完善起来，不仅出现了很多体系完整、版本各异的平等主义，而且在宏观上对平等思想和平等主义理论的理解和认识也有了新的成果和发展。与此同时，多元主义社会正义理论也开始关注和探讨在分配意义上的平等，逐渐形成以沃尔泽为代表的"复合平等"理论。

多元主义社会正义以及复合平等理论的发展和逐渐成熟一方面对社会正义理论的探讨起到了推动和完善的影响，另一方面根植于多元主义理论基础之上的复合平等理论为平等思想以及平等主义理论的研究也提供了新的方向。

那么，什么叫多元主义呢？

依照《布莱克维尔政治学百科全书》给多元主义所下的定义，多元主义是一种意识形态：

> 它不接受任何一种单一的价值作为理想，其本身以多重的方式起作用。它取代了对立着的两种意识形态，即集体主义和个人主义，并认为最为纯粹的集体主义和个人主义作为美好生活的处方都是有缺陷的。❶

当今社会本身就是一个多元化的社会，呈现多元化特征。不同国家、社群、团体和个人都主张着不同的理念，秉承着不同的价值，在诸多问题上产生共识，发生冲突。

正因如此，多元主义理论呈现出非常复杂的特征。关于多元主义本身，主要有两种不同的理解，一种是"事实意义上的多元主义"，另一种是在"价值多元主义"。

首先，作为"事实意义上的多元主义"不是一个规范性概念，因为"价值的多元性"作为某种客观事实，并不是近现代乃至当代以后才有的。从文化历史的角度而言，社会多元化的价值追求自古以来即是如此。即便是在价值取向最为单一的中世纪，神学家们对于天主、上帝的解读也存在着细微的差别。因此，尽管很多理论家也从事实的角度承认多元主义，但这种多元主义不具备完备性和规范性。事实多元主义有时也被称为"合理多元主义"，它仅仅被看作一种经验层面的、特定而具体的社会学主张。例如，罗尔斯也承认价值有多元化的事实。他曾在《政治自由主义》中提出这样的问题："在自由而平等的公民因相互冲突，甚至是无法公度的宗教学说、哲学学说和道德学说而产生深刻分歧的情况下，如何可能使社会能够成为一个稳定而正义的社会？"❷ 但是，罗尔斯只是把价值的多元理解为一种人的理性多元化事实。在他看来，不用也没有必要从一个规范化的伦理学高度去审视多元主义。相反，正是因为人的理性有这样事实多元化

---

❶ ［英］戴维·米勒等：《布莱克维尔政治学百科全书》，邓正来等译，北京，中国政法大学出版社，1992 年版，第 535 页。

❷ ［美］约翰·罗尔斯：《政治自由主义》，万俊人译，南京，译林出版社，2011 年版，第134 页。

的特点，才应该寻求一种办法，阐述一种正义观点，以此来减少因这种多元化趋势造成的社会正义及其原则的不稳定。这也是罗尔斯在《政治自由主义》中提出"重叠共识"的初衷之一。因此，作为"事实意义的多元主义"，它并不构成一种伦理学意义上的理论，而只是一种客观社会现象。尽管罗尔斯也承认人类在正义社会和善的生活判断等问题上确实存在着"多元主义事实"。但它作为一种事实，并不能代表世界就是价值多元化的，人们在这种多元事实的世界中，依然可以追求一种一元化价值的理想。❶

其次，"价值多元主义"是一个规范性的、在现代政治哲学和道德哲学领域中的学术概念。价值多元主义有一些比较明确的主要主张。首先，它承认在人类社会中存在着某些普遍的价值。其次，不管是普遍的价值❷还是地域性、时域性的价值都是多元并存的。例如：多元主义的社会正义观认为，从古至今不可能有一套能通用于所有社会分配的标准，不管这套标准是单一的还是一组相互联系的体系，都不可能适用于所有的社会分配。❸ 此外，这些多元价值之间彼此不可公度。仍以社会正义为例，成员资格、机会、能力、出身、运气、资源等都有可能成为考量正义的标准之一，每一个价值都有可能在实际的社会分配中占据重要位置。但这些价值之间不能因为其他价值的存在，某些价值就被忽略和省略，它们完全可以也应该在某种意义上共存。最后，多元价值之间可能会彼此冲突。❹ 如上所论，严格来说，价值多元主义才是本章真正关注的多元主义理论。

作为多元主义中所包含的"价值"至少应该涵盖两个方面的内容。首先，价值是具体的个人在实际生活中所期待、形成的理想以及具体生活中所坚持的人生意义。也就是说，人本身就是一种目的，人本身就是一种价值，这种价值就体现了他的意义。其次，价值体现了一种作为社会观念的

---

❶ 两种多元主义的区分可参见聂兴超：《论当代政治哲学视域下的多元主义理论》，《求索》，长沙，2011 年第 1 期，第 119 页。

❷ 普遍价值的多元化特征应这样理解：人们在社会生活中可以共同追求一系列具有普遍意义的价值，如平等、自由、博爱等。但这些价值之间是多元共存的。多元主义认为，并不存在某一种更高级的价值能够将这些普遍价值公度成一种善。

❸ ［美］迈克尔·沃尔泽：《正义诸领域：为多元主义与平等一辩》，褚松燕译，南京，译林出版社，2009 年版，第 2 页。

❹ ［英］乔治·克劳德：《自由主义与价值多元论》，应奇等译，南京，江苏人民出版社，2006 年版，第 52 页。

价值认知，社会（共同体、国家或民族）的经济、文化、政治、宗教等方面所构成的共同的社会理想目标。❶ 个人价值与社会价值组成了完整的价值概念。也正因如此，现当代西方学术界的观点一般是将所有的伦理概念和宗教概念全部视为价值概念。❷ 不仅伦理学中所涉及的"正当与善""责任与义务""爱与关怀"等内容被视为最基本的价值，宗教信仰的追求也同样被视为人们所追求的基本价值。例如，在道德哲学的研究中，我们试图去讨论、探究和追求某种"善"的目标，某种"好"的结果，也都可以将其视为讨论、探究和追求某些最有价值的东西。而对此相对应的是对于坏和恶的概念的探讨和研究，也即可以看作对负价值的探讨和研究。又如，在西方的基督教传统概念中，天主（或者说"上帝"）本身就是一个最高的价值概念，它本身就代表着所有信仰这种宗教的信徒们所追求的最高价值。与此同时，宗教领域也有表示坏和恶的概念，我们也可以将其视为负价值的考虑。当然，不同的政治学说也有各自所追求的最高理想，这些不同的崇高理想构成政治追求的最高价值。因此，价值多元主义所强调的"价值"，也就是不同政治观、宗教观、道德观等都内在蕴含着的基本价值和最高价值。这些基本价值或最高价值因政治观、宗教观或道德观的不同而不同，因而是多元的。并且，价值为其所使用的不同概念所表明或代表。本书所运用和讨论的价值概念，也是在这个意义上所确立的。❸

上世纪七十年代以来，多元主义日益受到政治哲学界的关注，也日益成为人们在社会生活实践中的一个普遍的客观事实。正如伯林在《两种自由概念》开篇就申明的：假如我们对于生活的目的从来没有任何分歧的

---

❶ 万俊人：《论价值一元论与价值多元论》，《哲学研究》，北京，1990 年第 2 期，第 33 页。

❷ 龚群：《伯林的价值多元主义与消极自由》，《华中师范大学学报（人文社会科学版）》，武汉，2014 年第 6 期，第 69 页。

❸ 较之于西方学术界，对于价值这个概念，国内学术语境中有着很不一样的认识。我国学术界一般将"价值"定义为一种哲学概念，多数学者是从"主体与客体"的关系模式来理解价值。（参见李德顺：《价值论：一种主体性的研究》，北京，中国人民大学出版社，2013 年版，第 15 页。）换句话说，也就是主体的需要和客体的属性二者之间所建构的关系就是一种价值关系，并为相应的概念来表达，这种表达者所表明的就是价值或价值概念。（参见龚群：《伯林的价值多元主义与消极自由》，《华中师范大学学报（人文社会科学版）》，武汉，2014 年第 6 期，第 70 页。）我并无意质疑和否认这种对于价值的认识，也认同国内学术界对价值概念在哲学层面所作的阐释和论证。但我从西方价值多元主义视域出发来运用和讨论的价值概念，不是中国学术界当前所使用的这种观点，因此说明。

话，那么目前我们所致力的这些关于政治理论的研究就是难以理解的。❶
政治哲学、道德哲学关于不同价值和原则之间的争论本身就证明了这些分歧的存在。如果要论证价值多元主义的合理性，最直接的办法之一是从针对反对价值多元主义的意见而进行的辩护开始。这些反对意见通常来自两个方面，第一是与价值多元论针锋相对的"价值一元论"，第二则是"相对主义"。

与价值多元论针锋相对的反对意见就是"价值一元论"。所谓价值一元论，可以从三个递进的不同层次来理解。首先，一种严格的价值一元论，它的核心观点在于认为我们所有人所真正关心和追问的问题，究其根源只能有一个正确答案。这个答案，我们可以管它叫"正义""至善"或者是"真理"等，但它必然是单一的。其次，所有这类问题的答案，它们的发现过程必然是经过一个可靠、可重复的过程。最后，所有这类问题的答案必然可以通过一个系统的办法整合成一个和谐共存的整体。因此，价值一元论从整体层面而言应该就是那种主张所有人类追求的不同价值都是确定的、可探知的理论。如果将这些追求和价值最终落实到人们的认识和实践领域中，则它们完全能够取得一致并且可以和谐地共存。伯林在阐释积极自由的过程中将价值一元论和积极自由相互联系起来。在伯林看来，正是因为西方思想中有这种长期存在且影响深远的"价值一元论"传统，那些人坚定地相信："自然用一条不可分割的锁链将真理、幸福与美德结合在一起。"❷ 在伯林看来，这种带有明显理性主义特征的价值一元论是给积极自由奠定了理论的基础。而这种奠基在价值一元论之上的不受他人意志主宰且以自我为主体的自由，它的危险之处在于假如众多的差异性目标最终不能以一种简单单一的公式式的过程而实现，那么也许就会出现某种权力以某些更高的，在价值一元论看来可以公度的目标之名义对其他人进行强制和奴役。暂时搁置价值之间的差异到底能不能公度这个争论，仅从上述危险性角度出发考虑，这样的危险对于个人而言是无法承受的。因为它有可能从根本上彻底剥夺一个人生存的合理性基础。出于这一点，价值多元主义主张承认互相差异的价值之间无法公度。在一种宽松和广义的概

---

❶ ［英］以赛亚·伯林：《自由论》，胡传胜译，南京，译林出版社，2011年版，第167页。伯林的原话是："如果人们对于生活的目的从未有过分歧，如果我们的祖先仍然生活在无忧无虑的伊甸园中，那么，齐切里社会与政治理论教席所致力的那些研究，就是难以理解的。"

❷ ［英］以赛亚·伯林：《自由论》，胡传胜译，南京，译林出版社，2011年版，第211页。

念上去理解，至少价值多元主义认为它们是有可能不能公度的。退一步而言，即便是有些并不冲突的价值之间或许可以公度，但在人类追求的最高层次上的最核心的价值差异之间，认为可以"把道德的决定看作是原则上有计算尺就可以完成的事情"[1]。而以单一的尺度来权衡度量所谓的人类最高追求，这显然是很难成立的。价值一元论强调"统一存在的内在本性一元性"。例如说"一个人假如他要出门，不管他脑子里想了多少个目的地，但是只能到达一个地方"[2]，这个辩护（至少这个例子）运用得不能成立。因为价值多元论并不否认价值的普遍性，它不是一种相对主义（这一点在随后将详细说明）。并且，价值多元论承认，人们在面临不可公度的差异价值时，需要根本性的选择。首先，人们头脑中可以出现彼此不同甚至是相反的目的，这本身就说明了价值的多元性特征。其次，即便一个人只能选一个目的地，那也决不能以这个人的目的地作为可以公度他人目的的标准，这是决不能成立的。例如张三想去公园健身，李四想去学校学习，作为两个差异性目的，它们是无论如何无法公度的。或许在价值一元论看来，去公园健身是为了身体的善，去学校学习是为了精神的善，身体和精神的善是可以公度的，所以，去公园和去学校殊途同归。因此，可以要求张三不去公园，强制他去学校以追求一种与他去公园所能得到的一致的善。显而易见的是，这事实上就是对自由和个人权利的侵犯与奴役。因此，这种价值一元论主导下的差异价值之间的公度是不能成立的。

价值多元主义面临的另一个困境和质疑就是它所主张的"价值多元论"将会导致一种相对主义的结果。相对主义把价值的主观属性和相对性特征无限地扩大，完全忽略了价值的客观普遍性要素。因此，按照相对主义的理解，所有的价值都是个体性、特殊性的主观观点的表达，这样一来，普遍价值的合理性基础就不存在了，也必然会导致一种价值的虚无主义。

价值多元主义不同于相对主义，要厘清相对主义给价值多元主义所造

---

[1] 龚群：《伯林的价值多元主义与消极自由》，《华中师范大学学报（人文社会科学版）》，武汉，2014 年第 6 期，第 70 页。

[2] 这个例子在很多为价值一元论的辩护论文中均有出现，出现的版本各有不同。本文将之归纳为这一种。具体可参见万俊人：《论价值一元论与价值多元论》，《哲学研究》，北京，1990 年第 2 期，第 34 页。顾乃忠：《文化—价值一元论——兼评伯林的多元主义》，北京，《社会科学论坛》，2008 年第 4 期，第 6 页。

成的实际困境和价值多元主义对此所做的辩护，还有必要针对相对主义进行比较细致的考察。相对主义可以分为"事实判断的相对主义"和"价值判断的相对主义"两种形式。❶ 所谓事实判断的相对主义，就是对事实和知识的客观性都予以否认。事实判断的相对主义也有强弱之分，前者拒绝承认一切知识的客观性，后者只承认自然科学知识的客观性。而真正对价值多元主义造成实际影响的则是"价值判断的相对主义"。

价值判断的相对主义坚持这样一种观点，即人们对于价值的认识、选择、判断和因此而形成的观念都不是依靠人们可以自主控制的能力和意识所决定的。在这种认识的前提下，相对主义将人的行动看成某些我们无法彻底认知和解释的因素来牵引和决定，所有关于这些行动的思考和研究只能在外在表象的层面展现出一种理性的假象。出于这种主张，人们行为的动机和判断力的来源从根本上说是无法探知的。

因此，相对主义拒绝承认价值的客观性。相反，它们将人对于价值的判断看作由每个人的自身偏好所决定的，这也导致相对主义对于事物的根本价值和善恶标准无法进行最终的判断。因为它们最多对客观事物或者是人的行为、追求做出一种事实性描述，无法对此给定最终的评价。此外，价值判断的相对主义还表现出文化和历史的相对主义特征。相对主义认定不同文化之间的差异不可能通过互相理解的方式取得包容，一种强烈的相对主义认为，人们完全受所在阶级、历史传统、文化背景和所处时代的约束，因为他们被局限在非常具体而狭小的场域内，彼此之间价值判定的范围很有可能完全不重叠，所以在主观意义上，他们就没有条件去彻底理解和接受其他文化。

价值多元主义面临的主要质疑就是由于强调价值和价值判断的多元化特征，它自身是否就是一种价值判定的相对主义？为这种质疑做出辩护，价值多元主义需要做出其自身与相对主义理论相互区别的解释。价值多元主义认为，众多价值之间固然有差异性、多元性、冲突性等特征，但是这些特征并不必然导致一种相对主义。冲突性和差异性的存在并不意味着普遍性的消解。例如，每个个体意义上的人，相貌性格虽然千差万别，但是这并不影响我们获得关于"人类"在宏观意义上的普遍概念。当然，在获

---

❶ 聂兴超：《论当代政治哲学视域下的多元主义理论》，长沙，《求索》，2011 年第 1 期，第 119 页。

得了这个普遍概念后，我们也无法根据这个普遍概念来抵消或公度"人"作为"个体"的特征。事实上"冲突性"特征也不必然导致相对主义。例如，"自由"和"平等"这两个价值之间有可能会产生冲突。诺奇克即认为，罗尔斯式的那种带有强烈平等主义特征的正义原则强化了自由与平等之间的矛盾。❶ 在诺奇克看来，作为公平的正义因其再分配的原则而与个人的自由权利相互冲突。但是，这也不妨碍平等主义者在将平等作为首要追求价值的前提下，维护自由的价值。也不妨碍平等主义者论述一种"与自由相一致的平等"。

事实上，在人类社会中，价值的普遍性和多元差异性在很大程度上是共存的。"假如人类作为一个概念不可避免地具备某些特定的含义，那么人类所有个体之间就必然共存着某个或某些共同的基础。"❷ 人性的共同基础就是价值普遍性与差异性共存的基础。共同的人性可以在两个层面来理解：首先是在自然方面，即人类共同的经验基础、情感和偏好，其次就是人的思维能力、认识能力，也就是理性。

人的理性和认识能力的一致性导致人们对于一些核心价值的判定必然是普遍的。但在人类社会实践中，所有价值观念的形成和判定都离不开自然经验基础和情感偏好。因此，它们同时也必然是相互差异和不可公度的。例如，"孝老爱亲""爱人如己""舍己为人"这三个价值之间在社会实践中是有可能冲突的。但是，不可否认的是，我们所有人都能承认这三个价值是道德的，或者说至少是符合某种道德原则的。能够让我们取得这种理解层面共识的就是我们理性的共同基础，这也是价值普遍性的基础。但在实践中，人们完全可以按照个人情感偏好来选择三者之一，彼此之间无法公度。这也就证实了社会实践中的人的"价值观念"离不开"经验性的情感和偏好"。并且，在人类社会政治经济生活中，价值只有通过人的价值观念来体现，不可能通过其他途径来体现。那么，在人类社会实践中，价值一定会呈现多元主义特征。

解释和明确了"多元主义""价值"和"价值多元主义"这三个概念，现在我们就可以深入地考察一下"多元主义社会正义"的内容。

---

❶　龚群：《自由与平等的内在一致与冲突》，《中国人民大学学报》，北京，2017年第2期，第72页。

❷　Beata Polanowska - sygulska, *Isaiah Berlin Unfinished Dialogue* [M]. New York：Prometheus Books，2006：40.

在很多哲学家看来，"正义""社会正义"和"分配正义"这三个概念之间的范围和所包含的理论内涵之间都有较为明显和复杂的差异。但在罗尔斯及其《正义论》中对这三个概念的使用并未加以明确区分。

罗尔斯的理论中"作为公平的正义"即是以一种"社会正义"的面貌出现，它同时又表现出一种非常完整的"分配正义"特征。由于《正义论》在现代政治哲学领域的奠基地位，在大多数情况下理解社会正义时，我们仍将三者视为相似或相互重叠的概念。

为了使本章所讨论的社会正义概念更为明晰，有必要对三者进行简单的辨析。回顾一下本书前七章的内容，尤其是回顾我们在介绍了"启蒙运动"以后的政治哲学关于正义理论的讨论，我们可以发现，近现代以来的政治哲学发展中，众多关于正义学说之间一个争论的焦点和重要的分歧即在于，正义问题到底是应该关注个人行为，还是应该站在社会形态的高度来考量。

首先，坚持"正义的关注对象应为个人行为"观点的哲学家们主要以休谟、亚当·斯密、边沁等人为代表。休谟认为，所谓正义并非人们与生俱来的观念，更非欧洲大陆理性主义哲学家们所强调的"自然性概念"。他主张，正义是由于教育和需要所产生的，所谓"公共的效用是正义的唯一起源"❶。虽然正义是由于公共需要而后天产生的，但它不是在一种契约意义上所形成的。相反，它事关个人的自由选择而绝非是刻意设计的。这种观点一直延续到后来的哈耶克和诺奇克的自由至上主义的理论中。正因为正义的规则不是靠人的理性而设计的一套完备的理论，那么也就不存在社会财富、资源、优势等内容在人们之间的分配和协调。所以，个人主义主张的社会正义也就不能被视为一种"分配正义"。这种看待正义的角度和观点所形成的对实现或维护正义之规则、要求必然是相对消极和宽泛的。例如，一个人不能侵犯他人财产，不能伤害剥夺他人性命，在经济活动与社会活动实践中，每个人都要遵守诺言和旅行承诺等，它与社会性的整体要求基本无关。在亚当·斯密看来，大多数情况下正义代表的是一种消极的美德，它存在的意义是防止人们之间的互相伤害。也正因如此，可以推论出，假设一个社会的每一个个体都遵循了一种消极的正义规范，那么这个社会也就能够呈现出一种正义的状态。持这种观点的哲学家大多数从属于古典政治哲学的范畴，多数古典政治哲学家认为正义和善在很大程

---

❶ ［英］休谟：《道德原则研究》，曾晓平译，北京，商务印书馆，2011 年版，第 35 页。

度上是属于个人范畴的内容。● 值得注意的是，这种观点虽然诞生于古典政治哲学，流行于古典政治哲学盛行之时，但时至今日亦有延续，影响也十分广泛。例如，哈耶克即明确地反对"分配正义"的概念。他认为，在自由社会和市场经济这两个基础性前提下，财富的不平等与不正义之间没有必然的联系。"（社会正义）这个说法已经演变成了一种不诚实的暗示，它暗示人们应当同意某个特殊利益集团所提出的要求，尽管它对这个要求给不出任何切实的理由。"❷ 作为自由至上主义的代表人物，诺奇克基本也是将正义问题视为一种个人行为，并且坚持认为"一种完备的自由市场经济环境中"根本就不会出现不正义的情况。在诺奇克看来，完备的自由市场经济体系中，所有财富的流通都遵循了一种自愿的交换原则，因此而形成的财富差异与个人自由紧密相连。任何针对这种差异的再分配，都不可避免地导致对个人自由的侵犯。

其次，与休谟、亚当·斯密等人"关注个人行为"的正义观不同，大多数当代政治哲学的思想家重新开始在社会层面和高度上关注正义问题，视正义为事关全社会的原则，并主张实现正义必须通过某种形式的"平等"原则进行分配，从而达到正义的状态。❸ 当代政治哲学关注重心和内容之所以发生变化，有非常复杂的主客观条件和原因。一方面，当代政治哲学关注社会资源、机会、财富不再单纯地以个人为单位，不再将这些内容完全视为私人领域的事情，而是从政治生活的角度宏观地对资源财富进行反思；另一方面，面对社会资源财富的不平等分配，不再简单地归结为个人基本能力的根本差异，而是反思造成不平等的社会性因素。当代政治哲学与古典政治哲学的一个重要的分别即在于前者试图建立一种规范的政治制度与研究和探讨一种合理的政策安排。❹ 因此，绝大多数当代政治哲学家都能认同社会正义所关注、研究的最为主要的内容就是分配正义，甚

● 段忠桥：《古典政治哲学与现代政治哲学》，成都，《四川大学学报（哲学社会科学版）》，2015年第4期，第31页。

❷ ［英］哈耶克：《法律、立法与自由》，邓正来等译，北京，中国大百科全书出版社，2000年版，第164页。

❸ 在社会层面高度关注正义问题，这不是仅仅从现当代开始的，早在古希腊哲学传统中，即有类似的内容。柏拉图和亚里士多德都曾经在社会层面高度关注正义问题，尤其是柏拉图的《理想国》是关注社会正义的典范与经典。但本段旨在近代和现当代的政治哲学范畴中讨论问题，正义的历史是一个广阔和博大的命题，为了不偏题太多，即不展开延伸。

❹ 段忠桥：《古典政治哲学与现代政治哲学》，成都，《四川大学学报（哲学社会科学版）》，2015年第4期，第30页。

至有一些观点直接认为它可以等同于分配正义。从一开始，社会正义问题就带有明显的自由主义特征。现代政治哲学在早期讨论社会正义问题的时候，这一主题事实上隐含着两个先决性要素。一个是一种社会正义的理论和原则研究与实践的前提是在公民自由政治基本得以保障的民主社会中；另一个是，无论是何种正义论都不能否认这样一个前提性事实，即正义论的实践是应该以满足公民"基本生存需求"为前提。社会正义调整资源、财富等内容正是在这样的前提下进行的。满足了这个前提可以确定的一个事实是，对于例如财富收入、医疗资源、工作机会、教育资源等这些类似的社会资源的分配就是所有社会正义理论所关心的核心问题。❶ 因此，社会正义在这个层面而言，它的讨论和研究的内容集中在分配正义的领域。当然，这二者之间也并非是完全重叠的，对于分配正义，也可以理解为是"经济正义"。从语义上而言，它是由"分配的"和"正义"两个部分组成。所谓分配，就是指国家或是共同体对社会中的财富、收入、资源、机会等内容在公民之间进行安排；正义，则指的是这种安排的实现方式和原则是否合理。❷ 而社会正义所研究的内容，如果从更为宏观的角度考虑仍要比分配正义更加宽泛，例如它还包括超出分配正义的"关系正义"等内容。但本文所关注的社会正义论，主要是以分配正义和经济正义研究为核心的这部分内容。

现在考虑社会正义为何应该以分配正义研究为核心。首先，当然可以从政治哲学与社会重大现实问题之间的关系角度出发，考虑现实社会的实践和需要，对一种作为分配正义的社会正义进行研究对当代社会现实意义更大。政治哲学研究最重大的意义之一即在于关注现实社会的迫切需求以及现代社会中人们的实际愿望。因此，它就必须要深度参与和讨论现实社会中所存在的一些根本性难题。❸ 现代社会，即在全世界范围内而言，贫富差距程度之大、范围之广、影响之深，已经很难再用一种"正义的关注对象应为个人行为"来调节和解释因此给社会带来的实际问题。世界上最

---

❶ ［英］戴维·米勒：《社会正义原则》，应奇译，南京，江苏人民出版社，2000 年版，第13 页。

❷ 段忠桥：《何为分配正义——与姚大志教授商榷》，北京，哲学研究，2014，第 3 页。

❸ 段忠桥：《古典政治哲学与现代政治哲学》，成都，《四川大学学报（哲学社会科学版）》，2015 年第 4 期，第 34 页。论文为我提供了一个良好的角度，但我并非是原样援引了原文的理论，而是从原文提供的一种视角出发，借以阐述本文的观点。

为成熟和繁荣的市场经济体制主导下的美国，最上层 1% 的人群占据了整个国民收入的 20%。而在这 1% 的人群中的 0.1% 的人，他们的财富收入是社会底层家庭平均收入的 220 倍。❶ 恐怕古典政治哲学、个人主义、自由至上主义理论再完备、再精巧也无法最终全面地回应这种巨大差异的不合理性和非正义性。其次，即便可以认同"一种完备的自由市场经济环境中根本就不会出现不正义的情况"，也不能否认应该在社会的高度上要求研究和阐释一种分配正义的理论和原则。因为，一种完备的自由市场经济在现实中是不存在的。那么从逻辑上，我们就可以反推回去，在一种不完备的自由市场经济体制下，形成的贫穷差距和任何形式的不平等，都有可能是不正义的。这种不正义既有可能事关个人，也完全有可能事关社会。在这个意义上，社会正义的主要内容就应该是对社会资源、财富、机会等等内容进行分配，社会正义也就应该主要研究分配正义为核心。

在本节刚开始的时候，我们较为细致地考察了价值一元论与价值多元论的含义和差别。基于多元主义的社会正义观点认为，价值一元论之下的社会正义观有着难以回避的困难和局限。

首先，大多数一元社会正义理论坚持一种理性主体认识能力具备同一性的观点。基于这种认识，他们主张人们对于正义原则的衡量、取舍和执行都将指向一个"最高善"。这样能够让人们选择出适合他们生活的、可以使得社会达到稳定的一系列最高的正义原则。其次，一元正义的最终目标，就是要合理地判定不同个人之间关于正义观念的冲突，并将之提炼成一种广泛而统一的共识。

多元主义理论认为，一元社会正义理论带有明显而难以回避的局限性。我们可以通过两个方面对此进行解释：

第一，它过分地强调人们的自我观念，这种人们都具备的"基本理性能力"是否存在是值得怀疑的。一元社会正义理论为求得正义原则的稳定性，为使正义成为社会的首要美德，就必须对"某些东西"具备"真实"的把握。❷ 这就要求在阐述正义理论和原则的时候，必须与我们实际所处的特定环境保持一定的距离，也就是"我们都必须把自己看作是独立的，

❶ ［美］约瑟夫·E. 斯蒂格利茨：《不平等的代价》，张子源译，北京，机械工业出版社，2015 年版，第 3 页。

❷ ［美］迈克尔·J. 桑德尔：《自由主义与正义的局限》，万俊人等译，南京，译林出版社，2011 年版，第 197 页。

即独立于我们在任何时刻所可能具有的利益和所能够依附的联系之外"❶。只有这样，我们才能够永远不受到来自于这些具体利益和所依附之联系的影响，这样才不会阻碍我们阐述正义原则的目的。但同时我们还要对所处的实际环境保持一定的距离，以便对它洞若观火，借此能够对正义原则进行从容的评价和修正。但事实上这样的要求已经脱离了客观道德世界，也完全排除了客观道德世界现存的道德秩序。在这样一个虚拟的环境中，因为脱离了人类所能够把握的所有现存的具体道德原则，显然处于其中的人们也无法构造出他们自身的意义。❷ 因此，这种抽象的"基本理性能力"能不能起作用，是不确定的。能否在这种环境中运用人们的"基本道德能力"来选择"稳定的正义原则"是值得怀疑的。假如我们不能脱离具体的利益和所依附的实际社会联系而讨论正义，那么由于客观环境的特殊性和多变性特征，事关正义的原则又必然是多元的。

第二，人们无法脱离共同体而仅仅凭借个人对自身目的理解来判断何为正义。因为，除非我们承认首先某个人存在于某一个共同体之中，这个共同体先在地赋予了他权利和义务，然后该成员才能够理解作为共同体中的个人区别于其他成员的目的和意义。这种个体与共同体无法分割的关系，使得不同个体之间互具差异甚至是充满矛盾的选择，也能够在推进个体利益的同时，增进共同体的利益。并且，虽然大多数一元社会正义理论都强调"个人选择"的重要性，但事实上人类绝大多数最为基础的特征并非是通过选择展现的，相反是构成性的。换句话说，人类的大部分特征在一出生就已经通过不同的共同体（例如家庭、宗教团体、社会团体、民族和国家等）所赋予了。❸ 因此，人们作为道德主体，无法提出这些先在的特征而判定价值和选择事关正义的原则。假如我们承认这一点，那么因为不同的共同体之间必然是各具差别的，因其所产生的正义原则也必然是多元的。

前文从多元主义的视角简要地讨论了价值一元论社会正义的局限性。上世纪七十年代，一元社会正义理论主要是受到来自自由主义内部的质疑

---

❶ ［美］迈克尔·J. 桑德尔：《自由主义与正义的局限》，万俊人等译，南京，译林出版社，2011 年版，第 197 页。

❷ 同上书，第 198 页。

❸ 刁小行：《多元价值的均衡：沃尔泽政治哲学研究》，北京，中国社会科学出版社，2014 年版，第 3 页。

和反对。这一阶段的主要批评来自于自由至上主义。到了八十年代，论战才逐渐从自由主义内部开始向外延展，形成以桑德尔、麦金太尔等人为代表的社群主义对自由主义的批判。与自由主义所主张的社会正义的制度必须要针对于个人权利之观点不同，社群主义主张需要将正义视为历史性的、具体的概念。人类社会从历史的经验角度出发考虑，正义的观念和概念不是一成不变的。而且，社群主义认为，随着人类社会结构的复杂化、经济生产生活的日益细致化，正义观念的变化和形式在未来只能是更加多样化，而不会是不能更改的一套原则。实际上，从这个角度而言，社群主义社会正义理论也带有多元主义的某些特征。

到了二十世纪八九十年代，逐渐成熟的多元主义开始广泛地参与到了对正义理论的研究和讨论中。多元主义所关注和讨论的社会正义事实上就是"分配正义"。米勒即认为，当我们谈论社会正义的时候，简要而言我们所讨论的就是人们生活中好的东西和坏的东西应当如何在人类社会成员之间进行分配。❶ 沃尔泽也提到："分配的正义是一种丰富的思想，它在哲学反思所及的范围内绘制了整个善的世界。每一个东西都不能被忽略，我们日常生活的每一个特点都需要仔细地审查。人类社会是一个分配的社会。"❷ 可以看出，在这一问题上，两位最具代表性的多元主义思想家观点基本一致。

当然，多元主义既不同意自由主义关于正义的理论，也不能认同以社群主义取代自由主义的主张。多元主义的正义论一般不从形而上的高度宏观而抽象地去搭建一个庞大的系统理论，相反，他们转向社会生活的具体问题，用一种归纳的方法来讨论对于社会正义的理解、主张和理论。

宏观上而言，自由主义和社群主义争论的一个核心问题是：在考察社会正义问题时，应该从个人角度出发，还是应该以一个共同体的视角出

❶ ［英］戴维·米勒：《社会正义原则》，应奇译，南京，江苏人民出版社，2000 年版，第 3 页。通过米勒的这一表述，我们还可以发现，多元主义不仅仅关注事关人们幸福和福利的分配，还关注事关人类苦难和造成人们困境的"消极资源"以及"负能量资源"的分配。这也是自由主义和社群主义很少关注的角度。事实上，确实不能忽视人类人类负资产的分配。例如说全球正义理论近年来就十分关注各个国家碳排放的标准和分配。这是社会正义、全球正义所不能回避的问题。消极资源，例如还有："兵役、日用垃圾、污染、危险和劳累的工作、残障人士的福利和保障"等内容。这一问题所涉及的具体内容，将在后文中详细讨论。

❷ ［美］迈克尔·沃尔泽：《正义诸领域：为多元主义与平等一辩》，褚松燕译，南京，译林出版社，2009 年版，第 1 页。

发。而多元主义关注的核心不在于此，多元主义内部也存在倾向于以个人视角考察正义的主张（例如伯林、克劳德、盖尔斯敦等，他们有时也被称为是"自由多元主义"），也有主张以共同体为视角考察正义的（例如沃尔泽、米勒等），但这种分歧都不影响多元主义内部的主要核心观点，即多元主义在讨论社会正义时坚持的事关正义的原则应该是复合和多元的。一个符合正义的社会不可能普遍适用一套以单一价值为主导的正义原则。

在多元主义看来，分配正义所涉及的内容、原则和分配主体都是多元的，而各不相同、互有差异和冲突的价值又不能公度，使得没有任何一个特定群体的利益具有优先性和垄断性。这就导致处于不同共同体和特定生活背景中的人们需要多元的正义原则进行来指导分配活动。因此，多元主义社会正义论尤其关注"谁把什么分配给谁"的问题。具体到分配问题和实践中，即涉及实际分配的原则、执行主体、接受客体、执行内容等各个方面的价值多元性特征，几乎所有持多元主义观点者都反对以一套单一的原则总摄所有社会正义内容。米勒即认为，社会正义原则要发挥作用首先需要"可操作的、指导政策之理想能够发挥作用的环境"为前提。他将之概括为"社会正义环境"，并认为社会正义环境包含三个具体的假设性前提。首先，具有确定成员、有边界的社会，这个社会形成一个分配的领域，也就是参与分配的人们应该组成一个特定而相互联系的共同体。其次，正义原则必须能够运用到一批可以认定的制度中去。其三，存在着能够或多或少以我们赞成的理论所要求的方式去改变制度结构的某些机构。通过确立社会正义环境前提，可以避免过于单一和抽象的正义原则沦为一种虚构和空洞理论的危险。❶

事实上，当今社会发展呈现出多元化的趋势和特征，也在客观上导致多元主义的社会正义论至少在实践的层面较一元社会正义论更加适合。我们在无法真正确知社会各个领域之间实际内在联系时，没有充分的理由相信一种原则可以通用在政治、经济、文化、教育、科级等诸多差异甚巨的社会领域中。例如，同一个原则，运用于国家行政实践和自由市场实践中即可能得到完全相反甚至是相互矛盾的结果。当然可以从形而上的、抽象的角度主张一种原则完全不是出于具体实践考量。但假设各个社会内部结

---

❶ D Miller, M Walzer, *Pluralism, justice, and equality*, London, Oxford University Press, 1995: 127.

构之间各自追求的核心价值，我们无法最终确知它们是可以公度的，那么凌驾在这些价值之上的统一原则，还能不能最终起到预期的作用是值得怀疑的。所以，多元主义理论主张社会正义原则的阐述应该根植于不同的社会领域，基于不同社会领域所展现的差异性特征而决定。

多元主义者特别关注的是"社会资源、商品、收入、物品"等要素，对这些具体要素在不同社会关系中呈现出的不同社会意义进行考察，在这个基础上去讨论社会正义问题。在未来的两节中，我们将重点关注两位最具有代表性的多元主义社会正义理论家，一位是英国政治哲学家戴维·米勒，另一位是美国当代著名思想家迈克尔·沃尔泽。

（二）多重分配正义

在当代价值多元主义理论被系统阐述之前，多元论作为一个西方哲学史上重要的思想传统已经存在和发展了相当长的时间。由于现代政治哲学没有形成、建设成熟之前，多元论要表达的实际社会政治目的和主要观点并不明确，因而也没有形成在政治哲学体系下的相对完整的价值多元主义正义学说。

戴维·米勒无疑是当代西方学术界最早全面、系统地阐释多元主义社会正义理论的学者，他作为当代最具代表性的政治哲学家之一，社会正义是其主要关注的研究领域。1976 年，他发表了题为《社会正义》的论文，明确主张事关社会正义的分配原则不是一元的而是多元的。这种观点开辟了从多元主义视角去审视、研究社会正义的路径。从米勒社会正义理论的提出开始，当代多元主义社会正义理论学说日臻成熟。

人类的活动不可能脱离社会而单独考察，在米勒看来，我们研究正义问题事实上就是在研究"社会正义"。而社会正义所能明确的内容大致上就是"诸如金钱和商品，财产、工作和公职，教育、医疗、儿童救济金和保育事业，荣誉和奖金，人身安全，住房，迁徙以及闲暇机会"❶。正因如此，米勒坚持社会正义事实上也就是分配正义。

米勒所坚持的社会正义论不仅从抽象的高度上加以阐释，还在具体问题上进行细致的论证。正如他自己所说："如果我们真正关心社会正义，

---

❶ ［英］戴维·米勒：《社会正义原则》，应奇译，南京，江苏人民出版社，2000 年版，第 9 页。

就要把它的原则运用到个别地或整体地产生贯穿整个社会的分配后果的亚国家制度上去。"❶ 这种正义论应该被理解为是一种"综合性的分配正义论",米勒也称其为"正义多元论"。他之所以坚持正义的多元属性,其中较为关键的一点因素即为米勒相信人类在社会中的关系是多元的。这种多元关系归根结底可以归纳为三种基本模式:"团结的共同体、工具性联合体和公民身份"❷。

所谓"团结的共同体"指的是相似的文化信仰和社会背景中由亲缘和血缘组成的社群。按照米勒自己的话说,即是:

> 它存在于人们共享民族认同之时,而这种认同是由人们作为具有共同的民族精神的相对稳定的群体的一员来定义的。首先是在人们之间产生相互理解和互相信任的面对面的关系,但它也能超出直接互动的群体,扩展到更大的圈子,这一圈子中的人们既是由亲戚关系或相互熟识的关系所组成,也是由共同的信仰或文化联系在一起的。❸

在团结的共同体中,人和人的关系以一种相互信赖、互相合作的亲密形式而组成,具体多以宗亲、家庭、部落、村庄、宗教团体、小城镇等形式呈现。团结的共同体主要特征就是共同体成员之间的彼此信任、相互关切、共同合作,通过这样的特征使成员之间形成一种默契和统一。因此,这种共同体相对比较稳定和长久。❹ 米勒解释,一旦人们对自己的民族、种族产生某种认同,这种共同体就有了存在的基础。米勒对团结的共同体的看法与麦金太尔所阐释的共同体观点相互吻合,但是他们都认为这种靠信任、理解、亲缘、血缘维持的共同体在现代社会中只能处于边缘地位。

"工具性联合体"指的是以个体为单位,从自由主义和个人主义角度出发理解的社会共同体。

> 人们在这里以功利的方式相互联系在一起,经济关系是这种

---

❶ [英] 戴维·米勒:《社会正义原则》,应奇译,南京,江苏人民出版社,2000 年版,第 15 页。

❷ 龚群:《米勒的多元分配正义论》,《伦理学研究》,北京,2013 年第 5 期,第 35 页。

❸ [英] 戴维·米勒:《社会正义原则》,应奇译,南京,江苏人民出版社,2000 年版,第 32 页。

❹ [德] 费迪南·滕尼斯:《共同体与社会》,林荣远译,北京,商务印书馆,1999 年版,第 52—53 页。

模式的典范。我们彼此作为物品的买方和卖方相互联系，或者我们彼此合作生产准备在市场上卖出的产品。❶

这种共同体有别于"默契、合作"为基础的共同体，而是以自由竞争为最主要的特点。事实上，市场经济就是这种关系和联合体较为典型的一种形式。这种工具性连个体同时也呈现出"市民社会"的某些特征，用米勒自己的话说：

> 在市民社会中，每个人都以自身为目的其他一切在他看来都是虚无，但是，如果他不同别人发生彼此之间的联系，他就不能达他的目的，因此，其他人便成为特殊的人达到目的的手段。但是特殊目的通过同他人的关系就取得了普遍性的形式，并且在满足他人福利的同时，满足自己。由于特殊性必然以普遍性为其条件，所以整个市民社会是中介的基地，在这一基地上，一切癖性，一切秉赋，一切有关出生和幸运的偶然性都自由地活跃着，又在这一基地上，一切激情的巨浪，汹涌澎湃。它们仅仅受到向它们放射光芒的理性的节制。受到普遍性限制的特殊性是衡量一切特殊性是否促进它的福利的唯一尺度。❷

工具性联合体就是每个人在联合体中都保持着自己独特的目标，并将个人要实现的目标看成他们在联合体中唯一的目的。之所以需要彼此之间组成联合体，是因为它为这些彼此各具差别的目标提供了实现的前提和可能。米勒也明确地提到，市场经济体系确是工具性联合体的一个典型，不过这也并非就意味着，工具性联合体只有这一种形式。由于个体目标的独立性特征，不同的工具性联合体也都认为社会共同体的作用极为有限，人们之所以要组成共同体就是要在保护个人身体健康、人身安全、自由和私有财产的前提下，在社会这个相对公平的竞技场中展开公平公正的竞争。❸自由至上主义者和个人主义者通常认为，这种共同体是现代社会共同体的

---

❶ ［英］戴维·米勒：《社会正义原则》，应奇译，南京，江苏人民出版社，2000年版，第33页。

❷ ［德］黑格尔：《法哲学原理》，贺麟译，北京，商务印书馆，1961年版，第197—198页。

❸ ［奥］冯·米塞斯：《自由与繁荣的国度》，韩光明等译，北京，中国社会科学出版社，2013年版，第89页。

主要形式。

"公民身份"，这个共同体概念在德沃金和沃尔泽的理论中都可以找到相似内容，德沃金称其为"公民共和主义者"，沃尔泽则称其为"成员资格"。米勒则认为，在现代民主政治制度环境下，作为政治社会的个体，他们之间不仅通过团结的共同体和工具性联合体相互联系，而且作为平等的公民相互联系。❶

当然，这种公民身份也并不仅仅是从国家角度出发而言的单个成员的资格。因为在西方民主社会发展和确立的过程中，多重公民身份的现象和趋势越发明显。例如欧盟内部的成员，法国人和德国人之间存在不同的公民身份，但他们也同时在一个共同体下享有同一种公民身份。米勒认为：

> 这种社会任何正式成员都是一起确定公民地位的一组权利和职责的承担者。当然，公民身份是在法律中得到正式规定的，但在法律定义的背后存在着的则是把公民身份当作一种共同的社会和政治地位来理解，而后者常常会在批评现存法律实践时得到援引。❷

我们在理解米勒所说的公民身份时，还可以这样考虑：在现代政治文明中，不论是一个国家还是一个社会，如果从现实政治的角度出发，拆解为一个个的个体单位时，都是由现代政治学意义上的"公民"所组成的。这样来看，每个公民身份的集合就是公民社会，而公民社会的范围也就是政治社会的范围。因此我们考虑社会分配问题就不能离开"公民社会"和"政治社会"的范畴。在这一点上，沃尔泽也持相似的观点，他认为社会分配在实践的时候不能离开共同体抽象地讨论。那么，政治共同体也就是一个基本前提，而政治共同体在进行任意分配的时候，公民资格也就成了另一个基本前提。假如不具备或被剥夺了公民身份，那么一切分配问题无从谈起。例如，我们不能和一个被剥夺了政治权利的罪犯谈选举资格分配的问题。公民身份使得分配正义的实践是在享有成员资格或身份的社会成员之中进行的。同时，这也让"成员资格"本身成为一项社会的基本善（益品），公民身份和政治共同体成员资格本身的任何分配，也成了值得考

---

❶ 龚群：《米勒的多元分配正义论》，《伦理学研究》，北京，2013 年第 5 期，第 36 页。

❷ ［英］戴维·米勒：《社会正义原则》，应奇译，南京，江苏人民出版社，2000 年版，第 36 页。

虑的社会正义问题。在现代民主社会中，共同体的组成形式固然离不开血亲、血缘为主要因素组成的"团结的共同体"，更为主要的形式则是以保障公平竞争为目的的"工具性联合的"。因此，在现代社会意义下的公民日常生活中，作为同等身份资格的公民之间的相互联系也是不容忽视的重要因素。

正因为米勒坚持社会共存三种不同属性的共同体，因而社会正义便不可能是一种单一原则。"团结的共同体""工具性联合体"和"公民身份"这三种社会共同体因它们内在所包含的差别，导致在三者之间进行分配时运用的是三种不同的正义原则。

团结的共同体带有鲜明的家庭性质共同体的特征，因此米勒认为，适用于团结性共同体的正义原则是"按需分配"的原则。但是这种需要不能简单地从个人角度出发，用一种人的生理或精神需要来理解，而是应该以共同体内部的伦理文化条件为前提。例如亲缘关系是维系此种共同体的重要纽带，在一个家庭中往往并非以家庭成员个人独立的生理和精神需求作为"按需分配"的需要标准，而是以家庭和社会固有的观念。同一时期，教育资源永远优先向孩子倾斜。家庭成员中的成年人即使有接受再教育的需求和欲望，往往不能"按其个人需要分配"，而是出于一种社会伦理文化背景考虑，对未成年人的需要进行优先分配。当然，团结共同体的范围要远远大于家庭并超出了血亲和亲缘所维系的共同体之边界。米勒认为："每个人都有被希望根据他的能力为满足别人的需要作出贡献，责任与义务往往被视为每种情况下社群联系的紧密程度而定（这样，我可以要求从我兄弟那里得到的帮助比从同事那里得到的更多）。"❶ "根据社群的一般的精神特质理解需要，每个社群都或明或暗地体现了一种充分的人类生活必须满足的标准意义。"❷ 在团结的共同体中，每个人都有一种类似于兄弟姊妹之间的感情。这种感情一方面是以"需要"为分配原则的前提，另一方面为了保障按需分配原则可以稳定有效地得以贯彻，共同体成员必然会在互相之间的行为和相处中表达自己是可以信任、诚实可靠的成员。通过这样的反作用，也可以正面促进共同体的团结程度。

需要注意的是，米勒此处所主张的"按需分配"和马克思所提到的共

❶ 龚群：《米勒的多元分配正义论》，《伦理学研究》，北京，2013 年第 5 期，第 36 页。
❷ 同上书，第 32 页。

产主义社会条件下的"按需分配"有着本质的区别。这些区别简要而言主要体现在两个方面。

首先，马克思所说的"按需分配"是以生产力的发展为前提，所谓"社会物质和财富极大地涌流或极大的丰富的物质财富条件和制度条件"❶，换句话说"共产主义社会"是"按需分配"的前提。但是，米勒所说的"按需分配"的正义原则没有这个前提。在他看来，任何一个历史阶段都会有团结的共同体这种形式的存在。不管是何种社会制度、什么历史阶段中的在类似家庭式的团结的共同体中，按需分配都可以作为这种社会关系模式中的分配正义原则。

其次，马克思主张"按需分配"的"需"在含义上要比米勒主张的"需"更为广泛和复杂一些。马克思所论证的共产主义实现后，社会是以"每一个个人全面而自由的发展为基本原则"❷。因此，也可以将马克思主义主张的按需分配的"需"理解为"满足个人全面自由发展"的需要。这个需要的具体实现和实际内容，可以简单理解为三个主要形式，即基本和非基本的需要、自然和社会的需要、生存和发展的需要。米勒阐释的"按需分配"毕竟不是一整套适用于全社会的分配正义原则，而仅在"团结的共同体"中。因此，他所说的"需"显然没有这么复杂，它更多表达的是符合共同体内部伦理、文化规范的一种社会性需求。

工具性联合体与团结的共同体之间最主要的一个差别就在于前者强调自由竞争和分配过程的公平性。米勒主张，在这样一个联合体中应该以"应得"作为分配正义的基本原则。

> 就人类群体间的关系接近于工具性的联合而言，相应的正义原则是依据应得分配。每个人作为具有用来实现其目标的技术和才能的自由行动者加入到联合体当中来，当其所得与其贡献相等时，正义就得到实现了。❸

应该说，米勒的这个主张在直觉上是能够成立的。将"应得"作为分配正义的重要甚至是核心因素，在正义理论的发展史中有着悠久和深厚的

---

❶ 龚群：《米勒的多元分配正义论》，《伦理学研究》，北京，2013 年第 5 期，第 36 页。

❷ ［德］马克思：《资本论（第一卷）》，北京，人民出版社，2004 年版，第 683 页。

❸ ［英］戴维·米勒：《社会正义原则》，应奇译，南京，江苏人民出版社，2000 年版，第 33—34 页。

传统。例如科恩在论及分配正义时即明确主张："假如……坚持要求我必须仅以通常的话语说出我认为正义是什么，那我就给出正义是给每个人以其应有这一古老的格言。"❶ 然而，与米勒不同的是，对于多数自由平等主义或平等主义的分配正义理论而言，他们不轻易地认可"应得"能够作为分配正义的原则。当代很多政治哲学家拒绝"应得"作为分配正义原则的合理性，并对分配正义中的应得概念进行了有力的批判。例如，罗尔斯就认为由于没有人应得其自身的天赋、能力，因此而产生的任何利益也就推导不出其应得的哲学基础。依据这种观点，这些哲学家认为"应得"在分配正义问题中至少不起决定性作用。此外，一些运气平等主义者，他们虽然承认应得概念在分配正义原则中的核心地位，但他们一部分人拒绝将"贡献"作为衡量应得的标准。应得的基础一般而言有三种比较具有代表性和说服力的表达，即"基于贡献""基于表现"和"基于努力"。❷ 柴特奇克即认为，基于贡献的应得，论证起来是最为薄弱和比较困难的。

在米勒看来，他无法否认也并不拒绝承认个人贡献、努力和获益的取舍不能排除运气与天赋的因素。但是，米勒认为假如在运用应得概念作为分配正义之原则时完全排除运气与天赋才能，这是拒绝承认人自身的独立性和完整性，是无法最终成立的。在这个层面，米勒与自由至上主义的观点比较接近。他们都坚持认为，即使运气和天赋带有自然的随机性和不确定性，但将其视为所有被分配者的共同资产是一个错误的观点和行为。米勒则特别强调，或许这种对自然随机性的排斥可以在按需分配的团结的共同体中得以贯彻，但是在强调竞争的工具性共同体中，它无法成立。

米勒坚持以"贡献"作为衡量共同体成员"应得"的标准。至于如何把握贡献，共同体成员的应得是根据这个共同体（联合体）所特有的目标和目的所决定的，衡量应得的贡献就应该用这个特定的目标和目的进行参照。❸ 例如，完全自由的市场经济共同体中，创造经济财富、繁荣经济市场就是它的目的和目标，那么成员所带来的金钱财富的增长也就成了贡献

❶ 段忠桥：《何为分配正义——与姚大志教授商榷》，《哲学研究》，北京，2014 年第 7 期，第 5 页。

❷ 姚大志：《应得的基础》，《社会科学研究》，北京，2016 年第 5 期，第 135 页。

❸ ［英］戴维·米勒：《社会正义原则》，应奇译，南京，江苏人民出版社，2000 年版，第 38 页。

的尺度。

米勒的这种观点也有难以回避的问题和麻烦。在工具性联合体中，它的类市场经济形式竞争性的特点导致在这种共同体中成员的工作必然是协同互补形式的。"未开化社会中一人独任的工作，在进步社会中，一般都是成为几人分任的工作。"❶ 分工的复杂性和具体工作的差异性导致无法直接衡量某个具体贡献。例如，金融领域，银行的理财产品研发设计部门和金融风险控制部门，在金融专业领域内部可能会认为二者完全可以享有同等重要的待遇，对银行而言贡献同等重要。公共舆论却完全可能忽视风控部门对银行的作用，在他们看来，金融产品带来的经济效益是巨大而可见的。所以，对这样复杂局面进行贡献的界定，是非常困难的。另外，工具性联合体中不同的共同体成员社会职业地位是有差别的。等级差别会导致贡献差别巨大，我们无法判断占据在不同等级中的共同体成员自身是否合理。例如，我们都知道一个学术机构中，行政领导的薪酬可能要高于普通教师。当然也可以认为行政领导实际对机构做出的管理、发展贡献要大于普通教师。但是，公共舆论则完全有可能出于各种原因对行政领导的贡献不屑一顾，而对甘于奉献、为学生无私付出的普通教师认为应该享有更崇高的奖赏。尽管米勒此处论证的正义原则面临了很大的麻烦，但整体而言，在分配正义中运用应得概念是可行的。❷

公民身份联合体的首要分配原则是平等。公民的地位是一种平等的地位，每个人享有平等的自由和权利，人身保护的权利，政治参与的权利以及政治共同体为其成员提供的各种服务。❸

现代政治文明中，绝大部分社会的成员都具有公民身份。这就意味着，公民在政治权利和自由权利的意义上一律平等，这可以说是成熟的现代社会所形成的一种共识。

米勒所主张的作为分配原则的平等还不仅仅局限于此。保障各种权利的平等是前提，社会的福利、从公共权力而出的资源都应该以平等的原则在公民身份联合体中进行分配。在这一点上，米勒和沃尔泽的观点比较一致。米勒认为，战后福利国家的发展即可从侧面来证明他的这一观点。因

---

❶ [英] 亚当·斯密：《国富论》，郭大力等译，北京，商务印书馆，2014年版，第5页。

❷ 如何运用、判断应得的尺度和奠基应得的基础将在下一小节专门进行详细阐释。

❸ [英] 戴维·米勒：《社会正义原则》，应奇译，南京，江苏人民出版社，2000年版，第37页。

为福利国家就是以立法承担维护和促进全体国民基本福利的形式来满足所有公民的需求。从这个意义来看，公民身份联合体中的分配正义原则事实上又与团结的共同体分配正义原则之间存在联系和部分重合。国家福利的平等分配，也就包含着对每个具备公民身份成员的生存生活需要的关切。例如：公民生存所需的必要食物、水、医疗救助、基础教育等都是他们的基本需要，也是他们作为公民身份联合体成员所应得的，当然也应该平等地予以分配。

我们可以发现，米勒所阐述的三个共同体之间的正义原则是可以互相联系的。需要注意的是，公民身份中联合体中的应得和需要的实际含义与前两种共同体中的含义也存在差异。此处的应得和需要是为了保障平等作为首要原则而存在的，因为一旦在公民身份联合体中，成员的某些需要和应得无法被满足的话，会反向摧毁他们享有的平等身份地位和平等的自由和政治权利。

通过对米勒三重社会关系模式下三种分配正义原则的讨论可以发现，米勒的多元主义社会正义理论带有很明显的创新性。他认为，我们正是通过人们在社会中相结合所产生的不同关系模式来阐述和探讨适应这些不同关系模式的事关人类彼此关系的正义原则。正如他自己所说，"我已经试图通过把正义原则看作是相应于人类关系的不同模式来理解其多元性。我们通过我们的'团结的共同体''工具性的联合体'和'公民身份'相互联系起来。"❶

米勒发现，社会正义原则不但不能离开人类相互之间的联系模式而进行讨论，并且它与人类各种共同体之间相辅相生彼此关联。正义原则恰恰应该从人类具体生活的经验层面进行观察，并根据出于不同生活背景下不同情景中的人们对资源的实际需求与理解进行研究。例如，同样是经济社会中，针对青壮年人与老年人、针对家庭和企业的分配正义原则必然是不同的。因此，米勒的正义原则是非常明确和完整的多元主义社会正义，他既不同于自由主义正义理论，也和桑德尔、麦金太尔为代表的社群主义正义理论有着明显的区别。米勒的正义是一种复合正义。在这一点上，他和沃尔泽是一致的，他富有建设性地提供了一种人们对于社会正义理论研究

❶ ［英］戴维·米勒：《社会正义原则》，应奇译，南京，江苏人民出版社，2000年版，第39页。

的新视角。

（三）"挽救"应得

上一节提到了米勒主张在工具性联合体中实行分配正义时应该秉承"应得"的原则。西方政治思想史和哲学史上，在探讨研究"公正、正义"问题时，"应得"（desert）概念长期以来占据了极其重要的地位。这是西方哲学在论证该命题时的一个悠久的传统，上溯其源可以一直追溯到亚里士多德甚至更早的哲学传统中去。❶ 在这种哲学传统下，考量分配正义问题，个人应得是至关重要且起决定性的因素。

然而当代一些政治哲学家——尤其以罗尔斯为代表——拒绝了这种传统，对分配正义中的应得概念进行了有力的批判。罗尔斯认为由于没有人应得其自身的天赋、能力，因此而产生的任何利益也就推导不出其应得的哲学基础。

> 我们并不应得自己在自然天赋的分布中所占的地位，正如我们并不应得我们在社会中的最初出发点一样——认为我们应得能够使我们努力培养我们的能力的优越个性的断言同样是成问题的，因为这种个性很大程度上依赖于幸运家庭和早期生活的环境，而对这些条件我们是没有任何权利的。❷

依据这种观点，这些哲学家认为"应得"在分配正义问题中并不起——至少不起决定性——作用。本节旨在首先对"反应得论证"进行充分考量，说明这些观点给应得概念运用于分配正义中所造成的困境。其次，对分配正义中运用应得概念针对上述难题的回应进行考察。最后尝试论证并辩护一种可以运用于分配正义中的应得概念——将"努力"作为应得概念的基础，可以让应得概念最终成立。

在分配正义的研究中拒绝"应得概念"的观点通常被概括为"反应得理论"。但"反应得理论"自身具备非常庞大的范围。因为人们可以从各种不同的角度、立场来定义应得并依据各种不同的定义来反对应得。为了

---

❶ ［古希腊］亚里士多德：《尼各马可伦理学》，廖申白译注，北京，商务印书馆，2003年版，第134—136页。

❷ ［美］约翰·罗尔斯：《正义论》，何怀宏等译，北京，中国社会科学出版社，2009年版，第79页。

尽量避免这些具体的关于应得与反应得理论呈现出的多样性使本文的研究陷入极其复杂的状况，本节考虑这样一种在抽象意义上具有代表性的论证，作为将要考量和探讨的"反应得理论"来研究，即这种理论断言，没有任何应得理论是真实的，因为没有任何人应得任何东西。❶ 可以认为这样的论证在整体上对应得概念运用于分配正义造成了很大的难题和困境。

如前所述，这种观点可以从罗尔斯反对应得的主要论证中出发进行考量。

> （两个正义原则）看来是个公平的基础，在此基础上，那些天赋较高（endowment），社会基础较好（对此两者我们都不能说是应得的）的人们，就能期望当某个可行的体系是所有人福利的必要条件时，其他人也会自愿加入这个体系。一旦我们决定寻找这样一种正义观，它防止人们在追求政治和经济利益时把自然天赋和社会环境中的偶然因素作为筹码，那么我们就被引导到这些原则。它们体现了把那些从道德观点来看是任意专横的社会因素排除到一边的结果。❷

罗尔斯的这种表述从运气的武断性层面出发对应得进行了严厉的排斥。所谓应得，实际上是一种事实状态，这种事实或既得利益如果要从应得的角度进行辩护，只能为其寻找其他的根据。但罗尔斯认为，如果人们在寻找"根据"的时候，最后落到了"某种碰巧对他为真"❸ 的事物上，那么他的应得的要求必定是假的。例如，某人在拳击中获胜，继而得到荣誉，如果认为其荣誉是"应得"的，那么这与荣誉本身无关，需要为荣誉的获得寻找其他根据。如果最后找到是因为自然天赋，而"自然天赋"自身为真，这一点无可争辩，但它对该人而言恰好是"碰巧"的自然天赋的为真，这个应得的基础就不能称为牢固，因为在罗尔斯看来，从道德层面而言，这种"碰巧"是一种自然的武断，是不公正的。

由上述这种观点可以引申出两种对于"应得"概念运用的主要具体论点。

---

❶ 葛四友编：《运气均等主义》，南京，江苏人民出版社，2006年版，第23页。
❷ ［美］约翰·罗尔斯：《正义论》，何怀宏等译，北京，中国社会科学出版社，2009年版，第12页。
❸ 葛四友编：《运气均等主义》，南京，江苏人民出版社，2006年版，第24页。

首先提出一个表面上支持"应得"概念的观点，"一个人当然可以应得某物，但应以具备另一物为前提"。即论点一：鉴于某人设为 X，具备 A（A 可视为能力、禀赋、资历、身份等任何东西），所以他应得 B，当且仅当 X 应得 A 时。

首先不应得必然推导不出应得。如果 X 不应得 A，那么 X 至少以 A 为基础，必然推不出应得 B。所以，这个命题的后半段是不可或缺的内容。然而，一旦确定这一点，关于应得的这个论证就会让应得概念自身陷入无限循环中去。因为 X 当然可以因为具备 A 而应得 B，但前提是他必须应得 A；为了证明他应得 A，就还要寻找他具备 A′；他当然可以因为具备 A′ 而应得 A，但前提是他必须应得 A′；为了证明他应得 A′，就还要寻找他具备 A″……这种循环论证最后就变为了"应得来自于应得来自于应得……"这显然是荒谬而必然不能成立的。所以，如果应得要通过论点一来论证，是注定要失败的。

为了使应得概念成立，它的支持者们亟须找到另一个更为坚固的基础。应得必然出于应得的这种看法基本上是无法否认的，所以，据此，又有了一种论点。即论点二：鉴于某人设为 X，具备 A 应得 B，当且仅当 X 应得 A；或者 A 是 X 应得的基本依据。

例如，仍以拳击为例。某甲和某乙进行拳击比赛，假设甲乙二人在天赋、自然拣选、社会环境、训练环境甚至关注拳击的热情等内容上全部相同的情况下，甲仍然战胜乙，是因为甲在更基础性层面的原因上高于乙，例如临场表现、训练的努力和系统程度等。那么，如果设甲的某个基础性原因为 A，这个 A 就符合是甲应得获胜荣誉（亦即 B）的基本依据，无须再为其寻找另一个应得理由。❶

显然，这样的应得基础基本上排除了运气和武断的成分，也一定程度上规避了论点一中提到的无限循环之荒谬。我们发现，论点二事实上是在为应得概念寻找基础。就应得的基础是否存在，应该说是应得与反应得双方论战的实质核心。应得的基础能否存在也在某种意义上决定着这种概念和理论能否最终有效地运用在分配正义的理论中。

实际上，"反应得理论"看似严厉的背后事实上也存在非常明显的困境与难题。如果我们从根本上接受了论点一或论点二前半部分的论断，也

---

❶ 葛四友编：《运气均等主义》，南京，江苏人民出版社，2006 年版，第 39 页。

就是换句话说某人（仍可设为 X），并不应得某物（仍可设为 A），且若 X 依据 A 获得了 B，则 X 不应得 B。假设这个论点成立，那么所有应得的概念所建立的基础和概念都会被这样一个事实所取消掉，即"没有任何一个人应得自己业已取得的生命权。"❶ 即便再严厉的"反应得理论"纵然可以确定"生命权的不应得性"论断，然而就不应得再分配的道德要求都会因其荒谬而使这样的论断极难成立。我们不能否认这样一个事实，自然界是可以完全独立于人类而不以人类意志为转移的存在，我们的才能与禀赋也是可以完全独立于我们自身而产生并不以我们意志为转移的存在（没有人在出生时会自主设定或希望自己具备某些特殊的才能），为这些无法控制的因素寻找应得的依据，是非常困难和不切实际的。

此外，"反应得理论"的出发点，很有可能也是出于对于"人的应得"概念的考量。对此，我们可以罗尔斯为例。罗尔斯基本上排斥应得在分配正义中的作用。他主张，在所有的个人禀赋上所体现的差异，几乎都可以归纳为自然和社会背景的特征。这些差异几乎都可以追溯到环境、社会的根源上去。这些差异也都表达了一种自然与社会在"初次分配"时的随机性和武断性。没有人应该对禀赋的优势和劣势负责任。如果我们拒绝承认这些差异的正义性，那这种差异必须通过有效的手段加以纠正和再分配。因此，可以将罗尔斯设置原初状态下"无知之幕"的目的之一视为要纠正这一自然的武断。但罗尔斯在设定无知之幕的时候，似乎就预设了这样一个命题，即"这种设计即是用来考虑什么是人们应得的和什么是人们不应得的东西"❷，换句话说，原初状态中无知之幕的设定，也就是预先承认了在分配正义中运用应得概念的必要性。然而，随后罗尔斯的论证却得出了在分配正义中应得概念的无效性。也因此，罗尔斯的理论前后陷入了一个矛盾中，因为从无知之幕推导出的"差别原则"确实达到了"排斥应得"并将正当优先于善来处理的目的。但差别原则的排斥"应得"与无知之幕下"应得"概念的前提性应用产生不可调和的矛盾。当然，研究这个矛盾自身的问题已部分偏离了本书探讨的主旨，即不在此过度展开考量。但我们仍然可以明显地看出，即便是严厉"排斥"应得概念在分配正义中应用的理论和思想，也无法做到完全不使用和运用应得概念来阐释分配正义。

---

❶ 葛四友编：《运气均等主义》，南京，江苏人民出版社，2006 年版，第 39 页。

❷ Peter J Stejnbock, *Desert and Justice in Rawls*, The Journal of Politics, Vol. 44, No. 4, 1982: 983.

现在，我们再回过头来单独考量前文中所提出过的两个论点：

"鉴于某人设为 X，具备 A（A 可视为能力、禀赋、资历、身份等任何东西），所以他应得 B，当且仅当 X 应得 A 时。

"或者 A 是 X 应得的基本依据。"

如本节第一部分已经论述过的，论点一的问题是它过分严厉地在 X 与 A 之间作了一种强制性联系。而这种强制性联系必然因其过度的武断而使应得概念难以成立。应得概念的支持者若想直接回应这个难题，需要将论点二中的基本依据加以完善。这实际上也是"反应得理论"与"应得理论"争论的实质焦点——"在反应得理论家看来，应得根本就没有基础；因为应得需要基础但根本没有基础，所以应得理论是错误的"❶。应得的基础问题就成为应得理论面临的最严肃的命题。

应得的基础一直以来有三种比较具有代表性和说服力的表达，即"基于贡献""基于表现（Performance）"和"基于努力"。❷ 这三种表达各有优势，同时——尤其前两种——在面临运气和自然的武断层面的责难时又面临很大的困境。

首先，贡献的应得基础性表述是比较薄弱的。因为它仍然依据"X 依据 A 而应得 B"这样一个命题。比如，中国相关科研人员研发了天宫二号空间实验室并成功发射，因这种卓越的贡献而享有荣誉在直觉上和实际操作中是没有任何问题的，但这个贡献并不能剥离运气和自然天赋的武断而单独存在。如果"反应得理论"提出，需要为贡献再次寻找应得基础时，一旦基础落到了自然、运气和天赋上，贡献应得的基础性论证是很难成立的。

其次，表现的应得基础事实也不牢固。因为表现与运气的不可分离性特征甚至在某些层面比贡献更为明显。运气之所以在分配正义的研究中——至少在罗尔斯的理论和平等主义（尤其以"运气平等主义"为代表）的研究中——遭到排斥，其中一个重要的理由即是因为"运气是一种不受行为者控制的随机事件"❸。例如前文所举的拳击比赛的例子，如果某选手因纯粹的运气获得了本不应该获得的冠军，他只是在规则和程序的意

---

❶ 姚大志：《应得的基础》，北京，社会科学研究，2016 年版，第 135 页。

❷ 同上书，第 136 页。

❸ David Miller. *Principles of Social Justice*, Cambridge, Massachusetts：Harvard University Press, 1999：143.

义上赢得了冠军，以这种裹挟着运气成分的表现作为"应得的基础"显然是很难最终成立的。

最后，将努力作为应得的基础是能够成立的。前面的两个应得基础应该说在论证的最后阶段都在"运气"的不可剥离性这个问题上"功亏一篑"。我们可以在直觉上部分认同"获得"和"报酬"可以依据"贡献"和"表现"进行分配，但是，对于运气的应得——至少"反应得理论"认为——是不能妥协的。例如，贡献如果源于运气，则很难将之视为应得基础。但是，无论是贡献还是表现，它们都不会仅仅来自于运气，至少它们的绝大部分应该来自于努力，"努力在某种意义上是应得的基础或最终的基础"❶。

现在考虑将努力作为应得概念基础的论证。柴特奇克为这个论点提出了一个有力的论证，尽管这个论证自身也存在一些难以回避的困难。本书认为这个论证可以成立，并在此基础上尝试为其困境作出辩护。

柴特奇克将被分配物抽象理解，并区分了"竞争性情形"和"非竞争性情形"。

> 考虑有些在供应上或可能性上有限的善的分配……把特定数量的东西给某人，必然会对他人的份额产生负面影响……这就是竞争性情形。非竞争性情形是，其中一个人得到某个数量不会给其他人能够得到的数量产生负面影响。在典型的情形中，对所有人都是足够的……❷

对于非竞争性情形，如同前文第二节论述的空气、生命权等内容，因其获取在一般情况下不会影响他人所得，可以视其为"个人自动应得"，无须再为它寻找应得的基础。

"非竞争情形"而获得的"自动应得"可以概括成以下三个条件：

"1. 虽然某个特定的人是否能够最终得到某种份额的善 X 是偶然的，但绝大部分人事实上都可以得到适当份额的 X；

2. 获得 X 的主要意义不在于其得到 X 的相对份额；

3. 比其他也有某些 X 的人得到更多的 X 并不会让这个人相对其他人

❶ 姚大志：《应得的基础》，北京，《社会科学研究》，2016 年，第 5 期，第 140 页。
❷ 葛四友编：《运气均等主义》，南京，江苏人民出版社，2006 年版，第 29 页。

具有持久深远的优势。"❶

　　现在考量努力能否满足这三个条件从而获得自动应得的基础。应该说，绝大多数的理性人——在自愿的前提下——可以付出适当程度的努力，条件 1 是可以满足的。如果将努力量化为一个指数，个人努力确实因天赋不同，会呈现出数量上的多少和强弱的差别，但假设给努力的量化值划定一个相对标准，几乎所有人——即使是残疾人——也能获得（付出）相当标准的"量化努力"。那么，在相对份额不是主要意义的前提下，努力满足了条件 2。条件 3 是通过这样的形式满足的：假设有 a、b、c、d 四个人，他们之间付出的努力各有差异，但他们都可以付出"认真而审慎的相对努力值"设为 α，那么在 α 值以下，假设他们因努力而获得的满足是相同的，即便 a 个人的努力程度远远高于其他三者，那么 a 因努力得多而高于他人的获得也并不会对其他三人在 α 的基础值附近取得的满足造成危害或形成持久而深远的优势。

　　但是，我们要清醒地知道，将努力作为应得概念基础也不是一件轻而易举就能够办到的事情。它的困境主要来自三个方面。

　　首先，来自罗尔斯对分配正义中自然禀赋、运气的决绝的排斥。人们在努力工作的时候——即那种长时间的劳动或在使人厌恶的环境中工作——毋庸置疑地要给予他们更多报酬，但并不能排除有一些人——甚至是很大一部分人——天生具备享受工作的能力，他们在恶劣而长时间工作中仍然可以因预期成果而感到快感，❷ 这样的能力显然来自于天赋。那么，因此而获得的成就即有从"努力"转移到"天赋的努力能力"上去的危险。显然区分哪些努力是"纯然的努力"，哪些努力是"天赋的努力能力"基本上是一个不可能完成的任务。正如罗尔斯本人所说：

　　　　一个人愿意做出的努力是受到他的天赋才能和技艺以及他可选择的对象影响的。在其他条件相同的情况下，禀赋较佳的人更可能认真地做出努力，而且似乎用不着怀疑他们会有较大的幸运。❸

---

❶　葛四友编：《运气均等主义》，南京，江苏人民出版社，2006 年版，第 31 页。

❷　Derek Parfit, *Equality or Priority?*, Lindley Lecture, Department of Philosophy, University of Kansas, 1991：11.

❸　[美] 约翰·罗尔斯：《正义论》，何怀宏等译，北京，中国社会科学出版社，2009 年版，第 244 页。

这种论述因此给努力问题造成很大的麻烦。

其次，也是努力作为应得概念基础面临的最大麻烦是，即使我们承认了努力的非竞争性情况，也承认了努力可以作为"自动应得"的基础，但人们在实际经济生活的分配中应得什么是不以这一原则为转移的。按照柴特奇克的假设，在"平均最低努力值 α"下，人们的满足只有在相同——或者至少相似——的情况下，条件三才能得以满足。但，"同样努力的行为能够产生不同的结果。某个科学家数十年来努力地从事'永动机'的发明"❶，他很可能一无所获。这个反驳给柴特奇克的论点造成了极大的困难。

其三，在市场经济的条件下，人们的收入是由劳动力的供求关系决定的，从而无论是贡献、表现，还是努力是否能够作为"应得"的基础关系都不甚大。因为，在这样的经济条件下应得本质上不能成为分配正义的原则。❷

现在，我们尝试着为将"努力"作为应得基础所面临的这三个困境做出一些回应。

首先，针对第一个困境，一种"严格的柴特奇克论证"是可以规避这种反驳意见的。罗尔斯提出的观点的确不可反驳，即努力无法与运气作出决绝的切割。柴特奇克的论证也并不否认这一点，但他巧妙地通过"竞争性情况"与"非竞争性情况"的区分让"天赋的努力能力"避免了自然武断的责难。因为努力是非竞争性情况，尽管它也会带有运气的成分，但它因运气成分带来的差异性并不对其他人分配的获得构成伤害并形成长久的优势。例如，我们不可否认有些人天生具备很高的肺活量，可以比其他人更多地获取空气中的氧气成分，并因此而大受其益。但这种获益因为是非竞争情形下的自动应得，它并不对肺活量较小的人构成任何实质性影响。若因这种差异断定前者在分配过程中是"不应得"且"不正义"显然是很难站住脚的。如果认定努力是非竞争性情形下的自动应得，那么因努力差异而形成的分配差异，应该与这种情况相类似。

其次，"努力而无所得"的确是很难回应的困难。在回应这个难题时必须要小心地重新界定努力的含义，并对此加以必要的区分，再来考察什

---

❶ 姚大志：《应得的基础》，北京，社会科学研究，2016 年版，第 142 页。

❷ 同上注。

么是可以作为"自动应得"意义上的"努力"。首先，我们必须明晰和承认这样一个事实，即所谓"努力"实质上是"人的一个有意识的主动的有目的的行动"❶。几乎没有人在毫无目的的情形下发动一场毫无意义的努力，这种情况是荒谬的，是理性人不可接受的。所以，我们必须将"努力"这一行动视为是人的"理性活动"。即使是旷日持久的"永动机"的研制，对投入努力到这项活动中的人而言，我们无法否认他也是依据自己的理性为这样活动预设了自己所期待的——尽管是不可能实现的——目的。但人的理性并不总是作出正确的判断，它无可否认的具有极大的局限性。所以，有必要将"努力"区分为"理性判断正确的努力"和"理性判断错误的努力"。其次，在分配正义中人们之所以认为要纠正某些不正义的分配是出于这样的理由："一般而言，因为未有过错或未经自主选择而使人处境更糟的情况看起来是相对不公平的。且这种不公平和不平等应予拒绝。"❷ 但是——至少在本文看来——"理性判断错误的努力"并不能称其为"未有过错或未经自主选择"。例如，在现有的科学业已取得的成就基础上，某些科学家如果还矢志不渝地将自己的精力和热情投入到"永动机"的制造中去，那么对于他的一无所获，并不应该予以在道德层面做正义性再分配。再比如，纳粹德国的理论家矢志不渝地将理性运用于建构一种国家社会主义理论的努力，它的最终失败因其理性的错误判断与"自动应得"和正义分配都不甚相关。这些因理性的错误判断而产生的无效和失败，应该由他们自己承担责任。其三，即使我们划分了"理性判断正确的努力"和"理性判断错误的努力"，并将后者从"自动应得"概念意义上的"努力"范围内排除出去，我们也不能否认，在前者的范畴内，仍然存在着"努力而无所得"的情况。针对这种情况，有必要将"所得"的概念作出"物质性"和"精神性"区分。比如，在一次激烈的比赛中，假设甲、乙二人在所有前提性要素中都达到了相同的水准，❸ 二人在努力的量化水平和质量水平上也达到了一致，但甲因微弱的临场运气成分赢得了比

---

❶ 关于"人的行动"认识论的完整内容，我得自于路德维希·冯·米塞斯的著作《人的行动》。为了不使本文过分复杂而偏离主题，此节并不打算全面展开这个理论的全部内容并论述解释它的合理性。

❷ Larry S. Temkin, *Egalitarianism Defended*, Ethics, Chicago, 2003：767.

❸ 所谓前提性要素，指的是"天赋、自然环境、社会背景"等可产生变数的内容。本文认为，为了清晰地解释问题，这种思想实验式的假设是具备合理性的。

赛。这时候，我们在绝大多数情况下也会说"乙虽然输掉了比赛，但赢得了荣誉"。正如罗尔斯所言："在一场比赛之后，有人常说失败者应得胜利。"❶ 如果我们只将分配的标的限制在物质利益层面，那么确实可以说失败一无所获。但，如果我们将精神性收获加以审慎的考量，我们就很难得出"乙努力了而无所获"的结论。况且，在现实经济生活中，荣誉也往往能伴随着物质利益。要知道，在奥运盛会上，并不是只有冠军得到了"努力应得"的奖励。对于更为极端的，努力了一生而默默无闻的人而言，本文认为，人类至少在思想层面上是从不吝惜赋予"理性判断正确的努力"——甚至是某些不妨碍他人的理性判断错误却仍坚韧不拔地坚持者——以荣誉，愚公移山的精神千百年来砥砺着我们，足以证明这一点。

最后，对于市场经济实际分配过程让应得无法立足的责难，我并不打算展开严肃的辩护。理由是，对于应得能否成立——至少在本节关注的层面——从它的前提、论证到最后的结论迄今为止并没有完整地引入市场经济的概念。一个理论的前提没有涉及这样的条件，对于最终结论无法在这样的一套完整系统内进行操作，我认为并不足以最终推翻整个结论。其次，市场经济本身是不是可以视为一个正义的闭合系统，符合市场经济原则的分配是不是能和理论上正义的分配相融合，市场经济是不是自身具备局限性和缺陷型，这些论题都不是我们最终关心的内容，因此没有严格的必要进行详细的辩护。

这样，我们基本上能够确定，在分配正义中确实需要且完全可以运用应得概念。也就在证实了米勒在三重社会关系和三种分配正义原则中工具性联合体下将应得作为分配的首要原则是可以成立的。

（四）复合平等

作为一名政治学家，迈克尔·沃尔泽的研究范围、关注领域十分广博。他与一般政治学家有所不同，具备深厚的多学科综合研究能力。有别于那些研究范围较为专一的学者，他的研究领域延伸至历史、宗教、伦理、哲学以及社会学等方面。正因为这种跨学科关注问题和研究问题的特点，使得沃尔泽在研究政治哲学时也很少仅从抽象的角度出发。

---

❶ ［美］约翰·罗尔斯：《正义论》，何怀宏等译，北京，中国社会科学出版社，2009 年版，第 276 页。

与米勒对于社会正义的看法相似，在沃尔泽看来，正义问题不应该是一种过度抽象、过度凝练的一般性原则问题。因为正义问题说到底与人类社会密切相关，而讨论人类社会无法脱离共同体。所以，他主张在探讨正义之前必须要先考察人们所处的共同体，以及他们在各自不同的共同体中的实际生活。

不仅如此，沃尔泽认为，在此基础上，还要综合考虑历史、文化和社会现实才能对正义有一套整体的理论。正因为这样的研究习惯，使得沃尔泽的理论成果几乎涵盖了政治哲学所有的主要主题，例如政治宽容、民主与法治、宪法传统和公民社会、犹太教政治传统和清教徒的革命与战争等。

沃尔泽在对待社会正义与平等之间的关系问题上比米勒要直接得多。他公开表示："在我看来，分配正义的问题从根本上而言就是一个事关平等的问题。"[1] 沃尔泽更多地是从社会学和历史学的角度出发，从细微的层面对社会正义问题进行了非常深入的剖析。他反对那种抽象宏观的建构主义，他所论述和主张的社会正义理论涉及和涵盖的对象包括了人们生活的方方面面。并且，他认为例如社会福利、政府构成、教育资源、公务员系统、公共安全、私人安全、基本人权等不同的领域涉及的社会正义和平等的内容也应该分别讨论。所以，他的正义理论被称为是"复合平等"理论，这样一种平等和自由平等主义与大多数平等主义哲学家们所提倡的论证出一套平等原则的理论有着非常大的差异。大多数自由主义和平等主义理论家们所坚持和追求的平等，沃尔泽将其称为"简单平等"。

沃尔泽将人类对于分配不正义而产生的冲突分成了三种主要类型：

a. 主张不管支配性的善是什么，造成了分配的不正义（不平等）后，都要进行重新分配，以便能够让人们更为广泛、平等、公正地享用它。换句话说，就是支配性的善一旦产生垄断，即为不合理的。

b. 主张所有社会物品的自主分配都应该是开放的。

c. 主张某种全新的群体性垄断的善应该取代现存的并不合理

---

❶ 龚群：《沃尔泽的多元复合平等观——兼论与罗尔斯的简单平等观之比较》，武汉，《湖北大学学报》，2013 年第 3 期，第 40 卷，第 19 页。

的占据社会支配性地位的善。❶

第三种情况，事实上就是一种革命的主张。而沃尔泽所说的"简单平等"指的就是情况 a。

那么，现在我们需要解释的是，"什么叫支配性的善"？就是那些在实际生活中，能够对每个人具有支配性意义的某种社会性的善或物品。

例如，在农业文明时期的土地，拥有土地即意味着拥有"自由""地位""财富"甚至"权力"。那么，按照情况 a，假定我们认为土地是一种支配性的善，它造成了分配的不平等，过分地集中在了地主的手中，形成了垄断。那么我们就必须对它进行重新分配——例如实行土地改革或土地革命——以此来达到平等。这种获取平等的方式，沃尔泽认为是一种"简单平等"。

问题在于，沃尔泽认为，简单平等很可能是无效的。因为，我们当然不能否认在社会生活中，某些善确实具备支配性，但从历史的角度考虑，寻找和确定这种支配性的善非常困难。

例如前文所说的，在农业文明时期土地有可能是支配性的善，而在更为原始的社会中则有可能是宗教话语权或强健的体魄，在当代则有可能是金钱、财富或权力。可见，社会支配性的善很可能没有一般规律，随着时代变化而变化。再比如，像中国这样幅员辽阔、历史文化悠久的国家，它的社会经济发展水平和自然资源分布极为不平均，就很难找到统一而确定的支配性善。因为这种善的不确定性，让对于它的判断无法实现。既然无法判定，针对它的简单平等式的分配原则也就很难实现。

即使我们真的能够找到这样一种确定的"支配性善"，简单平等恐怕也根本无法实现。为此，现在不妨让我们假设确实能够确定一种支配性的善——例如这种善是"财富"。我们假设这样一种社会，只要财富占据社会中的支配地位，其他的善就暂时不会或事实上没有被垄断。我们还可以预先假定，这种支配性善在社会成员中的分配已经造成了很大的不平等，并在一些人中形成了垄断。那么按照简单平等的分配原则，就应该打破这种垄断，对财富进行重新分配。这样的安排看似是合理的，但被严重忽略的事实是，一种善一旦形成垄断必然伴随着强有力的、顽固的权力和资源

---

❶ ［美］迈克尔·沃尔泽：《正义诸领域：为多元主义与平等一辩》，褚松燕译，南京，译林出版社，2009 年版，第 13 页。

的背景。如果想要打破这种垄断，也必然需要更为强有力的权力和资源。然而，当打破一种垄断的强有力的权力和资源形成的过程中，一定会形成其他形式的垄断。也就是沃尔泽所说的："在现实中，打破金钱垄断使得金钱的支配性无效。别的善就会加入游戏，而不平等就呈现出新的形式。"❶

可以想见的是，不管哪一种支配性的善，一旦它的分配形成了垄断，造成了不平等，就有必要合理地主张针对它进行再分配。而这种再分配的实现除了国家权力部门，很难再找到其他有效的机构和推手来完成。也就是说，打破任何形式、任何程度的支配性的善所造成的垄断，它的结果必然是需要公共权力部门不断地介入、不断地以越来越强的力度进行干预，或至少是在政策层面进行对这种垄断的限制。如果这种介入和干预是始终存在的，那么公共权力会取代支配性的善，成为人们相互竞争和试图获取的核心内容。❷ 公共权力或国家权力的不断强化和扩大，一方面会造成新的不平等，另一方面，过分强大甚至没有限制的公共权力也有导致对个人自由威胁的风险。假如人的基本自由得不到保障，那么社会正义当然也就无从谈起。在这个意义上看，简单平等也很可能因此而无法实现。

简单平等所以会面临非常复杂的困境，在沃尔泽看来，很大程度上是由于人们对平等概念的认识决定的。如果我们将平等视为一种财富分配和占有意义上的平等，不管它真正面对的要分配的标的是什么，只要追求的是一种简单的财富平等，都有可能最终走向垄断。因为，各种社会善，尤其是支配性的善不可避免带有垄断趋势。所以，沃尔泽提出了他关于复合平等的理论。

首先要明确的是，"复合平等"中的"平等"是什么意思？按照沃尔泽理解的平等，它的含义应该是消极的。

> 平等主义，不应该是以消除全部差别为目标，它应该是特定地关注某一种或某一套具体差别。这种特殊的差别在不同的场合、不同时期、不同的对象之间也不应该是一样的。但是，平等主义总体目标是非常清楚的，即针对例如贵族特权、阶级间财富

---

❶ ［美］迈克尔·沃尔泽：《正义诸领域：为多元主义与平等一辩》，褚松燕译，南京，译林出版社，2009 年版，第 14 页。

❷ 龚群：《沃尔泽的多元复合平等观——兼论与罗尔斯的简单平等观之比较》，武汉，《湖北大学学报》，2013 年第 3 期，第 40 卷，第 19 页。

的不平均、权力特权产生的垄断、种族歧视和性别歧视等形成的差别，要予以消除。❶

简而言之，平等就是要消除差别。但是，消除差别的意义并不在于平等自有性的善。也就是，沃尔泽并没有为平等论述一种先天的、形而上的和先于经验的善。消除差别仅在于这些差别在具体的社会生活中产生了不公正的现象或事实。沃尔泽认为，我们之所以追求平等与人们是否富裕和贫穷这件事本身无关。财富和穷困同时存在并不能引起追求平等正义者的关切，我们之所以关切这二者的差别，是在于"富有碾压穷人的容颜，将贫困强加到他们的身上，迫使他们接受和顺从于这样的事实"❷。尊严的差别和优势对于劣势者在尊严意义上的压迫和碾压是沃尔泽坚持追求平等的正义价值，也是沃尔泽阐述的平等原则一个很重要的出发点和前提。平等能够给人们带来充分的自尊和恰当的尊严，人们"不再需要打躬作揖，诌媚奉承；不再有恐惧的哆嗦；不再有盛气凌人者；不再有主人；不再有奴隶"。正因如此，这种平等就"不是一种消除所有差别的愿望，我们不需要所有人都一个样子或者拥有数量一致的同种东西。只要当没有人能够占有或控制支配的手段时，人们就是彼此平等的"。❸

按照这个理解，复合平等实质上表达的是两层较为明确的含义：

首先，承认差别的存在。这是由沃尔泽多元主义社会正义理论的根本属性所决定的。因为，他认为在一种多元的社会中，不同领域具备不同种类的善，不同的善本来就应该以不同的分配原则进行考察和实践。所以，"（复合平等的）正义要求保障差别"。❹

其次，复合平等反对社会善的功能和影响超过自身领域。正因为复合平等首先要维护差别。多元的社会中，不同领域具备不同种类的善，而且每种不同领域的善都是独一无二的。针对不同领域的分配原则、手段、标准也就都是不一样的。那就要求这种独一无二的善只有在自己领域内发挥功能的时候针对它的分配原则才是有效的。例如，共同体有一套获取分配权力的正义原则且同时符合平等原则。一旦分配结束，权力地位确立后，

---

❶　[美] 迈克尔·沃尔泽：《正义诸领域：为多元主义与平等一辩》，褚松燕译，南京，译林出版社，2009年版，第3页。

❷　同上注。

❸　同上书，第4页。

❹　同上书，第33页。

优势地位的人不能因此攫取超越权力的内容，如果以权谋私，以权谋财，则是越界，那么针对权力的正义分配也就相应地失效了。

事实上，复合平等的核心设想与真正意图应该是一种关系意义上的平等，也就是说，在理想状态下，所有不同领域中都有实际结果意义上的不平等存在。例如说在教育领域，确有顶级教育家和一般教师之间的差别，在演艺界也确有表演艺术家和群众演员的差别，权力领域也确有领导人和办事员之间的差别。但这些优势仅能在自己领域中产生影响，没有一个人同时能在教育界、艺术界、权力界……等所有领域都处于优势地位。那么单一领域的优势就会被其他多领域的优势所消除。在这个意义上，人们在多领域多元的层面上，达到一种关系意义上的平等。

因为沃尔泽主张社会善具有多元化、多样性的特征，那么任何单一原则都不能完全和它相吻合。所以沃尔泽提出实现复合平等的分配正义原则有三个，分别是自由交换、应得和需要。

当然，我们需要注意的是，这三个原则并非把涉及分配正义的所有原则都囊括在这其中，因为照沃尔泽的理解，对于某一个特定的社会物品、分配对象社会意义的解释以及对它正义的分配、运用边界的任何说明和解释都存在争议。也不存在任何生成或检验不同解释的完美程序。❶ 因此，考虑沃尔泽的复合平等理论时，需要把握他的历史主义研究方法论。沃尔泽选择的这三个正义原则只能在特定历史发展阶段进行运用，这是漫长历史发展过程中对社会意义理解的时代性共识，而并非超越历史阶段的永恒原则。沃尔泽之所以选择上述三个原则作为他的复合平等分配正义原则，是以为这三个标准"符合（分配正义）永无定论的原则的要求，并且经常被论证为分配正义的起源与目的"❷。

在沃尔泽看来，社会正义的内容应该包含转让正义和持有正义，在社会实践过程中的交换活动本质上而言是对交换对象（这个对象有可能是商品、社会物品、社会善）归属的重新确定，这显然是一个从持有到转让的过程。因此，交换问题是分配正义领域非常重要的核心问题。

因此，只有通过自由交换才能够形成健全的市场。而市场恰好是社会物品和社会善直接分配的媒介，交换的过程和手段是否正义直接决定了社

---

❶ ［美］迈克尔·沃尔泽：《正义诸领域：为多元主义与平等一辩》，褚松燕译，南京，译林出版社，2009年版，第22页。

❷ 同上注。

会分配的正义问题。强调交换自由的一个重要原因在于，只有市场是健全的，交换在没有压力和强迫的情况下，人们才能够有条件充分了解社会物品的社会意义。只有他们了解了被交换物的社会意义，在这个基础上形成的自愿交易才能被称为是正义的。所以，在一种自由完美状态下进行交换，该市场中物品通过这种方式展现自身的社会意义，虽然同类物品在不同对象间交换也有可能产生出不一样的个别意义。例如有人买谷物是为了饲养家禽和家畜，有人买谷物是为了自己充当食物，但同类物品经过无限次自由交换大体上能够得出较为确定而一致的社会意义，即可以将这种广泛而趋同的社会意义视为共同体成员对该物品社会意义的深层理解。以这种意义进行的分配，也就可以说它是正义的。

不过，自由交换也必然导致差异。自由交换根本上是没办法保证某种特殊结果的。假如我们希望通过自由交换达到某种单一标准意义上的平等，这是不可能的。自由交换的结果必然是有的人财富高度积累，有的人财富相对较少甚至少得可怜。如果我们想要追求一种财富实质意义上的平等，势必要对拥有商业天赋和生意智慧的人群进行再分配。但事实上，这种主张是将财富视为一种支配性的善（它实际也是支配性的善）。针对这种支配性善进行削弱就必须要集中其他手段，形成更大规模、程度更深的支配性善。其结果纵然或可以取得财富上的平等，却因支配性善的转移在其他领域造成其他形式的不平等。

自由交换本身并没有关涉或决定到分配的平等问题，为了防止社会善形成垄断，沃尔泽强调有些社会善不能用于交换。例如公共权力和财富可以任意流通、转换，那么不管是什么样的分配机制，财富都会迅速且没有限制地向少数人手里转移，最终形成既支配又垄断的社会善。因此，沃尔泽认为政治权力、公民的选票、公共职务等内容不能参与交换。复合平等的多元主义社会正义理论反对社会善的功能和影响超过自身领域。所以说假如公共权力介入交换这个环节，也就是公共权力或者说政治权力的社会意义跨越了自己的范围，那么肯定是不正义的。从这个角度也可以对自由交换排除权力进行理解和解释。

第二个正义原则是"应得"，我们在上一节中已经充分地讨论和考察了在分配正义中使用应得概念的"困难"和"出路"。沃尔泽论述的应得是一个非常广泛的概念，它不同于米勒所说的应得，与我们一般意义上理解的那种具有相对稳定的特定基础的应得概念也有所不同。他的应得概念也是根据社会物品和社会善的理论前提而来的。

在沃尔泽看来，应得的概念原则上应该贯穿于所有的社会善。这种观点明显带有非常强烈的多元主义特征，但值得注意的是，沃尔泽否认每一种社会善都必然相对应的有一种特定的应得。他反对从某个单一的角度以一种简单的维度来考虑应得问题。在他看来，应得问题同样是多元化的。在这个问题上，沃尔泽与米勒的观点比较接近，米勒就认为在团结性共同体中，应得没有明显的效果。沃尔泽也提到："特定男女之间的爱情，只能由他们二人之间来分配，而他们在这些事情上也很少或根本不需要考虑应得来左右他们的活动。"❶ 沃尔泽从多元主义角度出发，不同意将应得问题无限扩大的观点，他认为人们的分配活动不需要每件事都考虑应得。归根结底，只有在收入财富即其他实际性社会善进行分配的过程中人们才谈到应得。

虽然沃尔泽并没有就共同体这个概念本身做出明确的区分，但我们有理由相信，沃尔泽所主张的分配正义三原则与米勒的三原则有很多重合和吻合的内容。例如"需要"这个原则，沃尔泽同样认为它对于很多社会善并不起作用，如"政治权力、荣誉和名声、游艇、珍贵书籍、各种漂亮的东西"等。❷ 当然，沃尔泽也不同意马克思关于"分配社会财富以满足其成员需要"的按需分配原则。❸ 若从社会善和社会意义的角度理解这一问题，毫无疑问有些社会物品的社会意义完全可以和需要相匹配。一些保障基本物质生存的社会物品，它们完全可以也应该按照需要的分配原则进行实践。在这个原则中，沃尔泽还特别提出，理解"需要"事实上应该区分"需要（to need）"和"想要（to want）"之间的差别。由于确定需要的复杂性和需要本身的难以把握，沃尔泽认为它应该单独对应一个特殊的分配领域。在这一点上，他的观点就和米勒非常相似了。

沃尔泽的分配原则无时不刻在强调社会物品、社会善和社会意义的差异性。互有差别的社会物品，因之蕴含不一样的社会善，从而产生不同的社会意义，那么必然也要依据不同的原则和程序进行实际分配，并且分配

---

❶ ［美］迈克尔·沃尔泽：《正义诸领域：为多元主义与平等一辩》，褚松燕译，南京，译林出版社，2009 年版，第 28 页。

❷ 同上书，第 27 页。

❸ 龚群：《沃尔泽的多元复合平等观——兼论与罗尔斯的简单平等观之比较》，武汉，《湖北大学学报》，2013 年第 3 期，第 40 卷，第 21 页。

给不同的人。这样复杂和充满差异的理论，就要求如果要宏观阐释一套分配正义理论，沃尔泽即必须对整个社会领域做一次全面而具体的考察，这就引申出了他关于"自主的分配——复合平等的实现方式"的观点。

自主分配的概念在沃尔泽多元主义社会正义理论中至关重要，也可以说，这就是实现复合平等的基本方式。按照沃尔泽的理解，每一种社会物品因其都具备各自的社会善所带来的社会意义，所以在一个单独的分配领域中，正义的分配实践和制度安排事实上都是符合相应社会意义的。如果在某一领域社会意义非常明确，那么这个领域的分配活动肯定就是自主的。❶

> 金钱和财富在真正纯然的教会中是没有效用的，假如金钱决定了宗教的社会意义，那么信仰就遭到了亵渎。同样，虔诚的信仰在商品市场中也没有特殊的意义。因为市场可以面向所有人开放，但信仰并非如此。❷

也就是说，自主分配应该遵守和执行的原则就产生于社会意义之中。这种认识，同时给复合平等的正义理论带来了一条非常严厉的理论约束，用沃尔泽自己的话说就是：

> 不管哪一种社会物品（可将其设为 X）都决不能这样分配：拥有社会物品 Y 的人不能因为他拥有 Y 而不考虑社会物品 X 的社会意义直接占有 X。❸

例如，出于特定信仰的特殊社会意义，在某种宗教的教廷中教宗被授予广泛的宗教权利。这种分配在特定宗教领域完全有可能是正义的，但是教宗不能因为自己占有了符合社会意义的宗教权利就认为这种权利天然地可以带来财富。财富的社会意义和宗教权利的社会意义截然不同，分属两个分配领域，如果混为一谈，在这个例子中的财富分配就是不正义的。在这个意义上，我们也可以说复合平等的两个最为关键和核心的内容，第一是承认和捍卫差别的存在，第二就是严守和规范分配的边界。

在沃尔泽看来，差别的存在不是可以消除的而是一种客观事实。它就

---

❶ Michael Walzer, *Sphere of Justice*, New York, Basic Book, 1983：10.

❷ 同上注。

❸ 同上书，第 20 页。

如同人们的相貌、身高、体重等内容。假如这些事情和平等无关，那么官僚和民众、富人和穷人、教师和文盲这样的差别在本质上和平等又是何种关系呢？沃尔泽认为，在本质上它们也和平等无关。真正造成不平等的在于"支配性的社会善"和"垄断性的社会善"。贵族的特权、垄断资产阶级的财富、官僚的政治权力、知识精英阶层的垄断性信息，这些才是不平等的根源。所以，沃尔泽要求在特定社会意义的分配领域进行的分配实践必须要严守边界。

"特权""垄断性财富""未加限制的政治权力""垄断性信息"，也就是前文说过❶的 Y，它们可以不加任何社会意义而获取 X，这就是不正义的。复合平等理论强调平等正义的前提就是"一种与自由相一致的平等"，本质上讲是一种关系性和条件性的平等。虽然在大多数社会善所衍生的社会意义中分配、结果都是差异和不平等的，但因为分配活动边界的限制，使得这种差异只能在各自自身领域起作用，且这种作用是符合该领域对被分配对象的社会意义的。这些不平等因为不具备支配性和垄断性，最终会在各种领域之间相互抵消——合理和完美的分配结果会导致，尽管一些人可以开游艇、买私人飞机，但这并不干涉工薪阶层的子女享受应有的优质教育的权利。

截止到现在，本章简要地介绍了多元主义及其合理性。从理论基础上而言，多元主义社会正义理论根植于一种价值多元主义理论。"价值多元主义"明确主张人们所追求的价值是多元并存的，这些核心价值之间不可公度，彼此之间可能互相冲突，也无法最终排序。例如生存权和自由权就很难最终排序，我们都知道没有生存权，自由权无从谈起，但也基本会认同"不自由、毋宁死"的价值追求。因此，文章在理论基础层面主张一种价值多元主义。在价值多元主义社会正义的研究领域，当然有很多不同流派，但以米勒和沃尔泽的学说较为重要、全面和成熟，因此我们主要选择以这两种学说作为基础进行研究和考察。通过对多元主义的梳理、价值多元主义合理性的阐释和对价值多元主义社会正义观的论述，相信我们能够在整体上对一种价值多元主义的理论基础上的社会正义理论有较为初步的和全面的理解。

---

❶ 即"不管哪一种社会物品（可将其设为 X）都决不能这样分配：拥有社会物品 Y 的人不能因为他拥有 Y 而不考虑社会物品 X 的社会意义直接占有 X"。

然而，这并不是说多元主义社会正义理论自身并没有问题。它自身的困境主要来自于，"在一种多元主义正义的理想状态下，尤其是沃尔泽的复合平等理论，在特定社会领域的社会善只能在自身的范围内产生效用，而决不能超越自身的界限"。这一点在批评家们的眼中只能是一种理想的设想而不可能成为现实。因为，人类社会实践和实际日常生活中最为核心和最为基础的善很难仅在自身的领域发挥作用，而不超越界限影响其他领域。例如金钱、财富、权力、天赋等等往往是强者通吃，正如哈贝马斯所提到的："生活领域因为财富、权力和市场的入侵，早已被殖民化。"❶ 因此，批评者们认为，复合平等只能是一种理想，而消除支配性善是不能够实现的。这一点，从现有的复合平等理论出发考察，确实存在论证较弱的问题。究竟通过什么样的手段、哪些具体的办法来实现社会善各自安于自身领域，关于这种论证，多元主义正义理论还远非完善。也正因如此，多元主义社会正义理论研究的道路还很漫长，任重而道远。

我们还应该清醒地认识到，一种开放的社会正义理论研究，对于这个理论的发展和进步是必不可少的前提。多种互相区别的社会正义理论彼此之间固然存在分歧、矛盾，但这些矛盾并不是不可调和，也不是不能借鉴的。正如本书之前在讨论契约主义、功利主义、自由主义和社群主义时大家都已经看到的，这些不同的理论看似泾渭分明、观点截然对立，事实上，在争论的背后也蕴含着相互包容和互补。正如罗尔斯的正义理论正是建立在对功利主义、直觉主义的批判、反思、借鉴和吸收之上。罗尔斯的理论完整而深邃、广博而深远，但他也并不能完全取代功利主义和直觉主义的地位。多元主义也一样，多元主义的兴起也正是建立在对罗尔斯的正义理论反思和借鉴基础之上。新兴的理论和思想不断地对既往的学说进行拣选和提炼。德沃金、安德森、阿内逊、森和科恩等，他们的理论中都能够找到一些前人既往理论的影子，通过前哲获得营养。

因此，不论是一元正义还是多元正义，不论是简单平等还是复合平等，它们都是构成一个广义复杂的、系统的社会正义理论的重要组成部分。

当然，多元主义社会正义理论在分配原则的细节上的建设和论述仍有

---

❶　龚群：《沃尔泽的多元复合平等观——兼论与罗尔斯的简单平等观之比较》武汉，《湖北大学学报》，2013 年第 3 期，第 21 页。

很不充分的地方，这些细节的缺失会使得整个理论的力度和深度受到影响。但这些不完善的领域也正是值得我们青年学人和所有政治哲学、社会正义的爱好者们不断探索、勇于追求的地方。

例如，在一种多元主义复合平等的理论中，究竟应该通过怎样的具体途径来领悟社会善和社会意义，这种领悟在什么层面、通过哪些办法来证得它们的共同性和普遍性基础？以及，在充分理解和掌握了一种社会意义后，应该用何种具体的原则指导特定社会领域的实际分配？这些问题都将成为未来多元主义社会正义理论发展研究过程中的重要起点。正义之路，道阻且长，路漫漫其修远兮，吾将上下而求索。

后 记

回想起写这样一本书的动机，显得非常好笑。我记得，第一次接触政治学和政治哲学是2006年在四川大学开设的一门"西方政治学说史"的课堂上。这门课现在想起来，并没有给我留下太深的印象，因为博学的教授们在课堂上不断地给出一些非常生僻的名字、概念和理论，使得那时刚刚摆脱高考压力的我完全跟不上先贤们伟大的思想步伐。

从那时候开始，我就想，如果有这样一部本科生能够读懂的"政治哲学入门读物"那该多好啊。这个想法到现在已经在我的头脑里寄存了十二年。就这样，一直以来我都很有意愿去创作这样一本较为通俗易懂的政治哲学入门读物。但是，政治哲学是一个宏达、广博和宽泛的概念。无论如何，一个人的力量在短时间内万万不能就这样一个庞大的命题来完成一部"鸿篇巨制"。因此，我选择了"正义"这个广受人们关注的主题。于是，我决定以正义为核心，来贯穿两千五百多年以来的西方政治哲学主要脉络，希望通过尽可能通俗的方式，将这些内容呈献给对这一学科感兴趣的青年人。

但是，当我真的开始创作的时候，才意识到年轻时对于老师们的苛责是多么的无理和唐突。一门真正的科学，无论我们怎样将其简化，如果仍是抱着严肃的态度来介绍它，那么它无论如何与通俗和易懂都不太能产生瓜葛。

或许我们可以用轻佻和戏谑的态度来戏说这些人类历史上弥足珍贵的思想宝藏。多年以来，我自己也看过不少这一类的著作。这些书并非没有价值，这类书的作者们具有很强的创造力，他们的文学能力和语言能力通常也都是非常杰出的。仅这一点，就足以配得上人们的肯定和认可。这些著作可以用最小的成本使更多的人对某个学科和主题快速地产生极大的兴趣。但假如你因循着这些兴趣继续探索某一门科学，等待你的一定将是晦涩、繁琐和艰难。

我放弃了这样的创作方式，因为我不忍心将人类思想文化的精华降低到插科打诨的等级来满足更多人的精神需求，我认为这是对先哲的不恭。所以，我不得不说，尽管这本书所涉及的内容已经相当地浅显，但它总体来说仍是不太容易阅读的。它所面向的直接读者，就是哲学或政治学的本科生。它可以作为他们专业课的辅助读物，就一些非常专业的政治哲学问题给出了一些我的解释和理解。但我相信，任何一个具备高中学历的、对于政治哲学真正感兴趣的人，事实上都可以一定程度上阅读和理解这本书的大部分内容。

同时，我不得不说，写这种史学类的普及读物是非常不讨好的。首先，的确很少有人对这么专业和深入的问题感兴趣，也就是说这种书一成稿就注定不可能畅销。其次，对于学术界而言，我相信大部分理论家和成熟的教授、教师、青年学者都不屑于从事这种工作。不仅不屑于从事，即使这种书创作出来，也很有可能——仅对他们而言——是没有意义的。因为大部分政治史、哲学史无非是对已有的理论做些梳理和重述。这种工作如不以自身极富有创建的评论和新鲜史料为基础，同时又缺乏相应的创造性研究，几乎可以断言是没有学术价值的。遗憾的是，本书恰好很可能就是这样一类相对"没有学术价值"的作品。那我为什么还要从事这样一件吃力不讨好的工作呢？

因为我很清楚我自己的能力，相比于前辈哲学家，我"没有花香，没有树高，我是一棵无人知道的小草"；相比于同辈的那些才思敏捷、卓尔不群的青年思想家，我是乌鸦配鸾凤，荧光比皓月，是一颗毫不起眼的顽石。

但是，我想总要有人安于平凡，去做一些科学的基础性和普及性工作。既然我的才智是平庸的，不妨就让我来多承担一些这样的"无效劳动"，让我去多创作一些政治哲学的辅助性读本，来做一把青年人上进的梯子，帮助他们更容易地接近西方哲学的智慧圣殿，辅佐他们更快地窥见人类精神的文明之光。

现在，我这颗垫脚石，不得不惭愧而坦诚地告诉青年学生，本书对于政治哲学和正义问题的讨论还远未完成。不但还有大量的问题尚未涉及，还有很多更为精彩的理论未能深入讨论和研究。甚至，在每个主题前进的道路上，我们都仅仅移动了一小步，再往前走你们可能就会发现有更多的歧路，歧路的尽头可能会有更为瑰丽和壮美的风景等待着你们自己去探索。

如果你恰好看到了这本书，那么，请记住约翰·斯图亚特·密尔的这段话："不管某些观点在某一时期显得多么雄辩，后人也许会提出更为雄辩的观点来支持相反的理论。因此，既然存在着合理性程度参差不齐的观点和理论，现在政治哲学中就没有终极的结论。"

最后，请允许我用最为真诚的态度向你们道歉。由于我个人学术水平的浅薄，本书中对于理论的解读和介绍难免会有一些漏洞和错误。因此，我恳请各位前辈老师、学界同仁和读者朋友们慷慨地批评并对本书提出宝贵的修改和指导意见。至于那些偶尔有价值的见解能够帮助青年朋友们理解正义问题，而错误的阐述能够有助于你们通过对本书的批判增益自己的思想，将是我无上的光荣和荣耀。

宗民，2018 年 7 月于北京

后记